U0596359

国家古籍工作规划项目

中国古典名著译注丛书

尚书译注

钱宗武 译注

中华书局

图书在版编目(CIP)数据

尚书译注/钱宗武译注. —北京:中华书局,2022.12
(2023.4 重印)
(中国古典名著译注丛书)
ISBN 978-7-101-15939-4

Ⅰ.尚… Ⅱ.钱… Ⅲ.①《尚书》-译文②《尚书》-注释
Ⅳ.K221.04

中国版本图书馆 CIP 数据核字(2022)第 189268 号

书　　名　尚书译注
译　　注　钱宗武
丛 书 名　中国古典名著译注丛书
责任编辑　刘浜江
责任印制　陈丽娜
出版发行　中华书局
(北京市丰台区太平桥西里 38 号　100073)
http://www.zhbc.com.cn
E-mail:zhbc@zhbc.com.cn
印　　刷　三河市博文印刷有限公司
版　　次　2022 年 12 月第 1 版
2023 年 4 月第 4 次印刷
规　　格　开本/880×1230 毫米　1/32
印张 20⅝　插页 2　字数 420 千字
印　　数　16001-22000 册
国际书号　ISBN 978-7-101-15939-4
定　　价　66.00 元

目　录

商　书

周　书

前　言

一

《尚书》是政书之祖，也是史书之源。最早仅称《书》，常与《诗》对称《诗》《书》，成为我们这个古老民族最早的文化读本。《释名·释典艺》："《尚书》，尚，上也，以尧为上始而书其时事也。"《尚书》书名的意思就是"上古之书"。《尚书》又称《书经》，"经"的意思就是"经典"。

《尚书》的作者是上古的历代史官。我国有悠久的史官制度，上古就设立专门记录君王言行的史官，《礼记·玉藻》记载君王"动则左史书之，言则右史书之"。《汉书·艺文志》记载"君举必书""事为《春秋》，言为《尚书》"。史官记录君王的言行，汇编成册，就成了《春秋》和《尚书》。

《尚书》的编纂体例以时为序，根据朝代编辑篇目内容。传世《尚书》有58篇，分为四个部分，依次称为《虞书》《夏书》《商书》和《周书》，分别记叙尧舜以及夏、商、周的史料。《虞书》5篇，第一篇《尧典》记载唐尧的事迹，可以称《唐书》。《尚书》篇名有的取自重大的历史事件，如《高宗肜日》《西伯戡黎》；有的取自人名，如《益稷》《盘庚》；有的取自物名，如《金縢》《梓材》；有的取自篇目论述的中心内容，如《禹贡》《洪范》《无逸》

《立政》。不少篇目名称还包括了典、谟、训、诰、誓、命的文体类别，如《尧典》《大禹谟》《伊训》《康诰》《甘誓》《说命》。

《尚书》在流传过程中，后代学者曾进行过整理，断简残篇和次要篇目经过删改乃至重新编纂。私学之祖孔子就整理过《尚书》作为教科书。《论语·述而》说过："子所雅言，《诗》《书》、执礼，皆雅言也。"意即孔子平时说曲阜话，但是讲习《诗经》《尚书》、执行礼仪的时候就说雅言。先秦的知识分子大都阅读过《尚书》。《庄子·天下》记载："其在《诗》《书》《礼》《乐》者，邹鲁之士、缙绅先生多能明之。"先秦的典籍也经常引述《尚书》，提到具体书名的有四十多篇，其中有三十多篇不见于传世《尚书》文本，可见《尚书》在先秦就已成书，而且篇目肯定超过58篇，但究竟有多少，根据现有的材料尚难考定。

《尚书》传世文本的定型或成于秦。《尚书》全书几乎皆记帝王或王室之事，惟独最后一篇《秦誓》记载异姓诸侯王秦穆公的事迹。秦穆公成就了秦国的霸业，奠定了秦国强大的基础。秦人追述祖先，使之与尧、舜、禹、文、武、周公并立，借古代圣君贤王，建立神圣的政统。这是符合历史逻辑的推断。东汉熹平石经《尚书》残石，《尧典》是第一篇，《秦誓》是最后一篇。《汉书·艺文志》记载《尚书》古文经有46卷、57篇。《书序》称本为58篇，颜师古注引郑玄的《叙赞》说"后又亡其一篇"，所以是57篇。可知，东汉所传《尚书》的篇目数量和起讫，与今传本大致相同。

先秦没有纸，书多写在简策上。简策的材质是竹子，虫蛀水渍，极易朽毁，兼之一些人为的破坏，流传十分困难。段玉裁在

《古文尚书撰异·序》中概述《尚书》从先秦至北宋曾历经“七厄”，或遭毁，或失传，或改写，或改字，面目已非。有些人为的劫难更是毁灭性的灾难。史书记载秦王朝的焚书坑儒，就把民间所存的《书》策几乎都烧毁了。秦王朝的朝廷藏书，包括大量的《书》策，后来又被项羽火烧咸阳几乎都烧光了。

《史记·儒林列传》记载秦王朝的博士官伏胜手头有一部《尚书》。伏胜，载籍多称“伏生”，“生”是汉时对儒者的尊称。秦末楚汉相争，兵荒马乱，伏胜将《尚书》藏在自家墙壁里外出避难。一直到了汉惠帝刘盈取消禁书令，搜寻藏书时，才发现墙壁里的《书》策，已经朽烂了许多，完完整整的只剩下28篇。伏胜是山东济南人，他就用这28篇在齐、鲁间讲授。因为汉代通用的文字是隶书，伏胜讲授的文本已经用隶书进行了改写，这个隶书写定本就叫做“今文《尚书》”，也称为“伏生本”。汉文帝曾命令著名学者晁错向伏生学习《尚书》，晁错转抄伏生本带回朝廷，收入皇家书库。汉景帝时，朝廷又从民间求得一篇《泰誓》，也编入伏生本。王充《论衡·正说》因此称“《尚书》二十九篇始定矣”，《史记·儒林列传》和《汉书·儒林传》都说伏生本有29篇，这29篇是汉代的官方定本。《尚书》学史上，还有人称今文《尚书》有34篇，这是因为汉代传授今文《尚书》的欧阳高这一学派析《泰誓》《盘庚》各为三篇，分《顾命》为《顾命》《康王之诰》两篇。

《汉书·艺文志》记载，汉武帝末年，鲁恭王刘余拆毁孔子故居时，发现墙壁中藏有“古文《尚书》及《礼记》《论语》《孝经》，凡数十篇，皆古字也”，大概是孔子后代为了免于秦火偷偷收藏的。这部《尚书》有45篇，孔子的十一世孙孔安国学过今文《尚书》，又懂得古文字。他用这部《尚书》与伏生的本子一对照，发现45篇中有29篇和伏生本基本相同，另外，还多出了16篇。《尚书》学史上称这多出的16篇为“逸书”或者“逸篇”，意思是“原本失传又发现的书篇”。后来，孔安国担任了朝廷的经学博士，就把这部《尚书》献给朝廷，也收入皇室书库。这45篇《尚书》是用先秦古文字写的，叫做“古文《尚书》”，又因为这个本子发现于孔子家的墙壁，也叫做“孔壁本”，或“壁中本”。孔安国深信这个本子就是上古传下来的《尚书》版本。这个本子的字形头大尾小像蝌蚪的形状，“时人无能知者”，孔安国就用当时的隶书进行摹写，摹写的方法是根据蝌蚪文的结构依葫芦画瓢，“以所闻伏生之书考论文义，定其可知者为隶古定”。这个隶书摹写本称为“隶古定本”。孔颖达解释说：“言隶古者，正谓就古文体而从隶定之，存古为可慕，以隶为可识，故曰隶古，以虽隶而犹古。”孔安国用隶书精心摹写的是与伏生本基本相同的29篇，并作了一些新的解释，竭力推广，广为流传。至于16篇逸书，孔安国既没有用隶书摹写，也没有解释，一直作为皇家藏书束之高阁，后来在汉末魏晋的战乱中丧失了。

今文《尚书》和古文《尚书》相同的29篇主要是字体的差异，但毕竟是两个不同的版本，来源也不同。学习今文《尚书》的学者自然相信并研究、讲授今文《尚书》，被称为“今文《尚书》学家”；学习古文《尚书》的自然相信古文《尚书》，被称为“古文《尚书》学家”。他们对经文的理解有差别，研究的方法也不同，其门徒又注重师承家法，逐渐形成《尚书》的今文学派和古文学派。今文《尚书》学派注重阐述微言大义，解说繁琐空疏，并且抱残守缺，死守家法师法；古文《尚书》学派则注重文字训诂，考订典章制度，较受学习者的欢迎。其诠释重心的差异，反映的是治《书》理念的差异，今文学派治《书》是为了如何用《书》，古文学派则是为了怎样读《书》。

今文《尚书》主要传于官学，古文《尚书》主要传于私学。终汉一代，今文《尚书》一直是官方规定的标准读本，古文《尚书》仅仅在王莽执政时短期立于学官。东汉末年，朝廷把今文学派各经刻在石碑上作为范本，昭示天下，这就是有名的“汉石经”。《尚书》石经采用欧阳高的本子，校以夏侯胜、夏侯建的本子，不同的字附刻在《尚书》全经之后。石经是汉灵帝熹平四年（公元 175 年）开工刻石的，故称“熹平石经”；因仅仅用隶书一种字体书写，又叫做“一体石经”。到了魏文帝曹丕时，古文《尚书》又重新成为官学。魏正始年间（公元 240 年—249 年）被刻为石经，即“魏石经”，或称“正始石经”。因石经是用先秦古文字、秦小篆和隶书三种字体书写的，又称为“三体石经”。可惜这两部石经先后在战乱中都毁坏了。

《尚书》今、古文之争延续到东汉末年的马融和郑玄，基本实现了融合。马融和郑玄都精通今文《尚书》和古文《尚书》，虽然他们都为古文《尚书》作了注解，但是工作底本可能都是孔安国的“隶古定本”，注解的篇目是与伏生本基本相同的 29 篇，实际上是仅仅注解了今文《尚书》，采取了一些今文经说，大家都能接受。马融和郑玄当时具有很高的学术地位和广泛的学术影响，他们的注解流行以后，今、古文《尚书》各家各派的注本也就渐渐消失了。

汉代还有几部有名的《尚书》传本，诸如河间献王本、杜林漆书本、刘陶本、西汉末年东莱人张霸百两篇本。对后世影响较大的是百两篇本，后世流传《尚书》有百篇之说以及百篇书名书序都与百两篇本有关。

西晋永嘉五年（公元311年），发生了永嘉之乱，官方藏书遭到严重破坏，今文《尚书》的各种版本全部丧失，16篇逸书也全部丧失。东晋元帝时，豫章内史梅赜（zé）向朝廷献出一部据说是汉代孔安国传授的古文《尚书》，分为46卷，计58篇。除《舜典》一篇外，每篇都有孔安国的传，书前还有一篇孔安国的《序》。汉代传下来的百篇书序，也根据时间先后分插在各篇篇首或篇末。这个本子一般称为“孔传古文《尚书》”。《尚书正义·尧典》“虞书”疏说58篇经文中“于伏生所传二十九篇内，无古文《泰誓》，除《序》尚二十八篇”。原本汉代孔安国的古文《尚书》壁中本与今文《尚书》伏生本29篇内容基本相同，马融曾怀疑过其中的《泰誓》，孔传古文《尚书》则删除两汉时传习的《泰誓》，另换了3篇《泰誓》，今古文《尚书》基本相同的仅剩下28篇了。孔传古文《尚书》又从《虞书》的《尧典》中分出下半部分为《舜典》，后人为了求得与《尧典》的体例一致，在《舜典》前陆续加了28个字，即“曰若稽古，帝舜曰重华，协于帝。濬哲文明，温恭允塞，玄德升闻，乃命以位”。从《皋陶谟》中分出下半为《益稷》，把《商书》的《盘庚》分为3篇，从《周书》的《顾命》中分出《康王之诰》。这样，孔传古文《尚书》有33篇内容基本同于伏生传授的今文《尚书》28篇，另外还增多了25

篇。增多的 25 篇，后来叫做“晚书”。

孔传古文《尚书》出现不久就立于学官，从东晋到隋、唐，大多数学者坚信这就是原本的孔壁本古文《尚书》和汉代孔安国作的传。陈朝的大学者陆德明以之为底本作《尚书释文》，隋朝的重要学者刘炫和刘焯（zhuō）为之作疏。唐初孔颖达等著名学者也选择孔传古文《尚书》为标准注本，根据刘炫、刘焯的旧疏编成《尚书正义》，作为官方定本公开颁行。唐玄宗天宝三载（公元 744 年），李隆基诏令学者卫包用楷书改写孔传古文《尚书》。由于汉石经和魏石经先后在战乱中毁坏了，唐文宗李昂开成二年（公元 837 年），又刻了一次石经，这个石经叫做“开成石经”，其中的《尚书》就采用了卫包的楷书改写本。晚唐雕版印刷逐渐成熟，五代开始刻印群经，就完全根据开成石经，因此，唐代卫包用楷书改写的孔传古文《尚书》就成为《尚书》的最后定本。

宋代学术思想活跃，南宋初年有一位学者叫做吴棫（yù），写有《书稗传》，首先怀疑孔传古文《尚书》中的 25 篇“晚书”不可靠，因为这 25 篇文从字顺，而 33 篇却文辞古奥。朱熹赞成吴棫的说法，《朱子语类》记载：“孔壁所出《尚书》，如《禹谟》《五子之歌》《胤征》《泰誓》《武成》《冏命》《微子之命》《蔡仲之命》《君牙》等篇皆平易，伏生所传皆难读。如何伏生偏记难底，至于易记底全记不得。”（《朱子语类》卷七十八）明代学者梅鷟（zhuó）著《尚书考异》，从汉人记载的关于古文《尚书》的传授情况，“晚书”的篇数、文体和来源等方面，论证其为伪作，取得了空前的学术成就，开辟了有清一代《尚书》辨伪工作的崭新道路。

清代的阎若璩（qú）在梅鷟论证的基础上，潜心研究二十多年，写了《古文尚书疏证》，论定孔传古文《尚书》是伪作，证据有 128 条（今本缺 29 条，实存 99 条）。每一条都引经据史，列举十分详实的资料，证明“孔传”和“晚书”的作伪。例如卷一第一条“言两汉书载古文篇数与今异”，根据郑玄注《书序》列举的 16 篇“逸书”篇名，证明“晚书”中只有《大禹谟》《五子之歌》《胤征》《汤诰》《伊训》《咸有一德》《武成》《旅獒》《冏命》9 个篇名符合“逸书”篇名，《舜典》是从《尧典》中分出的，《益稷》是从《皋陶谟》中分出的，缺了“逸书”16 篇中的《汩作》《九共》《典宝》《肆命》《原命》5 个篇名，多出《仲虺之诰》《太甲》《说命》《微子之命》《周官》《君陈》《毕命》《君牙》8 个篇名。作伪者如果知道“逸书”16篇的篇名，为什么不如法炮制？显然，“晚书”25 篇是作伪者搜寻先秦文献典籍的《尚书》引文，再根据百篇《书序》的篇名拼凑起来的。这些例证确切有力。《古文尚书疏证》一问世，孔传古文《尚书》作为伪书就基本定案了。

当然，学术界也有不同意见，与阎若璩同时代有一位著名学者叫毛奇龄，著《古文尚书冤词》抨击阎书，有些质疑也言之有据。据钱穆先生考据，《尚书古文疏证》所缺的条目多为阎若璩见毛书后删掉的。《中国近三百年学术史》云：“潜邱见《冤词》，见其说有据，乃还灭己说，今《疏证》八卷有缺文并缺其条目，而犹留其条数者，殆即是也。”但是，当时和后代的多数学者支持阎氏的结论，补充阎氏的论据，进一步证明孔传古文《尚书》58 篇中只有 33 篇是比较可信的孔壁古文，这 33 篇内容基本同于伏生所传的 28 篇。“晚书”25 篇全是伪作，所谓孔安国写的《序》

和传也是伪作。因此，东晋梅赜献的孔传古文《尚书》又叫做“伪孔传本”。伪孔传本的作者究竟是谁，至今仍然是《尚书》学史上的一个谜。

自宋至清旷日持久的《尚书》辨伪工作，开辟了《尚书》研究的新领域，取得了巨大成绩。同时，客观上也起到了贬黜“晚书”独尊今文的作用。清代和近现代的学者多注重研究孔传古文《尚书》中与伏生本相似的篇目，这些篇目通常被称为“今文《尚书》28 篇”。训诂学家们也仅仅注释这 28 篇。然而，争论此起彼伏，绵绵不绝。从“五四”时期古史辨派的疑古之风，到现代有些学者提倡走出疑古时代，再到当下围绕《清华大学藏战国竹简（壹）》篇目真伪的争辩，辨伪从未止息。

但是，孔传古文《尚书》是《尚书》唯一的传世文本，所谓伪书，我们认为主要伪在版本，不是孔安国所献的壁中本。至于内容，或为辑佚，或为后代史官的追述，或为史实实录。大约《周书》部分多为史实实录，《商书》部分多为后代史官根据史实的整理，《虞书》《夏书》部分多为后人的辑佚，或者根据历史传说的重新编撰。大致上是《尚书》记载的历史事实愈是古老，编成的年代越晚，史实与著作时代成反比。

“晚书”25 篇虽然不是真正的孔壁古文，但不妨看作是古文《尚书》的西晋辑佚本。郭璞的《尔雅注》最早明确称引“晚书”。《尔雅·释鸟》：“鸟鼠同穴，其鸟为鵌（tú），其鼠为鼵（tū）。”郭注：“孔氏《尚书》传云‘共为雄雌’。”《尔雅·释畜》：“狗四尺为獒（áo）。”郭注：“《尚书》孔氏传曰‘犬高四尺曰獒’。”郭璞卒于东晋明帝太宁二年（公元 324 年），梅赜献《书》是在元帝时（公元 317—322 年），当时郭璞还在世，郭璞《尔雅注》取材的孔传本和梅赜献的孔传本有可能是一个本子。永嘉之乱（公元 311 年）前，《尚书》的各种传本并行于世，既有汉代立于学官的今文《尚书》本，又有魏时立于学官的古文《尚书》本。《经典释文·叙录》说："永嘉丧乱，众家之书并灭亡。"《尔雅注》是永嘉之乱前成书的，孔传本成书的时间应当更早。

另据王国维《汉时古文诸经有转写本说》考定古文《尚书》河间献王本和杜林的漆书本在汉代流传，西晋时至少仍有转写本。"晚书"的编纂者不会不参考这几个古文《尚书》本子。我们应特别注意《汉书·艺文志》有"《周书》七十一篇"，班固注称是"周史记"，颜师古注引刘向说是"周时诰誓号令也"。《汉书·萧何传》颜师古更进一步注明"《周书》者，与《尚书》同类"。西晋初年，在汲郡发现了《汲冢周书》和《汲冢周志》，是记载周代历史的真实资料。"晚书"的编纂者在编纂孔传古文《尚书》的《周书》部分时不会不重视、利用这些极为珍贵的史料。"晚书"还有一个重要来源是先秦经史诸子的《尚书》引文，现在已经考知出处的约有 120 条。阎若璩的《古文尚书疏证》、惠栋的《古文尚书考》以及程廷祚的《晚书订疑》等论著，罗列周备，例证详实。

"晚书"对于研究儒学有特殊意义。朱熹曾说："书中可疑诸篇，若一齐不信，恐倒了六经。"王应麟《困学纪闻》称："《仲虺之诰》，言仁之始也；《汤诰》，言性之始也；《太甲》，言诚之始也；《说命》，言学之始也。"而《大禹谟》则是巍巍宋代理学的根基。

孔传自被认定为伪作以后，注家多弃而不取。但清代经学大师焦循在《尚书补疏·序》中把孔传与郑玄的注进行比较，列举七事证明孔传优于郑注。焦循认为孔传可与魏晋间何晏、杜预、郭璞、范宁等著名学者的传注相提并论，比汉儒的《尚书》传注精审，是《尚书》的重要训诂材料。

二

《史通》云："夫《尚书》者，七经之冠冕，百氏之襟袖，凡学者必精此书，次览群籍。"此论多为历代学者共识。作为经典中的经典，《尚书》总结的治政经验、历史规律和思想观念，具有时代超越性和真理延续性，《尚书》的现代诠释显现出巨大的张力。

阅读和研治《尚书》，可以汲取古老的东方政治智慧，探求中国特色的治政理念。《尚书》作为政书之祖，历朝历代的政治领袖们都十分重视。梳理比对世界上最古老文明形态的诸种文化因子，为什么仅仅华夏文明一枝独秀，生生不息？根源就在于远古的黄河流域孕育的文化形态具有独一无二的区别性特征，这就是具有最为悠久独特、最具生命力的文献传统。这一传统最早的文献性质是政书，也就是《尚书序》"即谓上世帝王遗书也"。"古者伏牺氏之王天下也，始画八卦，造书契，以代结绳之政，由是文籍生焉。"自此，伏羲、神农和黄帝有"三坟""言大道也"；少昊、颛顼、高辛、唐尧、虞舜有"五典""言常道也"。历代皆有传世政典。周初著名政治家周公旦在《多士》中就指出"惟殷先人有册有典"。《书》学文献总结上古坟典的政治智慧，用圣君贤相的嘉谟善政确立了"先王政治"，建立了传统中国较为系统的国家治理模式，进而在后世形成绵延不绝的政统秩序；用以德范位的道德诉求直接规约着君王的思想言行和士民的家国情怀，塑造民族的精神世界，进而形成历久弥新的“道统”观点；《尚书》中的圣贤形象成为民族的人格理想，确立了民族的价值标准。《尚书》这一切具有鲜明民族特色的从政理政的理念、策略和方法，是最适应中国文化特点、区域特征以及民众心理的共同基因，具有最强大的凝聚力和执行力。

阅读和研治《尚书》，可以揭示华夏文明的始创论述，延续传统文化的学术正脉。清代大学者段玉裁在《古文尚书撰异·序》中认为“经惟《尚书》最尊”。《尚书》于传统文化诸元素的始创性论述最为广泛丰富，是华夏文明重要思想、观点、概念的渊薮。诸如《尚书》开篇的《尧典》首节就提出“修齐治平”的政治哲学思想：“克明俊德，以亲九族；九族既睦，平章百姓；百姓昭明，协和万邦。”《舜典》提出中国最早的文学理论术语“诗言志”，揭示了诗的本质特征，朱自清先生《诗言志辨·序》认为这是中国历代诗论“开山的纲领”，对后来的文学理论有深远的影响。《大禹谟》“人心惟危，道心惟微，惟精惟一，允执厥中”所谓的“虞廷十六字”，是构建宋明理学庞大学术体系的理论基础，也是阳明心学的真正源头。历代对《尚书》一些特定篇目和类型的系统研究不仅形成了新的学术体系，例如《禹贡》学、《洪范》学，还形成一些新的文化观念和学术见解，如《洪范》中“五行”对于民族宇宙观和认识论之建构，“九畴”对于国家法权制度的建立；《禹贡》行政区域界划标准的设计对中国历史地理学、自然地理学和经济地理学之影响，九州的假想设定对国家认同以及

“大一统”观念的确立;《吕刑》对中国法律思想之建设;典、谟、训、诰、誓、命等对中国文体学之形成等等。

《尚书》学是大道之学,历代对《尚书》文本的多角度诠释,既保持了《尚书》基本理念和价值观的相对稳定,又进行了推陈出新,《尚书》悠久的思想智慧总是直接介入生气勃勃的时代思想建构。对《尚书》的语言诠释、政治诠释、历史诠释、心理诠释以及由此形成的诸学理论,与当代学术体制中的政治、经济、哲学、历史、法律、天文、地理、文学、艺术等领域研究密切相关。历代连续不断地研究《尚书》及《尚书》学文献就是追本溯源、继往开来,延续传统文化的学术正脉。

阅读和研治《尚书》,可以揭示世道人心的传统内涵,展现《书》学教育的当代价值。圣人有言:“不学《诗》,无以言。”“不学《礼》,无以立。”《礼记·经解》说:“入其国其教可知也!其为人也,温柔敦厚,《诗》教也;疏通知远,《书》教也;广博易良,《乐》教也;洁静精微,《易》教也;恭俭庄敬,《礼》教也;属词比事,《春秋》教也。”《墨子·天志》论《诗》《书》:“书于竹帛,镂之金石,琢之槃(pán)盂,传遗后世子孙,曰:将何以为?将以识夫爱人利人,顺天之意,得天之赏者也。”《墨子》的作者认为《诗》《书》并不在讲述后世之所谓史,而是传承顺天爱人之理,承担着道德教化的功能。

《书》教疏通知远,重视德教。“皇天无亲,惟德是辅;民心无常,惟惠之怀。”“好生之德,治于民心。”治政强调“正德、利用、厚生”的“三正”原则,正身之德,利民之用,厚民之生,富民安国。修身主张勤、俭、谦、和,“克勤于邦,克俭于家”“满招损，谦受益”“神人以和”。但是，我们整个社会已经有近一百年缺乏制度性的《书》教，致使整个社会缺失道德修养、道德底线、道德标准和道德约束。当道德重建成为一个民族不得不面对的问题时，《尚书》的道德哲学和伦理价值无疑是我们必须汲取的文化营养。道德重建呼唤《书》学的回归，《书》学的回归首先是《书》教的回归。《尚书》中的“民本”思想、“修身”思想、“德治”思想、“和谐”思想等丰富而深刻的内容，都可以转化为现代价值理念，服务当下。

三

《尚书译注》是一个包括今古文和大序小序的完整译注本，各篇的结构分为六个部分：一是题解，二是小序，三是经文，四是注释，五是译文，六是段意。

题解重在说明各篇的文化价值，引导阅读，把握精髓，经世致用。或说明本篇的今文、古文情况，如《大禹谟》是“今文无，古文有”；或说明重要的校勘成果，如今文《尚书》无《舜典》，古文《尚书》析分《尧典》“慎徽五典”以下为《舜典》；或说明相关篇章之间的内容联系，如《大禹谟》《皋陶谟》《益稷》记载的都是舜与禹、益、皋陶讨论政务的内容，阅读和研究时可以结合三者分析参考。

《尚书序》主要叙述今古文《尚书》的源流和文本异同，说明撰作《书》传和小序的情况。百篇小序相当于篇目题解，今存仅有八十一个篇目、六十七条序文。《汉书·艺文志》称“《书》之所起远矣，至孔子纂焉，上断于尧，下讫于秦，凡百篇而为之序，言其作意”。《汉书·儒林传》也记载张霸献一百零二篇《尚书》，其中就有一篇是《书序》。另外，《史记》大量引用《书序》，熹平石经残石也有《书序》。这些都说明汉武帝以前《书序》就已问世，是很可贵的历史材料。为方便阅读，没有内容的篇目和序文本书概不列入。

经文以1980年中华书局影印原世界书局缩印的阮元刻本《尚书正义》为底本，同时参之以凤凰出版社2010年出版的《书集传》点校整理本、岳麓书社1984年出版的《尚书易解》点校整理本。

注释参考了古今主要传注，并注重出土材料中的《尚书》文献及其研究成果。或有未明，间下己见，言必有据；或不能决，诸说并存，以资参考。注释方式靠船下篙，重在对难懂的词语简明语源和语境义，对典章制度和历史事件简明出处，生僻字和多音字加注汉语拼音，古今字和通假字一律不作改动。

译文立足经文，参考注释内容，以直译为主，忠实于原文，力求翻译精准、语言流畅、文笔优美。

段意简要说明经文的大意，重在帮助读者疏通行文思路和内容。各篇根据文意划分若干小节，有些一个小节可能就是一个段落，也可能一个段落包含几个小节，概以便于阅读理解为要。

国家十分重视传统经典的传承、普及，去年我接到十二家出版社的约稿，仅能接受中华书局的任务。我也先后写过四五部《尚书》今译今注的书，这部书用力最多，写作时间也最长。《尚书》熔古铸今，恢弘至道，淑身治世。我希望本书能为越来越多的人阅读和研究《尚书》提供便利！

钱宗武

戊戌桂月于广陵荟景苑

尚书序

古者伏牺氏之王天下也[①]，始画八卦、造书契[②]，以代结绳之政[③]，由是文籍生焉[④]。

【注释】

① 伏牺氏：文献中又写作伏戏、伏羲、宓羲、庖牺、包牺，相传为华夏民族的人文始祖，人首蛇身，与女娲兄妹成婚，生儿育女。始画八卦，创造文字；发明琴瑟，创作乐曲；倡导男婚女嫁，教民捕鱼畜牧。　王（wàng）：统治，治理。

② 八卦：指乾☰、坤☷、震☳、巽☴、坎☵、离☲、艮☶、兑☱八种符号，每一种由三组阴（⚋）阳（⚊）构成，各代表一定属性的若干事物。八卦又以每两卦相叠演为六十四卦，用来象征自然现象和社会现象的发展变化。八卦最初是上古记事符号，后来被用作卜筮符号，逐渐神秘化。　书契：文字。《经典释文》："书者，文字。契者，刻木而书其侧。"

③ 结绳：文字产生以前的一种记事方法。用绳打结，用不同的形状和数量标记不同的事件。

④ 由是：因此。　文籍：文章典籍。

【译文】

上古伏牺氏治理天下的时候，开始画八卦、造文字，用来代替结绳处理政事，因此产生了文章典籍。

伏牺、神农、黄帝之书[①]，谓之“三坟”[②]，言大道也；少昊、颛顼、高辛、唐、虞之书[③]，谓之“五典”[④]，言常道也。至于夏、商、周之书，虽设教不伦[⑤]，雅诰奥义[⑥]，其归一揆[⑦]，是故历代宝之，以为大训。八卦之说，谓之“八索”[⑧]，求其义也；九州之志[⑨]，谓之“九丘”。丘，聚也。言九州所有，土地所生，风气所宜，皆聚此书也。《春秋左氏传》曰：“楚左史倚相能读三坟、五典、八索、九丘。”即谓上世帝王遗书也。

【注释】

① 神农：远古部落首领，姜姓，又称炎帝、烈山氏、连山氏。相传最早用火，教民稼穑，发明草药治病。　黄帝：远古部落首领，姓公孙，因居姬水，又改姓姬，号轩辕氏，又称有熊氏。曾打败炎帝，斩杀蚩尤，而取代神农氏。传说蚕桑、舟车、宫室等制度都从黄帝时开始。伏牺、神农、黄帝合称三皇。

② 三坟：《孔疏》：“坟，大也。以所论三皇之事其道至大，故曰：‘言大道也。’”

③ 少昊：黄帝的儿子，与颛顼、高辛、唐、虞合称五帝。　颛顼（zhuān xū）：黄帝之孙，昌意之子，称高阳氏。　高辛：黄帝曾孙，少昊之孙，又叫帝喾（kù）。　唐：尧帝，属陶唐氏，又叫唐尧，简称唐。　虞：舜帝，属有虞氏，又叫虞舜，简称虞。

④ 五典：《孔疏》：“典者，常也。言五帝之道可以百代常行，故曰：

‘言常道也。’”

⑤ 设教：设施教化。　　伦：《礼记·曲礼下》：“拟人必于其伦。”郑玄注：“拟，犹比也。伦，犹类也。”

⑥ 雅诰：雅正辞诰，指夏、商、周三代的文章。在《尚书》中，唐代孔颖达认为《虞书》《夏书》《商书》《周书》有训、诰、誓、命、歌、贡、征、范八类文体，这里用诰代表。

⑦ 归：指归，旨趣。　　揆：道理。

⑧ 八索：《孔疏》：“引言为论八卦事义之说者，其书谓之八索。”又说：“此索谓求索，亦为搜索。”

⑨ 志：记述。

【译文】

伏牺、神农、黄帝三皇时代的书，叫做“三坟”，讲述大道理；少昊、颛顼、高辛、唐尧、虞舜五帝时代的书，叫做“五典”，讲述可以长久通行的道理。至于夏、商、周三个朝代的书，虽然设施教化不与三坟、五典同类，但雅正辞诰的深奥意义，它们的旨趣都归结为同一个道理，因此，各个时代都把它们看得很宝贵，认为是最重要的教导。演说八卦的书，叫做“八索”，求索八卦的意义；记述九州的书，叫做“九丘”。丘，聚集的意思。意思是说九州所有的，土地所生长的，风气所适宜的，都聚集在这种书中。《春秋左氏传》说：“楚左史倚相能够阅读三坟、五典、八索、九丘。”说的就是上古帝王留传下来的书。

【段意】

第一段，叙述上古经典的形成、类型及华夏文献传统的源头。

先君孔子生于周末[①]，睹史籍之烦文[②]，惧览之者不一[③]，遂乃定《礼》《乐》[④]，明旧章[⑤]，删《诗》为三百篇[⑥]，约史记而修《春秋》[⑦]，赞《易》道以黜八索[⑧]，述职方以除九丘[⑨]。讨论坟典[⑩]，断自唐虞以下，讫于周。芟夷烦乱[⑪]，剪截浮辞[⑫]，举其宏纲，撮其机要[⑬]，足以垂世立教[⑭]。典、谟、训、诰、誓、命之文凡百篇[⑮]，所以恢弘至道[⑯]，示人主以轨范也[⑰]。帝王之制坦然明白，可举而行，三千之徒并受其义[⑱]。

【注释】

①先君：子孙称自己的祖先。

②烦文：烦琐不必要的文字。

③一：相同，一样。

④遂乃：于是就。　定：《孔疏》："修而不改曰定。"

⑤明旧章：《孔疏》："明旧章者，即《礼》《乐》《诗》《易》《春秋》是也。"

⑥删《诗》为三百篇：《孔疏》："就而减削曰删。"古代有诗三千余篇，孔子除去重复，选取可施于礼义的三百一十一篇，其中六篇有序无诗，完整的共三百零五篇，说三百篇是取其整数。

⑦约：依据。《孔疏》："准依其事曰约。"《说文·糸部》："约，缠束也。"

⑧赞：佐助。《孔疏》："因而佐成曰赞。"《史记·孔子世家》："孔子晚而喜《易》，序《彖》《系》《象》《说卦》《文言》。读《易》，韦编三绝。"　黜：退而不用。

⑨职方：官名。《周礼·夏官司马·职方氏》："职方氏掌天下之图，

以掌天下之地。辨其邦国、都鄙、四夷、八蛮、七闽、九貉、五戎、六狄之民，与其财用、九谷、六畜之数要，周知其利害。”

⑩ 讨论：整理。《论语·宪问》：“世叔讨论之。”郑玄注：“讨论，整理。理，亦治也，谓整比其辞而治之也。”

⑪ 芟（shān）夷：削除。　烦乱：烦琐杂乱的文字。

⑫ 剪截：删减。《孔疏》：“去而少者为剪裁也。”　浮辞：虚浮的言辞。

⑬ 撮：摘取。　机要：精义和要点。

⑭ 垂世：流传后世。　立教：给人制定规范而施行教育。

⑮ 典：大册。如《尧典》《舜典》。　谟：谋议。如《皋陶谟》。　训：训导，教导。如《伊训》。　诰：古代诸侯朝见君主时，君主告诫诸侯的言辞。如《汤诰》。　誓：誓词。如《汤誓》。　命：命令。如《说命》。　典、谟、训、诰、誓、命，都是《尚书》的文体。

⑯ 恢弘：发扬。　至道：最深刻的道理。

⑰ 轨范：楷模，法式。

⑱ 三千之徒：指孔子的学生。《史记·孔子世家》：“孔子以《诗》《书》《礼》《乐》教，弟子盖三千焉，身通六艺者七十有二人。”

【译文】

我的祖先孔子生活在周代末年，看到史籍中一些烦琐的文字，担心阅读它们的人用心不同，于是修定《礼》《乐》，使旧有的篇章更加明显，削减《诗》为三百篇，按照历史事实的记载去整理《春秋》，帮助完善《易》的道理而废弃了八索，阐述了职方的职责而排除了九丘。整理三坟五典，断代从尧以后，到周代为止。删除烦琐杂乱的文字，削减虚浮不实的言辞，提出宏大的纲领，摘取精义和要点，制定法式，施行教育，足以流传后世。典、谟、训、诰、誓、命各类文章共一百篇，用来发扬最深刻的道理，让国君看到楷模。帝王的制度显然明白，可以实行，三千学生都接受了其中的道义。

及秦始皇灭先代典籍，焚书坑儒，天下学士逃难解散，我先人用藏其家书于屋壁①。汉室龙兴②，开设学校，旁求儒雅，以阐大猷③。济南伏生④，年过九十，失其本经，口以传授，裁二十余篇。以其上古之书，谓之《尚书》。百篇之义，世莫得闻⑤。至鲁共王好治宫室⑥，坏孔子旧宅以广其居，于壁中得先人所藏古文虞、夏、商、周之书及传、《论语》《孝经》，皆科斗文字⑦。王又升孔子堂，闻金石丝竹之音⑧，乃不坏宅，悉以书还孔氏。科斗书废已久，时人无能知者，以所闻伏生之书考论文义，定其可知者为隶古定⑨，更以竹简写之，增多伏生二十五篇。伏生又以《舜典》合于《尧典》，《益稷》合于《皋陶谟》，《盘庚》三篇合为一，《康王之诰》合于《顾命》，复出此篇并序，凡五十九篇，为四十六卷，其余错乱摩灭⑩，弗可复知。悉上送官，藏之书府，以待能者。

【注释】

① 先人：《孔子家语》："子襄以秦法峻急，壁中藏其家书。"据《史记·孔子世家》，子襄是孔子后裔，孔安国的曾祖。　用：因此。

② 龙兴：比喻新王朝的兴起。《孔疏》："言龙兴者，以《易》龙能变化，故比之圣人，九五飞龙在天，犹圣人在天子之位，故谓之龙兴也。"

③ 大猷：大道。指三坟五典等先王典籍。

④ 伏生：名胜，字子贱，济南人。秦时博士。汉文帝时，伏生已九十多岁，文帝派太常使掌故晁错向伏生学《尚书》，伏生口授二十余篇，即今文《尚书》。

⑤ 莫：无指代词，没有谁。

⑥ 鲁共王：又写作鲁恭王。汉景帝的儿子，名余。好治苑囿狗马，又好音乐。曾为扩建宫室而毁坏孔子故居，从壁中得到古文经传。

⑦ 科斗文字：古代的一种文字，以头粗尾细像蝌蚪而得名。魏三体石经中的古文，就是蝌蚪文。科斗，同蝌蚪。

⑧ 金石丝竹：指音乐。金，指钟；石，指磬；丝，指琴；竹，指管。

⑨ 隶古定：用隶书的笔画摹写的古文字。

⑩ 摩灭：消失，湮灭。“摩”通“磨”。

【译文】

到秦始皇消灭先代的典籍、焚书坑儒的时候，天下学士逃难解散，我的先人因此把家里的书收藏在住宅的墙壁中。汉朝兴起，开设学校，广泛寻求博学的儒士，以便阐释前代的典籍。济南伏生，年龄已超过了九十岁，失掉了原有的经书，用口传授，只有二十多篇。由于是上古时候的书，就称为《尚书》。而百篇的大意，世上没有谁能够听说。到鲁共王时，喜欢修筑宫室，毁坏孔子的旧屋用来扩大自己的住房，在孔子旧屋的墙壁中发现了先人所收藏的、用古文写的虞夏商周的书及传、《论语》《孝经》，都是蝌蚪文字。鲁共王又登上孔子的庙堂，听到了金石丝竹奏出的音乐，于是不再继续毁坏旧居，并将书全部还给孔家。用蝌蚪文字写的书很早以前就已经废除了，当时没有能看得懂的人，用从伏生那里听到的书解考察讨论文中的意义，定下其中可以认识的摹写成隶书，再用竹简写下，比伏生的今文《尚书》增多二十五篇。伏生又把《舜典》合并在《尧典》中，《益稷》合并在《皋陶谟》中，《盘庚》三篇合为一篇，《康王之诰》合并在《顾命》中，再分出这些篇目和序文，一共五十九篇，为四十六卷，其余错乱散失，不能理解。全部上送官府，藏在书库中，等候能够读懂它们的人。

【段意】

第二段，说明孔子整理古籍的宗旨，叙述今古文《尚书》的源流和文本异同。

承诏为五十九篇作传，于是遂研精覃思①，博考经籍，采摭群言②，以立训传。约文申义③，敷畅厥旨④，庶几有补于将来⑤。

【注释】

① 研精：精深的研究。　　覃（tán）思：深思。

② 采摭（zhí）：拾取，采纳。

③ 约：简明，简要。　　申：阐明，解释。

④ 敷畅：铺叙发挥。

⑤ 庶几：大概可以。

【译文】

我秉承皇帝的命令给五十九篇作传注，于是深思熟虑，精心研究，广泛参考经书典籍，采纳各家的说法，写下传注。用简明的文字申述意义，铺陈发挥其中的旨趣，大概可以对于将来有点帮助。

《书》序，序所以为作者之意，昭然义见[①]，宜相附近[②]，故引之各冠其篇首，定五十八篇。既毕，会国有巫蛊事[③]，经籍道息[④]，用不复以闻，传之子孙，以贻后代[⑤]。若好古博雅君子与我同志[⑥]，亦所不隐也。

【注释】

①昭然：明显。

②宜相附近：《书》序应该与各篇的正文相互靠近。

③会：碰上。　巫蛊（gǔ）事：据《汉书》记载：汉武帝末年崇信巫术，近臣江充与太子有嫌隙，蛊惑武帝说太子宫中有蛊气，武帝遂命令丞相发兵讨伐太子，太子出走湖关自杀。蛊，毒虫。

④经籍道息：《孔疏》："好爱经籍之道灭息。"

⑤贻：遗留。

⑥博雅：学问广博，志趣高雅。　志：志向，抱负。

【译文】

《尚书》的序是叙述作者为什么这样写的原因，明明白白地表达篇旨题意，应该和各篇正文放在一起，因此援引其放在相应的篇目前面，定为五十八篇。已经整理完备，正碰上国家发生了巫蛊事件，爱好经籍的道路断绝了，不用再把《书》传上奏朝廷，只把它传给子孙，留传后代。如果有爱好古道、学问广博、志趣高雅的君子与我志向相同，我也不隐藏我的《书》传。

【段意】

第三段，说明撰作《书》传、小序的情况和没有上奏朝廷的原因。

虞　书

虞，古代典籍中记录的朝代名，或为原始社会部落名。舜为其政治领袖。《虞书》中《尧典》记载唐尧时事。唐，古书记载中最早的朝代名，或为原始社会部落名。尧为其政治领袖。尧，名放勋，又称唐尧。秦汉时《尧典》(含今本《舜典》)既有归为《虞夏书》者，也有归为《唐书》者。如马融、郑玄将《尧典》归为《虞夏书》，而《尚书大传》说《尧典》则将其归入《唐传》，而非《虞夏传》。《说文》"悉"字下云："《唐书》曰：'五品不悉。'"此句见今传本《舜典》，亦云《唐书》。《唐书》仅《尧典》一篇，今依孔传古文《尚书》以虞概唐，合称《虞书》。

《虞书》记载尧、舜的事迹，尧、舜是我们华夏民族的人文始祖，《虞书》是我们这个古老文明辉煌历史的开篇。

《虞书》共有今古文五篇。

尧典第一

【题解】

典，是《尚书》的一种体式，《说文·丌部》解释“典”的字形像“册在丌上”，解释字义为“大册也”，专记上古帝王事迹及上古典章制度。《尧典》就是记尧的事迹及其历法制度。

《尧典》分四段，反映了中华文化源头一些重要内容。

第一段赞颂尧的品德：“克明俊德，以亲九族；九族既睦，平章百姓；百姓昭明，协和万邦。”这是儒家“修、齐、治、平”内圣外王政治哲学思想的理论源头。

第二段记叙尧制定历法节令的情况，尧“乃命羲和，钦若昊天，历象日月星辰，敬授人时”，是人类观象记时的最早文献记录。这些记载已为现代科学研究所证实。天文学家竺可桢《中国古代在天文学上的伟大贡献》论定《尧典》的“三百有六旬有六日”就是阳历年，“以闰月定四时，成岁”则是阴阳历合用，是当时最先进的历法。观象记时还反映了我国古代天人同构的宇宙认知模式。认识天文、制定历法的目的在于指导人类生产生活，同时，人们在掌握宇宙秩序及其运动规律的过程中，会触类旁通，用以对应人间社会秩序及其运动规律。《论语·泰伯》：“唯天为大，唯尧则之。”后世“天人合一”学说与“历象授时”有着密切的因果联系。

第三段记叙尧选拔官员的情况，反映了原始社会的军事民主制。

第四段记叙议定和考察尧的继承人，反映了远古禅让制的一些特点。尧年老让位，不传子而传贤。部落首领推举舜，尧就嫁二女于舜，观察舜的私德内美，展现了《礼记·礼运》“天下为公”“选贤与能”的大道之治。当然，也有诸多史料记载，唐虞之际的政权交替并不和平，《韩非子·说疑》就认为：“舜逼尧，禹逼舜，汤放桀，武王伐纣，此四王者，人臣弑其君者也。”《竹书纪年》也有类似的记载：“舜囚尧于平阳，取之帝位。”这些记载完全颠覆了正统儒学的史学观，但研究证明尧时非家天下，部族联盟首领不得专权擅行则无可疑议。此外，后世少数民族如鲜卑、契丹、女真、蒙古都曾实行过会议选举制度，首领出于公推。鉴于此，远古社会的禅让制仍有存在的可能，只是未必如文献记载的那样美好。

《尧典》确切的成书年代目前尚不可考，但无疑具有很高的史料价值，是中国上古史的奠基篇。《史记》的第一篇是《五帝本纪》，主要史料就是《尧典》，再辅以战国末期的《帝系姓》和《五帝德》的相关材料。

西汉伏生所传今文《尚书》中的《尧典》包括《舜典》，本书则依据孔传本古文《尚书》分为两篇。

昔在帝尧，聪明文思①，光宅天下②。将逊于位③，让于虞舜，作《尧典》。

【注释】

① 聪明：耳聪目明，见微知著。《孔疏》："远听为聪，见微为明。""以耳目之闻见，喻圣人之智慧，兼知天下之事。" 文：善治。郑玄说："经纬天地谓之文。" 思：德美。马融说："道德纯备谓之思。"

② 宅：拥有。《尚书正读》："宅，宅而有之也。"

③ 逊：退避。《孔传》："逊，遁也。"

【译文】

昔日，帝尧广闻博识，见微知著，善治政事，道德纯备，广有天下。后来，他将把帝位禅让给虞舜，史官写作了《尧典》。

尧　典

曰若稽古①，帝尧曰放勋②，钦明文思安安③，允恭克让④，光被四表⑤，格于上下⑥。克明俊德⑦，以亲九族⑧；九族既睦，平章百姓⑨；百姓昭明，协和万邦。黎民于变时雍⑩。

【注释】

① 曰若：金文和《尚书》其他篇目也作"雩若""粤若""越若"，句首语气词，无义。 稽古：查考往事。稽，考察。

② 帝：此处实指原始社会部落联盟首领。三皇五帝是王朝时代的史家构拟的上古帝王世系，原始社会没有国家，也没有皇、帝和王。本书为忠于原著，一切专名皆沿用经文。 放勋：即尧。尧属陶唐氏，又称唐尧。

③钦：敬，恭俭。郑玄说："敬事节用谓之钦。" 明：明察。郑玄说：

“照临四方谓之明。” 安安：温柔宽容貌。《尚书考灵曜》作“晏晏”，郑玄注：“宽容覆载谓之晏。”《尔雅·释训》：“晏晏，温和也。”

④允：确实，的确。 恭：敬，谨。郑玄说：“不懈于位曰恭。” 克：能。 让：谦让。

⑤光：广。《经义述闻》：“‘光’与‘广’通，皆充廓之义。”“‘光被’之‘光’作‘横’又作‘广’，字异而声义同。” 被：遍及。 四表：四方，四海之外。

⑥格：来、至。 上下：指天地。

⑦俊：杰出，才智超过一般的人。《说文·人部》：“俊，材千人也。”

⑧亲：使……和睦。 九族：郑玄谓自高祖、曾祖、祖、父、自己、子、孙、曾孙至玄孙，凡九代。泛指至亲。一说是父族四、母族三、妻族二。也有学者认为，《尧典》“九族”的族是氏族，不是家族，因而不与尧本人有直接血亲关系；并且认为“九”是虚数，与“百姓”之“百”同例，表示极多的意思，不能落实。可备参考。

⑨平：《史记·五帝本纪》引作“便”，《后汉书·刘恺传》引作“辨”。实为“釆”之形讹，义为分别、辨别。《说文·釆部》：“釆，辨别也。象兽指爪分别也。读若‘辨’。”详见惠栋《九经古义》。 章：彰明。百姓：指百官。《孔疏》：“百姓谓百官族姓。”

⑩黎：众。 于：代，递。《尔雅·释诂》：“于，代也。” 时：善。 雍：和睦。也有学者认为，“雍”同“雝”，当训为应和、顺应、遵从。王先谦说：“雝之训和，盖自鸟声和鸣引申之。”可备参考。

【译文】

查考往事，帝尧名叫作放勋。他恭俭明察，善治天下，道德纯备，温柔宽容。他尽忠职守，又能谦让，德辉普照四方，至于天地。他能发扬大德，使家族亲密和睦；家族和睦以后，又辨明百官的政事；百官的政事辨明了，又使万邦诸侯和顺。普天下的老百姓也渐渐变得善良和睦了。

【段意】

第一段，颂扬尧的品德和功绩。

乃命羲和①，钦若昊天②，历象日月星辰③，敬授人时④。分命羲仲，宅嵎夷⑤，曰旸谷⑥。寅宾出日⑦，平秩东作⑧。日中⑨，星鸟⑩，以殷仲春⑪。厥民析⑫，鸟兽孳尾⑬。申命羲叔，宅南交⑭。平秩南讹⑮，敬致⑯。日永⑰，星火⑱，以正仲夏。厥民因⑲，鸟兽希革⑳。分命和仲，宅西，曰昧谷。寅饯纳日㉑，平秩西成㉒。宵中㉓，星虚㉔，以殷仲秋。厥民夷㉕，鸟兽毛毨㉖。申命和叔，宅朔方，曰幽都㉗。平在朔易㉘。日短，星昴㉙，以正仲冬。厥民隩㉚，鸟兽氄毛㉛。帝曰："咨㉜！汝羲暨和㉝。期三百有六旬有六日㉞，以闰月定四时㉟，成岁。允厘百工㊱，庶绩咸熙㊲。"

【注释】

① 羲和：羲氏、和氏，尧时制定历法的官。马融曰："羲氏掌天官，和氏掌地官。"在神话传说中，羲和或为驾御日车的神，或为太阳的母亲。《离骚》："吾令羲和弭节兮。"洪兴祖补注："日乘车驾以六龙，羲和御之。"《山海经·大荒南经》："羲和者，帝俊之妻，生十日。"后来神话传说历史化，羲和成为制定历法的官。

②若：顺从。　昊：广大。

③历：推算。《尔雅·释诂》："历，数也。"　象：取法。《楚辞》王逸注："象，法也。"

④人：本作"民"，唐天宝三载卫包用楷书改写孔传古文《尚书》时，避唐太宗李世民名讳改为"人"。说见段玉裁《古文尚书撰异》。

⑤宅：居，居住。　嵎夷：地名，在东海之滨。

⑥旸（yáng）谷：相传为太阳升起的地方。《说文·日部》："旸，日出也。"

⑦寅：敬。　宾：通"傧"，用如动词，迎引。

⑧平秩：辨别测定。

⑨日中：昼夜时间相等，指春分这一天。

⑩星鸟：指南方朱雀七宿（井、鬼、柳、星、张、翼、轸）。因呈鸟形，故称"星鸟"。

⑪殷：正，确定。　仲：一年四季，一季三月，每季度中间的那个月。

⑫厥：其。　析：分散。

⑬孳尾：生育繁衍。《孔传》："乳化曰孳，交接曰尾。"

⑭交：交趾，地名。《墨子·节用》："尧治天下，南抚交趾。"《韩非子·十过》："昔事尧有天下……其地南至交趾。"

⑮讹：运行。《诗经·小雅·无羊》："或寝或讹。"《毛传》："讹，动也。"

⑯致：回归。

⑰永：长。夏至日白天最长。

⑱星火：火星，即心宿，东方青龙七宿（角、亢、氐、房、心、尾、箕）之一，夏至日黄昏出现在南方。《左传·昭公十八年》："夏五月，

火始昏现。"杜预注："火，心星。"心宿由三颗星构成，中星色红似火，就是文献中常出现的大火星。故心宿又名火星，以小名概大名。《宋史·天文志三》："心宿三星，天之正位也。"《孔传》："火，苍龙之中星，举中则七星见可知。"

⑲ 因：就，指就高地居住。《吕氏春秋·仲夏》《礼记·月令》都说："仲夏之月……可以居高明。"

⑳ 希革：稀毛。希，通"稀"。革，通"翱（gé）"。《玉篇》："翱，羽也。"郑玄说："夏时鸟兽毛疏皮见。"

㉑ 饯：用酒食送行。一说通"践"，蹈，借声为"导"。《史记·五帝本纪》作"敬道日入"，"道"又通"导"。　纳日：入日，落日。《尚书大传》作"入日"。

㉒ 西成：太阳西落的时候。《皋陶谟》郑注："成，终也。"

㉓ 宵中：夜昼时间相等，指秋分这一天。

㉔ 星虚：星名。北方玄武七宿（斗、牛、女、虚、危、室、壁）之一。

㉕ 夷：平，指到平地居住。

㉖ 毨（xiǎn）：羽毛更生。

㉗ 幽都：幽州。今河北北部至辽宁一带。

㉘ 在：察。《尔雅·释诂》："在、存、省、士，察也。"　朔：北方。易：改易。这里指运行。

㉙ 星昴：星名，西方白虎七宿（奎、娄、胃、昴、毕、参、觜）之一。

㉚ 隩（yù）：通"奥"，室。民避寒而入室内。

㉛ 氄（rǒng）：细毛。

㉜ 咨：表感叹。《玉篇》："咨，咨嗟也。"

㉝ 暨：并列连词，及，与。

㉞期（jī）：一周年。　　有：连词，通“又”，用于整数与余数之间。

㉟闰月：月亮绕地球运行一周，需时二十九天多。一年十二月，大月三十天，小月二十九天，共计三百五十四天，比一年的实际天数少十一天多。因此必须安排闰月。

㊱允：用。《经传释词》：“家大人曰：允，犹用也。《书·尧典》曰‘允厘百工’，言用厘百工也。”　　厘：治理。　　百工：百官。

㊲庶绩咸熙：许多事情都兴办起来。庶，众。咸，都。熙，兴。

【译文】

（尧）于是命令羲氏与和氏，敬遵天数，推算日月星辰运行的规律，制定历法，敬慎地把天时节令告诉人们。分别命令羲仲，住在东方旸谷，恭敬地迎接日出，辨别测定太阳东升的时刻。昼夜长短相等时，南方朱雀七宿黄昏时出现在天的正南方，把这一天确定为春分。这时人们分散在田野，鸟兽开始生育繁殖。又命令羲叔，住在南方交趾，辨别测定太阳往南运行的情况，恭敬地迎接太阳向南回归。白昼时间最长时，东方苍龙七宿中的火星黄昏时出现在南方，把这一天确定为夏至。这时人们住在高处，鸟兽的羽毛稀疏。分别命令和仲，住在西方昧谷，恭敬地送别落日，辨别测定太阳西落的时刻。昼夜长短相等时，北方玄武七宿中的虚星黄昏时出现在天的正南方，把这一天确定为秋分。这时人们又回到平地上居住，鸟兽换生新毛。又命令和叔，住在北方幽都，辨别观察太阳往北运行的情况。白昼时间最短时，西方白虎七宿中的昴星黄昏时出现在正南方，把这一天确定为冬至。这时人们住在室内，鸟兽长出了柔软的细毛。尧说：“啊！你们羲氏与和氏啊。一周年三百六十六天，要用加闰月的办法确定春夏秋冬四季而成一岁。由此规定百官的职守，许多事情就都兴办起来了。”

【段意】

第二段，说明尧制定历法节令的情况。

帝曰："畴咨若时登庸[①]？"

放齐曰[②]："胤子朱启明[③]。"

帝曰："吁[④]！嚚讼可乎[⑤]？"

帝曰："畴咨若予采[⑥]？"

驩兜曰[⑦]："都[⑧]！共工方鸠僝功[⑨]。"

帝曰："吁！静言庸违[⑩]，象恭滔天[⑪]。"

帝曰："咨！四岳[⑫]，汤汤洪水方割[⑬]，荡荡怀山襄陵[⑭]，浩浩滔天[⑮]。下民其咨[⑯]，有能俾乂[⑰]？"

佥曰[⑱]："於[⑲]！鲧哉[⑳]。"

帝曰："吁！咈哉[㉑]，方命圮族[㉒]。"

岳曰："异哉[㉓]！试可乃已[㉔]。"

帝曰："往，钦哉！"

九载，绩用弗成。

【注释】

①畴：疑问代词，谁。　咨：句中语气助词，无义。　若：善，治理好。　时：四时。　登庸：提升任用。《尔雅·释诂》："登，升也。"马融说："羲和为卿官，尧之末年皆以老死，庶绩多阙，故求贤顺四时之职，欲用以代羲和。"

②放齐：尧臣名。

③胤：后嗣。　朱：丹朱，尧的儿子。　启明：开明。

④ 吁：叹词，惊叹中又带有否定的语气。

⑤ 嚚（yín）：不说忠信的话。《左传·僖公二十四年》："口不道忠信之言为嚚。"　讼：争，好争辩。

⑥ 采：事。《皋陶谟》"载采采"，《史记·夏本纪》作"始事事"。

⑦ 驩兜：尧的大臣，四凶之一。

⑧ 都：《书集传》："叹美之辞也。"

⑨ 共工：尧的大臣，四凶之一。　方：通"防"。　鸠：通"救"。《说文》引作"救"。　僝（zhuàn）：马融说："具也。"　这句是说共工防水救灾，已具功绩。

⑩ 静言：巧言。《史记·五帝本纪》作"善言"。《汉书·翟方进传》："静言令色，外巧内嫉。""静言令色"即《论语·学而》的"巧言令色"。　庸：时间副词，经常。《尔雅·释诂》："庸，常也。"　违：邪僻。

⑪ 象恭：貌似恭敬。　滔天：弥漫接天，形容气性高傲。滔，漫。　又，闻一多认为"象"是"潒"之省，即"荡"字；"恭"当从"水"，即"洪"之别体。"象恭滔天"即"潒洪滔天"。可备参考。

⑫ 四岳：官名，主持四岳的祭祀，为诸侯之长。

⑬ 汤（shāng）汤：水大的样子。　方：范围副词，都。　割：通"害"。《孔传》："割，害也。"

⑭ 荡荡：水广大的样子。　怀：包围。　襄：上，涨上，漫上。

⑮ 浩浩：水势远大的样子。　滔天：这里指巨浪接天，形容水势汹涌澎湃。

⑯ 其：语气副词，加强肯定语气，可译为"应当""必定"。

⑰ 俾：使。　乂：治理。

⑱ 佥：都，皆。

⑲ 於（wū）:《助字辨略》:“又音‘乌’，叹美辞也。《书·尧典》:‘佥曰：於！鲧哉。’疏云：‘於，即呜字，叹之辞也。’”

⑳鲧（gǔn）:尧的大臣，禹的父亲。　哉：语气词，表示商度语气。《词诠》:“哉，语末语气，表拟议。《礼记·曾子问》疏云：‘哉者，疑而度量之辞。’”《舜典》中“佥曰：垂哉”及“佥曰：益哉”之“哉”同。

㉑ 咈（fú）：违背。　哉：语气词，这里表示陈述语气。

㉒ 方命：郑玄说：“方，放，谓放弃教命。”　圮（pǐ）：毁坏。《尔雅·释诂》:“圮，毁也。”　族：族类。

㉓ 异：举。　哉：语气词，这里表示祈使语气。

㉔ 试可乃已：江声说：“试、已，皆用也。言用之可乃用尔。”又，此句《史记·五帝本纪》作“试不可用而已”。钱大昕说：“古人语急，以‘不可’为‘可’。”可备参考。《周书·召诰》也有类似语例，“亦敢殄戮用乂民”句，曾运乾先生《尚书正读》:“亦，亦勿也。‘亦勿敢’。蒙上文‘勿’字而省也。”

【译文】

尧帝说：“谁善治四时？我要提升任用他。”

放齐说：“您的儿子丹朱很开明。”

尧帝反问：“唉！他说话虚妄又好争辩，行吗？”

尧帝又问：“谁善于处理政务？”

驩兜说：“啊！共工防水救灾已具成效。”

尧帝说：“唉！他花言巧语，阳奉阴违，貌似恭谨，而气焰很高。”

尧帝说：“啊！四方诸侯的首领！滔滔的洪水普遍危害人们，水势奔腾包围了山岭，淹没了丘陵，浩浩荡荡，弥漫接天。臣民都在叹息，有能使洪水得到治理的人吗？”

大家都说：“啊！鲧吧。”

尧帝反对说：“唉！他违背人意，不服从命令，危害族人。”

四方诸侯的首领说：“起用吧！试试，可以就用他。”

尧帝只好说：“去吧，鲧！要谨慎啊！”

鲧治水九年，成效不好。

【段意】

第三段，说明尧选拔官吏的情况。

帝曰：“咨！四岳。朕在位七十载①，汝能庸命②，巽朕位③？”

岳曰：“否德忝帝位④。”

曰：“明明扬侧陋⑤。”

师锡帝曰⑥：“有鳏在下⑦，曰虞舜。”

帝曰：“俞⑧！予闻，如何？”

岳曰：“瞽子⑨，父顽，母嚚，象傲，克谐。以孝烝烝⑩，乂不格奸⑪。”

帝曰：“我其试哉！女于时⑫，观厥刑于二女⑬。”厘降二女于妫汭⑭，嫔于虞⑮。

帝曰：“钦哉！”

【注释】

① 朕：《尔雅·释诂》：“我也。”周秉钧《古汉语纲要》引蔡邕《独断》：“‘朕，我也。古者尊卑共之，贵贱不嫌则可同号之义也。’秦始皇

二十六年，制定‘朕’为天子自称，后世因而不改。”此处为尊卑共享的自称代词，非独尧称“朕”，即皋陶等臣子也可称“朕”（见《皋陶谟》）。

②庸：用。

③巽：通“践”。《史记·夏本纪》作“践”。《礼记·中庸》“践其位”，郑注：“践，犹升也。”

④否（pǐ）：鄙陋。《史记·五帝本纪》作“鄙”。　忝：辱，谓配不上。

⑤明明：前“明”字，动词，明察；后“明”字，名词，贤明的人。　扬：推举。　侧陋：疏远隐匿，指地位卑微的人。

⑥师：众人。　锡：赐，这里指献言。《尚书易解》：“古者下对上亦称锡，犹今言贡献。”《禹贡》：“九江纳锡大龟。”“锡”亦谓进献、进贡。

⑦鳏：疾苦的人。《尔雅·释诂》：“鳏，病也。”“病”有“苦”义，《左传·襄公二十四年》：“范宣子为政，诸侯之币重，郑人病之。”

⑧俞：叹词，表示应答。《史记·五帝本纪》作“然”。《尧典》中的叹词“俞”皆用于对话。李学勤指出，传世文献中，“俞”作为叹词，见于《尧典》《舜典》《皋陶谟》《益稷》及伪古文《大禹谟》，先秦别的古籍少有此用法；而甲骨卜辞中也有“俞”作为叹词的用例，可证《尧典》来源很古。

⑨瞽：瞎子。指舜的父亲乐官瞽瞍。瞽，《史记·五帝本纪》引作“盲”。

⑩以：介词，因为。　烝烝：厚美。《诗经·鲁颂·泮水》：“烝烝皇皇，不吴不扬。”《毛传》：“烝烝，厚也。”《诗经·大雅·文王有声》：“文王烝哉。”《韩诗》谓：“烝，美也。”

⑪ 乂：治理。　　奸：邪恶。

⑫ 女：嫁女。　　时：通“是”，代词，此处意为“这个人”。

⑬ 厥：其，关联副词，可以译为“就”“才”。《经传释词》：“其，犹‘乃’也。”　　刑：法，这里指法则。《诗经·大雅·思齐》：“刑于寡妻。”《毛传》：“刑，法也。”　　二女：尧的女儿娥皇、女英。

⑭ 厘：命令。　　妫（guī）：水名。　　汭（ruì）：水湾。

⑮ 嫔：妇，这里指嫁于虞舜为妇。

【译文】

尧帝说：“啊！四方诸侯的首领！我在位七十年，你们谁能顺应天命，升任我的帝位？”

四方诸侯的首领说：“我们德行鄙陋，不配升任帝位。”

尧帝说：“可以明察贵戚中贤良的人，也可以推举地位低微的人嘛！”

大家提议说：“在下面有一个穷困的人，名叫虞舜。”

尧帝说：“是的，我也曾经听说过，这个人怎么样呢？”

四方诸侯的首领回答说：“他是乐官瞽瞍的儿子。他的父亲心术不正，后母说话不诚实，弟弟象傲慢不友好，而舜能同他们和谐相处。他的孝心醇厚，治理国务不至于坏吧！”

尧帝说：“我试试吧！我要把两个女儿嫁给舜，从她们那里观察舜的德行。”于是命令两个女儿下到妫水湾，嫁给虞舜。

尧帝告诫舜：“恭谨敬慎地处理政务吧！”

【段意】

第四段，记述议定和考察舜为尧的继承人的情况。

舜典第二

【题解】

《舜典》也以“典”名篇，主要记述舜即位前经受各种考验，即位后祭祀巡狩、分土制刑、惩处四凶、建官分职的事迹。舜，姚姓，名重华，相传是我国原始社会后期的著名部落首领，属有虞氏，所以又称虞舜。

《舜典》与《尧典》一样，也具有重要的文化学价值。《舜典》有不少中国文化史上“第一次”的记载。

《舜典》是中国最早的刑罚资料。第一次记载系列刑名，诸如官刑、教刑、赎刑，“象以典刑，流宥五刑，鞭作官刑，扑作教刑，金作赎刑”；第一次记载流放四凶的史实，“流共工于幽洲，放驩兜于崇山，窜三苗于三危，殛鲧于羽山”；第一次提出尚德慎罚的法律思想：“眚灾肆赦，怙终贼刑。钦哉，钦哉，惟刑之恤哉！”刑法是阶级社会的产物，《舜典》记载的刑罚及其刑法思想肯定是进入阶级社会才会出现，但这并不影响它是研究中国法治史不可或缺的珍贵史料。

《舜典》第一次提出中国最早的文学理论术语“诗言志”，揭示诗的本质特征，朱自清先生《诗言志辨·序》认为这是中国历代诗论“开山的纲领”，对后来的文学理论有深远的影响。《舜典》第一次记载先秦诗、乐、舞合一的文学艺术理论和文学艺术形态。舜命夔典乐一节，舜说“诗言志，歌永言，声依永，律和声”，则与儒家诗论观点一致。《诗大序》说：“诗者，志之所之也，在心为志，发言为诗。情动于中而形于言，言之不足故嗟叹之，嗟叹之不足故永歌之，永歌之不足，不知手之舞之、足之蹈之也。”舜任命夔担任乐官，却谈到诗，可见上古诗、乐合一；而夔回答舜说：“於！予击石拊石，百兽率舞。”即人们扮演百兽伴随乐音翩翩起舞，又可见上古乐、舞合一。有议有叙，文采斐然。

《舜典》“典朕三礼”句第一次出现“礼”。《左传·昭公二十五年》：“夫礼，天之经也，地之义也，民之行也。”礼是中国古代社会的典章制度和道德规范。作为典章制度，礼是社会政治制度的体现，是维护上层建筑以及与之相适应的人与人交往中的礼节仪式。作为道德规范，礼是人与人之间一切行为的标准和要求。

《舜典》第一次反映了“万物有灵”的原始信仰，第一次记载先民“信鬼神、重淫祀”的社会现象。“万物有灵”也是人类孩提时代普遍存在的哲学思维。舜继承尧帝位后，“类于上帝，禋于六宗，望于山川，遍于群神”。上帝之祭、山川之祭在甲骨文中均有记载；六宗，马融以为是“天地四时”，然结合考古发现似当指先祖神位的存放之所（详见“禋于六宗”注），先祖祭祀亦屡见于甲骨文。舜祭天地，祭祖先，祭山川，祭群神，可谓无所不祭，应该符合上古历史事实。

《舜典》篇首“曰若稽古，帝舜曰重华，协于帝。濬哲文明，温恭允塞，玄德升闻，乃命以位”二十八字，为南朝齐人添加。段玉裁《古文尚书撰异》指出：“东晋豫章内史梅赜始得孔安国

《尚书》并传，奏之，时缺《舜典》经传。齐建武中吴兴姚方兴伪称于大航头得《舜典》经传，奏上。其传则采马、王注造之，其经比马、郑所注多‘曰若稽古，帝舜曰重华，协于帝’十二字。”“或十二字下更有‘濬哲文明，温恭允塞，玄德升闻，乃命以位’十六字，共二十八字。既未施行，方兴以罪致戮。隋开皇初，始购得之，冠于妄分《舜典》之首，盛行至今。”

虞舜侧微①，尧闻之聪明，将使嗣位，历试诸难，作《舜典》。

【注释】

①侧：指舜隐居民间。《孔疏》：“不在朝廷谓之侧。” 微：指舜出身微贱。《孔传》：“其人贫贱谓之微。”

【译文】

虞舜隐居民间，出身卑贱，尧帝听说他很聪明，打算让他继承帝位，屡次用各种艰难的事考验他，史官记载舜的经历作《舜典》。

舜　典

曰若稽古，帝舜曰重华，协于帝。濬哲文明①，温恭允塞②，玄德升闻③，乃命以位。慎徽五典④，五典克从。纳于百揆⑤，百揆时叙⑥。宾于四门，四门穆穆⑦。纳于大麓⑧，烈风雷雨弗迷。

帝曰：“格，汝舜！询事考言⑨，乃言厎可绩⑩，三载。汝陟帝位。”

舜让于德，弗嗣。

【注释】

① 濬：深邃。　哲：智慧。　明：明察。《孔疏》："照临四方曰明。"

② 温：温和。　恭：谦逊。　允：的确，确实。　塞：充满。

③ 玄：《说文·玄部》："幽远也。黑而有赤色者为玄，象幽而入覆之也。"　《孔疏》："舜在畎亩之间，潜行道德，显彰于外，升闻天朝。"

④ 慎：谨慎地。　徽：调和。江声《尚书集注音疏》："《史记》云：'慎和五典。'则此'徽'当训'和'。《文选·文赋》注引许叔重《淮南注》云：'鼓琴循弦谓之徽。'则'徽'固有调和之谊也。"　五典：《尚书》中又称"五品""五常"，指五种伦常关系，即父义、母慈、兄友、弟恭、子孝。

⑤ 纳：选入。　百揆：揆度庶事之官，总揽政务。蔡沈《书集传》："犹周之冢宰。"

⑥ 时叙：《经义述闻》："时叙，犹承叙也。承叙者，承顺也。"

⑦ 穆穆：容仪谨敬的样子。《尔雅·释训》："穆穆，敬也。"郭璞注："皆仪容谨敬。"　《左传·文公十八年》："故《虞书》数舜之功曰'慎徽五典，五典克从'，无违教也；曰'纳于百揆，百揆时序'，无废事也；曰'宾于四门，四门穆穆'，无凶人也。"

⑧ 大麓：官名，主管山林。《说文·林部》："麓，守山林吏也。"

⑨ 询：谋划。

⑩ 厎（dǐ）：《孟子·离娄上》："舜尽事亲之道，而瞽瞍厎豫。"赵岐注："厎，致也。"

【译文】

查考往事，舜帝名叫重华，圣明与尧帝相似。他智慧深邃，善治天下，明察秋毫，温和谦恭的美德充盈人间；他潜修德性，美德上闻天朝。于是，舜被授予官职。舜慎重地调和五种人伦，五种人伦都能够被人们接受。被选任总理百官，百官都能承顺。在明堂四门迎接四方宾客，四方宾客都肃然起敬。又被选任守护山林，即使在暴风雷雨的恶劣天气也不迷误。

尧帝说："来吧，你虞舜啊！我与你一起谋划政事，考察你的言论，你的建言终可获得成效，已经三年了。你登上帝位吧！"

舜要谦让给有德的人，不肯继承帝位。

【段意】

第一段，记叙唐尧考察虞舜代己的经过。

正月上日①，受终于文祖②。在璿玑玉衡③，以齐七政④。肆类于上帝⑤，禋于六宗⑥，望于山川⑦，遍于群神。辑五瑞⑧，既月乃日⑨，觐四岳群牧⑩，班瑞于群后。

岁二月，东巡守，至于岱宗⑪，柴⑫。望秩于山川⑬，肆觐东后⑭。协时月正日⑮，同律度量衡⑯。修五礼、五玉、三帛、二生、一死贽⑰。如五器⑱，卒乃复⑲。五月南巡守，至于南岳，如岱礼。八月西巡守，至于西岳，如初。十有一月朔巡守，至于北岳，如西礼。归，格于艺祖⑳，用特㉑。

五载一巡守，群后四朝。敷奏以言㉒，明试以功㉓，车服以庸㉔。

肇十有二州㉕，封十有二山㉖，浚川。

象以典刑㉗，流宥五刑㉘，鞭作官刑，扑作教刑㉙，金作赎刑。眚灾肆赦㉚，怙终贼刑㉛。钦哉，钦哉，惟刑之恤哉㉜！

流共工于幽洲㉝，放驩兜于崇山㉞，窜三苗于三危㉟，殛鲧于羽山㊱，四罪而天下咸服㊲。

【注释】

①上日：善日，吉日。从王引之说。

②受终：指接受尧的禅让。《孔传》："终，谓尧终帝位之事。" 文祖：尧太祖的宗庙。祖，《说文·示部》："始庙也。"

③在：观察。见《尔雅·释诂》。 璿玑玉衡：北斗七星。《史记·天官书》："北斗七星，所谓'旋（璿）玑玉衡，以齐七政'。"璿玑是魁，玉衡是杓。

④齐：排列。 七政：七项政事，即祭祀、班瑞、东巡、南巡、西巡、北巡、归格艺祖。见《尚书易解》。

⑤肆：遂，于是。或作"遂"。1962年冬在河南省偃师县出土的熹平石经《尚书》残石有"以齐七政遂"五字。 类：通"禷"，祭天之礼。《说文·示部》："以事类祭天神。"这里指祭告继承帝位的事。 上帝：天神。甲骨卜辞中"帝"常指上帝，主宰气象（雨、雷、雹、风、雾、云等），支配年成，左右城邑安危，能够降福、降祸。

⑥禋（yīn）：祭名。《说文·示部》："禋，洁祀也。" 六宗：马融说："天地四时也。"又，据考古学研究，宗是具有遮阳蔽雨顶盖的祭坛，商代可指安置祖先神主之处，甲文中有用例。如殷代妇好墓上筑有"母辛宗"，金文中有"敔史屖乍（作）宝壶，用禋祀于兹宗室"句，存参。

禋于六宗：可能就是以禋礼祭祀六位先祖。译文仍用马融说。

⑦ 望：祭山川之名。

⑧ 辑：敛聚，收集。　　五瑞：诸侯作为符信的五种玉。《周礼·春官·大宗伯》说："公执桓圭，侯执信圭，伯执躬圭，子执谷璧，男执蒲璧。"

⑨ 既月乃日："月"与"日"均为动词，谓既择月乃择日。

⑩ 觐：朝见，这里是使动用法，使……朝见。　　牧：官长。

⑪ 岱宗：指东岳泰山。

⑫ 柴：祭名。马融说："祭时积柴，加牲其上而燔之。"

⑬ 秩：次序，次第。

⑭ 东后：东方的诸侯。

⑮ 时：指春夏秋冬四季。　　正：确定。

⑯ 同：统一。　　律：指古乐十二律，黄钟、大吕、太簇、夹钟、姑洗（xiǎn）、仲吕、蕤（ruí）宾、林钟、夷则、南吕、无射（yì）、应钟。十二律分为阴阳两类，凡属奇数的六种律称阳律，属偶数的六种律称阴律。度：丈尺。　　量：斗斛。　　衡：斤两。

⑰ 五礼：公侯伯子男五等朝聘之礼。　　五玉：即上文"五瑞"，五等诸侯所执的玉。　　三帛：包裹瑞玉的红、黑、黄三种颜色的丝帛。二生：指活的羊羔和大雁，卿大夫所执。　　死：指死野鸡，士所执。

⑱ 五器：即上文所言"五瑞""五玉"。

⑲ 卒乃复：完毕后就归回。《尚书大传》："诸侯执所受圭与璧以朝于天子，无过行者得复其圭以归其国。"

⑳ 格：到。　　艺祖：指上文所说的"文祖"。

㉑ 特：公牛。

㉒敷：普遍地。　以：介词，用、根据。

㉓以：目的连词，来。

㉔《尚书易解》："车服以庸，赐车服以酬其劳也。"庸，《尔雅·释诂》："庸，劳也。"这里指酬劳、慰劳。

㉕肇：正，定。《国语·齐语》："竱本肇末。"韦昭注云："肇，正也。"这里指划定州界。

㉖封：界域，封疆，这里义为封土筑坛。郭沫若《甲骨文字研究》以为"封"之初文象土上植树，"即以林木为界之象形""古之畿封实以树为之也，此习于今犹存。然其事之起，乃远在太古。太古之民多利用自然林木以为族与族间之畛域，西方学者所称为境界林者是也"。《说文·土部》："封，爵诸侯之土也。"

㉗象以典刑：刻画常用的刑罚。《尚书正读》说："盖刻画墨、劓、剕、宫、大辟之刑于器物，使民知所惩戒，如九鼎象物之比。"一说"象刑"为远古社会的一种耻辱刑。《墨子》佚文："画衣冠，异章服而民不犯。"《荀子·正论》杨倞注："象刑异章服，耻辱其形象，故谓之象刑。"《太平御览》六四五引《慎子》："有虞之诛，以幪巾当墨，以草缨当劓，以菲履当刖，以艾韠当宫，布衣无领当大辟，此有虞之诛也。斩人肢体，凿其肌肤，谓之刑。画衣冠，异章服，谓之戮（辱）。上世用戮（辱）而民不犯也，当世用刑而民不从。"可备参考。

㉘流：流放。　宥：宽宥。

㉙扑：槚（jiǎ）楚，古代教官使用的打人的木棍。

㉚眚（shěng）：过错。　肆：遂，于是。

㉛怙：依仗。　贼：通"则"，于是，就。　《书集传》："'怙终贼刑'者，怙谓有恃，终谓再犯。若人有如此而入于刑，则虽当宥当赎，

亦不许其宥，不听其赎，而必刑之也。”

㉜ 惟：范围副词，只是。　恤：通“谧”。《尔雅·释诂》：“谧，慎也。”　“惟刑之恤哉”：宾语前置句，“惟刑之恤”即“惟恤刑”。

㉝ 幽洲：地名，今河北北部至辽宁一带。马融说：“幽州，北裔也。”

㉞ 崇山：地名，一说在今吉林敦化市东北，一说在今湖南张家界西南。马融说：“崇山，南裔也。”

㉟ 三苗：古国名。　三危：地名。一说即今甘肃敦煌市东南三危山，一说指今西藏中部、东部及四川西部地区，一说在今云南省境内，一说在今甘肃、青海直至黄河发源处之巴彦喀拉山一带。马融说：“三危，西裔也。”

㊱ 殛：流放。“流”“放”“窜”“殛”互文见义，都是流放、驱逐的意思。　羽山：地名。一说在今山东蓬莱市东南，一说在今山东郯城县东北。马融说：“羽山，东裔也。”

㊲ 罪：判罪，处罚。

【译文】

正月的一个吉日，舜在尧的太庙接受了禅让。他观察北斗七星，列出了七项政事。然后向天帝报告继承帝位的事，又祭祀天地四时、山川和群神。虞舜先收集诸侯的五种圭玉，选择吉月吉日，接受四方诸侯君长的朝见，再把圭玉颁发给各位君长。

这年二月，舜在东方巡视，到达泰山，举行柴祭。对于其他山川，也都按地位尊卑依次举行了祭祀，然后接受东方诸侯的朝见。舜协调春夏秋冬四时的月份，确定天数，统一音律、度、量、衡。制定了公侯伯子男朝聘的礼节，规定用五种瑞玉、三种不同颜色的丝绸、活羊羔、活雁、死野鸡分别作为诸侯、卿大夫和士朝见时的贡物。五种瑞玉在朝见完毕后，仍然归还给诸侯。五月，舜在南方巡视，到达南岳，所行的礼节同在泰山时一样。八月，舜在西方巡视，到达西岳，所行的礼节同当初一样。十一月，舜到北方巡视，到达北岳，所行的礼节同在西岳一样。回来后，到尧的太庙祭祀，用一头公牛作祭品。

以后每五年巡视一次，诸侯在四岳朝见。舜让他们全面汇报政务，然后考察他们的政绩，赏赐车马衣物作为酬劳。

舜划定十二州的疆界，在十二州的名山上封土为坛举行祭祀，又疏通了河道。

舜又在器物上刻画五种常用的刑罚，用流放的办法宽恕触犯五刑的罪人，用鞭打作为官府的刑罚，用木棍打作为学校的刑罚，用铜作为赎罪的刑罚。如果是过失犯罪，就赦免他；如果是坚持作恶、不知悔改，就要施加刑罚。谨慎啊，谨慎啊，刑罚要慎重啊！

于是把共工流放到幽洲，把驩兜流放到崇山，把三苗流放到三危，把鲧流放到羽山。这四个人处罚了，天下的人都心悦诚服。

【段意】

第二段，叙述舜即帝位后的功绩。

二十有八载，帝乃殂落①。百姓如丧考妣，三载，四海遏密八音②。月正元日③，舜格于文祖，询于四岳，辟四门，明四目，达四聪。

“咨，十有二牧④！”曰：“食哉惟时！柔远能迩⑤，惇德允元⑥，而难任人⑦，蛮夷率服⑧。”

舜曰："咨，四岳！有能奋庸熙帝之载[⑨]，使宅百揆亮采[⑩]，惠畴[⑪]？"

佥曰[⑫]："伯禹作司空[⑬]。"

帝曰："俞，咨！禹，汝平水土，惟时懋哉[⑭]！"禹拜稽首[⑮]，让于稷、契暨皋陶。

帝曰："俞，汝往哉！"

帝曰："弃，黎民阻饥[⑯]，汝后稷[⑰]，播时百谷[⑱]。"

帝曰："契，百姓不亲，五品不逊[⑲]。汝作司徒[⑳]，敬敷五教[㉑]，在宽。"

帝曰："皋陶，蛮夷猾夏[㉒]，寇贼奸宄[㉓]。汝作士[㉔]，五刑有服[㉕]，五服三就[㉖]。五流有宅[㉗]，五宅三居[㉘]。惟明克允[㉙]！"

帝曰："畴若予工[㉚]？"

佥曰："垂哉[㉛]！"

帝曰："俞，咨！垂，汝共工[㉜]。"垂拜稽首，让于殳斨暨伯与[㉝]。

帝曰："俞，往哉！汝谐[㉞]。"

帝曰："畴若予上下草木鸟兽[㉟]？"

佥曰："益哉[㊱]！"

帝曰："俞，咨！益，汝作朕虞[㊲]。"益拜稽首，让于朱虎、熊罴[㊳]。

帝曰："俞，往哉！汝谐。"

帝曰："咨！四岳，有能典朕三礼[㊴]？"

佥曰："伯夷[㊵]！"

帝曰:“俞,咨!伯,汝作秩宗[41]。夙夜惟寅[42],直哉惟清[43]。”伯拜稽首,让于夔、龙[44]。

帝曰:“俞,往,钦哉!”

帝曰:“夔!命汝典乐,教胄子[45],直而温,宽而栗[46],刚而无虐,简而无傲[47]。诗言志,歌永言[48],声依永,律和声。八音克谐,无相夺伦[49],神人以和[50]。”

夔曰:“於[51]!予击石拊石[52],百兽率舞[53]。”

帝曰:“龙,朕堲谗说殄行[54],震惊朕师[55]。命汝作纳言[56],夙夜出纳朕命[57],惟允!”

帝曰:“咨!汝二十有二人[58],钦哉!惟时亮天功[59]。”

三载考绩,三考,黜陟幽明[60],庶绩咸熙[61]。分北三苗[62]。

【注释】

①殂落:去世。

②遏:停止。　密:静止。《尔雅·释诂》:“密,静也。”　八音:金、石、丝、竹、匏、土、革、木八种音乐,这里泛指一切音乐。

③月正元日:正月元日。段玉裁《古文尚书撰异》:“薛综《东京赋》注:‘《尚书》曰:正月元日。’”曾运乾《尚书正读》:“月正,正月也。或言‘正月’,或言‘月正’;或言‘上日’,或言‘元日’,皆史变文耳。”

④牧:州的行政长官。

⑤柔远能迩:《孔传》:“柔,安。迩,近。”“言当安远,乃能安近。”

⑥惇:厚,这里为动词,亲厚。　德:这里指有德之士。　允:信,信任。　元:善,这里指善良的人。

⑦难(nàn):拒绝。　任人:佞人,指奸邪的人。

⑧ 率：范围副词，都。

⑨奋：奋力，奋发。　庸：功，用功，努力。　熙：广，光大。　载：事。见《孔传》。

⑩ 宅：居。　亮：辅佐。见《小尔雅》。　采：事。

⑪ 惠：语气助词。　畴：疑问代词，谁。

⑫ 佥（qiān）：全，都。

⑬ 司空：官名，三公之一，掌管土地。

⑭ 时：通"是"，代词。　懋：《说文·心部》："懋，勉也。"

⑮ 稽首：叩头。《孔传》："稽首，首至地。"《孔疏》："《周礼·太祝》：'辨九拜，一曰稽首。'稽首为敬之极，故为'首至地'。稽首是拜内之别名，为拜乃稽首，故云'拜稽首'也。"

⑯ 黎：众。　阻：困厄。

⑰ 后：主，这里是动词，主持。　稷：农官，主管播种百谷的事。详见《益稷》篇题解。

⑱ 时：通"莳"，耕种。

⑲ 五品：同"五典"，指五种人伦关系。郑玄说："五品，父、母、兄、弟、子也。"　逊：和顺。

⑳ 司徒：官名，三公之一，主管教化。西周金文有见，作"司土"。

㉑ 敷：布，施行。　五教：五品之教。《左传·文公十八年》："（舜）举八元，使布五教于四方。父义、母慈、兄友、弟共（恭）、子孝，内平外成。"《国语·郑语》："商契能和合五教，以保于百姓者也。"韦昭注："父义、母慈、兄友、弟恭、子孝。"与《左传》一致。《孟子·滕文公上》："（圣人）使契为司徒，教以人伦：父子有亲，君臣有义，夫妇有别，长幼有叙，朋友有信。"说法有所不同。

㉒ 猾：扰乱。　　夏：指中国。

㉓ 寇：抢劫。　　贼：杀人。　　奸宄（guǐ）：犯法作乱，在外部作乱叫作奸，在内部作乱叫作宄。宄，一作“轨”。

㉔ 士：狱官之长。

㉕ 服：使用。《说文·舟部》：“服，用也。”“服”的古字写作“[illegible]”，最早见于商代甲骨文。郭沫若认为字形像以手捕人之形，姚孝遂认为“从又在人后，象以手按跽人之形”。本义指降服、使顺从。

㉖ 就：《说文·京部》释为“就，高也。从京，从尤。尤，异于凡也”。桂馥《说文义证》：“此言人就高以居也。”引申为居处，处所。

㉗ 五流：五种流放。　　宅：处所。

㉘ 三居：郑玄认为指远近不同的三种地方。《书集传》：“‘五宅三居’者，流虽有五，而宅之但为三等之居。”

㉙ 明：明察。　　允：信服。

㉚ 若：善。　　工：这里指官名。马融认为是“主百工之官”。

㉛ 垂：人名。

㉜ 共工：官名，治理百工之事。

㉝ 殳斨（shū qiāng）、伯与：皆为人名。

㉞ 谐：通“偕”，一同。

㉟ 上下：上指山，下指泽。

㊱ 益：人名，即伯益，详见《益稷》。

㊲ 虞：掌管山林的官。

㊳ 朱虎、熊罴：亦皆为人名。

㊴ 典：主持。　　三礼：天事、地事、人事之礼。

㊵ 伯夷：人名。

㊶ 秩宗：官名，掌管次序尊卑的礼仪。

㊷ 夙夜：早晚。　　寅：恭敬。

㊸ 直：正直。　　清：清明。

㊹ 夔（kuí）、龙：皆为人名。

㊺ 胄子：未成年的人。

㊻ 栗：坚强。见《礼记·聘义》注疏。

㊼ 简：简约。

㊽ 永：通“咏”，咏唱。

㊾ 相：互相。　　夺：失去。　　伦：次序。

㊿ 以：连词，表因果关系。

51 於（wū）：叹词。《孔疏》：“夔答舜曰：‘呜呼！我击其石磬，拊其石磬，诸音莫不和谐，百兽相率而舞。’乐之所感如此，是人神既已和矣。”孔颖达认为“於”即是“呜呼”，是表示赞美的叹词。

52 石：石磬。　　拊（fǔ）：轻轻叩击。

53 率：《经传释词》：“率，用也。《诗·思文》曰：‘贻我来牟，帝命率育。’《毛传》曰：‘率，用也。’”“‘予击石拊石，百兽率舞。’率，用也。百兽用舞，犹上文言‘神人以和’耳。”王氏认为“率”与上文“神人以和”的“以”用法相同，都可以训为“用”，也就是“因此”。

54 堲（jí）：厌恶。　　殄行：贪残的行为。

55 师：民众。

56 纳言：官名。郑玄说：“如今尚书，管王之喉舌也。”

57 出纳朕命：即“出朕命（传达朕命）”，“纳”承上，“出”连下，亦即接受朕命，传达朕命。

58 有：通“又”，用于整数和零数之间。

⑲ 时：善，好好地。 天功：大事。

⑳ 黜陟幽明：即“黜幽陟明”。黜，罢免。陟，提升。

㉑ 熙：兴。《尚书正读》：“庶绩咸熙，犹云咸熙庶绩也。”

㉒ 北：别。甲骨、金、篆文字形皆像两人相背之形，故有别义。

【译文】

舜即位二十八年后，尧帝逝世了。人们好像死了父母一样地悲痛，三年间，举国默哀，停止奏乐。三年后正月的一个吉日，舜到了尧的太庙，与四方诸侯君长谋划政事，打开明堂四门宣布政教，使四方见得明白真切，听得清楚全面。

“啊，十二州的君长！”舜帝说：“生产粮食必须遵循天时！安抚远方的臣民，爱护近处的臣民，亲厚有德的人，信任善良的人，拒绝邪佞的人，这样，边远的外族都会臣服。”

舜帝说：“啊，四方诸侯的首领！有谁能奋发努力，发扬光大尧帝的事业，使居百揆之官辅佐政事呢？”

大家都说：“伯禹可以作司空。”

舜帝说：“好啊！禹，你曾经平定水土，现在你还要努力履行司空的职责啊！”禹跪拜叩头，辞让给稷、契和皋陶。

舜帝说：“好啦，还是你去吧！”

舜帝说：“弃，人们忍饥挨饿，你主持农业，教导人们播种各种谷物吧！”

舜帝说：“契，百姓不亲善，父母、兄弟、子女关系都不和顺。你作司徒吧，谨慎地施行五种教育，要注意宽厚。”

舜帝说：“皋陶，外族侵扰中国，抢劫杀人，造成外患内乱。你作狱官之长吧，五刑各有使用的方法，五种用法分别在野外、市、朝三处执行。五种流放各有处所，分别在三个远近不同的地方。要明察案情，处理公允！”

舜帝说：“谁能胜任掌管我们百工的官职？”

大家都说：“垂啊！”

舜帝说：“好啊！垂，你就担任掌管百工的官吧！”垂跪拜叩头，谦让给殳斨和伯与。

舜帝说：“好啦，去吧！你与他们一起去吧！”

舜帝说：“谁能胜任掌管山林的官职？”

大家都说：“益啊！”

舜帝说：“好啊！益，你就担任掌管山林的虞官吧。”益跪拜叩头，谦让给朱虎和熊罴。

舜帝说：“好啦，去吧！你与他们一起去吧！”

舜帝说：“啊！四方诸侯的首领，有谁能主持我们祭祀天神、地祇、人鬼的三礼呢？”

大家都说：“伯夷！”

舜帝说：“好啊！伯夷，你就做掌管祭祀的礼官吧。要早晚恭敬行事，又要正直清明。”伯夷跪拜叩头，谦让给夔和龙。

舜帝说：“好啦，去吧！要谨慎啊！”

舜帝说：“夔！任命你掌管乐官，教导年轻人要正直而温和，宽大而坚强，刚毅而不粗暴，简约而不傲慢。诗表达思想感情，歌是咏唱的语言，五声是依照歌唱制定的，六律是和谐五声的。八类乐器的声音能够调和，不使它们乱了次序，那么神和人都会因此而和谐了。”

夔说：“啊！我敲击着石磬，使扮演各种兽类的人们依着音乐舞蹈起来。”

舜帝说："龙！我厌恶谗毁的言论和贪残的行为，这些会使我的民众震惊。我任命你做纳言，从早到晚接受、传达我的命令，务必真实！"

舜帝说："啊！你们二十二人，要谨慎啊！要好好辅佐天下大事啊！"

舜帝三年考察一次政绩，考察三次后，罢免昏庸的官员，提拔贤明的官员，于是许多工作都兴办起来了。又分别对三苗作了安置。

【段意】

第三段，记叙舜任用百官的情况。

舜生三十征①，庸三十②，在位五十载，陟方乃死③。

【注释】

①征：征召。《史记·五帝本纪》："舜年二十以孝闻，年三十尧举之。"可见舜是"被征"。

②庸：用。　　三十：今文作"二十"，当从。说见《古文尚书撰异》。译文从。

③陟方：巡狩。

【译文】

舜三十岁时被征召，在官位二十年，在帝位五十年，在巡狩南方时逝世。

【段意】

第四段，总述舜的从政经历。

大禹谟第三

【题解】

禹，鲧的儿子，继鲧治水，历经艰辛，三过家门而不入，终平水患，建立大功，时称“大禹”。谟，《说文》：“议谋也。”本篇与《皋陶谟》《益稷》记载的都是舜与禹、益、皋陶讨论政务的内容。

《大禹谟》是“晚书”最重要的篇章，是研究中国思想史和学术史重要的史料。

《大禹谟》第一次提出“中”的哲学命题和执政理念。中国古代哲学认为“中”代表有形空间位置的中央，也指无形世间一切的适中、中和、中正、中庸。执中则能洞察微危，不偏不倚，驾驭六极。帝舜让位于帝禹，再三叮嘱禹要始终认识到：“人心惟危，道心惟微，惟精惟一，允执厥中。”这就是著名的“虞廷十六字诀”，后经宋代学者发挥、改造，形成“三圣传心”说，再融合《中庸》的中和思想，并与“天理”“人欲”相结合，成为构建宋明理学庞大学术体系的理论基础，也是阳明心学的真正源头，对中国思想史产生了巨大的影响。

《大禹谟》作为圣君贤臣的议政实录，充满丰富的政治智慧。《大禹谟》要求政治领袖必须珍爱生命，关心民众疾苦：“不虐无告，不废困穷。”“罔违道以干百姓之誉，罔咈百姓以从己之欲。”“正德、利用、厚生惟和。”“德惟善政，政在养民。”《大禹谟》要求政治领袖必须任贤去邪，广开言路："稽于众，舍己从人。""任贤勿贰，去邪勿疑。""无稽之言勿听，弗询之谋勿庸。"要求政治领袖必须克勤克俭，齐家治国："克勤于邦，克俭于家。""慎乃有位，敬修其可愿。四海困穷，天禄永终。"要求政治领袖必须注重法治，提倡尚德慎罚："儆戒无虞，罔失法度。""宥过无大，刑故无小；罪疑惟轻，功疑惟重。与其杀不辜，宁失不经；好生之德，洽于民心。"这些构成中国历代政治家始终遵守的治政方法和执政经验。

《大禹谟》作为古佚史料，可为研究上古史提供一些宝贵的线索。夏王朝是第一个奴隶制王朝，王朝的建立是温文尔雅式的禅让，抑或是民主渐进式的部落选举，还是血雨腥风式的暴力革命，值得研究。《大禹谟》最后禹伐三苗的那些文字耐人寻味，"正月朔旦"，禹已经"受命于神宗"，登上了帝位，为什么舜还能命令他"惟时有苗弗率，汝徂征"？究竟谁是帝？是舜还是禹？抑或舜虽名义上禅位，实际上是太上帝？禹伐苗"三旬，苗民逆命"，伯益一劝禹以德服人，禹即班师回朝。人们有理由怀疑禹伐苗并不尽心尽力，而是另有图谋，拥兵自重，回师夺权。联系《舜典》的记载，舜曾"窜三苗于三危，殛鲧于羽山"，应该说三苗和禹均与舜有仇隙，禹没有为舜以命搏苗的动力，倒有替父报仇以苗逼舜的动机。再说伯益与禹大谈舜的仁德，有些欲盖弥彰，舜对于三苗只有暴力，没有仁爱，舜武力征伐不成，怎么可能仅仅在两阶之间跳跳文舞，三苗就来归顺？三苗归顺合乎逻辑的理由只是禹夺取了帝位，三苗与禹这些同受欺压的人自然会走到一起。儒家正统史观撰写的历史或许并不完全是历史的事实，历史的空白处需要我们进行思考。

本篇今文无，古文有。

皋陶矢厥谟[①]，禹成厥功[②]，帝舜申之[③]，作《大禹》《皋陶谟》《益稷》。

【注释】

① 皋陶（gāo yáo）：也称咎繇，偃姓。舜的大臣，掌管刑狱，是与尧、舜、大禹齐名的“上古四圣”之一。　矢：陈述。《尔雅·释诂》：“矢，陈也。”　厥：其。　谟：谋议。

② 成厥功：陈述他的治水功劳。《孔传》：“陈其成功。”

③ 申：重视。《尔雅·释诂》：“申，重也。”

【译文】

皋陶陈述他的谋略，大禹陈述他的功绩，舜帝很重视他们的言论，史官根据他们的议论写作了《大禹谟》《皋陶谟》和《益稷》。

大禹谟

曰若稽古。大禹曰：“文命敷于四海[①]，祗承于帝。”曰：“后克艰厥后[②]，臣克艰厥臣，政乃乂[③]，黎民敏德[④]。”

帝曰：“俞！允若兹[⑤]，嘉言罔攸伏[⑥]，野无遗贤，万邦咸宁。稽于众，舍己从人，不虐无告[⑦]，不废困穷，惟帝时克。”

益曰：“都[⑧]，帝德广运[⑨]，乃圣乃神[⑩]，乃武乃文[⑪]。皇天眷命，奄有四海为天下君[⑫]。”

禹曰："惠迪吉[13]，从逆凶，惟影响[14]。"

益曰："吁！戒哉！儆戒无虞[15]，罔失法度[16]。罔游于逸，罔淫于乐。任贤勿贰，去邪勿疑。疑谋勿成，百志惟熙。罔违道以干百姓之誉[17]，罔咈百姓以从己之欲[18]。无怠无荒，四夷来王。"

禹曰："於！帝念哉！德惟善政，政在养民。水、火、金、木、土、谷惟修，正德、利用、厚生惟和[19]，九功惟叙[20]，九叙惟歌。戒之用休，董之用威[21]，劝之以九歌，俾勿坏。"

帝曰："俞！地平天成，六府三事允治，万世永赖，时乃功。"

【注释】

①文命：文德教化。一说"文命"为大禹名，见《史记·夏本纪》。敷：流布。

②后：《尔雅·释诂》："后者，君也。"　艰：认为……艰难，意动用法。

③乂（yì）：治理。

④敏：勉力。　德：修德。

⑤允：的确。

⑥嘉言：善言。　罔：无。　攸：所。　伏：隐伏。

⑦无告：即"无告者"，无可告语的人，指鳏寡孤独。下句"困穷"即指困苦贫穷的人。

⑧都：叹词，表赞美。

⑨广运：广大深远。《书集传》："广者，大而无外。运者，行之不息。

大而能运，则变化不测。”

⑩ 乃：语气助词。　　圣：圣明。　　神：神妙。

⑪ 武：能定祸乱。　　文：善治天下。

⑫ 奄：尽。

⑬ 惠：《诗经·邶风·燕燕》：“终温且惠，淑慎其身。”《毛传》：“惠，顺也。”　　迪：《说文》《孔传》皆释为“道也”，蔡沈《书集传》认为“惠迪、从逆，犹言顺善从恶也”。

⑭ 影响：《孔传》：“吉凶之报，若影之随形，响之应声。”意思是君王要顺应天道。

⑮ 儆（jǐng）戒无虞：警惕没有忧患的时候。太平安乐的时候，法度容易废弛，所以尤其需要警惕。儆，警惕、戒备。虞，忧患。无虞即没有忧患。参《毕命》篇：“世变风移，四方无虞，予一人以宁。”

⑯ 罔：不要。

⑰ 干（gān）：求。

⑱ 咈（fú）：乖戾，违反。

⑲ 正德：使人们的道德行为正当。德指父慈、子孝、兄友、弟恭、夫义、妇听。　　利用：为民众兴利除弊，财物殷阜，利民之用。　　厚生：轻徭薄赋，不夺农时，使民众丰衣足食。

⑳ 九功：上文的“水、火、金、木、土、谷”称为“六府”，“正德、利用、厚生”称为“三事”，六府三事总称“九功”。　　叙：次序，引申为安排。

㉑ 董：督察。

【译文】

查考往事。大禹说：“将文德教化传播到四海，恭敬地顺承帝舜。”

又说："如果君主把做好君主看得很艰难，臣子也把做好臣子看得很艰难，政事就能治理好，黎民百姓就能努力执行德教了。"

帝舜说："对！如果真的是这样，好的意见就不会被埋没，民间就不会有得不到任用的贤人，国家都会太平安宁。政事要和众人研究商量，舍弃私见以依从众人，不虐待鳏寡孤独无依无靠的人，不放弃困苦贫穷的人，只有帝尧能够做到这一点。"

伯益说："啊！尧德广大，影响深远，这样圣明神妙，这样文治武功。上天眷念授命，使尧尽有四海，成为天下的君主。"

禹说："顺从道就吉利，顺从恶就凶险，（善恶与吉凶的关系）就如同影子和形体、回响和声音的关系一样。"

伯益说："啊！要警惕戒备呀！没有忧患的时候要警惕忧患的发生，不能违背法度。不能放纵游玩，不能过度安乐。任用贤人不要怀疑，除去奸邪不要犹豫。可疑的计谋不要实行，各种思虑应当宽广。不要违背治道求取百姓的称赞，不要违背百姓来顺从自己的私欲。不懈怠，不荒废，四方各族就会来朝见天子了。"

禹说："啊！舜帝，你要惦念伯益的这番话呀！帝德应当善治政事，政事就是教养民众。水、火、金、木、土、谷六种生活资料应当得到治理，正德、利用、厚生三件政事应当相互配合，上述这九件事应当理顺，理顺了民众就会歌功颂德。要用美德规劝民众，用刑罚惩戒民众，用九歌勉励民众，以确保这九件事不致被败坏。"

帝舜说："对！水土平治，万物成长，六府、三事得以切实治理，利在千秋万代，这是你们的功劳。"

【段意】

第一段，舜与禹、益赞美尧的功德，益和禹阐述自己的治国见解。

帝曰："格，汝禹！朕宅帝位三十有三载[①]，耄期倦于勤[②]。汝惟不怠，总朕师[③]。"

禹曰："朕德罔克，民不依。皋陶迈种德[④]，德乃降[⑤]，黎民怀之[⑥]。帝念哉！念兹在兹[⑦]，释兹在兹[⑧]，名言兹在兹，允出兹在兹[⑨]，惟帝念功。"

帝曰："皋陶，惟兹臣庶，罔或干予正[⑩]。汝作士[⑪]，明于五刑，以弼五教[⑫]。期于予治[⑬]，刑期于无刑[⑭]，民协于中[⑮]。时乃功，懋哉[⑯]！"

皋陶曰："帝德罔愆。临下以简[⑰]，御众以宽；罚弗及嗣，赏延于世[⑱]。宥过无大[⑲]，刑故无小[⑳]；罪疑惟轻[㉑]，功疑惟重。与其杀不辜[㉒]，宁失不经[㉓]；好生之德[㉔]，洽于民心[㉕]，兹用不犯于有司[㉖]。"

帝曰："俾予从欲以治[㉗]，四方风动[㉗]，惟乃之休[㉙]。"

【注释】

①宅：居。

②耄（mào）：八十、九十岁称耄。　期：一百岁称期颐。　倦：困倦。　勤：辛劳。

③总：《说文》义为"聚束"，引申义有总领，统帅。　师：众。

④迈：勇往力行。　种：分布，施行。

⑤德乃降：德下及于民，意思是德被民众所接受。乃，就。降，下。

⑥ 怀：归附。《孔传》："怀，归也。"

⑦ 兹：这。上一个"兹"指德，下一个"兹"指皋陶。下同。

⑧ 释：通"怿"，愉悦，这里指悦服。《尔雅·释诂》："怿、释，服也。"

⑨ 出：发出，推行。

⑩ 或：有人。　干（gān）：干犯，冒犯。　正：通"政"，政事。

⑪ 士：官名，士师之官。

⑫ 弼：辅佐。　五教：五品之教。见《舜典》"敬敷五教"注释。

⑬ 期于予治：《孟子·万章上》："汝其于予治。"赵岐注："汝故助我治事。""期于予治"就是"汝其于予治"，意思是你帮助我治理政事。

⑭ 刑期于无刑：蔡沈《书集传》："其始虽不免于用刑，而实所以期至于无刑之地。"意思是起初用刑，是期望以后不必用刑。

⑮ 协：服从。《尔雅·释诂》："协，服也。"　中：中正之道。

⑯ 懋：劝勉，鼓励。

⑰ 临：从上往下看。这里是面对的意思。　简：简易，不烦琐。

⑱ 延：延续。　世：世代，后代。

⑲ 宥：宽容，饶恕。　过：过失。这里指不知道而误犯的过失。无大：不论有多大。

⑳ 故：明知故犯的过失。

㉑ 罪疑惟轻：蔡沈《书集传》："罪已定矣，而于法之中有疑其可重、可轻者，则从轻以罚之。"意思是定罪之后，还有可以重判也可以轻判的疑问，就从轻量刑。

㉒ 不辜：无罪。《孔传》："辜，罪也。"

㉓ 失：失误。　不经：不守正道之罪。

㉔ 好（hào）生：爱惜生灵，不从事杀戮。

㉕ 洽：和谐，沾洽。

㉖ 司：甲骨文字形从口从人，会意，表示一个人用口发布命令，有统治、职掌义。或说小篆字形从反后，与帝王“后”相对为“司”。古代设官，各官各司专职，因此称为有司。

㉗ 俾（bǐ）：使。　从欲以治：如愿地治理。指人们不犯法，有司不用刑，用德治理国家。

㉘ 风动：像风一样地鼓动。

㉙ 乃：你的。　休：美德。

【译文】

帝舜说：“来吧，你夏禹啊！我居帝位已有三十三年，现在年事已高，被辛苦劳累的政务搞得疲惫不堪。你从不懈怠，来统率我的民众吧。”

禹说：“我的德性不能胜任，民众不会归顺。皋陶勤勉推行德政，德惠能下施于民，民众归附他。舜帝，您要考虑呀！想着德的是皋陶，喜好德的是皋陶，好称道德的是皋陶，诚心推行德的也是皋陶。舜帝啊，希望您要记住他的功绩呀！”

帝舜说：“皋陶！这些臣民没有人冒犯我的政事，因为你作士官，能明五刑以辅助五常之教。你帮助我治理政事，虽用刑但期待达到无刑的地步，民众都能合于中道。这是你的功劳，值得鼓励啊！”

皋陶说：“帝德没有失误。对待臣下简约不烦，统治民众宽厚不苛；惩罚不株连子孙，赏赐延续到后代。误犯的过失不论多大都予以宽宥，故意的犯罪不论多小都要被判刑；判罪时遇到可重判也可轻判的情况就轻判，赏功时遇到可重赏也可轻赏的情况就重赏。与其杀害无罪的人，宁可遗漏不守正道的人；帝珍爱生命的美德，合于民心民意，因此民众就不会冒犯官吏。”

帝舜说：“你使我如愿地治理国家，四方民众如风一样纷纷响应，这是你的美德。”

【段意】

第二段，记叙舜打算禅位给禹，禹推荐皋陶，皋陶提出治国方略。

帝曰：“来，禹！降水儆予[①]，成允成功[②]，惟汝贤。克勤于邦[③]，克俭于家[④]，不自满假[⑤]，惟汝贤。汝惟不矜[⑥]，天下莫与汝争能。汝惟不伐，天下莫与汝争功。予懋乃德[⑦]，嘉乃丕绩[⑧]，天之历数在汝躬[⑨]，汝终陟元后[⑩]。人心惟危，道心惟微[⑪]，惟精惟一[⑫]，允执厥中[⑬]。无稽之言勿听[⑭]，弗询之谋勿庸[⑮]。可爱非君[⑯]？可畏非民[⑰]？众非元后，何戴[⑱]？后非众，罔与守邦[⑲]。钦哉！慎乃有位[⑳]，敬修其可愿[㉑]。四海困穷，天禄永终[㉒]。惟口出好兴戎[㉓]，朕言不再[㉔]。”

禹曰：“枚卜功臣[㉕]，惟吉之从[㉖]。”

帝曰：“禹！官占惟先蔽志[㉗]，昆命于元龟[㉘]。朕志先定[㉙]，询谋佥同[㉚]，鬼神其依[㉛]，龟筮协从[㉜]，卜不习吉[㉝]。”

禹拜稽首固辞。

帝曰：“毋！惟汝谐[㉞]。”

正月朔旦，受命于神宗[㉟]，率百官若帝之初[㊱]。

【注释】

①降水：大水。一作“洚水”。蔡沈《书集传》：“洚水，洪水也，古文作‘降’。孟子曰：‘水逆行谓之洚水。’盖山崩水浑，下流淤塞。故其逝者辄复反流，而泛滥决溢，洚洞无涯也。” 儆：警告。

②成允：蔡沈《书集传》：“允，信也。禹奏言而能践其言。”意思是禹说话守信用，说到做到。 成功：完成治水的事业。

③克勤于邦：在国能够勤劳政事。指为治水竭尽全力。

④克俭于家：在家能够生活节俭。指饮食低劣，居住简陋。

⑤假：虚假，夸大。

⑥矜：与下文“伐”互文见义，皆为“夸耀”义。

⑦懋：《说文·心部》：“懋，勉也。”引申为褒扬、赞美。

⑧嘉：赞美。 丕：大。

⑨历数：历运之数。帝王相继相承的次序，好像岁时节气的先后。 躬：自身。

⑩陟（zhì）：登上。 元：大。 后：君王。

⑪道心：合于道义的思想。蔡沈《书集传》：“心者，人之知觉，主于中而应于外者也。指其发于形气者而言则谓之人心，指其发于义理者而言则谓之道心。” 微：隐蔽，不显露。

⑫精：精心，专诚。 一：专一，一心一意。

⑬允：的确。 执：实行。 中：中道。

⑭稽：考证，验证。

⑮弗询之谋：不询问众人的谋略。 庸：用。

⑯可爱非君：民众所爱戴的不是君主吗？可爱即“可爱者”。

⑰可畏非民：君主所畏惧的不是民众吗？可畏即“可畏者”。

⑱ 戴：拥戴。

⑲ 罔与：犹“罔以”，无以。《太甲中》：“民非后，罔克胥匡以生；后非民，罔以辟四方。”《旅獒》：“狎侮君子，罔以尽人心；狎侮小人，罔以尽其力。”

⑳ 慎乃有位：谨慎你的职守。

㉑ 可愿：所希望的事，指道德之美。

㉒ 天禄：上天所赐的福禄。　永：长久，永久。　终：终止。

㉓ 出好：说出善言。《孔疏》：“出好谓爱人而出好言。”　兴戎：引起战争。《孔疏》：“兴戎谓疾人而动甲兵。”

㉔ 朕言不再：我的话不说第二次。

㉕ 枚卜：古代用占卜的办法选官，对被选的人逐一占卜，吉者入选。

㉖ 惟吉之从：即“惟从吉”，只依从吉者。

㉗ 官占：占卜官的方法。　蔽：断。

㉘ 昆：后。

㉙ 朕志：指舜帝要将帝位让给禹的志向。

㉚ 询谋：询问众人的计谋。　佥（qiān）：都。

㉛ 鬼神其依：鬼神依顺。

㉜ 龟筮（shì）：龟指龟甲，筮是蓍草，都是古代用来占卜吉凶的东西。龟著象，筮衍数，用龟甲经火灼后显示的裂纹图像预测吉凶叫卜，用蓍草奇偶多少预测吉凶叫筮。

㉝ 习：重复。《说文·羽部》：“习，数飞也。”

㉞ 谐：指适合元后之位。

㉟ 神宗：文祖（尧帝）的宗庙。

㊱ 若帝之初：如同当初舜帝受禅即位一样。

【译文】

帝舜说："来，禹啊！洪水警告我们，能够言行如一，完成治水的工作，这是你的贤能。能勤劳于国，能节俭于家，不自满自大，这是你的贤能。你不夸耀自己的才能，所以天下没有人与你争能；你不夸耀自己的功绩，所以天下没有人与你争功。我赞赏你的德行，嘉美你的大功，上天帝王相承的命数落在你的身上，你终当升为大君。人心动荡危险，道心精微难察，必须精诚专一，不折不扣地保持中道。没有经过验证的话不要听信，没有征询众人意见的谋划不要施用。民众爱戴的不是君主吗？君王畏惧的不是民众吗？众人没有君主，还拥护谁？君主没有民众，就无以守卫国家。要恭敬啊！慎重对待你的职守，敬行民众希望做的事。如果天下民众困穷，上天赐给你的福命就将永远终止了。口能赞扬美言善行，也能引起战争祸患，我的话不说第二遍了。"

禹说："请逐个卜问有功的大臣，然后听从吉卜吧！"

帝舜说："禹！官占的方法需要先决定志向，而后告命于大龟。我传位给你的志向先已决定了，询问众人的意见都相同，鬼神依顺，龟卜占筮的结果也协合依从，况且卜筮的办法无须重复出现吉兆。"

禹跪拜叩首，坚决推辞。

帝舜说："不要推辞啊！只有你适合。"

正月初一早晨，禹在尧庙接受帝位，统率百官就像帝舜当初受禅即位一样。

【段意】

第三段，舜赞美禹的美德和功绩，告诫禹执中敬民，完成禅让大典。

帝曰："咨，禹！惟时有苗弗率[①]，汝徂征[②]。"

禹乃会群后，誓于师曰："济济有众[③]，咸听朕命。蠢兹有苗[④]，昏迷不恭[⑤]，侮慢自贤[⑥]，反道败德，君子在野，小人在位，民弃不保[⑦]，天降之咎[⑧]，肆予以尔众士[⑨]，奉辞伐罪[⑩]。尔尚一乃心力[⑪]，其克有勋。"

三旬，苗民逆命[⑫]。益赞于禹曰[⑬]："惟德动天，无远弗届[⑭]。满招损，谦受益，时乃天道[⑮]。帝初于历山[⑯]，往于田，日号泣于旻天[⑰]，于父母负罪引慝[⑱]。祗载见瞽瞍[⑲]，夔夔斋栗[⑳]，瞽亦允若。至諴感神[㉑]，矧兹有苗[㉒]。"

禹拜昌言曰[㉓]："俞！"班师振旅[㉔]。帝乃诞敷文德[㉕]，舞干羽于两阶[㉖]，七旬有苗格[㉗]。

【注释】

① 有苗：我国古代的一个部族，又称三苗。有，名词词头。无义。率：遵循。

② 徂（cú）：《尔雅·释诂》："徂，往也。"

③ 济济：众多的样子。

④ 蠢：骚动。《说文》释为"虫动也"，《说文解字注》："引申为凡动之称。"

⑤ 昏迷：昏暗迷惑。

⑥ 侮慢：轻慢、怠慢。　　自贤：自以为贤，妄自尊大。

⑦ 弃：被弃。　　保：安。

⑧ 咎：灾祸。

⑨ 肆：故，因此。

⑩ 辞：言辞。指上文舜帝所谓“惟时有苗弗率，汝徂征”。

⑪ 尚：与下句“其”皆为表示期许的副词。庶几，应该。　一：统一，整齐划一。

⑫ 逆命：违背、抵触舜帝的命令。

⑬ 益：人名，辅佐禹的功臣。　赞：辅佐。古代助祭的人叫赞佐，因此，赞有辅佐义。

⑭ 届：至，到。《说文·尸部》：“届，一曰极也。”极即至也。

⑮ 时：通“是”，这，近指代词。　天道：自然规律。

⑯ 帝初于历山：指舜帝当初在历山耕种的时候。历山，地名，历来附会为舜耕作的遗迹有八处之多，实地不可考。

⑰ 日：日日，每天。　号（háo）：大声喊叫。　旻（mín）天：上天。

⑱ 于父母：《史记·五帝本纪》：“舜父瞽叟盲，而舜母死，瞽叟更娶妻而生象，象傲。瞽叟爱后妻子，常欲杀舜，舜避逃；及有小过，则受罪。”又说：“舜父瞽叟顽，母嚚，弟象傲，皆欲杀舜。舜顺适不失子道，兄弟孝慈。”　负罪：自负其罪，自己承担罪名。　引：取得，招来。　慝（tè）：邪恶。

⑲ 祗（zhī）：恭敬。　载：事，侍奉。

⑳ 夔（kuí）夔：敬惧的样子。　斋栗：庄敬战栗。

㉑ 至諴（xián）：至和，至诚。

㉒ 矧（shěn）：《玉篇》：“矧，况也。”

㉓ 昌：美。

㉔ 班师：打仗的军队返回原地。　振旅：整顿士众。

㉕ 诞：大，广。　敷：布，施。　文德：文化德治。

㉖ 干：楯，盾牌。 羽：用羽毛做的舞具。

㉗ 格：至，这里是指来归顺。

【译文】

帝舜说："啊，禹！这些苗民不顺从我的教命，你前去征伐他们。"

禹于是会合诸侯，誓师说："众位将士们，大家都听从我的命令。蠢蠢欲动的苗民，昏庸不敬，侮慢常法，妄自尊大；违反正道，败坏常德；君子在野，小人在位。民众被抛弃，人心不安，上天降下灾祸，所以我率领你们众位将士，奉行帝命讨伐苗民的罪行。你们应当同心同力，希望你们能够建立功勋。"

过了三十天，苗民仍然不服。伯益佐助夏禹说："只有德行可以感动上天，如果以德服人，远人没有不来归顺的。自满会招致损害，谦虚会受到益处，这是自然规律。帝舜当初在历山耕种，来往田间，天天向上天号泣，在父母那儿自己负罪引咎。恭敬行事去见瞽瞍，诚惶诚恐，庄敬战栗，瞽瞍也确实和顺了。舜的至诚感通了神明，何况这些苗民呢？"

禹拜谢伯益的美言，说："好啊！"于是，禹就班师回朝，整肃士众。禹努力施行文德教化，又让人在两阶之间拿着盾牌和羽毛跳着文舞，七十天后苗民前来归顺了。

【段意】

第四段，记叙禹伐苗，采用伯益的建议，以德归化三苗。

皋陶谟第四

【题解】

皋陶，一作咎繇，相传是舜的大臣，掌管刑狱诉讼，是法官的鼻祖。《皋陶谟》是皋陶和禹讨论政务的记录。

《皋陶谟》专明治道。《尚书大传》引孔子《书》教“七观说”：“《尧典》可以观美，《禹贡》可以观事，《咎繇》可以观治，《鸿范》可以观度，‘六誓’可以观义，‘五诰’可以观仁，《甫刑》可以观诫。通斯七观，《书》之大义举矣。”皋陶的治道就是“慎身”“知人”“安民”。“慎身”是治道之本，“知人”是治道之要，“安民”是治道之归。皋陶的政纲成为儒家一贯的政治主张。《礼记·大学》：“自天子以至于庶人，壹是皆以修身为本。”《论语·学而》：“不患人之不己知，患不知人也。”安民则是儒家政治理想，《左传》主张“务德而安民”。

《皋陶谟》在中国政治思想史上第一次提出为政以德的“九德”说。“九德”即“宽而栗，柔而立，愿而恭，乱而敬，扰而毅，直而温，简而廉，刚而塞，强而义”，与《舜典》“直而温，宽而栗，刚而无虐，简而无傲”相通，每种德性都体现着儒家的中和思想。《孔传》概括《大禹谟》《皋陶谟》篇旨说：“《大禹谟》九功，《皋陶谟》九德。”蔡沈《书集传》说：“正言而反应者，所以明其德之不偏。”“九德”是帝廷知人任人的重要标准，也是个体慎身修德的具体内容，同时也是安民所需的基本素质。

《皋陶谟》阐释的治道，还有五伦、五礼、五服和五刑。皋陶将五伦（五典）列为首位，礼、服次之，而刑在最后，后世儒家观点亦与之一致。《皋陶谟》应该经过儒家的整编。

今文《尚书》的《皋陶谟》包括《益稷》，不分篇，孔传本古文《尚书》分为两篇。今本《皋陶谟》归于《虞书》，而古本《皋陶谟》（包括《益稷》）则既有归为《虞书》者，亦有归为《夏书》者。如许慎《说文解字》称引《皋陶谟》都说是《虞书》，而司马迁《史记》则认为是《夏书》。

皋陶谟

曰若稽古。皋陶曰："允迪厥德，谟明弼谐[①]。"

禹曰："俞，如何？"

皋陶曰："都！慎厥身，修思永[②]。惇叙九族[③]，庶明励翼[④]，迩可远，在兹。"

禹拜昌言曰："俞！"

皋陶曰："都！在知人[⑤]，在安民。"

禹曰："吁！咸若时，惟帝其难之。知人则哲，能官人[⑥]。安民则惠，黎民怀之。能哲而惠，何忧乎驩兜？何迁乎有苗？何畏乎巧言令色孔壬[⑦]？"

【注释】

①谟：议谟，决策。《说文·言部》："谟，议谟也。" 弼谐：辅臣和谐。弼，辅助，这里指辅佐君主的大臣。

②思:句中语助词,“厥”“思”互文,无义。《尚书核诂》:“《汉书·元帝本纪》永光四年诏曰:‘慎身修永。’”

③惇叙九族:使九族敦厚顺从。惇,厚。叙,顺从。

④励翼:勉力辅佐。

⑤人:此指官吏。下句“民”指平民,“人”与“民”对举。

⑥官:任用。

⑦孔:程度副词,很。《尔雅·释言》:“孔,甚也。”　　壬:佞,巧言善媚。《尔雅·释诂》:“壬,佞也。”《说文·人部》:“佞,巧谄高材也。”

【译文】

查考往事。皋陶说:“诚实地践行那些德政,君王就会决策英明,群臣就会同心协力。”

禹曰:“是啊!怎样践行呢?”

皋陶说:“啊!自身的言行举止要谨慎,自身的修养要长期坚持。要使九族宽厚顺从,使众贤勉力辅佐,由近及远,从这里做起。”

禹拜谢美言说:“对呀!”

皋陶说:“啊!还要理解臣下,安定民心。”

禹说:“唉!像这样,或许尧帝都会认为困难。了解臣下就能够明智,能够任人唯贤。安定民心就能受人爱戴,民众都会怀念他。能做到明智和受人爱戴,怎么会担心驩兜?怎么会流放三苗?怎么会畏惧善于花言巧语、察言观色的共工呢?”

【段意】

第一段,禹和皋陶讨论德政,皋陶提出“慎身”“知人”“安民”的德政主张。

皋陶曰："都！亦行有九德[①]。亦言，其人有德，乃言曰，载采采[②]。"

禹曰："何？"

皋陶曰："宽而栗[③]，柔而立[④]，愿而恭[⑤]，乱而敬[⑥]，扰而毅[⑦]，直而温[⑧]，简而廉[⑨]，刚而塞[⑩]，强而义[⑪]。彰厥有常吉哉[⑫]！

"日宣三德[⑬]，夙夜浚明有家[⑭]；日严祗敬六德[⑮]，亮采有邦[⑯]。翕受敷施[⑰]，九德咸事[⑱]，俊乂在官[⑲]。百僚师师[⑳]，百工惟时[㉑]，抚于五辰[㉒]，庶绩其凝[㉓]。

【注释】

①亦：通"迹"，检验。《墨子·尚贤中》："圣人听其言，迹其行。"《楚辞·惜诵》："言与行其可迹兮。"这是"迹行""迹言"连文的例证。详见《尚书易解》。

②载：通"哉"，句首语助词，无义。一说"哉"训为"始"。《史记·夏本纪》"载采采"作"始事事"。　采采："从事其事"，即"将要试用他"之意。

③栗：坚强。《礼记·聘义》："缜密以栗。"郑玄注："坚貌。"《孔疏》："栗谓坚刚。"

④立：卓立，有独立见解。

⑤愿：老实，厚道。　恭：严肃，庄重。

⑥乱：《尔雅·释诂》："乱，治也。"这里指治理的才能。　敬：敬谨。

⑦扰：和顺。《孔传》："扰，顺也。"　毅：刚毅。

⑧ 直：正直，刚直。　温：温和。

⑨ 简：《孔疏》："简者，宽大率略之名。"《尔雅·释诂》："简，大也。"这里指志向远大，不拘小节。　廉：廉隅，指人性格、行为不苟。

⑩ 刚：刚正。　塞：充实。

⑪ 强：坚强。　义：宜，合宜。

⑫ 彰：明显。　常吉：即常吉之人。常，《尚书易解》："常，祥也。常吉，祥善也，指九德。"

⑬ 宣：显示，表现。

⑭ 浚：恭敬。　明：勉力，努力。　有家：附音词，"有"为词头，无义；家，卿大夫的封地。

⑮ 严：通"俨"，矜持、庄重的样子。　祗：表敬副词，恭敬地。《说文·示部》："祗，敬也。"

⑯ 亮：辅助。　采：事务。

⑰ 翕：聚合。《尚书释义》："翕，合。翕受，合受九德也。"　敷：范围副词，《尚书核诂》："敷，《诗传》：'遍也。'《史记》作'普'，'普'亦'遍'也。"　施：用。

⑱ 咸：都。　事：从事，任职。

⑲ 俊乂：马融说："才德过千人为俊，百人为乂。"

⑳ 师师：互相效法。

㉑ 百工：百官。　惟：思。　时：善。

㉒ 抚：循。　五辰：北辰。北辰有五星，因称五辰。北辰居天之中，所以借喻国君。详见《尚书易解》。又，金景芳、吕绍纲《〈尚书·虞夏书〉新解》认为"五辰"是"三辰"之误。"五辰"在先秦文献中只此一见，"三辰"则数见。例如《左传·桓公二年》："三辰旂旗，昭其明也。"

杜预注:"三辰,日月星也。"《国语·鲁语上》:"帝喾能序三辰以固民。"韦昭注:"三辰,日月星。"《尧典》"历象日月星辰"就是"历象三辰"。《尧典》"历象日月星辰……允厘百工,庶绩咸熙"与《皋陶谟》"百工惟时,抚于五辰,庶绩其凝"文意相仿。

㉓ 其:语气副词,表示肯定语气,可译为"应当""必定"。 凝:成功。

【译文】

皋陶说:"啊!检验一个人的行为有九种美德。检验了言论,如果那个人有德,就告诉他说,可以从事行政事务。"

禹问:"九德是什么啊?"

皋陶说:"宽宏大量而又坚定刚强,性格柔顺而又卓立不移,忠厚老实而又严肃庄重,才华横溢而又恭敬严谨,柔和驯服而又刚毅果断,为人耿直而又待人和气,志向远大而又注重小节,刚正不阿而又内心笃实,坚强不屈而又符合道义。应当大张旗鼓地任用具有上述九种美德的好人啊!

"天天表现出九德中的三德,早晚敬勉于其家的人;天天庄重恭敬六德,早晚勤政于其国的人。要统统接受,普遍任用,具有九德的人都担任官职,那么在职的官员就都是才德出众的人了。如果各位官员能够互相师法,能够心存善念,顺从君王,那么各种工作都会办成。

【段意】

第二段,皋陶阐述九德的具体内容和政治效应。

"无教逸欲①,有邦兢兢业业②,一日二日万几③。无旷庶官[④]，天工[⑤]，人其代之[⑥]。天叙有典[⑦]，敕我五典五惇哉[⑧]！天秩有礼[⑨]，自我五礼有庸哉[⑩]！同寅协恭和衷哉[⑪]！天命有德，五服五章哉[⑫]！天讨有罪，五刑五用哉[⑬]！政事懋哉懋哉！

“天聪明[⑭]，自我民聪明；天明畏[⑮]，自我民明威。达于上下，敬哉有土[⑯]！”

皋陶曰：“朕言惠可厎行[⑰]？”

禹曰：“俞！乃言厎可绩。”

皋陶曰：“予未有知，思曰赞赞襄哉[⑱]！”

【注释】

① 教：《释名·释言语》：“教，效也。下所法效也。” 逸欲：安逸贪欲。此句蒙后省略主语“有邦”。

② 兢兢业业：“兢兢”与“业业”都是形容戒惧谨慎的样子。《孔传》：“兢兢，戒慎。业业，危惧。”《尔雅·释训》云：“兢兢，戒也。”“业业，危也。”“兢兢业业”也见于《诗经·大雅·云汉》：“兢兢业业，如霆如雷。”《毛传》：“兢兢，恐也。业业，危也。”

③ 一日二日：马融说：“犹日日也。” 万几：变化万端。《尚书今古文注疏》：“言有国者毋教以佚游，当戒其危，日日事有万端也。”

④ 旷：空，空设。 庶官：众官。

⑤ 天工：《汉书·律历志》作“天功”，谓天命之事。

⑥ 其：命令副词，这里表示肯定语气，可译为“必定”。

⑦ 叙：秩序，引申为规定。 典：常法。

⑧ 敕：告诫。 惇：敦厚。

⑨ 秩：秩序，引申为规定。

⑩ 自：用，遵循。　五礼：郑玄说："五礼：天子也，诸侯也，卿大夫也，士也，庶民也。"　庸：经常。

⑪ 寅：恭敬。　协：情态副词，协同一致。　衷：善。

⑫ 五服：天子、诸侯、卿、大夫、士五等礼服。　章：显扬。

⑬ 五刑：指墨、劓、剕、宫、大辟五种刑罚。　用：施行。

⑭ 聪：听，指听取意见。　明：视，指观察问题。《孟子·万章上》引《泰誓》："天视，自我民视；天听，自我民听。"是其义也。

⑮ 明：表彰。　畏：惩治。　蔡沈《书集传》："明者显其善，畏者威其恶。"

⑯ 有土：有土地的君王。

⑰ 惠：句中语助词。　厎：致，达到。

⑱ 思：句首语助词。《词诠》："语首助词，无义。"《尚书核诂》："思，亦通作'惟'。"　曰：句中语助词。　赞赞：郑玄注："赞，明也。"《尚书易解》："赞赞重言之者，肖其语气也。"　襄：辅佐。

【译文】

"（治理国家的人）不要贪图安逸和私欲，要兢兢业业，因为情况每天都在不停变化。不要虚设百官，上天命定的工作，人应当代替完成。上天规定了人与人之间的常法，告诫人们父义、母慈、兄友、弟恭、子孝这五种人伦关系要敦厚！规定了人与人之间的尊卑等级，推行天子、诸侯、卿大夫、士和庶人这五种礼制要成为常规啊！君臣之间要同敬、同恭，和善相处啊！上天任命有德的人，按照德行大小用天子、诸侯、卿、大夫、士五等礼服表彰五等人啊！上天惩罚有罪的人，按照罪行轻重，用墨、劓、剕、宫、大辟五种刑罚处治五等人啊！政务要努力啊！要努力啊！

“上天的视听依从臣民的视听，上天的赏罚依从臣民的赏罚。天意和民意是相通的，要谨慎啊有国土的君王！”

皋陶问：“我的话可以得到实行吗？”

禹说：“当然！你的话可以得到实行并能获得成功。”

皋陶说：“我并不懂得什么，只是努力辅佐君王啊！”

【段意】

第三段，皋陶强调要重视伦常等级，重视民心民意。

益稷第五

【题解】

益，又称伯益、柏翳，舜时东夷部族首领，掌管山林，相传佐禹治水有功，是秦之先祖。稷，也称后稷，舜时担任农官，是周之先祖，相传出生后被遗弃，故又名弃。

本篇主要记载舜与禹的对话，篇名却叫作“益稷”，《孔传》解释说：“禹称其人，因以名篇。”意思是说本篇大禹的话中有“暨益奏庶鲜食”“暨稷播，奏庶艰食鲜食”，提及益、稷。孔颖达进一步解释说：“禹称其二人，二人佐禹有功，因以此二人名篇。既美大禹，亦所以彰此二人之功也。禹先言‘暨益’，故‘益’在‘稷’上。”

《皋陶谟》《益稷》是《尧典》《舜典》的重要补充，《皋陶谟》《益稷》记叙皋陶和禹的事，《尧典》《舜典》记叙尧和舜的事。从古史资料的角度分析，二者互补。有些或许就是同一件事，一前一后。例如，上古中国曾经经历过一段大洪水时期。《尧典》篇中尧就为洪水肆虐而忧虑：“汤汤洪水方割，荡荡怀山襄陵，浩浩滔天。下民其咨，有能俾乂？”这场洪水从尧时一直持续到禹时，《诗经·商颂·长发》有记载：“洪水芒芒，禹敷下土方。”《益稷》记载更为具体。《孟子》《庄子》《吕氏春秋》等先秦文献也均有记载。研究表明，在距今5000至4000年间，我国气候处于温暖湿润期，降雨较多，完全具备暴发洪水的可能，文献记载大致可信。2002年，北京保利公司从境外购回一件珍贵的青铜器燹（xiǎn）公盨（xǔ），其上铭文开头的话就是：“天令禹尃土，墮山濬川，乃叀彖埶征。”这与《禹贡》和《禹贡序》文字相似。《禹贡》：“禹敷土，随山刊木，奠高山大川。”《禹贡序》：“禹别九州，随山浚川，任土作贡。”李学勤先生释读“乃叀彖埶征”为“乃差地设征”，指出“差地”是区别不同的土地，“设征”是规定各自的贡赋，与《禹贡序》“任土作贡”的说法一致。有学者认为燹公盨是商代晚期的青铜器，也有学者认为是西周早期，无论是商晚期，还是西周早期，都接近于夏，近古者存真，地下考古发现与传世文献得到互证：一直未得到考古资料证实的禹、禹治水与夏王朝应该是可信的史实，《禹贡序》是否为伪作也应该再研究。

《益稷》第一次曲折地反映了上古的干支历法。甲骨文中多有干支纪日，也有纪年纪月纪时；文献中多用干支历法，也偶见用天干纪日或用地支纪日。禹曰：“予创若时，娶于涂山，辛壬癸甲。启呱呱而泣，予弗子，惟荒度土功。”《史记·夏本纪》引为：“予辛壬娶涂山，癸甲生启。”司马贞《史记索隐》：“今此云：‘辛壬娶涂山，癸甲生启。’盖今文《尚书》脱漏，太史公取以为言，亦不稽其本意。岂有辛壬娶妻，经二日生子，不经之甚。”辛壬癸甲都是“十天干”中的数字，《益稷》记载的是天干纪日法。《礼记·檀弓下》有“子卯不乐”，子卯是“十二地支”中的数字，《檀弓》记载的是地支纪日法。

《益稷》开篇陈述禹的治水功绩，尤其强调民生的重要性。

禹治水前，“下民昏垫”；治水之后，“烝民乃粒”。治水对于安民具有重大意义。大禹治水的方式，主要是采用疏导法。此前，禹的父亲鲧治水没有成功，原因是“鲧陻洪水”，即采用堵塞的方法。禹采用疏导的方法，获得了成功。“予决九川距四海，浚畎浍距川”，大禹疏通九州河流，田间水沟，使它们彼此沟通，今天治水仍然主要采取这种方法。历代政治家还推此及彼，提倡治国必须采取疏导的方法，广开言路。《国语·周语上》：“防民之口，甚于防川，川壅而溃，伤人必多，民亦如之。是故为川者决之使导，为民者宣之使言。”

《益稷》还描写了人们扮演百兽跳舞的盛况，表明上古确实存在扮演动物跳舞的现象。《吕氏春秋·古乐》：“昔葛天氏之乐，三人操牛尾投足以歌八阕。”有学者认为，扮演动物起舞具有巫术性质，目的是娱神媚神，希望求得神灵的庇佑。《益稷》的相关记载，生动地反映了先民的图腾崇拜和远古绚丽多彩的社会生活。

《尧典》（包括今传本《舜典》）、《皋陶谟》（包括今传本《益稷》）在传承过程中经过了儒家的整编，完善了儒家的理论体系。《尧典》反映儒家向往的政治制度和社会制度，《皋陶谟》则主要反映儒家向往的伦理道德观点和社会生活。

本篇今文无，古文有。

益　稷

帝曰：“来，禹！汝亦昌言。”

禹拜曰：“都！帝，予何言？予思日孜孜①。”

皋陶曰："吁！如何？"

禹曰："洪水滔天，浩浩怀山襄陵[②]，下民昏垫[③]。予乘四载[④]，随山刊木[⑤]，暨益奏庶鲜食[⑥]。予决九川距四海[⑦]，浚畎浍距川[⑧]。暨稷播，奏庶艰食鲜食[⑨]。懋迁有无[⑩]，化居[⑪]。烝民乃粒[⑫]，万邦作乂[⑬]。"

皋陶曰："俞！师汝昌言[⑭]！"

禹曰："都！帝。慎乃在位[⑮]。"

帝曰："俞！"

禹曰："安汝止[⑯]，惟几惟康[⑰]。其弼直[⑱]，惟动丕应[⑲]。徯志以昭受上帝[⑳]，天其申命用休[㉑]。"

帝曰："吁！臣哉邻哉[㉒]！邻哉臣哉！"

禹曰："俞！"

【注释】

①思：《尚书核诂》："亦与'惟'同。谓予无所言，予惟日孜孜而已。"　孜孜：勤敏，努力不懈。

②浩浩：水势远大的样子。　怀：包围。　襄：漫上。

③昏垫：郑玄说："昏，没也。垫，陷也。禹言洪水之时，人有没陷之害。"

④四载：四种交通工具。《史记·夏本纪》："陆行乘车，水行乘船，泥行乘橇，山行乘檋。"橇，《史记正义》："橇形如船而短小，两头微起，人曲一脚，泥上擿进，用拾泥上之物。今杭州、温州海边有之也。"檋，《史记·河渠书》作"桥"，阎若璩认为就是"轿"。

⑤随山刊木：沿着山路砍削树木作为标志。随，行走。刊，砍斫。

⑥暨：和、同。　奏：进，这里指供给。　庶：庶众，指老百姓。　鲜：新杀的鸟兽。

⑦决：疏通。　九川：九州之川。　距：至、到，用作使动，意思是“使……流到（流入）”。

⑧浚畎浍（quǎn kuài）距川：使畎浍流入川。浚，深深疏通。畎浍，田间的水沟。

⑨艰：本作“根”，马融说：“根生之食，谓百谷。”

⑩懋：通“贸”，贸迁，即贸易。贸迁有无，是说调有余补不足。

⑪化居：《史记·夏本纪》作“徙居”，迁移居积的货物。

⑫粒：王引之读为“立”，义为定，安定。《史记·夏本纪》作“定”。

⑬作：开始。王引之说：“作之言‘乍’，乍者，始也。‘作’与‘乃’相对成文。”　乂：治理。

⑭师：江声认为当作“斯”，代词。《史记·夏本纪》引作“此”。孙星衍说：“众民乃定，万国始治，故皋陶称之为此真汝之美言也。”

⑮在位：在位的大臣。

⑯安汝止：使你的心安静。止，《孔疏》《书集传》都认为是“心之所止”。

⑰惟：思，考虑。　几：危险。　康：安康。

⑱弼：辅佐。　直：正直。

⑲惟动丕应：只要你行动，天下就会大力响应。丕，可译为“大大地”。

⑳徯（xī）：等待。　志：德，指有德的人。　昭：明白。

㉑申：重复。　用：引进动作凭借的工具。　休：美。

㉒邻：即下文“四邻”，指亲近的大臣。

【译文】

舜帝说："来吧，禹！你也发表高见吧。"

禹拜谢说："啊！君王，我说什么呢？我只想每天勤勉工作罢了。"

皋陶说："啊！究竟怎么样呢？"

禹说："大水弥漫接天，浩浩荡荡地包围了山岭，漫没了丘陵，民众沉没陷落在洪水里。我乘坐四种交通工具，沿着山路砍削树木作为路标，同伯益一起把新杀的鸟兽送给民众。我疏通了九州的河流使它们流到四海，挖深疏通了田间的大水沟使它们流进大河。同后稷一起播种粮食，把百谷、鸟兽送给民众。让他们互通有无，调剂余缺。于是，民众们就安定下来了，各个诸侯国开始得到了治理。"

皋陶说："好啊！这番话你说得真好啊！"

禹说："啊！舜帝。你要谨慎地对待你的在位的大臣。"

舜帝说："是啊！"

禹说："要使你的心意安静，考虑天下的安危。用正直的人做辅佐，只要你行动天下就会大力响应。依靠有德的人明白地接受上帝的命令，上天就会再三将休美赐予你。"

舜帝说："唉！大臣就是亲近的人！亲近的人就是大臣！"

禹说："对呀！"

帝曰："臣作朕股肱耳目①。予欲左右有民②，汝翼。予欲宣力四方③，汝为。予欲观古人之象④，日、月、星辰、山、龙、华虫⑤，作会⑥；宗彝⑦、藻、火、粉米⑧、黼⑨、黻⑩、絺绣⑪，以五采彰施于五色⑫，作服⑬，汝明。予欲闻六律五声八音⑭，在治忽⑮，以出纳五言⑯，汝听。予违，汝弼，汝无面从，退有后言[17]。钦四邻[18]！庶顽谗说[19]，若不在时[20]，侯以明之[21]，挞以记之[22]，书用识哉[23]，欲并生哉[24]！工以纳言，时而飏之[25]，格则承之庸之[26]，否则威之[27]。”

【注释】

① 股：大腿。 肱（gōng）：胳膊。 股肱：喻指辅弼之臣。

② 有民：即“民”，民众。“有”为词头。

③ 宣：用。

④ 观：示，显示。 象：衣服上的图纹。

⑤ 华虫：郑玄以为是五色之虫，孔颖达以为是雉，即野鸡。

⑥ 会：马融、郑玄的《尚书》注本作“绘”，画。

⑦ 宗彝：宗庙彝器。上面刻有虎形，因此这里用以指虎。

⑧ 粉米：白米。

⑨ 黼（fǔ）：黑白相间像斧形的花纹。《周礼·冬官考工记·画缋》：“白与黑谓之黼。”《尔雅·释器》：“斧谓之黼。”

⑩ 黻（fú）：黑青相间“亞”形花纹。《周礼·冬官考工记·画缋》：“黑与青谓之黻。”《尔雅·释言》郭注：“黻文如两‘己’相背。”

⑪ 絺（chī）：郑玄说：“絺读为黹。黹，紩也。”紩，缝。絺绣即缝以为绣。

⑫ 五采：五种颜料。 彰：明显。 于：为，作为。《经传释词》：“于，犹‘为’也。”

⑬ 作服：做成五个等级的礼服。

⑭ 六律：古代有十二乐律，阴六为吕，阳六为律。 五声：宫、商、角、徵、羽。 八音：八种乐器，指金、石、丝、竹、匏、土、革、木。

⑮在：考察。　忽：通“滑”，《史记·夏本纪》作“滑”。王引之《经义述闻》：“《周语》：‘滑夫二川之神。’《淮南·精神》篇：‘趣舍滑心。’韦昭、高诱注并曰：‘滑，乱也。’在治滑，谓察治乱也。《乐记》曰：‘治世之音安以乐，其政和；乱世之音怨以怒，其政乖。’”

⑯出纳：取舍。　五言：东西南北中五方的言论。

⑰后言：背后议论。

⑱四邻：郑玄曰：“左辅、右弼、前疑、后丞。”都是天子所亲近的臣子。

⑲顽：愚蠢。　谗：《庄子·渔父》：“好言人之恶谓之谗。”

⑳时：通“是”，指肱股耳目。

㉑侯：箭靶，这里指用箭射靶。　明：勉。古代不贤的人不能参加射侯，所以射侯之礼可以勉励人。

㉒挞：扑打。　记：警戒。孙诒让读为“諅”。《说文·言部》：“諅，诫也。”

㉓用：目的连词，与“以”互文。　识（zhì）：记。

㉔并：范围副词，同。《助字辨略》：“《广韵》云：‘并，皆也。’”生：上进。《说文·生部》：“生，进也。”

㉕时：善。　飏：宣扬。

㉖格：正，正确。　承：进。　庸：用。

㉗威：惩罚。

【译文】

舜帝说：“大臣作我的股肱耳目。我想帮助民众，你辅佐我。我想尽力治理好四方，你帮助我。我想显示古人衣服上的图像，用日、月、星辰、山、龙、雉六种图形绘在上衣上；用虎、水草、火、白米、黑白相间的斧形花纹、黑青相间的‘亞’形花纹绣在下裳上；用五种颜料做成五种色彩不同的衣服，你要做好。我要听六种乐律、五种声音、八类乐器的演奏，从声音的哀乐考察治乱，取舍各方的意见，你要听清。如果我有过失，你就辅助我。你不要当面顺从，背后又去议论。我会敬重左右辅弼的近臣！至于愚蠢而又喜欢谗毁、谄媚的人，如果不能明察做臣的道理，要用射侯之礼明确地教训他们，用鞭打警戒他们，用刑书记录他们的罪过，要使他们想着共同上进！官员要采纳下面的意见，好的就称颂宣扬，正确的就进献上去以便采用，不然就要惩罚他们。”

禹曰：“俞哉！帝，光天之下[①]，至于海隅苍生[②]，万邦黎献[③]，共惟帝臣[④]，惟帝时举[⑤]。敷纳以言[⑥]，明庶以功[⑦]，车服以庸[⑧]。谁敢不让[⑨]，敢不敬应？帝不时敷[⑩]，同，日奏，罔功。

“无若丹朱傲，惟慢游是好[⑪]，傲虐是作[⑫]，罔昼夜頟頟[⑬]。罔水行舟[⑭]，朋淫于家[⑮]，用殄厥世[⑯]。予创若时[⑰]，娶于涂山[⑱]，辛壬癸甲[⑲]。启呱呱而泣[⑳]，予弗子[㉑]，惟荒度土功[㉒]。弼成五服[㉓]，至于五千。州十有二师[㉔]，外薄四海[㉕]，咸建五长[㉖]，各迪有功[㉗]，苗顽弗即功[㉘]，帝其念哉！”

【注释】

①光：广，一作“横”。1968年在河南偃师出土的熹平石经《尚书》残石有“俞哉帝横天之下至”八字。王引之说：“光、桄、横古同声而通用。”“三字皆充广之义。”《说文·木部》：“桄，充也。”

②隅：边隅。

③黎：众。　献：贤。

④惟：是。《孔传》："万国众贤，共为帝臣。"《玉篇》："惟，为也。"

⑤时：善，这里为情态副词，善于。

⑥敷：遍，范围副词。

⑦明：情态副词，可译为清楚地、明白地。　庶：章太炎读为"度"，考察。

⑧庸：劳，功劳。

⑨谁：甲骨文、金文没有"谁"，这或许是文献中的首见例，也是《尚书》的惟一语例。文献语言中问人的疑问代词主要有"谁""畴""孰"，"畴"最早出现，"谁"次之，"孰"最后。

⑩敷：分别。

⑪惟慢游是好：宾语前置句，即"惟好慢游"。

⑫虐：通"谑"，戏谑。　"傲虐是作"也是宾语前置句，承前句"惟慢游是好"，"惟"省略。《尚书易解》："惟为傲谑也。"

⑬罔：无论。　頟（è）頟：蔡沈《书集传》："不休息之状。"一作"鄂鄂"。皮锡瑞《今文尚书考证》："今文作'鄂鄂'。《潜夫论·断讼》篇云：'昼夜鄂鄂，慢游是好。'"1968年在河南偃师出土的熹平石经《尚书》残石有"鄂罔水舟行风淫于家"九字，可以证明确实有今文本作"鄂鄂"。这里则指坚持作乐，没完没了。《潜夫论》也用此义。

⑭罔水行舟：洪水已平，仍然乘舟遨游。

⑮朋：群。一说"朋"读为"风"，放纵之谓。参《尚书核诂》。

⑯用：因此，因果连词。　殄：灭绝。　世：父子相继。

⑰创：伤。　时：是，代词。

⑱ 涂山：国名。相传为夏禹娶涂山氏及会诸侯处。具体地点说法不一：一说在今安徽蚌埠市西淮河南岸，一说在今浙江绍兴市西北，一说在今重庆市东。或以浙江绍兴市西北为是。

⑲ 辛壬癸甲：从辛日到甲日，共四天。

⑳ 启：禹的儿子。《帝系》说："禹娶涂山氏之子，谓之女娲，是生启。" 呱（gū）呱：叠音情态副词，用以描摹小儿哭泣的声音。

㉑ 子：爱护。《礼记·中庸》："子庶民也。"郑玄注："子，犹爱也。"

㉒ 惟：范围副词，表示动作行为范围的惟一性。 荒：忙碌。"荒"通"忙"，从孙星衍说。 度：考虑。 土功：治理水土的事。

㉓ 弼：重新。《尔雅·释诂》："弼，重也。" 成：确定。《国语·吴语》："夫一人善射，百夫决拾，胜未可成也。"韦昭注："成，定也。" 五服：以王城为中心，由近至远的五个区域：指甸服、侯服、绥服、要服、荒服。

㉔ 有：通"又"，专用于整数与余数之间。 师：二千五百人。

㉕ 薄：靠近。

㉖ 咸：都。 五长：五国之长。《礼记·王制》："五国以为属，属有长。"

㉗ 迪：引导。 有功：《尚书易解》："有功，谓工作。"有，词头。

㉘ 苗：三苗，古部族名。 顽：顽凶。 即功：接受工作。

【译文】

禹说："好啊！舜帝，普天之下，至于海内百姓，各国众贤，都是您的臣子，您要善于举用他们。广泛地采纳他们的意见，明确地考察他们的功绩，用车马衣服酬劳他们。如果这样，谁敢不让贤？谁敢不恭敬地接受您的命令？但倘若帝不善加分别，忠奸贤愚一概而论，那么即使天天进用人，也会劳而无功。

“不能像丹朱那样傲慢，只喜欢懒惰游玩，戏谑作乐，不论白天晚上都不停止。洪水已经退去，他还要乘船游玩，又成群地在家里淫乱，因此不能继承尧的帝位。我为他的这些行为感到悲伤，我娶了涂山氏的女儿，结婚后四天就治水去了。后来，启生下来呱呱地啼哭，我顾不上爱护他，只忙于考虑治理水土的事。我重新划定了五服地带，一直到五千里远的地方。每一个州征集三万人，从九州到四海边境，每五个诸侯国设立一个诸侯长，各诸侯长领导治水工作，只有三苗顽抗不肯接受工作任务，舜帝您要为这事忧虑啊！”

帝曰：“迪朕德①，时乃功②，惟叙③。皋陶方祗厥叙④，方施象刑⑤，惟明⑥。”

【注释】

①迪：开导，教导。

②时：依时。

③惟：宜，应当。《吕氏春秋·知分》：“婴且可以回而求福乎？子惟之矣。”高注曰：“惟，宜也。”然毕沅、俞樾皆质疑此说。毕氏认为“惟”当训为“思”，俞樾认为“惟”乃“推”之形讹。《晏子春秋·杂上》：“今婴且可以回而求福乎？曲刃钩之，直兵推之，婴不革矣。”俞氏认为《吕氏春秋》系《晏子春秋》之省文。许维遹《吕氏春秋集释》认同俞说，可参。下“惟明”之“惟”同。　叙：顺从。

④方：通“旁”，普遍地。《说文·上部》：“旁，溥也。”

⑤象刑：在器物上刻画刑罚的图像以示警戒。参《舜典》“象以

典刑”。

⑥明：成。

【译文】

舜帝说：“宣扬我们的德教，依时行事，三苗应该会顺从。现在，皋陶普遍敬重那些顺从的人，用刑杀的图像警戒那些不服从的人，三苗的事应当会办好。”

【段意】

第一段，记录了舜和禹、皋陶讨论政事。

夔曰[①]：“戛击鸣球[②]、搏拊[③]、琴、瑟，以咏[④]。”祖考来格[⑤]，虞宾在位[⑥]，群后德让[⑦]。下管鼗鼓[⑧]，合止柷敔[⑨]，笙镛以间[⑩]。鸟兽跄跄[⑪]，《箫韶》九成[⑫]，凤皇来仪[⑬]。

夔曰：“於[⑭]！予击石拊石[⑮]，百兽率舞，庶尹允谐[⑯]！”

【注释】

①夔（kuí）：人名，舜的乐官。

②戛（jiá）：敲击。　　鸣球：玉磬。

③搏拊（fǔ）：一种外面用皮革制作、里面装满糠的打击乐器。郑玄说：“搏拊以韦为之，装之以糠，所以节乐。”又名拊搏、拊骨、拊膈、搏膈等。

④咏：演唱诗歌。

⑤祖考：祖考之神。　　格：至，降临。

⑥虞宾：虞舜的宾客，指尧的后裔来做舜的宾客。

⑦ 群后：众诸侯之君。　德：升堂。《说文·彳部》："升也。"　让：揖让。宾主相见时的一种礼仪。

⑧ 下：堂下。郑玄说："已上皆宗庙堂上之乐所感也。'下管'以下言舜庙堂下之乐，故言下也。"　管：管乐。　鼗（táo）：一种小鼓。

⑨ 合止：合乐和止乐。　柷（zhù）：一种打击乐器，乐曲开始时先敲击。　敔（yǔ）：一种打击乐器，乐曲结束时敲击。

⑩ 笙：一种管乐器。　镛：大钟。

⑪ 跄跄：跳动，指扮演飞禽走兽的人跄跄而舞。

⑫《箫韶》：舜时的乐曲名，又称"韶"。《说文·音部》："韶，虞舜乐也。"　九成：郑玄说："成，犹终也。每曲一终，必变更奏。""若乐九变，人鬼可得而礼。"意思是演奏乐曲，每曲一终，要变更九次才结束。

⑬ 凤皇来仪：扮演凤凰的舞队出来跳舞。仪，与"来"义近同。《方言》："仪、佫，来也。陈、颍之间曰仪，自关而东，周郑之郊、齐鲁之间或谓佫曰怀。"王念孙手校《〈方言〉疏证》于天头墨批："《尚书》曰：'凤凰来仪。'仪亦来也……古人自有复语耳，解者皆失之。"（见华学诚《扬雄〈方言〉校释汇证》）

⑭ 於（wū）：叹词，表示赞美的语气。

⑮ 石：石磬。　拊：轻轻地敲击。

⑯ 庶：众。　尹：正，官长。　允：句中语助词。　谐：通"偕"，偕同。

【译文】

夔说："敲起玉磬，打起搏拊，弹起琴瑟，唱起歌来吧。"先祖、先父的灵魂降临了，舜帝的宾客就位了，各个诸侯国君登上了庙堂互相揖让。庙堂下吹起管乐，打着小鼓，合乐敲柷，止乐敲敔，笙和大钟交替演奏。扮演飞禽走兽的舞队踏着节奏跳舞，《箫韶》之乐变更演奏了九次以后，扮演凤凰的舞队出来表演了。

夔说："啊！我轻敲重击着石磬，扮演百兽的舞队都跳起舞来，各位官长也和着乐曲一同跳起来吧！"

【段意】

第二段，记录了庙堂乐舞的盛况。

帝庸作歌[①]。曰："敕天之命[②]，惟时惟几[③]。"乃歌曰："股肱喜哉！元首起哉[④]！百工熙哉[⑤]！"

皋陶拜手稽首飏言曰[⑥]："念哉！率作兴事，慎乃宪[⑦]，钦哉！屡省乃成[⑧]，钦哉！"乃赓载歌曰[⑨]："元首明哉！股肱良哉！庶事康哉！"又歌曰："元首丛脞哉[⑩]！股肱惰哉！万事堕哉[⑪]！"

帝拜曰："俞！往钦哉[⑫]！"

【注释】

① 庸：因，因此。

② 敕：《尔雅·释诂》："敕，劳也。"

③ 几：将近，接近。见《尚书易解》。

④ 起：兴起，奋发。

⑤ 工：通"功"，事情。　熙：兴盛。

⑥ 拜手：古代的一种跪拜礼，双膝下跪，两手拱合齐心，俯首至手。　稽（qǐ）首：古代的最敬跪拜礼，双膝下跪，叩头至地。　飏：

《史记·夏本纪》作“扬”，继续。

⑦ 乃：你的。　　宪：法度。

⑧ 屡：屡次、多次。　　省（xǐng）：省察。

⑨ 赓：情态副词，继续。《尚书今古文注疏》：“赓者，《释诂》云：‘续也。’《说文》以为‘续’古文。”按：“赓”在西周金文里多写作“更”“逦”“敳”。

⑩ 丛脞（cuǒ）：细碎，烦琐。

⑪ 堕：败坏，荒废。

⑫ 往：自今以后。　　钦：敬，引申为谨慎。

【译文】

舜帝因此作歌。说：“勤劳天命，像这样就差不多了。”于是唱道：“大臣欢悦啊！君王奋发啊！百业兴旺啊！”

皋陶跪拜叩头继续说：“要念念不忘啊！统率兴办的事业，慎守你的法度，要认真啊！经常考察你的成就，要认真啊！”于是继续作歌说：“君王英明啊！大臣贤良啊！诸事安康啊！”又继续作歌说：“君王烦琐啊！大臣懈怠啊！诸事荒废啊！”

舜帝拜谢说：“对啊！从今往后要认真干啊！”

【段意】

第三段，记录了舜和皋陶吟诗唱和，互相勉励。

夏 书

夏，史书记载中国历史上第一个世袭王朝名。夏朝的第一个君王是禹，姓姒，名文命，属夏侯氏，又名夏禹。禹是黄帝的玄孙。《史记·夏本纪》记载："禹之父曰鲧，鲧之父曰帝颛顼，颛顼之父曰昌意，昌意之父曰黄帝。禹者，黄帝之玄孙而帝颛顼之孙也。"禹因治山治水，划定九州，劳苦功高，又称为大禹。《孔传》："称大，大其功。"禹也与尧、舜并称尧、舜、禹。

夏的历史由于资料匮乏，学术界长期缺乏共识，考古发现的周代青铜器不断出现"禹""夏"的铭文，证实在国家文化层面周人已经普遍认同"夏""禹"。夏是确实存在的王朝，禹是史实存在的帝王，只是夏世系的准确起始年代还需考古材料的进一步证实。

《夏书》共有今古文四篇。

禹贡第一

【题解】

贡，《广雅·释诂》释为“税也”，《释言》释为“献也”。禹贡，即禹时的赋税制度。一说“贡”训为“功”，《太平御览》卷八十二引《尚书璇玑钤》：“禹开龙门，导积石，决岷山，治九贡。”郑玄注云：“贡，功也，治九州之功。”认为《禹贡》是记载禹治理九州的功绩。学术界多采取赋税制度说。

《禹贡》的“九州”范围大致相当于今天东至黄海东海，西至青海，北至内蒙古，南至两广地区。虽然这是一种假设的上古行政区域划分，但对中国“大一统”观念的形成、行政区域的演化都具有相当大的基础意义。

“九州”在先秦典籍中有不同的名称，诸如在《诗经·商颂》的《玄鸟》和《长发》篇中分别名为“九有”或“九围”。“九有”“九围”，毛亨皆解释为“九州”。“州”之命名或与上古洪水神话有关。《说文·川部》：“州，水中可居曰州。周绕其旁，从重川。昔尧遭洪水，民居水中高土，或曰九州。《诗》曰：‘在河之州。’”“九”之数或与“九方”“九天”有关。《吕氏春秋·有始》：“何谓九州？河汉之间为豫州，周也。两河之间为冀州，晋也。河、济之间为兖州，卫也。东方为青州，齐也。泗上为徐州，鲁也。东南为扬州，越也。南方为荆州，楚也。西方为雍州，秦也。北方为幽州，燕也。”现“九州”主要泛指普天下、全中国。

《禹贡》详细记载了古代九州的划分、山川的方位和脉络、物产分布、土壤性质、贡赋制度、交通运输、水土治理等等，内容十分丰富，是地理学征实派的奠基作，是我国最早、最有价值的地理著作，受到历代学者的重视。《汉书·地理志》和《水经注》等地理学专著都将《禹贡》作为研究的主要依据。汉代以来，研究《禹贡》的学者日益增多，著述日丰，《禹贡》成为专学，并且形成汉学、宋学等不同学术派别和研究风格。历代《禹贡》学著作中，以清朝学者胡渭的《禹贡锥指》最为完善闳博。

禹别九州①，随山浚川②，任土作贡③。

【注释】

①别：分别。这里指划定疆界。

②随山：即下文“随山刊木”。蔡沈《书集传》：“方洪水横流，不辨区域，禹分九州之地，随山之势，相其便宜，斩木通道以治之。” 浚川：疏通河道。

③任土：根据土地肥瘠的情况。

【译文】

禹划分九州的疆界，顺着山势砍削树木作为标志，疏通河道，根据土地的肥瘠情况制定出贡赋的等级。

禹　贡

禹敷土①，随山刊木②，奠高山大川③。

【注释】

①敷：分别。马融说："敷，分也。"

②刊木：砍削树木作为标志。《史记·夏本纪》录《禹贡》作"行山表木"。《说文·木部》："栞，槎识也……《夏书》曰'随山栞木'。"段玉裁说："云'槎识也'者，槎，衺斫也。衺斫木使其白，多以为道路高下表识，如'孙子斫树白书'之类，故云'槎识'。"

③奠高山大川：以山川确定界域。奠，确定。

【译文】

禹划分土地，顺着山势砍削树木作为标志，根据高山大河勘定界域。

冀州①：既载壶口②，治梁及岐③。既修太原④，至于岳阳⑤。覃怀厎绩⑥，至于衡漳⑦。厥土惟白壤⑧，厥赋惟上上⑨，错⑩，厥田惟中中。恒、卫既从⑪，大陆既作⑫。岛夷皮服⑬，夹右碣石入于河⑭。

【注释】

①冀州：九州之首。一说因其为尧、舜、禹建都的地方，一说因其为禹开始治水的地方。《孔疏》："九州之次以治为先后，以水性下流，当从下而泄，故治水皆从下为始。冀州帝都，于九州近北，故首从冀起。"冀州之名相传源于古地名。《释名·释州国》："冀州亦取地以为

名也。"《水经·汾水注》曰:"汾水又迳冀亭南……京相璠曰:'今河东皮氏县有冀亭,古之冀国所都也。'"古冀州相当于今山西、河北二省全境、河南黄河以北和山东西北部、辽宁西南部一带。

② 载:事,这里是动词,施工。 壶口:山名,壶口山,即今壶口瀑布所在,在今山西吉县南。王鸣盛《尚书后案》:"壶口山上连孟门,下控龙门,当路束流,为河之扼要处,故禹首辟之。"

③ 梁:山名,在今陕西韩城市西北。 岐:通"歧",山的支脉。日藏《史记》残卷作"歧"。

④ 太原:今山西太原一带。

⑤ 岳阳:《水经·汾水注》:"《禹贡》所谓'岳阳',即霍太山。"霍太山即太岳山,今山西霍山以南、黄河以北,汾水经其东。阳,山的南面。

⑥ 覃怀:地名,在今河南武陟一带。 厎:致,获得。 绩:功绩。

⑦ 衡漳:衡,通"横"。《孔传》:"漳水横流入河。"故云"横漳"。漳水在覃怀之北。

⑧ 厥:远指代词,其,那,指冀州。 惟:为,是。 壤:柔土。

⑨赋:赋税。 上上:《禹贡》把九州的赋税和土质均分为上、中、下三个大的等级,每个大的等级内部又分为上、中、下三个小等级,一共九个小等级。"上上"是第一等,即上等中的上等。

⑩ 错:错杂,夹杂。

⑪ 恒:滱水,即今唐河。 卫:滹(hū)沱河。 从:顺着河道。

⑫ 大陆:泽名,在今河北巨鹿县西北。 作:治理。

⑬ 岛夷:住在海岛上的东方民族。一说"岛夷"当作"鸟夷",与

下文“淮夷”都是以鸟为图腾的民族。《史记》《汉书》《说苑》《大戴礼记》均作“鸟夷”。1968年，河南偃师出土的熹平石经《尚书》残石有“黑恒卫既从大陆既作鸟夷皮”，也作“鸟夷”。

⑭夹：接近。　　碣石：山名，在今河北昌黎县西北。

【译文】

冀州：已经从壶口施工，接着就治理梁山和它的支脉。已经治理好太原，又治理到太岳山的南面。覃怀一带的治理取得了成效，又治理到横流入黄河的漳水。那里的土是白壤，赋税是第一等，也夹杂第二等，那里的田地土质是第五等。恒水、卫水已经顺着河道流淌，大陆泽也已经得到治理。海岛上的夷人用皮服来进贡，先接近右边的碣石山，再进入黄河。

济、河惟兖州①：九河既道②，雷夏既泽③，灉、沮会同④。桑土既蚕⑤，是降丘宅土⑥。厥土黑坟⑦，厥草惟繇⑧，厥木惟条⑨。厥田惟中下，厥赋贞⑩，作十有三载，乃同⑪。厥贡漆丝⑫，厥篚织文⑬。浮于济、漯⑭，达于河。

【注释】

①济：水名。源出河南济源市西王屋山，汉代在今河南武陟县流入黄河，又向南溢出，流向山东，与黄河平行入海。　　惟：《经传释词》引《文选·甘泉赋》李善注曰：“惟，是也。”　　兖州：九州之一，得名于济水，济水又名兖水，“兖”文献或写作“沇”。古兖州大致在今河北南部、河南东北部、山东西部。

②九河：黄河流到兖州分为九条河。郑玄说："九河之名：徒骇、太史、马颊、覆釜、胡苏、简、洁、钩盘、鬲津。" 道：通"导"，疏导。

③雷夏：泽名，在今山东菏泽市东北。

④灉：水名，黄河支流，已湮灭。 沮：水名，灉河支流，已湮灭。 会同：汇合注入雷夏泽。

⑤桑土：地名。郑玄说："其地尤宜蚕桑，因以名之。" 蚕：养蚕。

⑥是：连词，于是。 降：下。 宅：居。 是降丘宅土：《史记·夏本纪》引作"于是民得下丘居土"。

⑦坟：马融说："有膏肥也。"

⑧繇（yáo）：茂盛。

⑨条：长，修长。

⑩贞：《孔疏》："贞即下下，为第九也。"金履祥《尚书表注》："'贞'字本'下下'字。古篆凡重字者，或于上字下添'＝'。兖州赋下下，篆从下'＝'，或误作'正'，通为'贞'。"

⑪乃同：才与其他八州相同。郑玄说："十三年乃有赋与八州同，言功难也。"

⑫漆丝：《孔传》："地宜漆林，又宜桑蚕。"

⑬篚（fěi）：竹器。 织文：彩绸。《孔传》："织文，锦绮之属，盛之筐篚而贡焉。"

⑭漯（tà）：水名，黄河支流，自今河南浚县西南分黄河东北流，经濮阳、范县，山东莘县、聊城、临邑、滨州等县市入海。

【译文】

济水与黄河之间是兖州：黄河下游的九条支流已经疏通，雷夏也已经成为湖泽，灉水和沮水会合流入雷夏泽。桑土这个地方都已经养蚕，于是人们从山丘上搬迁下来居住在平地上。那里的土质又黑又肥，百草茂盛，树木修长。那里的田地土质是第六等，赋税是第九等，耕作了十三年才与其他八个州相同。那里的贡物是漆和丝，还有用竹筐装着的彩绸。贡品采用水路运输，从济水、漯水进入黄河。

海、岱惟青州①：嵎夷既略②，潍、淄其道③。厥土白坟，海滨广斥④。厥田惟上下⑤，厥赋中上。厥贡盐絺⑥，海物惟错，岱畎丝、枲、铅、松、怪石⑦。莱夷作牧⑧。厥篚檿丝⑨。浮于汶⑩，达于济。

【注释】

①海：今渤海。　岱：今泰山。　青州：九州之一，今山东半岛。《书集传》："青州之域，东北至海，西南距岱。"青州名源可参见《周礼·夏官·职方氏》记载："盖因土居少阳，其色为青，故曰青州"。

②嵎夷：地名，见《尧典》注。　略：治。见《广雅·释诂》。

③潍、淄：二水名。潍，古称"潍水"，今山东东部潍河。淄，今山东淄河。　道：疏通。

④斥：碱卤地。郑玄说："斥谓地碱卤。"《史记·夏本纪》作"潟"，《周礼·地官·草人》注："潟，卤也。"《说文·卤部》："卤，西方碱地也。"《史记索隐》引《说文》"卤，碱地。东方谓之斥，西方谓之卤"。

⑤上下：上等中的下等。

⑥絺（chī）：此指细葛布。《说文·糸部》："絺，细葛也。"

⑦畎（quǎn）：山谷。　枲（xǐ）：不结子的雄株大麻。　铅：

《孔疏》："铅，锡也。"

⑧ 莱夷：《孔传》："莱夷，地名，可以放牧。"胡渭说："今莱州、登州二府皆《禹贡》莱夷之地。" 作：通"乍"，开始。参《益稷》"万邦作乂"。《经义述闻》："言莱夷水退始放牧也。"

⑨ 檿（yǎn）：山桑，柞树。

⑩ 汶：水名。即今山东西部大汶河。

【译文】

渤海和泰山之间是青州：嵎夷已经得到治理，潍水和淄水也已得到疏通。那里的土又白又肥，海边有广阔的盐碱地。那里的田地土质是第三等，赋税是第四等。那里进贡的物品是盐和细葛布，海产品多种多样，还有泰山谷的丝、大麻、锡、松和奇特的石头。莱夷一带可以开始放牧了。那里进贡的物品是用筐装的柞蚕丝。贡品采用水运，从汶水进入济水。

海、岱及淮惟徐州①：淮、沂其乂②，蒙、羽其艺③，大野既猪④，东原厎平⑤。厥土赤埴坟⑥，草木渐包⑦。厥田惟上中，厥赋中中。厥贡惟土五色⑧，羽畎夏翟⑨，峄阳孤桐⑩，泗滨浮磬⑪，淮夷蠙珠暨鱼⑫。厥篚玄纤缟⑬。浮于淮、泗，达于河⑭。

【注释】

① 海：指黄海。 淮：淮河。 徐州：九州之一，其地东至海，北至岱，南及淮。今江苏、安徽北部及山东南部。《释名·释州国》："徐，舒也，土气舒缓也。"

②沂：水名，沂水，即今山东南部沂河。

③蒙：山名，先秦文献中又名“东蒙”“东山”，在今山东临沂市西北。　羽：羽山，在今山东临沭县与江苏东海县的交界处。　艺：种植。

④大野：巨野泽，在山东巨野县北。　猪：通“潴”，水聚积。

⑤东原：今山东东平、汶上、宁阳等县一带，在汶水、济水之间。　厎：致，得到。　平：治理。《诗经·小雅·黍苗》：“原隰既平，泉流既清。”《毛传》：“土治曰平，水治曰清。”

⑥埴：土黏。见《孔传》。

⑦渐包：滋长而丛生。又写作“渐苞”。孙炎说：“物丛生曰苞。”

⑧土五色：指五色土，古代帝王分封诸侯的用品。《释名·释土》：“徐州贡土无色，色有青、黄、赤、白、黑也。”《孔传》：“王者封五色土以为社，若封建诸侯则各割其方色土与之，使归国立社。”

⑨夏：大。　翟（dí）：山雉，羽毛可作装饰品。

⑩峄（yì）：一名邹山、东山，古代名山，有“齐鲁名山归岱峄”的美誉，在今山东邹城市东南。　孤：特。见《玉篇》。《周礼·春官宗伯·大司乐》：“孤竹之管。”郑玄注：“孤竹，竹特生者。”

⑪泗：水名，源出今山东泗水县东蒙山南麓，下流入淮河。　浮磬：一种可以作磬的石头。《孔疏》：“石在水旁，水中见石，似若水中浮然，此石可以为磬，故谓之‘浮磬’也。”

⑫蠙珠：蚌所产之珠。《孔疏》：“蠙是蚌之别名，此蚌出珠，遂以蠙为珠名。”

⑬玄：黑色。　纤：细缯，绸。　缟：白缯，绢。

⑭达于河：金履祥说：“古文《尚书》作‘达于菏’。《说文》引《书》

亦作‘菏’。今俗本误作‘河’耳。菏泽与济水相通，徐州浮淮入泗，自泗达菏也。《书》达于菏，则达济可知。”

【译文】

黄海、泰山及淮河之间是徐州：淮河、沂水已经得到治理，蒙山、羽山一带已经可以种植，大野泽已经集聚着深水，东原也获得治理。那一带的土壤是红色的，又黏又肥，草木不断滋长丛生。那里的田地土质是第二等，赋税是第五等。进贡的物品是五色土，羽山山谷的大山雉，峄山南面的特产桐木，泗水边上可以做磬的石头，淮夷之地的蚌珠和鱼。还有用筐子装着的黑色细绸和白色的绢。贡品采用水运，从淮河、泗水进入与济水相通的菏泽水。

淮、海惟扬州①：彭蠡既猪②，阳鸟攸居③。三江既入④，震泽厎定⑤。筱簜既敷⑥，厥草惟夭⑦，厥木惟乔⑧。厥土惟涂泥⑨，厥田惟下下，厥赋下上，错。厥贡惟金三品⑩、瑶、琨、筱、簜、齿、革、羽、毛惟木⑪。岛夷卉服⑫。厥篚织贝⑬，厥包橘柚⑭，锡贡⑮。沿于江、海，达于淮、泗。

【注释】

①海：指南海。　扬州：九州之一。《周礼·夏官·职方氏》：“东南曰扬州。”大约指今淮河以南、南海以北江苏、安徽淮河以南部分，上海、浙江、福建、江西全部，湖北、湖南和广东的一部分。《尔雅·释地》：“江南曰扬州。”则范围小，或不包括今扬州市。扬州或因“厥土下湿而多生杨柳，以为名”，或因“扬州州界多水，水波扬也”，见《释名》；或因“此州地苞百越，扬、越声转，义亦同，扬州当因扬越得名，犹荆州

之与荆楚义亦相因矣”，见《周礼正义》。

② 彭蠡：水名，旧说即今江西鄱阳湖。谭其骧、张修桂认为古彭蠡泽与今鄱阳湖有承续关系，但不等同，其位置“无疑在大江之北，其具体范围当包有今宿松、望江间的长江河段及其以北的龙感湖、大官湖和泊湖等湖沼地区”。

③ 阳鸟：曾运乾说：“‘鸟’当读为‘岛’，《说文》所谓‘海中往往有山可依止曰岛’是也……阳岛，即扬州附海岸各岛。大者则台湾、海南是也。云阳岛者，南方阳位也。”

④ 三江：岷江、汉水与彭蠡。郑玄说：“三江，左合汉为北江，右会彭蠡为南江，岷江居其中则为中江。” 入：入海。

⑤ 震泽：水名，今江苏太湖。 底定：获得安定。

⑥ 筱（xiǎo）：小竹。 簜（dàng）：大竹。

⑦ 夭：通“枖”，茂盛。《说文·木部》：“枖，木少盛皃。从木，夭声。《诗》曰：‘桃之枖枖。’”今本《诗经·周南·桃夭》作“夭夭”。

⑧ 乔：高大。

⑨ 涂泥：潮湿的泥土。

⑩ 品：种，类。《广雅·释诂》：“品，式也。” 金三品：王肃说：“金、银、铜也。”

⑪ 瑶：美玉。 琨：美石。 齿：象牙。 革：犀皮。 羽：鸟羽。 毛：旄牛尾。 惟：《经传释词》：“‘惟’犹‘与’也，及也。”黄侃笺识：“‘与’之借。”

⑫ 岛夷：沿海各岛的人。 卉服：草服，蓑衣草笠之属。

⑬ 织贝：贝锦。

⑭ 包：包裹。

⑮ 锡贡：进献。黄式三说："锡亦贡也。"

【译文】

淮河与南海之间是扬州：彭蠡泽已经汇集了深水，南方各岛可以安居。三条江水已经流入大海，震泽也获得了安定。小竹和大竹已经遍布各地，那里的草很茂盛，树很高大。那里的土壤是潮湿的泥，那里的田地品质是第九等，赋是第七等，夹杂第六等。进贡的物品是金、银、铜、美玉、美石、小竹、大竹、象牙、犀皮、鸟的羽毛、旄牛尾和木材。海岛上的夷人穿着草编的衣服。那里的人们把贝锦放在筐子里，把橘柚包起来作为贡品。贡品沿着长江、黄海运入淮河、泗水。

荆及衡阳惟荆州①：江、汉朝宗于海②，九江孔殷③，沱、潜既道④，云土梦作乂⑤。厥土惟涂泥，厥田惟下中，厥赋上下。厥贡羽、毛、齿、革惟金三品，杶、干、栝、柏⑥，砺、砥、砮、丹惟箘簵、楛⑦。三邦厎贡厥名⑧，包匦菁茅⑨，厥篚玄纁玑组⑩。九江纳锡大龟⑪。浮于江、沱、潜、汉，逾于洛⑫，至于南河⑬。

【注释】

① 荆：山名，在今湖北南漳县，沮、漳水的发源处。　衡：山名，在今湖南衡山县。　荆州：九州之一，因境内荆山而得名，大致相当于今湖南、湖北二省全境。

② 朝宗：诸侯朝见天子，春天朝见叫朝，夏天朝见叫宗。这里比喻长江、汉水归向大海。

③ 九江：一说在今湖北广济县、黄梅县一带，或分自长江，或源出

山溪；一说指今江西赣江及其八大支流；一说指今湖南洞庭湖所汇湘、沅等九水。学术界多采取第一说。　孔：大。　殷：定。《尚书核诂》："殷，犹'定'也。《尧典》'以殷仲春'，《史记》'殷'作'正'，古'正''定'通用。《尧典》'以闰月定四时'，《史记》'定'作'正'，即其证也。"

④ 沱：水名，长江的支流，在今湖北省枝江市。　潜：水名，汉江的支流，在今湖北潜江市。《尔雅·释水》："水自江出为沱，汉别为潜。"

⑤ 云土梦：苏轼《东坡书传》认为即"云梦之土"。云、梦，在今湖北汉江以北应城、天门县一带。杜预注《左传》说："江南为云，江北为梦。"　作：通"乍"，开始。《经义述闻》："'作'与'既'相对成文。言云梦之土始乂也。"　乂：治理。

⑥ 杶（chūn）：椿树。　干：柘木，可做弓。　栝（guā）：桧树。

⑦ 砺：粗磨刀石。　砥：细磨刀石。　砮（nú）：可制箭镞的石头。　丹：丹砂。　箘簵（jùn lù）：美竹。　楛（hù）：木名，可做箭杆。

⑧ 三邦：《孔传》以为是"近泽三国"，靠近湖泊的三个诸侯国。　名：名产。

⑨ 包：包裹。　匦（guǐ）：箱匣，用箱匣装。　菁茅：《管子·轻重篇》："江淮之间，有一茅而三脊……名之曰菁茅。"

⑩ 玄纁（xūn）：指彩色丝绸。玄，赤黑色。纁，黄赤色。　玑组：珍珠串。玑，不圆的珠。组，丝带。

⑪ 纳：入。　锡：赐，贡献。《尚书易解》："锡，赐也。古代下之予上亦可谓赐。"

⑫ 逾：越。指离船上岸陆行。

⑬ 南河：颜师古说："在冀州南。"指河南巩义市一带的黄河。

【译文】

荆山与衡山的南面是荆州：长江、汉水像诸侯朝见天子一样奔向海洋，九江的水系已经完全形成，沱水、潜水已经疏通，云梦泽的土地开始得到治理。那里的土是潮湿的泥，田地土质是第八等，赋税是第三等。那里的贡物是羽毛、旄牛尾、象牙、犀皮和金、银、铜，椿树、柘树、桧树、柏树，粗磨石、细磨石、造箭镞的石头、丹砂和细长的竹子、楛木。三个诸侯国进贡他们的名产，包裹好的菁茅，装在筐子里的彩色丝绸和珍珠串。九江进贡大龟。贡品先从长江、沱水、潜水、汉水走水路，然后改走陆路到洛水，再到南河。

荆、河惟豫州①：伊、洛、瀍、涧既入于河②，荥波既猪③。导菏泽④，被孟猪⑤。厥土惟壤，下土坟垆⑥。厥田惟中上，厥赋错上中。厥贡漆、枲、絺、纻⑦，厥篚纤、纩⑧，锡贡磬错⑨。浮于洛，达于河。

【注释】

① 豫州：九州之一，大约相当于今河南省。豫，字形从"象"得意，取"予"得声。远古时期，黄河中下游地区河流纵横，水草丰沛，森林茂密，野象众多，故谓之"豫"。

② 伊：水名，即今河南洛水支流伊水。　洛：水名，又名北洛水，即今陕西洛河。　瀍（chán）：水名，源出今河南洛阳市西北，东南流经洛阳市东入洛水。　涧：水名，上游即今洛阳市西洛水支流涧河的一段。

③荥波：泽名，在今河南郑州市西北古荥镇北。

④导：通“道”，疏通。　菏泽：泽名，在今山东菏泽市定陶区东北。

⑤被：通“陂”，修筑堤防。见《尚书易解》。　孟猪：泽名，又名孟诸，在今河南商丘市东北。猪，通“潴”，水停聚之处。

⑥垆：黑色坚实的土壤。

⑦纻：苎麻。

⑧纩：细绵。

⑨磬错：治玉磬的石头。

【译文】

荆山、黄河之间是豫州：伊水、洛水、瀍水和涧水都已流入黄河，荥波泽已经停聚了大量的积水。疏通菏泽，并在孟猪泽筑起了堤防。那一带的土是柔软的壤土，低地的土是肥沃的黑色硬土。那里的田地土质是第四等，赋税是第二等，夹杂第一等。那里的贡物是漆、麻、细葛、苎麻，用竹筐装的绸和细绵，又进贡治玉磬的石头。贡品从洛水运入黄河。

华阳、黑水惟梁州[①]：岷、嶓既艺[②]，沱、潜既道。蔡、蒙旅平[③]，和夷厎绩[④]。厥土青黎[⑤]，厥田惟下上，厥赋下中，三错[⑥]。厥贡璆、铁、银、镂、砮、磬、熊、罴、狐、狸[⑦]。织皮、西倾因桓是来[⑧]，浮于潜，逾于沔[⑨]，入于渭，乱于河[⑩]。

【注释】

①华：山名，华山，一名太华山，号称西岳，在今陕西华阴市南。　黑水：水名。众说不一，有指今澜沧江、金沙江、怒江等说法，陈澧认为是

怒江。今怒江上游大部分河段皆蜿蜒于高山峡谷之中，江水呈深黑色，古称黑水河。　梁州：古九州之一，大约相当于今重庆全境，四川、陕西、云南、贵州部分。

② 岷：山名，岷山，在今四川松潘县北。　嶓（bō）：山名，嶓冢山，在陕西宁强县西北。　艺：治。见《广雅·释诂》。

③ 蔡：山名，峨眉山，见胡渭《禹贡锥指》。　蒙：山名，又名蒙顶山，在今四川雅安北。　旅：道路。《经义述闻》："九川不言旅而九山独言旅……余谓'旅'者道也。《尔雅》：'路、旅，途也。'郭璞曰：'途即道也。'""'蔡、蒙旅平'者，言二山之道已平治也。'荆、岐既旅'者，亦言二山已成道也。'九山栞旅'者，栞，除也。言九州名山皆已栞除成道也。"

④ 和：水名，胡渭认为是涐水，即今大渡河。　夷：水名，今清江。《书集传》："经言'底绩'者三，覃怀、原隰既皆地名，则此恐为地名，或地名因水，亦不可知也。"

⑤ 青：黑。　黎：疏散。段玉裁说："黎之言离也。"

⑥ 三错：赋税是第八等，还夹杂着第七等和第九等。《孔传》："三错，杂出第七、第九三等。"

⑦ 璆（qiú）：通"球"，美玉。　镂：刚铁。　罴：马熊。

⑧ 织皮：西戎之国。　西倾：山名，《汉书·吐谷浑传》又称西强山，在今青海东部、甘肃西部，呈西北东南走向，是长江水系和黄河水系的分水岭。　因：介引动作行为经由的处所。　桓：水名，桓水，即白水，今甘肃、四川境内白龙江。《水经注》："白水自西倾山流注汉水。"

⑨ 沔：水名，今汉江的上游。《孔疏》："泉始出山为漾水，东南流

为沔水，至汉中东行为汉水，是汉上曰沔。”

⑩ 乱：横渡。《孔疏》：“水以流为顺，横度则绝其流，故为乱。”

【译文】

华山南部到怒江之间是梁州：岷山、嶓冢山已经得到治理，沱水、潜水也已经疏通。峨眉山、蒙山的道路平整了，和、夷一带也取得了治理成效。那一带的土是疏松的黑土，田是第七等，赋税是第八等，还杂出第七等和第九等。那里的贡物是美玉、铁、银、刚铁、做箭镞的石头、磬、熊、马熊、狐狸、野猫。织皮和西倾山的贡物沿着桓水而来，经水路行于潜水，然后离船上岸陆行，再装船进入沔水，进入渭水，最后横渡渭水进入黄河。

黑水、西河惟雍州①：弱水既西②，泾属渭汭③，漆沮既从④，沣水攸同⑤。荆、岐既旅⑥，终南、惇物至于鸟鼠⑦。原隰厎绩⑧，至于猪野⑨。三危既宅⑩，三苗丕叙⑪。厥土惟黄壤，厥田惟上上，厥赋中下。厥贡惟球、琳、琅玕⑫。浮于积石⑬，至于龙门、西河⑭，会于渭汭。织皮昆仑、析支、渠搜⑮，西戎即叙⑯。

【注释】

① 西河：水名，指今山西、陕西二省之间南北流向的黄河河段，因在夏、商及山东诸国都城之西，故名。 雍州：九州之一，大约相当于今宁夏全境及青海、甘肃、新疆、内蒙古部分，后改凉州。

② 弱水：水名，上游为今甘肃山丹河，下游即山丹河与甘州河合流后的黑河，入内蒙古境后称额济纳河。

③ 泾：水名，泾河，源出甘肃平凉市西，东南流至陕西高陵入渭水。　属：入。　渭：水名，渭河，出甘肃渭源县，东流至陕西华阴入黄河。　汭：河流会合处。

④ 漆沮：古水名，今铜川市耀县、渭南市富平县的石川河。

⑤ 沣（fēng）水：水名，一作丰水，即今陕西西安市渭水支流沣河。　同：会合。

⑥荆：山名，荆山，又称为北条荆山，在今陕西富平县西南。　岐：山名，岐山，一名天柱山、凤凰山，在今陕西岐山县东北。　旅：道路。这里是动词，开辟道路。参“蔡、蒙旅平”注释。

⑦ 终南：山名，终南山，又名秦山、南山，即今秦岭山脉。　惇物：山名，太白山。　鸟鼠：山名，一名青雀山，在今甘肃渭源县西。

⑧ 原隰：指邠（bīn）地，今之彬（邠）县和旬邑县。

⑨ 猪野：泽名，在今甘肃省民勤县东北。

⑩ 三危：山名。详解参照《舜典》“窜三苗于三危”句注释。

⑪ 三苗：《史记·五帝本纪》说：“舜迁三苗于三危。”　叙：顺。

⑫ 球：美玉。　琳：美石。　琅玕（láng gān）：似珠之玉。

⑬ 积石：山名，今青海东南部积石山。

⑭ 龙门：在今山西河津市西北黄河两岸。

⑮ 析支：山名，在今青海海南藏族自治州境内。文献中也写作“赐支”“鲜支”。　渠搜：山名。应劭说：“《禹贡》析支、渠搜属雍州，在金城河关之西，西戎也。”《竹书纪年》《史记·五帝本纪》《大戴礼记·少间篇》《逸周书·王会解》《水经注·河水》以“渠搜”为古族名、古国名、古县名，或因山以为名，可再研究。

⑯ 西戎：古代我国西北部民族的总称。　即：就。　根据上

文文例，苏轼、蔡沈皆以为“织皮昆仑、析支、渠搜，西戎即叙”在“厥贡惟球、琳、琅玕”之后，“浮于积石”之前，可商。

【译文】

黑水到西河之间是雍州：弱水得到疏通已经向西流淌，泾河流入渭河之湾，漆沮之水已经会合洛水流入黄河，沣水也向北流入渭河。荆山、岐山的道路已经开辟，终南山、惇物山一直到鸟鼠山都得到了治理。原隰的治理取得了成绩，猪野泽也得到了治理。三危山已经可以居住，三苗就顺服了。那一带的土是黄色的，田地土质是第一等，赋税是第六等。那里的贡物是美玉、美石和珠宝。贡品从积石山附近的黄河到达龙门、西河，与从渭河逆流而上的船只会合在渭河以北。织皮的民众定居在昆仑、析支、渠搜三座山下，西戎各族就安定顺从了。

【段意】

第一段，记录大禹治理九州的功绩。

导岍及岐①，至于荆山，逾于河。壶口、雷首至于太岳②。厎柱、析城至于王屋③。太行、恒山至于碣石④，入于海。

西倾、朱圉、鸟鼠至于太华⑤。熊耳、外方、桐柏至于陪尾⑥。

导嶓冢至于荆山⑦。内方至于大别⑧。岷山之阳至于衡山⑨，过九江至于敷浅原⑩。

导弱水至于合黎⑪，余波入于流沙⑫。

导黑水至于三危，入于南海。

导河，积石，至于龙门；南至于华阴⑬；东至于厎柱；

又东至于孟津[14]；东过洛汭，至于大伾[15]；北过降水[16]，至于大陆；又北，播为九河[17]，同为逆河[18]，入于海。

嶓冢导漾[19]，东流为汉；又东，为沧浪之水[20]；过三澨[21]，至于大别，南入于江。东，汇泽为彭蠡；东，为北江[22]，入于海。

岷山导江，东别为沱；又东至于澧；过九江，至于东陵[23]；东迆北[24]，会于汇[25]；东，为中江[26]，入于海。

导沇水[27]，东流为济，入于河，溢为荥[28]；东出于陶丘北[29]，又东至于菏；又东北，会于汶；又北东，入于海。

导淮自桐柏，东会于泗、沂[30]，东入于海。

导渭自鸟鼠同穴[31]，东会于沣，又东会于泾；又东过漆沮，入于河。

导洛自熊耳，东北，会于涧、瀍；又东，会于伊；又东北，入于河。

【注释】

①导：通“道”，开通道路。　岍（qiān）：山名，即吴山，在今陕西陇县西南。　岐：岐山。参本篇“荆、岐既旅”句注释。九“导”《禹贡》仅言其二，余凡省略七“导”。《孔疏》：“‘岍’与‘嶓冢’言‘导’，‘西倾’不言‘导’者，史文有详略以可知，故省文也。”

②雷首：山名，在今山西西南部中条山脉西南端。唐杜佑《通典》：“雷首，在河东县，此山凡有八名，历山、首阳山、薄山、襄山、甘枣山、中条山、渠猪山、独头山也。”　太岳：山名，即霍太山，在今山西中南部。

③底（dǐ）柱：山名，即三门山，在今河南陕县东北黄河中，20世

纪50年代整治黄河时炸毁。　　析城：山名，一名析津山，在今山西晋城市阳城县西南。　　王屋：山名，在今山西晋城市与河南济源市之间，《列子·汤问》记载愚公移山故事发生地。

④太行：山名，呈东北西南走向，跨越今北京、山西、河北、河南四省市。　　恒山：山名，五岳之北岳，在今山西大同市浑源县南。

⑤朱圉：山名，在今甘肃天水市甘谷县西南。　　太华：山名，即华山，五岳之西岳，在今陕西渭南华阴市。

⑥熊耳：山名，在今河南卢氏县。　　外方：山名，即嵩山，五岳之中岳，在今河南登封县。　　桐柏：山名，在今河南桐柏县。　　陪尾：山名，在今湖北安陆市。

⑦嶓冢：山名，在今陕西宁强县西北。

⑧内方：山名，即湖北钟祥市西南章山。　　大别：山名，即大别山，位于今湖北、安徽交界处。

⑨岷山：山名，一作汶山，在今四川松潘县北，岷江发源地。　　衡山：山名，五岳之南岳，在今湖南衡山县。

⑩九江：参“九江孔殷”句注释。　　敷浅原：《禹贡锥指》认为即今庐山以南平原，近人认为即今安徽大别山脉尾闾的平原。

⑪导：疏导。　　合黎：山名，在今甘肃张掖、酒泉之北。

⑫余波：下游。　　流沙：郑玄引《地理志》说：“流沙在居延西北，名居延泽。”居延泽唐时称为居延海，即今内蒙古额济纳旗的嘎顺诺尔湖和苏古诺尔湖，亦称“西居延海”和“东居延海”。

⑬华阴：华山的北面。

⑭孟津：一名盟津，今河南孟津县东北、孟州市西南。

⑮大伾（pī）：山名，在今河南浚县。

⑯ 降水：指漳、洚合流的漳水，在今河北曲周、肥乡间进入黄河。

⑰ 播：分布。　　九河：指兖州之九河。

⑱ 同为逆河：九河下游又合而名为逆河。同，合。

⑲ 漾：汉水上游。

⑳ 沧浪：汉水下游。

㉑ 三澨（shì）：郑玄说："水名，在江夏竟陵界。"竟陵，今湖北钟祥市。

㉒ 北江：即汉水。

㉓ 东陵：旧注以为是汉代卢江郡金兰县西北的东陵乡。蔡沈《书集传》谓在今岳阳。

㉔ 迆（yǐ）：通"迤"，斜着延伸。《说文·辵部》："迆，衺行也。从辵，也声。《夏书》曰：'东迆北，会于汇。'"

㉕ 汇：通"淮"。曾运乾说："'汇'为'淮'之假借字，两大水相合曰会。江、淮势均力敌，故云会。古江、淮本通。"

㉖ 中江：指岷江。郑玄说："左合汉为北江，右合彭蠡为南江，岷江居其中则为中江。"

㉗ 沇（yǎn）：济水上游。

㉘ 溢：水动荡奔突而出。　　荥：古水名，荥泽，在今河南荥阳县，汉时已经堰塞为平地。

㉙ 陶丘：在今山东菏泽市定陶区。

㉚ 东会于泗、沂：沂水流入泗水，泗水流入淮河。淮河在今江苏阜宁县东入海。

㉛ 鸟鼠同穴：山名，即鸟鼠山，渭水的发源地，在今甘肃定西市渭源县。

【译文】

开通了岍山和岐山的道路，到达荆山，越过黄河。又开通壶口山、雷首山，到达太岳山。开通底柱山、析城山，到达王屋山。开通太行山、恒山，到达碣石山，从这里进入渤海。

开通西倾山、朱圉山、鸟鼠山，到达太华山。又开通熊耳山、外方山、桐柏山，到达陪尾山。

开通嶓冢山到达荆山。开通内方山到达大别山。开通岷山的南面到达衡山，过九江到达庐山。

疏导弱水到合黎山，下游流到居延海。

疏导黑水到三危山，流入南海。

疏导黄河，从积石山开始，到达龙门山；再向南到达华山的北面；再向东到达底柱山；又向东到达孟津；又向东经过洛水与黄河会合的地方，到达大伾山；然后向北经过降水，到达大陆泽；又向北，分成九条支流，再会合成一条逆河，流进大海。

从嶓冢山开始疏导漾水，向东流成为汉水；又向东流，成为沧浪水；经过三澨水，到达大别山，向南流进长江。向东，汇成的湖泽叫彭蠡泽；向东，称为北江，流进大海。

从岷山开始疏导长江，向东分出一条支流称为沱江；又向东到达澧水；经过九江，到达东陵；再向东斜行向北，与淮河会合；向东称为中江，流进大海。

疏导沇水，向东流就称为济水，流入黄河，河水溢出成为荥泽；又从定陶的北面向东流，再向东到达菏泽；又向东北，与汶水会合；再向北，转向东，流进大海。

从桐柏山开始疏导淮河，向东与泗水、沂水会合，向东流进大海。

从鸟鼠同穴山开始疏导渭水，向东与沣水会合，又向东与泾水会合；又向东经过漆水沮水，流入黄河。

从熊耳山开始疏导洛水，向东北，与涧水、瀍水会合；又向东，与伊水会合；又向东北，流入黄河。

【段意】

第二段，记录了大禹治理山水的功绩。

九州攸同：四隩既宅①，九山刊旅②，九川涤源③，九泽既陂④，四海会同⑤。六府孔修⑥，庶土交正⑦，厎慎财赋⑧，咸则三壤成赋⑨。中邦锡土、姓⑩，祗台德先⑪，不距朕行⑫。

五百里甸服⑬。百里赋纳总⑭，二百里纳铚⑮，三百里纳秸服⑯，四百里粟，五百里米。

五百里侯服⑰。百里采⑱，二百里男邦⑲，三百里诸侯⑳。

五百里绥服㉑。三百里揆文教㉒，二百里奋武卫㉓。

五百里要服㉔。三百里夷㉕，二百里蔡㉖。

五百里荒服㉗。三百里蛮㉘，二百里流㉙。

东渐于海㉚，西被于流沙㉛，朔南暨声教讫于四海㉜。

禹锡玄圭㉝，告厥成功。

【注释】

① 四隩（ào）：《国语·周语》："宅居九隩。"注云："隩，内也。九州之内皆可宅居也。"可知，"四隩"即"九隩"。《禹贡》"四隩""四海""四方""四夷"等"四"，皆表虚数。隩，又作"墺"，可以定居的地

方。　宅：居住。

② 九山：上文所举的九条山脉，即岍及岐至于荆山，壶口、雷首至于太岳，厎柱、析城至于王屋，太行、恒山至于碣石，西倾、朱圉、鸟鼠至于太华，熊耳、外方、桐柏至于陪尾，嶓冢至于荆山，内方至于大别，岷山之阳至于衡山。　刊：削除。　旅：道路。

③ 九川：上文所举的九条河流，即弱水、黑水、黄河、漾水、长江、沇水、淮河、渭水、洛水。　涤源：疏通水源。

④ 九泽：上文所举的九个湖泽，即雷夏、大野、彭蠡、震泽、云梦、荥波、菏泽、孟猪、猪野。　陂：修筑堤防。

⑤ 四海：《尔雅·释地》："九夷八狄七戎六蛮，谓之四海。"　会同：会同京师，指进贡的道路畅通了。

⑥ 六府：水、火、金、木、土、谷。　孔：很。　修：治理。

⑦ 交：《孔传》："俱也。"　正：标准，这里指符合标准。

⑧ 厎：定，规定。

⑨ 则：准则。　三壤：上中下三等土壤。　成：定。

⑩ 中邦：中央之国，指天子之邦。　锡：赐。《尚书易解》："中邦锡土姓，谓封建大小诸侯。"

⑪ 祇：敬。　台（yí）：以。从于省吾说。

⑫ 不距朕行：郑玄说："不距违我天子政教所行。"

⑬ 甸服：古代在天子领地外围，每五百里为一服役地带，由近到远分为甸服、侯服、绥服、要服、荒服。胡渭《禹贡锥指》："五千里内皆供王事，故通谓之服，而甸服则主为天子治田出谷者也。"

⑭ 纳：交纳。　总：指禾的总体。《孔传》："禾稿曰总，入之供饲国马。"

⑮ 铚（zhì）：禾穗。铚本指古代的割禾用的短镰刀。《孔疏》："谓禾穗也。禾穗用铚以刈，故以铚表禾穗也。"

⑯ 秸服：去颖带壳的谷。郑玄说："又去颖也。"颖，禾穗末端。

⑰ 侯服：指服事天子。江声说："侯之言候，候顺逆，兼司候王命。"

⑱ 采：事，指替天子服差役。马融说："事也，各受王事者。"

⑲ 男邦：担任国家的差事。男，通"任"。《史记·夏本纪》作"任国"。

⑳ 诸侯：此指斥候，古代的一种军职，负责巡查各处险阻和防护设施，抓捕盗贼。《孔传》："同为王者斥候。"《孔疏》："斥候，谓检行险阻，伺候盗贼。"

㉑ 绥服：《孔传》："安服王者之政教。"指替天子做安抚的事。

㉒ 揆文教：《孔传》："揆，度也。度王者文教而行之。"

㉓ 奋武卫：奋扬武威保卫王者。

㉔ 要服：接受王者约束而服事之。要，约束。蔡沈《书集传》："谓之要者，取要约之义，特羁縻之而已。"

㉕ 夷：谓相约和平相处。《周书·谥法》："安心好静曰夷。"

㉖ 蔡：谓相约遵守王法。《孔传》："蔡，法也。法三百里而差简。"或谓为粲（sà）字之误。《左传·昭公元年》："周公杀管叔而蔡蔡叔。"前"蔡"字，《经典释文》与孔颖达皆认为是"粲"字之误。此"蔡"字杜预训为"放"，与《说文》释义"散之也"义合。《左传·定公四年》还有"蔡蔡叔"之语，《经典释文》及《注》《疏》释"蔡"说亦同。可参酌。

㉗ 荒服：替天子守边远的地方叫荒服。《尔雅·释诂》："荒，远也。"

㉘ 蛮：郑玄说："蛮者，听从其俗，羁縻其人耳，故云蛮。蛮之言缗也。"意思是维持隶属关系。

㉙ 流：郑玄说："流谓夷狄流移，或贡或不。"意思是贡否不定。

㉚ 渐：流入。《孔传》："渐，入也。"

㉛ 被：及，到。《说文·衣部》："被，寝衣，长一身有半。"引申为覆盖、触及、到达。

㉜ 朔南暨声教讫于四海：谓北方南方和声教皆达于夷狄之区。见《尚书易解》。

㉝ 玄圭：天青色的瑞玉。　　禹锡玄圭：《史记·夏本纪》引作"于是帝锡禹玄圭"。

【译文】

九州都已经得到治理：四方的土地都已经可以居住了，九条山脉都开辟了道路，九条河流都疏通了水源，九个湖泽都修筑了堤防，四海之内进贡的道路都已经畅通无阻。水、火、金、木、土、谷六府都治理得很好，各处的土地都按标准征收赋税，并且规定慎重征取财物赋税，都要根据土地的上中下三个等级来确定。天子赏赐土地和姓氏给诸侯，其准则是敬重以德行为先，又不违抗天子教行。

国都以外五百里叫作甸服。距离国都最近的一百里缴纳连秆的禾，距离二百里的缴纳禾穗，距离三百里的缴纳带壳的谷，距离四百里的缴纳粗米，距离五百里的缴纳精米。

甸服以外五百里是侯服。距离甸服最近的一百里替天子服差役，距离二百里的担任国家的差役，距离三百里的担任侦察警戒工作。

侯服以外五百里是绥服。距离三百里的考虑推行天子的政教，距离二百里的奋扬武威保卫天子。

绥服以外五百里是要服。距离三百里的要和平相处，距离二百里的要遵守刑法。

要服以外五百里是荒服。距离三百里的，尊重他们的风俗，维持隶属关系；距离二百里的，让他们流动迁移，可以进贡也可以不进贡。

东方进至大海，西方到达居延海，北方、南方连同声教都到达外族居住的地方。

于是禹被赐以天青色的瑞玉，表示大功告成了。

【段意】

第三段，总叙大禹定九州、披九山、决九河、通九泽的功绩。

甘誓第二

【题解】

甘，《史记·夏本纪》南朝宋裴骃《史记集解》引马融曰："有扈氏南郊地名。"誓，《尚书》的一种体式，告诫将士的言辞。马融："军旅曰誓，会同曰诰。"甘誓，是夏启在甘讨伐有扈氏的誓词。

《史记·夏本纪》记载，大禹东巡，死于会稽，益即帝位。三年后，益让位给禹的儿子启。有扈氏不服。夏启举兵讨伐，在甘地大战。史官记录夏启战前誓师辞，写成《甘誓》。

《甘誓》对于研究中国社会发展史和政治制度史都具有不可替代的重要史料价值。有扈氏举兵造反是因为"自尧舜受禅相承，启独见继父，以此不服"。战争的最后结局是有扈氏失败了，启取得最终胜利。甘之战反映了原始氏族部落的基本瓦解，王位世袭制的初步确立，成为中国社会发展史上的一个重要节点。夏启废除禅让制度，确立王位世袭制度，古老的氏族公社为国家所代替，"公天下"为"家天下"所代替，开启了中国历史上从奴隶社会到封建社会长达四千多年的王位世袭制。

《甘誓》对于研究中国古代思想史也有重要价值。"五行"一词最早见于本篇，对"五行"最早的具体说解则见于《洪范》篇。《甘誓》和《洪范》中的"五行"都指金木水火土。金木水火土各有特性，金属可以任意改变形状，木性可以弯曲也可以伸直，水向下润湿，火向上燃烧，土壤可以种植和收获百谷。金木水火土相生相克，战国时期的学者据以提出“五德终始”说，西汉学者又将其进一步理论化和体系化，创立以模拟为特征的阴阳五行神学体系。

“五行”思想有助于我们进一步了解这次战争的性质。文中启列举了有扈氏的两条罪状，一是“威侮五行”，二是“怠弃三正”。“威侮”即“轻慢”，也就是说有扈氏轻视五行，亦即轻视运用物质力量的发展为民众造福，阻挡社会制度的发展变化。启的战争动员符合生产发展和社会进步的要求，因而得到支持，并取得胜利。

启与有扈战于甘之野[①]，作《甘誓》。

【注释】

①启：禹的儿子。　　有扈（hù）：国名，故城在今陕西户县。《史记集解》《史记索隐》均引《地理志》：“扶风鄠县是扈国。”《史记正义》引《地理志》：“鄠县，古扈国，有户亭。”扈、鄠、户，古今字。《汉书·地理志》《水经注》等认为其地在今陕西省户县西北，王国维认为是春秋甘昭公所封之邑。

【译文】

启和有扈氏在甘的郊野作战，史官记下了启战前誓师的言辞写成《甘誓》。

甘 誓

大战于甘，乃召六卿①。王曰：“嗟②！六事之人③，予誓告汝：有扈氏威侮五行④，怠弃三正⑤，天用剿绝其命⑥，今予惟恭行天之罚⑦。

【注释】

①六卿：六军的主将。郑玄曰：“六卿者，六军之将。《周礼》六军皆命卿，则三代同矣。”

②嗟：表示呼告。“嗟”实际上是记录呼唤声的文字符号。孔颖达说：“嗟，重其事，故嗟叹而呼之。”

③六事之人：六军的将士。

④威侮：《经义述闻》：“‘威’疑当作‘烕’，‘烕’者，‘蔑’之假借也。蔑，轻也。蔑侮五行，言轻慢五行也。” 五行：金木水火土五种物质。所谓轻慢五行，夏曾佑说：“即言有扈氏不遵守洪范之道。”

⑤怠：懈怠。 三正：指正德、利用、厚生三大政事。见《尚书易解》。

⑥用：因果连词，因此。 剿：绝。

⑦恭行：共行，奉行。恭，《墨子·明鬼》《史记·夏本纪》都作“共”。

【译文】

将要在甘地进行大战，夏启召见六军的将领。王说：“啊！六军将士们，我告诫你们：有扈氏轻慢五行，废弃正德、利用、厚生三大政事，上天因此要断绝他的福命，现在我只有奉行上天对他的惩罚。

【段意】

第一段，说明夏启兴师讨伐有扈氏的缘由。

“左不攻于左①，汝不恭命；右不攻于右②，汝不恭命；御非其马之正③，汝不恭命。用命，赏于祖④；弗用命，戮于社⑤，予则孥戮汝⑥。”

【注释】

①左：车左。《孔传》：“左方主射。”　攻：善。

②右：车右。《孔传》：“右，勇力之士，执戈矛以退敌。”

③御：驾车的人。　非：违背。　金履祥《尚书表注》：“左主射，右主击刺，御主马，各守其职。”

④赏于祖：据孔安国传，天子亲征时必载着祖庙的神主一道行军。赏赐有功者必须在神主前进行，表示不敢专权。

⑤戮于社：天子亲征又载着社主，不听命的就在社主前处罚，也是表示自己不敢专权。

⑥孥：通“奴”，这里是使动用法，使……变成奴隶。　戮：刑戮。　颜师古《匡谬正俗》：“孥戮者，或以为奴，或加刑戮，无有所赦耳。”

【译文】

“车左的兵士不善于射箭，你们就是不奉行我的命令；车右的兵士不善于用戈矛刺杀，你们也是不奉行我的命令；驾车的兵士违反驭马的规则，你们也是不奉行我的命令。服从命令的，我会在先祖的神位面前赏赐你们；不服从命令的，我会在社神的神位面前惩罚你们，我会把你们降为奴隶，或者杀掉你们。”

【段意】

第二段，严明赏罚纪律。

五子之歌第三

【题解】

《史记·夏本纪》记载启崩以后，其子太康继立。太康沉湎于游乐田猎，不顾民生，荒废政务，数月不归，有穷国君后羿趁机控制了夏的政权，史称“太康失国”。太康失国后，他的五个弟弟在洛水的北岸等待了一百多天，不见太康归来，作了五首歌表示对太康的指责和怨恨。

段玉裁认为“五子”就是“五观（武观）”，只是一个人。《墨子·非乐》引有《武观》章句，内容与本文大相径庭，段氏认为那是真古文《五子之歌》。上古“歌”为见母歌部字，“观”为见母元部字，二字双声，歌、元对转，例得通用。段玉裁论述精当，可以参考。

《五子之歌》第一首歌有“民惟邦本，本固邦宁”句，不仅是这首歌的中心句，也是全篇的主旨，体现了我国早期的民本思想和施政理念。民众是国家的根本，根本牢固，国家才能安宁。第二首歌警告统治者要克制个人欲望，第三、第四首歌强调纲常法度的重要性，第五首歌又强调民心向背决定国家兴亡。“万姓仇予，予将畴依”，指出不行德政，荒废民生，就会众叛亲离，丧失民心。《五子之歌》具有很强的现实警示意义。

第四首歌中提到“关石和钧”，义近于《舜典》的“同律度量衡”，可知早在舜、禹时代，华夏先民就已经初步认识到统一度量衡的意义。到战国时期，这种意义已被各国充分认识。迄今为止，我国已经出土了很多战国时代的度量衡标准器，其中以秦国商鞅方升最为著名。统一度量衡为促进区域经济发展、保证国家赋税提供了有力保障，本篇说"关石和钧，王府则有"，正是说明这个道理。除了经济意义，度量衡的统一还衍生出政治意义。《论语·尧曰》："谨权量，审法度，修废官，四方之政行焉。"《管子·明法解》："明主者一度量、立表仪而坚守之，故令下而民从。"公元前221年，秦始皇统一中国后即统一文字、货币和度量衡，当时的秦相李斯指出："平斗斛、度量、文章，布之天下，以树秦之名。"

《五子之歌》的五首歌都押韵，都与上古韵部吻合。其中，第一首用韵不易察觉。"宁""敬"上古音属耕韵，"明"属阳韵，耕、阳旁转，这两个韵部的字可以通押；"下""予""图""马"均为鱼韵，鱼、阳对转，这两个韵部的字也可以通押。第二、三首歌押阳韵；第四首歌中途换韵，先押文韵，后押之韵；第五首歌押微韵，这几首用韵都比较明显。

本篇今文无，古文有。

太康失邦①，昆弟五人须于洛汭②，作《五子之歌》。

【注释】

①太康：夏启的儿子，沉湎于游乐田猎，不顾民众的疾苦，被羿驱逐，不能回国。

②须：等待。《尔雅·释诂》："须，待也。"　洛汭（ruì）：古地区名。指洛水入古黄河处，在今河南巩义市。

【译文】

太康丧失了帝位，他的五个弟弟在洛水北岸等待他回国，作《五子之歌》。

五子之歌

太康尸位[①]，以逸豫灭厥德[②]，黎民咸贰[③]。乃盘游无度[④]，畋于有洛之表[⑤]，十旬弗反[⑥]。有穷后羿因民弗忍[⑦]，距于河[⑧]。厥弟五人御其母以从[⑨]，徯于洛之汭[⑩]。五子咸怨，述大禹之戒以作歌[⑪]。

【注释】

①尸位：古代享用祭祀的主位，指处于尊贵的地位。

②逸：安逸。又作“佾”。　　豫：乐。见蔡沈《书集传》。

③贰：有二心。

④盘：享乐。　　游：游逸。　　度：法度，节制。

⑤畋（tián）：打猎。　　表：指洛水的南面。

⑥反：“返”的古字，返回。

⑦有穷：国名。有，名词词头，无义。　　后：《尔雅·释诂》：“君也。”　　羿（yì）：有穷国君的名字。帝喾的射官名叫羿，后来善于射箭的人都称为羿，有穷的国君也善射，因此把他叫作羿。　　弗忍：不堪忍受。

⑧距：通“拒”，抵御。　　河：黄河。

⑨御：侍奉。

⑩徯（xī）：等待。

⑪ 述：遵循。《孔传》："述，循也。"《五子之歌》的内容并不是陈述大禹的告诫，而是指责埋怨太康的行为，因此，述是遵循，不是叙述。

【译文】

太康身居尊位却不理政事，贪图逸乐，丧失了国君的品德，众民都怀有二心。但他竟然大肆享乐游逸，没有节制，在洛水的南面打猎，连续一百天还不回来。有穷国的君主羿因为民众不能忍受太康的所作所为，在黄河北岸抵御太康，不让他回国。太康的五个弟弟侍奉着他们的母亲跟随太康出猎，在洛水湾等待太康。五个弟弟都埋怨太康，遵循大禹的教导写了诗歌。

【段意】

第一段，交代五子作歌的背景。

其一曰："皇祖有训[①]，民可近，不可下[②]。民惟邦本，本固邦宁。予视天下愚夫愚妇，一能胜予[③]。一人三失，怨岂在明[④]？不见是图[⑤]。予临兆民[⑥]，懔乎若朽索之驭六马[⑦]。为人上者，奈何不敬？"

【注释】

① 皇：《说文·王部》："皇，大也。"皇祖指夏的开国君主禹。

② 下：低下。这里的意思是以为卑贱。

③ 一：都，整个地。

④ 明：指明显的时候。

⑤ 不见是图：即"图不见"，指图谋细微不见的民怨。《孔疏》："大

过皆由小事而起，言小事不防易致大过，故于不见细微之时，当于是豫图谋之，使人不怨也。”

⑥ 兆：《孔传》：“十万曰亿，十亿曰兆，言多。”

⑦ 懔（lǐn）：内心恐惧。

【译文】

其中第一首说：“伟大的祖先有训诫，民众可以亲近，不可看轻。民众是国家的根本，根本牢固，国家才能安宁。我看天下的愚夫愚妇都能胜过我。一个人多次失误，考虑民怨难道要等它已经显明么？应当谋划在细微未现之时。我面对亿万民众，像用腐朽的绳索驾驭六匹马儿，战战兢兢。做君主的人怎么能不怕不敬？”

【段意】

第二段，指出治理民众当怀敬畏之心。

其二曰：“训有之：内作色荒①，外作禽荒②，甘酒嗜音③，峻宇雕墙④。有一于此，未或不亡⑤。”

【注释】

① 作：为。　　色：女色。　　荒：迷乱。

② 禽：鸟兽。这里指畋猎。

③ 甘：美味。这里指饮美酒不知节制。　　嗜（shì）：爱好，不知满足。

④ 雕：彩饰。

⑤ 未或：未有，没有什么人。

【译文】

其中第二首说："禹王有这样的训诫：内迷女色，外好畋猎，纵情酒食，沉湎声乐，建筑大殿，雕饰宫墙。这些事只要有一桩，没有谁能不灭亡。"

【段意】

第三段，指出纵情声色犬马，贪于享乐安逸，就会国灭身亡。

其三曰："惟彼陶唐①，有此冀方②。今失厥道，乱其纪纲，乃底灭亡③！"

【注释】

① 陶唐：尧帝。蔡沈《书集传》："尧初为唐侯，后为天子，都陶，故曰陶唐。"

② 冀方：冀州地方。尧建都平阳，舜建都蒲阪，禹建都安邑，都在古冀州。这里举尧包括舜、禹，举冀州包括全国。

③ 底（dǐ）：致。

【译文】

其中第三首说："只有那个伟大的陶唐，据有冀州这个地方。如今失去治道，搅乱法治政纲，于是招致灭亡！"

【段意】

第四段，指责太康失道亡国。

其四曰："明明我祖①，万邦之君。有典有则，贻厥子孙[②]。关石和钧[③]，王府则有[④]。荒坠厥绪[⑤]，覆宗绝祀！”

【注释】

①明明：明而又明，十分英明、圣明。

②贻：留。《孔传》：“遗也。”

③关：交换。《孔疏》：“关者，通也。”　石：古代重量单位，一石为一百二十斤。　关石和钧：《孔疏》：“名‘石’而可通者，惟衡量之器耳。《律历志》云：‘二十四铢为两，十六两为斤，三十斤为钧，四钧为石。’”蔡沈《书集传》：“钧与石，五权之最重者也。关通，以见彼此通同，无折阅之意；和平，以见人情两平，无乖争之意……至于钧石之设，所以一天下之轻重而立民信者。”综合孔、蔡二家意见，“关石和钧”与《舜典》篇“同律度量衡”意义大致接近，有利于平抑物价，促进贸易公平。

④有：富足。

⑤荒：荒废。　坠：失落。　绪：前人留下的事业。

【译文】

其中第四首说：“我们圣明的祖父，是万国的大君。有典章有法度，传给他的子孙。统一石、钧计量的标准，民用不缺，王家府库丰殷。现在废弃他的事业，以致覆灭宗亲，断绝祭祀！”

【段意】

第五段，指责太康抛弃典章法度而灭宗祀。

其五曰：“呜呼曷归[①]？予怀之悲！万姓仇予[②]，予将畴依[3]？郁陶乎予心[4]，颜厚有忸怩[5]。弗慎厥德，虽悔可追[6]？"

【注释】

①曷归：即"归曷"，归向何方。曷，疑问代词，何。

②仇：《孔传》："怨也。"

③畴：《尔雅·释诂》："畴，谁也。"

④郁陶：忧愁。《孔疏》："郁陶，精神愤结积聚之意，故为哀思也。"

⑤颜厚：面带羞愧。《孔疏》："羞愧之情见于面貌，似如面皮厚然，故以颜厚为色愧。" 忸怩：内心惭愧。《孔疏》："忸怩，羞不能言，心惭之状。"

⑥虽：假设连词，即使。 追：补救。

【译文】

其中第五首说："唉！我们归向何方？我的心情伤悲！老百姓怨恨我们，我们将依靠谁？我的心情郁闷，我的面色惭愧。不能慎行祖德，即使改悔又怎可挽回？"

【段意】

第六段，埋怨太康不行祖德，终于失去帝位而追悔莫及。

胤征第四

【题解】

胤，国名。胤侯，仲康的大臣，掌管军事。征，上伐下。太康失国以后，后羿立太康的弟弟仲康为帝。这时，主管时令节气的羲氏与和氏纵酒享乐，废时乱日，仲康命令胤侯前往征伐。据《竹书纪年》记载，这次征伐在仲康五年的秋天。

上古音“羿”为支部字，“胤”为真部字，阳入对转，可以通假。“胤征羲和”有可能是“后羿射日”神话的历史版本。“后羿射日”的神话见于汉代刘安《淮南子·本经训》：“逮至尧之时，十日并出，焦禾稼，杀草木，而民无所食。猰貐（yà yǔ）、凿齿、九婴、大风、封豨（xī）、修蛇皆为民害。尧乃使羿诛凿齿于畴华之野，杀九婴于凶水之上，缴大风于青丘之泽，上射十日而下杀猰貐，断修蛇于洞庭，禽封豨于桑林。万民皆喜。”事实上，根据后世文献征引，大致成书于战国时代的古本《山海经》已经记载了“后羿射日”的神话；屈原《天问》也说：“羿焉彃日？乌焉解羽？”

羲和在神话中是太阳的象征，或者是驾驭日车的神，或者是太阳之母，在历史传说中则是掌管历法的官，这在本篇中再次得到印证。至于《淮南子》等记载“后羿射日”在尧时，本篇则在夏仲康时，这是神话传说流传的版本不同。

“木铎”一词最早见于《胤征》。木铎在上古是宣扬教令的工具,《周礼·天官·小宰》“徇以木铎”注:“古者将有新令,必奋木铎以警众,使明听也。”古代官府有了新的政令,先派人沿途摇铃,引起大家注意,然后召集起来宣布。《论语·八佾》仪封人称:“天下之无道也久矣,天将以夫子为木铎。”将孔子比喻为警醒世人的木铎,使木铎具有了更加深厚的文化内涵。

木铎除了上情下达的功能外,还是官方采诗活动中必不可少的工具,因而具有下情上达的功能。《汉书·食货志》:“孟春之月,群居者将散,行人振木铎徇于路,以采诗,献之大师,比其音律,以闻于天子。故曰:王者不窥牖户而知天下。”《说文解字》“迈(jì)”字下说:“古之遒人以木铎记诗言。”《左传·襄公十四年》师旷引《夏书》:“遒人以木铎徇于路,官师相规,工执艺事以谏。”杜预注说:“木铎徇于路,采歌谣之言也。”今按《胤征》“遒人以木铎徇于路”后紧接以“官师相规,工执艺事以谏”,则此处遒人也可能是征集言论的官员。

本篇今文无,古文有。

羲和湎淫①,废时乱日,胤往征之②,作《胤征》。

【注释】

①羲和:羲氏与和氏,尧帝曾命令他们根据日月星辰的运行情况制定历法,教导人们按时令节气从事生产活动。自尧至夏,他们世世代代为掌管天地四时的官。　湎:沉迷于酒。　淫:过分,过度。

②胤:国名。　征:征伐。

【译文】

羲氏与和氏过分好酒贪杯，玩忽职守，荒废淆乱天时节令，胤侯去征讨他们，史官记述了这件事叫作《胤征》。

胤 征

惟仲康肇位四海①，胤侯命掌六师②。羲和废厥职，酒荒于厥邑③，胤后承王命徂征④。

【注释】

①仲康：太康的弟弟。《史记·夏本纪》："太康崩，弟中康立，是为帝中康。"中康就是仲康。　肇：开始。　位：临事，视事。《广雅》："位，莅也。"

②胤侯：胤国之君。《尔雅·释诂》："侯，君也。"　六师：六军。

③邑：封地。

④胤后：即胤侯。蔡沈《书集传》："曰'胤侯'者，诸侯入为王朝公卿，如禹、稷、伯夷谓之'后'也。"

【译文】

夏帝仲康开始治理四海，胤侯受命掌管六军。羲氏、和氏废弃他们的职守，在他们的私邑嗜酒荒乱，胤侯接受王命前去征伐。

【段意】

第一段，说明胤侯征伐羲和的原因。

告于众曰："嗟！予有众。圣有谟训①，明征定保②。

先王克谨天戒[③]，臣人克有常宪[④]，百官修辅[⑤]，厥后惟明明。每岁孟春，遒人以木铎徇于路[⑥]，官师相规[⑦]，工执艺事以谏[⑧]，其或不恭[⑨]，邦有常刑。

"惟时羲和颠覆厥德，沉乱于酒[⑩]，畔官离次[⑪]，俶扰天纪[⑫]，遐弃厥司[⑬]。乃季秋月朔[⑭]，辰弗集于房[⑮]。瞽奏鼓[⑯]，啬夫驰[⑰]，庶人走。羲和尸厥官罔闻知[⑱]，昏迷于天象，以干先王之诛[⑲]。政典曰：'先时者杀无赦[⑳]，不及时者杀无赦[㉑]。'

【注释】

①谟：谋略。　　训：教训。

②征：《广雅·释诂》："征，明也。"　　保：《孔传》："安也。"指安邦定国。

③天戒：老天的告诫，如日食之类，古人认为是天降灾祸的征兆。

④常宪：常规法典。

⑤修：忠于职守，搞好本职工作。　　辅：辅佐君主。

⑥遒（qiú）人：官名，主管宣令。《孔疏》："遒人，不知其意。盖训遒为聚，聚人而令之，故以为名也。"　　木铎：一种铃铛，铃身是金属的，铃舌是木质的。古时宣布政教法令，沿途摇铃，以引起人们注意。《周礼·天官·小宰》"徇以木铎"注："古者将有新令，必奋木铎以警众，使明听也……文事奋木铎，武事奋金铎。"此外，木铎也可用来向民众征集言论。《左传·襄公十四年》师旷引《夏书》："遒人以木铎徇于路，官师相规，工执艺事以谏。"杜注："木铎徇于路，采歌谣之言也。"　　徇（xùn）：通"巡"，巡行。

⑦官师：众官，各位官员。　　规：规劝。

⑧ 工执艺事以谏：即用技艺法规进谏，如同《礼记·月令》所说“毋或作为淫巧，以荡上心”。如果命令各种工匠制作出的东西是淫巧、奢侈的，工匠应当加以规劝。工，指百工，即各种工匠艺人。

⑨ 或：无指代词，有人。

⑩ 沉：沉湎。

⑪ 畔：通“叛”，违背。　　次：职位。

⑫ 俶（chù）：《尔雅·释诂》：“始也。”　　天纪：就是《洪范》篇中的“五纪”：“一曰岁，二曰月，三曰日，四曰星辰，五曰历数。”

⑬ 遐（xiá）：远。　　司：司掌的职务。

⑭ 季秋：秋季的最后一个月，就是阴历九月。　　朔：阴历每月初一。

⑮ 辰：指太阳与月亮相会。《左传·昭公七年》：“公曰：‘多语寡人辰而莫同。何谓辰？’对曰：‘日月之会是谓辰，故以配日。’”　　房：房宿，指太阳与月亮相会的地方。

⑯ 瞽（gǔ）：本指盲人，这里指乐官。按《周礼》，盲人没有视力，但识别声音的能力很强，因此用盲人做乐官。

⑰ 啬夫：掌管布帛的小官。

⑱ 尸：主管，主持。

⑲ 干：犯。　　先王之诛：先王制定的应当诛杀的律典条例。

⑳ 先时：在时令节气之前，比时令节气早。

㉑ 不及时：没有赶上时令节气，比时令节气晚。

【译文】

胤侯告诫军众说：“啊！诸位。圣人有谋划，有教训，明有征验，可以定国安邦。先王能谨慎对待上天的警戒，臣民能遵守常法，百官修治职事辅佐，君主就能显现圣明。每年孟春之月，遒人用木铎在路上巡行，宣施政教。官长互相规劝，百工依据他们从事的技艺进行规谏。如果其中有人不恭行职守，国家将施加常刑。

“羲氏与和氏荒废圣人谟训，沉迷饮酒，违背职守，开始淆乱天时历法，久久废弃他们掌管的职事。于是九月初一这天，太阳、月亮会合的地方不在房宿。（发生了日食），乐官击鼓，啬夫驱驰，众人奔走都为营救太阳出力。羲和身为主管官员却不知道这些事，对天象昏迷无知，因此触犯了先王的诛罚律例。先王的政典说：‘历法所定比天时出现得早，杀掉主管官员不予赦免；比天时出现得晚，也杀掉不予赦免。’

【段意】

第二段，胤侯宣布羲和的罪行。

“今予以尔有众①，奉将天罚②。尔众士同力王室，尚弼予钦承天子威命③。火炎昆冈④，玉石俱焚。天吏逸德⑤，烈于猛火。歼厥渠魁⑥，胁从罔治，旧染污俗，咸与惟新⑦。呜呼！威克厥爱⑧，允济⑨；爱克厥威，允罔功。其尔众士，懋戒哉⑩！”

【注释】

① 以：动词，率领。文献中常见，《史记·项羽本纪》：“项梁乃以八千人渡江而西。”

② 将：行。见《孔传》。

③ 尚：庶几。表示祈求或命令的副词。

④昆冈：昆山，古代著名的产玉的地方。《尔雅·释山》："山脊，冈。"

⑤逸：过失，错误。

⑥歼：全部杀死。《孔疏》："'歼，尽也。'《释诂》文。舍人曰：'歼，众之尽也。'众皆死尽为歼也。" 渠：《孔传》："渠，大。" 魁：首领。《孔传》："帅也。"

⑦与：许可。

⑧克：胜过。 爱：爱心，指对亲爱者有罪而不杀的私惠。

⑨济：成功。

⑩懋（mào）：勉力。 戒：谨慎。

【译文】

"现在我率领你们全体士众，奉行上天的惩罚。你等众将士要与王室同心协力，应该辅助我恭敬奉行天子的庄严命令。烈火燃烧昆山，美玉和顽石都会被焚烧。天子的官吏如有过失罪恶，危害将比烈火更酷烈。我们只要消灭他们的首恶，对胁从的人不要惩治；从前沾染污秽习俗的人，都许可改过自新。啊！威严胜过私惠，就一定能成功；私惠胜过威严，就一定不会成功。你等众将士要努力戒慎呀！"

【段意】

第三段，胤侯宣布对敌政策，区别对待首恶与从犯，并勉励众将士同心尽力，奉行天子的命令。

商　书

商，是中国历史上第一个有同期文字记载的朝代。商的始祖是契，契原是舜的大臣。《舜典》记载舜命契作司徒，掌教化，被封于商，赐姓子氏。夏末天下分崩离析，诸侯互相侵伐，契的第十四代孙汤在伊尹的辅助下，率领诸侯消灭了夏，取得帝位，就把祖先的封地商作为自己的国号。

商代前期，都城累迁，国势日弱，自成汤的十世孙盘庚迁殷，商复中兴，“至纣之灭，二百七十三年，更不徙都”(《竹书纪年》)，所以整个商代又称为商殷，或称殷商。

商殷时期出现成熟的文字甲骨文，大型铜器也有长篇铭文，文字穿越时空，地下文物触目可见，商殷的历史在我们面前展开清晰的发展脉络。《商书》是传世文献记载最早的商殷史料。

《商书》共有今古文十七篇。

汤誓第一

【题解】

汤名履，又称天乙，商朝开国君王。汤伐桀以前，商的军民不愿征战。汤就在都城亳晓谕民众兴师伐桀的原因，宣布赏罚措施。史官记录成为《汤誓》。

夏朝末代君王桀骄奢淫逸，《竹书纪年》记载，他“筑倾宫，饰瑶台，作琼室，立玉门”。《汤誓》也指出“夏王率遏众力，率割夏邑”，剥削夏国的民众，耗尽民力，丧失民心。民众咒骂夏桀“时日曷丧？予及汝皆亡”，真实反映了痛恨暴君暴政的心情。《孟子·梁惠王上》引《汤誓》：“时日害丧？予及女偕亡。”证明孟子见到的《尚书》即有《汤誓》篇，也真实地反映了夏末商初尖锐的阶级矛盾和阶级斗争。《汤誓》中汤反复申述灭夏的目的，正是为了争取民众的拥护；也正是因为得到民众的支持，战争才迅速取得胜利，建立起商政权的统治。

《汤誓》和《甘誓》都提到“天”，这个“天”不是《尧典》“钦若昊天”那个自然的“天”，而是神格化的“天”。夏商先民对这个神格化的“天”表现出极大的敬畏。这个“天”有至高的权威可行征伐惩罚，这个“天”也具有德性可以福善祸淫，“天”已经渐渐成为统治者的精神工具。《甘誓》虽然也讲天，说“天用剿绝其命，今予惟恭行天之罚”，但与《汤誓》相比，显然不同。究其原因，夏启征有扈氏是上伐下，名正言顺；而汤伐桀是下抗上，难免有犯上作乱的嫌疑。因此，汤首先申明"非台小子敢行称乱"，然后再三强调伐夏乃代行天意：一说"天命殛之"，灭夏不是自己打算，而是天意；二说"予畏上帝"，自己不得不遵循上帝的命令；三说"致天之罚"，讲明罚桀的是天，他只是中介。汤必须让人们相信，要求伐桀和实行伐桀的是上天，从而证明这场战争的合法性。强调天、天意、天命就是强调神治，以神治政是商王朝政统秩序的特色。

《汤誓》与《甘誓》都是军事文学的典则，篇幅短小，却内容丰富。《汤誓》全文仅仅165字，却将鸣条之战这一场大战的起始由末交代得清清楚楚，时间、地点、主誓者、誓师对象、兴师原因、战场纪律、赏罚诫勉，逐次展现，结构完整，秩序井然。语言既简洁凝练，又生动传神；句式或整或散，富有鲜明的节奏感；排比的恰当运用，加强了誓言的气势，具有不可移易的说服力。

伊尹相汤伐桀①，升自陑②，遂与桀战于鸣条之野③，作《汤誓》。

【注释】

①伊尹：名挚，是汤妻陪嫁的奴隶。不久，离开汤跑到夏桀那边去，后来，他厌恶夏桀的暴虐，又回到亳，辅助汤伐桀。　相：辅佐。桀：名履癸，禹的第十四代孙，夏代最后一个君主。

②升：从下往上。　陑（ér）：地名，在河曲之南，今潼关附近。

③鸣条：地名，在古安邑之西（黄河以北），今山西运城市夏县。

【译文】

伊尹辅佐汤讨伐桀，从陑地北上，于是同桀在鸣条的郊外开战。史官记录汤誓师的言辞，写成《汤誓》。

汤　誓

王曰：“格尔众庶[①]，悉听朕言。非台小子敢行称乱[②]！有夏多罪[③]，天命殛之[④]。今尔有众[⑤]，汝曰：‘我后不恤我众，舍我穑事[⑥]，而割正夏[⑦]？’予惟闻汝众言[⑧]，夏氏有罪，予畏上帝，不敢不正。今汝其曰[⑨]：‘夏罪其如台[⑩]？’夏王率遏众力[⑪]，率割夏邑[⑫]。有众率怠弗协[⑬]，曰：‘时日曷丧[⑭]？予及汝皆亡。’夏德若兹，今朕必往。

【注释】

①格：来。

②台（yí）：我。　小子：天子及诸侯的谦称，甲骨文中已见。　称乱：发动叛乱。《孔传》：“称，举也。举乱，以诸侯伐天子。”

③有夏：附音词，即夏国。“有”为名词词头，无义。

④殛：诛杀。

⑤有众：附音词，即众人。

⑥穑事：农事。

⑦割：通“害”，“害”又通“曷”，为什么。　正：通“征”，征伐。

⑧惟：转折连词，虽然。《词诠》：“推拓连词，与‘虽’字用同。”

⑨其：语气副词，表示推测语气。《经传释词》：“其，犹‘殆’也。”可译为“大概”“可能”。

⑩ 其：语气副词，表示反诘语气。《词诠》：“其，反诘副词，岂也。‘其’‘岂’音近，古文二字互通。”可译为“究竟”。　　如台（yí）：如何。

⑪ 率遏众力：竭尽民力。率，语气助词，无义。《经传释词》：“家大人曰：率，语助也。《文选·江赋》注引《韩诗章句》：‘聿，辞也。’‘聿’与‘率’声近而义同。《书·汤誓》曰：‘夏王率遏众力，率割夏邑。有众率怠弗协。’……以上诸‘率’字，皆语助耳。”遏，通“竭”，尽。

⑫ 割：剥削。

⑬ 协：服从，顺从。《尔雅·释诂》：“协，服也。”邢昺疏：“协者，和合而服也。”

⑭ 时：是，这个。　　曷：何，什么时候。

【译文】

王说：“来吧！你们众位，都听我说。不是小子我敢犯上作乱！是因为夏国犯下许多罪行，天帝命令我去讨伐它。现在你们众人会问：‘我们的君王不怜悯我们众人，荒废我们的农事，为什么要征伐夏国呢？’我虽然听到你们众人的话，但是夏氏有罪，我畏惧上帝，不敢不去征伐啊！现在你们也许会问：‘夏的罪行究竟怎么样呢？’夏王耗尽民力，剥削夏国的民众。民众怠慢不恭，不顺从他，都说：‘夏这个太阳什么时候消失啊？我们愿意同你一起灭亡。’夏的品德这样坏，现在我一定要去讨伐。

【段意】

第一段，说明兴师伐桀的原因：夏桀横征暴敛，导致民怨沸腾。

“尔尚辅予一人[①]，致天之罚[②]，予其大赉汝[③]！尔无不信，朕不食言[④]。尔不从誓言，予则孥戮汝[⑤]，罔有攸赦[⑥]。”

【注释】

①尚：语气副词，表祈使语气。《词诠》：“尚，命令语气。”可译为“要”“希望”之类。

②致：用。见《淮南子·修务训》注。

③其：将。　赉（lài）：赏赐。

④食言：伪言，说假话。《尔雅·释诂》：“食，伪也。”

⑤孥：通“奴”，使为奴隶。　戮：刑戮。详见《甘誓》注解。

⑥攸：《词诠》：“攸，语中助词，无义。”

【译文】

“你们要辅佐我，实行天帝对夏的惩罚，我将重重地赏赐你们！你们不要不相信，我不会说假话。如果你们不遵守誓言，我就会使你们成为奴隶，或者杀死你们，绝不会赦免。”

【段意】

第二段，宣布赏罚措施。

仲虺之诰第二

【题解】

仲虺（huǐ），成汤左相。诰，告，是《尚书》最主要的一种体式。本篇是仲虺劝勉成汤的诰词。舜禹通过古老的禅让制得到天下，而成汤却用武力夺取帝位，自感惭愧。仲虺劝勉成汤，指出桀逆天道，汤顺天命，伐桀是人心所向，不必惭愧。随后勉励汤发扬美德，造福后世。

《仲虺之诰》第一次提出“仁”的命题。“仁者爱人”，仁是一种含义广泛的道德范畴。儒家把“仁”作为最高的道德原则和道德境界。为什么汤征夏自葛始？汤征葛是“为匹夫匹妇复雠”，成汤的军队是仁义之师，征葛是解民于倒悬。《仲虺之诰》记载汤征葛的史实，《孟子》一书曾三次引述，分别见于《梁惠王下》《滕文公下》和《尽心下》。其中，《滕文公下》的引述最为详细：“汤居亳，与葛为邻，葛伯放而不祀。汤使人问之曰：‘何为不祀？’曰：‘无以供牺牲也。’汤使遗之牛羊。葛伯食之，又不以祀。汤又使人问之曰：‘何为不祀？’曰：‘无以供粢盛也。’汤使亳众往为之耕，老弱馈食。葛伯率其民，要其有酒食黍稻者夺之，不授者杀之。有童子以黍肉饷，杀而夺之。《书》曰：‘葛伯仇饷。’此之谓也。为其杀是童子而征之，四海之内皆曰：‘非富天下也，为匹夫匹妇复雠也。’‘汤始征，自葛载’，十一征而无敌于天下。东面而征，西夷怨；南面而征，北狄怨，曰：‘奚为后我？’民之望之，若大旱之望雨也。归市者弗止，芸者不变，诛其君，吊其民，如时雨降。民大悦。《书》曰：‘徯我后，后来其无罚。’”

葛伯仇饷，成汤吊民伐罪，一直是正统的史学观。但是，晚清龚自珍作《葛伯仇饷解》，质疑《孟子》的说法，开篇即问：“葛虽贫，葛伯一国之君，安得有杀人夺酒肉事？”接着提出了在当时看来可谓惊世骇俗的观点：“王者之取天下，虽曰天与之，人归之，要必有阴谋焉。”龚自珍认为“亳众”是汤派往葛的内应，“老弱馈食”则是间谍。葛伯的所作所为仅仅是清除汤派来的内应和间谍。文章末尾说：“夫葛何罪？罪在近。后世之阴谋有远交而近攻者，亦祖汤而已矣。”认为汤先灭葛只是因为亳与葛距离近，即《孟子》所说“汤居亳，与葛为邻”。

龚自珍的观点是否接近历史真实，有待深入研究。但孟子对仁义道德的呼唤，对民贵君轻的阐发，具有超越时空的永恒价值，对于历代统治者都有着强烈的镜鉴作用；而龚自珍身处清末，目睹国势羸弱，思想凋敝，他一方面强调经世致用，要求思想要具有现实意义，另一方面又强调思想解放，要求敢于质疑，善于思考。孟子和龚自珍虽然所处时代不同，认识观念不同，但都是各自时代忧国忧民的伟大思想家。

《仲虺之诰》中的仲虺，既是成汤的大臣，也可能是一位大巫。晁福林在《商代的巫与巫术》中经过考证认为商代巫师所戴驱鬼的面具称为“终葵”，商代以驱鬼而著称的氏族则以“终葵”为名。仲虺应当就是终葵氏的首领。“终葵”，其古音与“钟馗”相同，所以两者之间可能存在联系。“钟馗”也就成为后代中国民间驱邪除灾的神。

《仲虺之诰》语言精炼优美。全篇以四字句为主，骈散结合，多用错综、对偶、比喻、引用等修辞手法，显示出较高的写作技巧。

本篇今文无，古文有。

汤归自夏至于大坰①，仲虺作诰②。

【注释】

① 大坰（jiōng）：地名。《史记·殷本纪》作泰卷陶，《史记集解》作泰卷，《史记索隐》认为泰卷即泰坰，《通雅》《读史方舆纪要》则认为泰坰即今太行。行与坰读音相近。

② 仲虺：人名。商代成汤的左相，奚仲的后代。

【译文】

汤讨伐夏桀后，从夏地回国，中途到达大坰，仲虺作诰。

仲虺之诰

成汤放桀于南巢①，惟有惭德。曰：“予恐来世以台为口实②。”

仲虺乃作诰，曰：“呜呼！惟天生民有欲，无主乃乱，惟天生聪明时乂③。有夏昏德，民坠涂炭④，天乃锡王勇智⑤，表正万邦⑥，缵禹旧服⑦。兹率厥典⑧，奉若天命⑨。

【注释】

① 成汤：商的开国君王，因其用武力讨伐夏桀获得成功，故称为成汤。汤是名字，成是谥号。　放：驱逐。　南巢：地名。在今安徽巢湖市。因位于夏的南方，故名。《史记·夏本纪》："桀走鸣条，遂放而死。"张守节《史记正义》引《括地志》："庐州巢县有巢湖，即《尚书》'成汤伐桀，放于南巢'者也。"

② 来世：后世，后代。　台（yí）：第一人称代词，我。　予恐来世以台为口实，《书集传》："汤之伐桀，虽顺天应人，然承尧舜禹授受之后，于心终有所不安。故愧其德之不古若，而又恐天下后世藉以为口实也。"

③ 时：通"是"，此，近指代词。　乂（yì）：治理。

④ 涂炭：烂泥和炭火，比喻灾难困苦。

⑤ 锡：通"赐"，赐给。

⑥ 表正：作为仪表、法式。

⑦ 缵（zuǎn）：继承、继续。　服：职事，事业。

⑧ 率：遵循。　典：法则、制度。

⑨ 奉：奉顺，依从。

【译文】

成汤将夏桀放逐到南巢，心里有些惭愧。他说："我担心后世把我的行为作为话柄。"

仲虺于是作诰，说："啊！上天生养的民众都有七情六欲，没有君主民众就会混乱，因此上天又生出聪明的人来治理民众。夏桀昏乱无德，民众仿佛陷于烂泥炭火之中，上天于是赐给大王勇气和智慧，使您成为万国的表率，继承大禹昔日的事业。您现在的所作所为是遵循大禹的常法，顺从上天的大命！

【段意】

第一段，说明仲虺作诰的背景，指出成汤伐桀是顺天保民。

“夏王有罪，矫诬上天①，以布命于下。帝用不臧②，式商受命③，用爽厥师④。简贤附势⑤，寔繁有徒⑥。肇我邦于有夏，若苗之有莠⑦，若粟之有秕⑧。小大战战⑨，罔不惧于非辜⑩。矧予之德⑪，言足听闻⑫。惟王不迩声色，不殖货利⑬，德懋懋官⑭，功懋懋赏，用人惟己，改过不吝，克宽克仁，彰信兆民。乃葛伯仇饷⑮，初征自葛，东征西夷怨，南征北狄怨，曰：‘奚独后予⑯？’攸徂之民⑰，室家相庆，曰：‘徯予后⑱，后来其苏⑲。’民之戴商，厥惟旧哉⑳！

【注释】

①矫：欺诈。　　诬：欺骗，言语不真实。

②用：因为，由于。　　臧（zāng）：善，好。

③式：用。《诗经·大雅·桑柔》：“维此良人，作为式谷。”郑玄笺注：“式，用也。”

④爽：丧失。《墨子·非命上》引作“丧”。“爽”“丧”音同。　　师：众庶。

⑤简：简慢。　　附势：依附有势力的人。

⑥繁：繁多。　　徒：同一类的人。

⑦莠（yǒu）：一种有害于农作物生长的杂草，俗称“狗尾巴草”。

⑧秕（bǐ）：不饱满的谷粒，俗称“瘪谷子”。《说文·禾部》：“秕，不成粟也。”

⑨战战：害怕得发抖。

⑩非辜：无罪，没有罪。

⑪矧：况且。见《大禹谟》注。

⑫足：能够。

⑬殖：经商。经商的目的是营利，这里是聚敛的意思。

⑭懋（mào）：前一个“懋”通“茂”，形容词，盛、大。后一个“懋”，动词，勉励。　德懋懋官：即“德懋者懋以官”，德盛者以官勉之。《孔疏》：“于德能勉力行之者，王则劝勉之以官。”下文“功懋懋赏”之“懋”同。

⑮乃：竟然。　葛：国名，嬴姓，故城在今河南宁陵县北。　伯：伯爵。　饷（xiǎng）：送饭。《说文·食部》：“饷，饟也。”　葛伯仇饷：葛伯仇视给在田间劳动的人送饭。《孟子·滕文公下》记载：成汤与葛伯为邻，葛伯借口没有牛羊做祭品，不祭祀鬼神。汤赠其牛羊，葛伯将牛羊吃了。汤又要自己的民众去帮葛伯耕种，老弱儿童给耕种的人送饭，葛伯却带领人抢夺饭食，杀害拒绝抢食的人。

⑯奚：何。　后：指征讨在后。　予：上古汉语单复数同形，此为复数，我们。

⑰攸徂（cú）：指汤征伐所到的地方。攸，所。徂，往。

⑱徯（xī）：等待。

⑲苏：死而复生。

⑳旧：久。

【译文】

“夏桀有罪，假托上天的意旨在天下发号施令。上天因夏桀不善，让商接受天命，使夏丧失了他的民众。轻慢贤明，依附权势，这种人有很多同伙。从商在夏立国开始，夏就把我们商看成禾苗中的杂草，粟粱中的瘪谷。商人上下战栗恐惧，没有谁不害怕无辜招祸。况且我商家的德和言足以动人听闻。大王您不近声色，不聚敛货财；德盛的人用官职劝勉，功大的人用奖赏劝勉；任用别人就好像对待自己一样深信不疑，改正自己的过错没有丝毫吝惜；能够宽厚仁爱，使自己的诚信在民众中显扬。葛伯竟然仇视给田地里劳动的人送饭，您最初的征伐就从葛国开始。大王东征则西夷怨恨，南征则北狄怨恨，他们说：‘怎么独独后征我们？’大王您征伐经过之处的民众，家家互相庆贺，他们说：‘等到我们的君王来了，我们就能死里求生了！’天下民众爱戴我们商家已经很久了啊！

【段意】

第二段，说明汤德美善，民众拥戴商汤由来已久。

“佑贤辅德[①]，显忠遂良[②]，兼弱攻昧[③]，取乱侮亡[④]，推亡固存[⑤]，邦乃其昌。德日新，万邦惟怀；志自满，九族乃离。王懋昭大德，建中于民[⑥]，以义制事[⑦]，以礼制心，垂裕后昆[⑧]。予闻曰：‘能自得师者王[⑨]，谓人莫己若者亡。好问则裕[⑩]，自用则小[⑪]。’呜呼！慎厥终，惟其始。殖有礼[⑫]，覆昏暴[⑬]。钦崇天道[⑭]，永保天命。”

【注释】

①佑：帮助。

②显：传扬。　遂：登进，出来做官。

③兼：兼并。　昧：愚昧，昏乱。

④乱：动乱，不太平。　侮：轻慢，怠慢。或说“侮”有“欺侮”“侵犯”义。《诗经·大雅·绵》：“予曰有御侮。”御侮就是抵御侵犯的武臣。　亡：通“荒”。《微子》篇：“天毒降灾，荒殷邦。”《史记·宋微子世家》作“天笃下灾，亡殷国”。　又，《韩非子·八说》：“人主肆意陈欲曰乱。”《逸周书·谥法解》：“好乐怠政曰荒。”则“乱”“荒”均可指纵欲享乐、荒怠政务。结合下文所述，这里当是强调君主的自身修养，不可怠惰自满。人主贤、德、忠、良则能维系邦国，弱、昧、乱、亡（荒）则导致灭亡。“取乱侮亡”可译为：“夺取纵欲无度者的政权，侵侮荒怠政务者的国家。”然旧说流传已久，翻译时仍依旧说，存以备考。

⑤推亡固存：推求灭亡之道，以巩固自己的生存。蔡沈《书集传》：“‘推亡’者，兼、攻、取、侮也。‘固存’者，佑、辅、显、遂也。推彼之所以亡，固我之所以存，邦国乃其昌矣。”

⑥中：中道，不偏不倚、无过无不及的中庸之道。

⑦制：裁夺，控制。

⑧垂：流传。　后昆：后裔，子孙。

⑨王：称王，统治天下。

⑩好问则裕：善问他人就能广博。

⑪自用：自以为是。　小：渺小。

⑫殖：树立。《国语·周语下》：“上得民心，以殖义方。”

⑬覆：覆没，灭亡。

⑭ 钦：敬畏。　崇：尊奉。　天道：指支配人类命运的天神意志。

【译文】

“帮助贤能的人，辅佐仁德的人，表彰忠贞的人，进用善良的人。兼并弱小的国家，讨伐昏庸的诸侯，夺取动乱的政权，轻慢亡国的君主。推求造成灭亡的原因，巩固维系生存的因素，国家就将昌盛。德行日日革新，天下万国就会怀念；志气自满自大，亲近的九族也会离散。君主要努力显扬大德，为民众建立中道，用义裁决事务，用礼制约思想，把宽裕之道传给后人。我听说：‘能够自己求得老师的人可以称王，以为别人不如自己的人就会灭亡。善问他人就能广博，自以为是就会狭隘。’啊！慎终的办法在于善谋它的开始。树立有礼的，灭亡昏暴的。敬重上天的规律，就可以长久保持天命了。”

【段意】

第三段，昭明君道，敬重规律，永保天命。

汤诰第三

【题解】

商汤战胜夏桀以后，回到都城亳邑，各路诸侯都来朝见。汤告诫诸侯，阐明伐桀的重大意义，勉励诸侯各守常法，以承天休。史官记录成汤的诰辞，写成《汤诰》。

商汤指出“天道福善祸淫”，强调“惟简在上帝之心”，已出现天命观与人德观合一的趋势。史实告诉我们商人的“天”是神格化的“天”，但天与德真正的结合要到周代。尽管如此，这两句话仍具有超越时空的道德价值。“福善祸淫”已经成为一个成语，世世代代警示华夏子孙行善必然会得到福佑，作恶必然会遭到灾祸。“积善行德”成为家喻户晓的行为准则。

商汤指出：“若有恒性，克绥厥猷惟后。”蔡沈《书集传》解释说：“成汤原性以明人之善。”“若有恒性”强调君主应当顺从臣民的常性施行政教，这一理念被后世继承和发扬。周代是礼乐文明的鼎盛期，礼乐是周代政教的主要载体。而礼正是缘情而作，《礼记·坊记》说“礼者，因人之情而为之节文”，郭店楚简《语丛二》说“礼生于情”，这既显示出我国传统政教对人性的关怀，也显示出我国古代高超的政治智慧与行政艺术。同时，“若有恒性”不仅仅是治国良方，也是教育的明智策略。孔子“因材施教”的教育理念与“若有恒性”的施政主张在本质上是一致的，二者都是强调根据人的性格特征实行教化，从而提升修养。

《汤诰》属于晚书二十五篇。《史记·殷本纪》引《汤诰》诰词："维三月，王自至于东郊。告诸侯群后：'毋不有功于民，勤力乃事。予乃大罚殛女，毋予怨。'曰：'古禹、皋陶久劳于外，其有功乎民，民乃有安。东为江，北为济，西为河，南为淮，四渎已修，万民乃有居。后稷降播，农殖百谷。三公咸有功于民，故后有立。昔蚩尤与其大夫作乱百姓，帝乃弗予，有状。先王言不可不勉。'曰：'不道，毋之在国，女毋我怨。'"内容与此篇完全不同。然《国语》和《墨子》所引《汤誓》却多与此篇《汤诰》相似。《国语·周语上》引《汤誓》"余一人有罪，无以万夫；万夫有罪，在余一人"，不见于《汤誓》，却与《汤诰》"其尔万方有罪，在予一人；予一人有罪，无以尔万方"相似。《墨子·尚贤中》引《汤誓》"聿求元圣，与之戮力同心，以治天下"，也不见于《汤誓》，却与《汤诰》中"聿求元圣，与之戮力，以与尔有众请命"句相似。这些为研究《汤诰》的文献价值和思想价值提供了重要史料。

本篇今文无，古文有。

汤既黜夏命①，复归于亳②，作《汤诰》。

【注释】

①黜（chù）：废除。 夏命：夏朝的王命。

②归：回。

【译文】

汤废除了夏的王命以后，又回到了亳，作《汤诰》。

汤　诰

王归自克夏，至于亳[①]，诞告万方[②]。王曰："嗟！尔万方有众，明听予一人诰。惟皇上帝[③]，降衷于下民[④]。若有恒性[⑤]，克绥厥猷惟后[⑥]。夏王灭德作威，以敷虐于尔万方百姓。尔万方百姓罹其凶害[⑦]，弗忍荼毒[⑧]，并告无辜于上下神祇。天道福善祸淫[⑨]，降灾于夏，以彰厥罪。

【注释】

①亳（bó）：汤的国都。故址在今河南商丘市北。

②诞：大。见《孔传》。

③皇：大。见《尔雅·释诂》。

④衷：善，福。《孔传》："衷，善也。"

⑤若：顺从。　　恒性：常性，通性。

⑥绥：安抚。　　猷：道，法则。《诗经·小雅·巧言》："秩秩大猷，圣人莫之。"郑玄说："猷，道也。大道，治国之礼法。"　　后：君王。

⑦罹（lí）：遭遇。

⑧荼（tú）毒：残害。《诗经·大雅·桑柔》："民之贪乱，宁为荼毒。"孔颖达说："荼，苦叶；毒者，螫（shì）虫。荼、毒皆恶物。"《书集传》："天下被其凶害，如荼之苦，如毒之螫，不可堪忍。"

⑨福善：降福给好人。　　祸淫：降祸给邪恶的人。淫，邪恶。《商君书·外内》："淫道必塞。"

【译文】

成汤从战胜夏桀的战场凯旋，回到了亳都，大告万方诸侯。王说：

“啊！你们万方众长，听清楚我的训诰。伟大的上帝赐福给下民。顺从民众的常性，只有我们的君王能够安抚民众，遵守礼法。夏王灭弃道德，滥用威刑，对你们万方君侯臣僚施行虐政。你们万方君侯臣僚遭受他的残害，不堪忍受，纷纷向上下神祇申诉自己无罪。天道福佑善人，惩罚坏人，降灾于夏国，以显露他的罪过。

【段意】

第一段，指明福善祸淫是上天的基本法则。

“肆台小子①，将天命明威②，不敢赦③。敢用玄牡④，敢昭告于上天神后⑤，请罪有夏⑥。聿求元圣⑦，与之戮力⑧，以与尔有众请命⑨。上天孚佑下民⑩，罪人黜伏⑪。天命弗僭⑫，贲若草木⑬，兆民允殖⑭。俾予一人辑宁尔邦家⑮，兹朕未知获戾于上下⑯，栗栗危惧⑰，若将陨于深渊⑱。

【注释】

①肆：所以。《书集传》：“肆，故也。”

②将：奉行。《诗经·大雅·烝民》：“肃肃王命，仲山甫将之。”郑玄说：“仲山甫则能奉行之。”　明威：表明天的威严。

③赦：意思是赦免桀的罪行。

④玄牡：黑色的公牛。《礼记·檀弓》：“夏后氏尚黑，大事敛用昏，戎事乘骊，牲用玄。殷人尚白，大事敛用日中，戎事乘翰，牲用白。”这里汤用玄牡，是因商刚建国，仍用夏的礼制。

⑤后：后土。古代指地神或土神。

⑥罪：用如动词，降罪。

⑦ 聿（yù）：遂，于是。　元圣：大圣贤，指伊尹。

⑧ 戮（lù）：通“勠”，并力，勉力。

⑨ 请命：请求保全生命。

⑩ 孚：保，安。《说文解字注》：“古文以孚为保也。”　佑：护佑。

⑪ 黜伏：废黜窜逃。《孔传》：“桀知其罪，退伏远屏。”

⑫ 僭（jiàn）：差错。

⑬ 贲（bì）：文饰。《孔传》：“贲，饰也。”《广雅·释诂》：“贲，美也。”

⑭ 允：以此。《经传释词》：“允，以也。”　殖：孳生。

⑮ 俾（bǐ）：使。　辑：和睦。《诗经·大雅·板》：“辞之辑矣，民之洽矣。”《毛传》：“辑，和洽。”

⑯ 兹：此。指伐桀这件事。　戾（lì）：罪。

⑰ 栗栗：畏惧的样子。

⑱ 陨（yǔn）：坠落。

【译文】

“所以我奉行天命，表明天的威严，不敢赦免夏桀。我冒昧地用黑色公牛做供品，向天神后土祷告，请求惩治夏桀。于是求得大圣贤伊尹，与他共同努力，为你们众长请求保全性命。上天保佑天下民众，罪人夏桀被废黜而远逃。天命没有差错，天下因此灿然如草木滋生繁荣一般，兆民因此繁衍生息。上天使我和洽安定你们的国家，这回伐桀我不知道有没有得罪天地，我惊恐畏惧像要坠落到深渊里一样。

【段意】

第二段，指出成汤伐桀是顺应天意民心。

“凡我造邦[①]，无从匪彝[②]，无即慆淫[③]，各守尔典[④]，以承天休[⑤]。尔有善，朕弗敢蔽；罪当朕躬，弗敢自赦，惟简在上帝之心[⑥]。其尔万方有罪[⑦]，在予一人；予一人有罪，无以尔万方[⑧]。呜呼！尚克时忱[⑨]，乃亦有终[⑩]。”

【注释】

① 造邦：建立的诸侯国。意思是夏朝已经灭亡，商朝已经建立，原来的诸侯国同商建立了新的关系，所以也是商朝所建立的了。

② 无：通“毋”。　匪：通“非”。　彝（yí）：常道，法度。《诗经·大雅·烝民》：“民之秉彝。”《毛传》：“彝，常。”郑玄说：“民所执持有常道。”

③ 即：就，靠近。　慆（tāo）淫：享乐过度。

④ 典：常法，法则。

⑤ 天休：天赐的吉祥。休，美善。

⑥ 简：简阅，考察。

⑦ 其：如果。

⑧ 以：连及。《经传释词》：“以，犹‘及’也。”

⑨ 尚：庶几，表示希望的副词。　时：通“是”，代词。　忱：诚信。

⑩ 终：指好的结局。

【译文】

“凡我建立的诸侯国，不要施行非法，不要追求安乐，要各自遵守常法，以接受上天的福禄。你们有善行，我不敢掩盖；我自身有罪过，不敢自己宽恕，因为这一切都为上帝所察知。你们天下诸侯有过失，过失都在于我一人；我一人有过失，不会连及你们天下诸侯。啊！但愿我能够这样诚信不疑，也就会获得好的结局。”

【段意】

第三段，告诫各诸侯国遵守天道常法，汤希望获得圆满结局。

伊训第四

【题解】

伊，伊尹。训，教导。《伊训》是伊尹教导商王太甲的训辞。

《伊训》虽为晚书，却具有重要的文化史价值。

伊尹是中国教育史上的官学之祖，也是文献记载中的第一个帝王之师。《孟子·万章上》记载伊尹“以尧舜之道要汤”“而就汤说之以伐夏救民”。《孟子·公孙丑下》：“汤之于伊尹，学焉而后臣之，故不劳而王。”

伊尹是中国烹饪史上第一个烹饪理论家。《吕氏春秋·本味》记载伊尹与汤谈论怎样调和五味，以“至味”说汤，以烹饪说明治政需要任用贤才；只有任用贤才，方能推行仁义之道；只有推行仁义之道，方可得天下；只有得天下者，方能享用人间所有美味佳肴。《老子》“治大国若烹小鲜”之喻即源自伊尹之论。伊尹在《本味》中还论述了菜品调料、五味三材、九沸九变等烹饪理论。

伊尹是中国政治史上的第一个仁德楷模。伊尹指出“立爱惟亲，立敬惟长，始于家邦，终于四海”，是儒家仁爱仁政思想的源头。《礼记·祭义》：“立爱自亲始，教民睦也；立敬自长始，教民顺也。”蔡沈《书集传》：“谨始之道，孝悌而已。”《论语·学而》：“其为人也孝弟，而好犯上者，鲜矣；不好犯上，而好作乱者，未之有也。君子务本，本立而道生。孝弟也者，其为人之本与？”《孟子·梁惠王上》云“老吾老以及人之老，幼吾幼以及人之幼”，树立仁爱当由己及人、由近及远、由小及大，即《礼记·大学》所谓“家齐而后国治，国治而后天下平”。

在中国政治制度史上，《伊训》是第一篇体制内反腐的重要文告。伊尹列举商初严重的腐败现象，指出丧家亡国的严重危害，亲自制定官刑，杜绝“三风十愆”，提出具体的惩戒措施，具有重要的政治学价值。后世政治家都注重《伊训》的从政警示教化作用。

《伊训》的历史叙述显然受到儒家正统史学观的影响，《竹书纪年》有不一样的记载：“仲壬崩，伊尹放太甲于桐，乃自立也。伊尹即位，放太甲七年。太甲潜出自桐杀伊尹，乃立其子伊陟、伊奋，命复其父之田宅而中分之。”根据《竹书纪年》，商初政局不稳，曾经发生乱臣贼子的血腥篡权。伊尹倒底是中国历史上第一个“公天下”的贤辅，还是第一个“以臣放君”奸相？《伊训》曾引发上古史人物臧否的争论，但是甲、金文中多有祭祀和赞美伊尹的记载，《竹书纪年》的记载或不合史实。

本篇今文无，古文有。

成汤既没①，太甲元年，伊尹作《伊训》《肆命》《徂后》②。

【注释】

①没：死亡。这个意义后来写作“殁”。

②《肆命》:《尚书》篇名,已亡佚。《尚书正义》说:“陈天命以戒太甲。”郑玄说:“肆命者,陈政教所当为也。” 《徂后》:《尚书》篇名,已亡佚。《尚书正义》说:“陈往古明君以戒。”郑玄说:“徂后者,言汤之法度也。”

【译文】

成汤去世后,太甲即位第一年,伊尹作《伊训》《肆命》《徂后》。

伊 训

惟元祀十有二月乙丑①,伊尹祠于先王②。奉嗣王祗见厥祖③,侯甸群后咸在④,百官总己以听冢宰⑤。伊尹乃明言烈祖之成德⑥,以训于王。

【注释】

①元祀:指太甲即位的第一年。祀,《孔传》:“祀,年也。夏曰岁,商曰祀,周曰年,唐、虞曰载。”

②祠:祭祀。 先王:汤。《孔疏》:“汤之父、祖不追为王,所言先王惟有汤耳。”

③嗣王:王位继承人,指太甲。 祗(zhī):恭敬。

④侯甸:侯服和甸服。详见《禹贡》。

⑤总己:统领自己的官员。 冢宰:官名,为六卿之首。又叫大宰。

⑥烈祖:建立了功业的祖先。烈,事业,功绩。

【译文】

太甲元年十二月乙丑日,伊尹祭祀先王。他侍奉嗣王恭敬地拜见祖先的神位，侯服甸服的诸侯都在，百官率领自己的僚属听从大宰伊尹的命令。伊尹于是明确地阐述大功之祖成汤的盛大德行，用来教导太甲。

【段意】

第一段，说明伊尹作训的背景。

曰："呜呼！古有夏先后方懋厥德①，罔有天灾，山川鬼神亦莫不宁，暨鸟兽鱼鳖咸若②。于其子孙弗率③，皇天降灾④，假手于我有命⑤，造攻自鸣条⑥，朕哉自亳⑦。惟我商王布昭圣武⑧，代虐以宽，兆民允怀⑨。今王嗣厥德，罔不在初，立爱惟亲⑩，立敬惟长⑪，始于家邦⑫，终于四海。

"呜呼！先王肇修人纪⑬，从谏弗咈⑭，先民时若⑮。居上克明，为下克忠，与人不求备⑯，检身若不及⑰，以至于有万邦⑱，兹惟艰哉！

【注释】

①先后：指夏禹。《诗经·大雅·荡》："殷鉴不远，在夏后之世。"商所宜监者莫近于夏，所以伊尹以夏事训诰太甲。

②暨（jì）：连词，与，同。　　若：此，如此。

③率：遵循，遵守。《诗经·大雅·假乐》："不愆不忘，率由旧章。"

④皇天：对上天的尊称。皇，大。《诗经·大雅·皇矣》："皇矣上帝。"

⑤有命：即"有命者"，有天命的人，指汤。

⑥造：开始。

⑦ 哉：开始。《尔雅·释诂》："哉，始也。" 朕哉自亳：《孔传》："由我始修德于亳。"

⑧ 圣武：武德。

⑨ 兆民：广大民众。 允：以，因此。

⑩ 立爱惟亲：树立爱从亲者开始。

⑪ 立敬惟长（zhǎng）：树立敬从年长者开始。《礼记·祭义》："立爱自亲始，教民睦也；立敬自长始，教民顺也。教以慈睦，而民贵有亲；教以敬长，而民贵用命。孝以事亲，顺以听命。错诸天下，无所不行。"

⑫ 家：卿大夫的封地。 邦：国，诸侯的封地。

⑬ 肇：努力。《尔雅·释言》："肇，敏也。" 人纪：做人的纲纪。

⑭ 咈（fú）：乖戾，违背。

⑮ 先民时若：顺从前辈贤人的话。时，通"是"，帮助宾语前置的结构助词。若，顺从。

⑯ 与：结交。

⑰ 检：约束。

⑱ 有万邦：等于说做天子。

【译文】

伊尹说："啊！从前夏的先王禹努力施行德政，没有天灾，山川鬼神也没有一个不安宁，连同鸟兽鱼鳖各种动物都如此。到了禹的子孙，不遵循先人的德政，上天降下灾祸，假借我享有天命的汤王之手，从鸣条开始讨伐夏桀，从亳都开始实行美德。我商王宣德明威，用宽和代替暴虐，天下亿万民众因此怀念成汤。现在我王继承先王的美德，不能不在初继帝位时就加以重视。立爱从亲者开始，立敬从长者开始，先从家国开始，最终推广到普天下。

“啊！先王努力讲求做人的纲纪，听从谏言而不违反，顺从前贤的话。处在上位能够明察下情，为人臣下能够尽忠竭力；结交别人不求全责备，约束自己好像来不及一样。以至于拥有天下万国，这是很艰难的呀！

【段意】

第二段，说明夏桀失天下而成汤得天下的原因。

“敷求哲人①，俾辅于尔后嗣，制官刑，儆于有位②。曰：‘敢有恒舞于宫，酣歌于室③，时谓巫风④。敢有殉于货、色⑤，恒于游、畋⑥，时谓淫风⑦。敢有侮圣言，逆忠直，远耆德⑧，比顽童⑨，时谓乱风⑩。惟兹三风十愆⑪，卿士有一于身，家必丧；邦君有一于身，国必亡。臣下不匡⑫，其刑墨⑬。具训于蒙士⑭。’

【注释】

① 敷：广泛。　　哲人：聪明而有才能的人。

② 儆（jǐng）：警告，告诫。

③ 酣：尽情喝酒取乐。

④ 时：通“是”，这。　　巫风：巫觋（xí）的风俗。男女巫师装神弄鬼替人祈祷时总是伴随有歌舞。

⑤ 殉：贪求。　　货：财物。　　色：女色。

⑥ 游：游乐。　　畋（tián）：打猎。

⑦ 淫：邪恶。

⑧ 耆（qí）德：老年有德的人。

⑨ 比：亲昵。　　顽童：愚昧无知的人。《国语·郑语》："而近顽童穷固。"韦昭注："顽童，童昏固陋也。""童"本义是未成年的孩童，引申为蒙昧、无知。《说文》作"僮"，解释为"未冠也"。段玉裁注："引伸为僮蒙。"

⑩ 乱：荒乱悖理。

⑪ 三风十愆（qiān）："三风"指巫风、淫风、乱风。"十愆"指舞、歌、货、色、游、畋、侮、逆、远、比。愆，过错。

⑫ 匡：匡正。这里指臣子纠正国君的错误。

⑬ 墨：墨刑。在脸上刺字后涂上墨，又叫"黥（qíng）"。

⑭ 具：全部。　　蒙士：下士。《孔疏》："蒙谓蒙稚，卑小之称，故蒙士例谓下士也。"

【译文】

"成汤广求贤智，使他们辅助你这后嗣位的君王，制订官刑来警戒百官。成汤说：'敢有经常在宫中舞蹈、在房中饮酒酣歌的，这叫作巫风。敢有贪求财货女色、经常游乐田猎的，这叫作淫风。敢有轻视圣人教训、拒绝忠直谏戒、疏远年长有德的、亲近顽愚无知的，这叫作乱风。这三风十过，卿士只要沾染上其中一种，他的家一定会丧失；国君只要沾染上其中一种，他的国一定会灭亡。臣下不匡正君主，将会受到墨刑。这些对于下士也要详细教导。'

【段意】

第三段，指明"三风十愆"的严重危害，告诫太甲吸取教训。

"呜呼！嗣王祗厥身[①]，念哉！圣谟洋洋[②]，嘉言孔彰[③]。惟上帝不常[④]，作善降之百祥，作不善降之百殃。尔惟德罔小[⑤]，万邦惟庆；尔惟不德罔大，坠厥宗[⑥]。"

【注释】

①祗：敬，警戒。

②洋洋：美善。

③言：指圣人的训导。　孔：很。

④不常：意思是降福降灾没有常规。

⑤德：修善积德。

⑥宗：宗庙。天子、诸侯祭祀祖先的处所，代指国家。

【译文】

"啊！嗣王你当警戒自身，念念不忘啊！圣人的谋划完美，好言好语也十分清楚明白。上帝赐福降灾没有常规，行善的就赐给各种吉祥，作恶的就降给各种灾祸。如果你修行德性，即使很小，天下的人都会感到庆幸；如果你行不善，即使不大，也会丧失宗庙国家。"

【段意】

第四段，告诫太甲警惕"三风十愆"，注意行善积德。

太甲上第五

【题解】

《史记·殷本纪》记载太甲初登王位，不守成汤旧法，伊尹把他放逐到汤的墓地桐宫，让他思过。太甲在桐宫三年，悔过自新，修德返善，诸侯咸归，百姓以宁，伊尹嘉之，又迎接他回到亳都。在放逐过程中，伊尹多次开导太甲。《太甲》三篇，就是伊尹教导太甲的训辞。

《太甲上》记述伊尹把太甲放逐到桐宫的事件本末。伊尹提出“习与性成”的命题，影响深远。人的“性”其实有两种，一种是与生俱来的性，可以称为天性或者生性；另一种是人出生以后由学习或习染而来的性，可以称为习性。儒家认为人的生性是善的，习性各不相同。“性相近也，习相远也。”人通过后天的学习和进修，可以改变习性。伊尹流放太甲，就是因为他意识到习能成性，劣习会使人邪恶成性；而勒令他居忧思过，就是希望从“习”的层面进行教育，通过长期的耳濡目染使太甲收敛，戒除劣习，从而“克终允德”。

《太甲》三篇今文无，古文有。

太甲既立，不明①，伊尹放诸桐②。三年③，复归于亳，思庸④，伊尹作《太甲》三篇。

【注释】

①不明：昏庸。

②放：放逐，使远离国都。　　诸："之于"的合音。　　桐：桐宫，汤的葬地。《晋太康地记》说："尸乡南有亳阪，东有城，太甲所放处也。"

③三年：指继承帝位后三年，不是指放逐到桐宫后三年。

④思：思念。　　庸：常，常道。

【译文】

太甲继承帝位以后，昏庸无道，伊尹把他放逐到桐宫。太甲三年，太甲又回到亳，思悟常道，伊尹作《太甲》三篇。

太　甲

惟嗣王不惠于阿衡①，伊尹作书曰："先王顾諟天之明命②，以承上下神祇③。社稷宗庙，罔不祇肃。天监厥德，用集大命④，抚绥万方⑤。惟尹躬克左右厥辟宅师⑥，肆嗣王丕承基绪⑦。惟尹躬先见于西邑夏⑧，自周有终⑨，相亦惟终⑩；其后嗣王⑪，罔克有终，相亦罔终。嗣王戒哉⑫！祇尔厥辟⑬。辟不辟⑭，忝厥祖⑮。"

【注释】

①惠：顺，恭顺。《诗经·邶风·燕燕》："终温且惠，淑慎其身。"《毛传》："惠，顺也。"　　阿衡：商代官名，指伊尹。郑玄说："阿，倚；衡，平也。伊尹，汤倚而取平，故以为官名。"《诗经·商颂·长发》："实维阿衡，实左右商王。"《孔疏》："伊尹名挚，汤以为阿衡，至太甲改曰保衡。阿衡、保衡皆公官。"

② 顾：回头看。《说文·页部》："顾，还视也。"这里是注目、重视的意思。 諟（shì）：古"是"字，指示代词。

③ 上下神祇（qí）：天神地祇，天地的神灵。

④ 用：以，因此。 集：降下。 大命：天命，上天赋予的权力和使命。

⑤ 绥：安抚。 万方：万邦，天下。

⑥ 躬：亲身。 左右：帮助。 辟：君主。 宅：居，使……安居乐业。 师：众。

⑦ 肆：故，因此。 丕：大。 绪：业。

⑧ 西邑夏：夏的国都安邑在亳的西边，因此称西邑夏。又，《礼记·缁衣》："《尹吉（郑玄认为吉字当作告字）》曰：惟尹躬天见于西邑夏。"郑玄注："天，当为'先'字之误……伊尹言：尹之先祖，见夏之先君臣……'见'或为败。"按：清华简《尹诰》："尹念天之敗（败）西邑顕（夏）。"简文的意思是说伊尹想到上帝让夏灭亡，与此处上下文意不合。究其原因，可能是《缁衣》引《尹诰》有讹脱导致难以解读，郑玄因而认为"天"当作"先"，而伪古文《尚书》的作者又依据郑注；也可能是简本与传世本分属不同版本系统。

⑨ 自：用。 周：《孔传》："周，忠信也。"《诗经·小雅·都人士》："行归于周，万民所望。"《毛传》："周，忠信也。"郑玄说："都人之士所行要归于忠信。"

⑩ 相（xiàng）：辅佐。

⑪ 后嗣王：此处指夏桀。

⑫ 戒：以桀为戒。

⑬ 辟：君王。这里指做君王的法则。

⑭ 辟不辟：第一个“辟”指“君王”，第二个“辟”用如动词，“行君道”。

⑮ 忝（tiǎn）：侮辱。

【译文】

嗣王太甲不顺从伊尹，伊尹作书说：“先王成汤重视这英明的天命，顺从天地神灵，对宗庙社稷无不恭敬严肃。上天看到汤的德政，因此降下重大使命，让他抚安天下。我伊尹亲自能辅助君王安定民众，所以嗣王才能继承先王的基业。我伊尹早先亲身见到西方夏邑的君王讲究忠信，有始有终，辅佐大臣也有始有终。他们的后嗣王夏桀不能有始有终，辅佐大臣也不能有始有终。嗣王要警戒呀！应当敬重你做君王的法则。如果君王不尽君道，就会辱没自己的祖先。”

【段意】

第一段，伊尹教导太甲要以桀为戒，严守君道，不要辱没祖先。

王惟庸罔念闻[①]。伊尹乃言曰：“先王昧爽丕显[②]，坐以待旦[③]。旁求俊彦[④]，启迪后人，无越厥命以自覆[⑤]。慎乃俭德，惟怀永图[⑥]。若虞机张[⑦]，往省括于度则释[⑧]。钦厥止[⑨]，率乃祖攸行，惟朕以怿[⑩]，万世有辞[⑪]。”

【注释】

① 王：指太甲。　庸：常，平时。　罔：无，没有。

② 昧爽：天将亮未亮的时候。昧，昏暗。爽，明亮。　丕显：指天大明。丕，大。显，明。全句形容成汤夜以继日，忧思政事。《孟子·离

娄下》:“周公思兼三王,以施四事。其有不合者,仰而思之,夜以继日;幸而得之,坐以待旦。”《孔子家语·五仪解》:“昧爽夙兴,正其衣冠,平旦视朝,虑其危难,一物失理,乱亡之端,君以此思忧,则忧可知矣。”

③ 旦:太阳已经从地平线上升起,一般指天亮的时候。

④ 旁求:普遍寻求。《孔传》:“旁,非一方。” 俊彦:才智特别出众的人。

⑤ 越:坠失。 厥命:先祖的权力和使命。 覆:倾覆,灭亡。

⑥ 怀:思考。 永:长远。 图:图谋,打算。

⑦ 虞:虞人。古代掌管山泽囿苑田猎的官员。 机:弩机。弓上发箭的装置。《鬼谷子·飞箝》:“为之枢机。”皇甫谧注:“机,所以主弩之放发。” 张:把弓拉开。

⑧ 省(xǐng):察看。 括:箭末端扣弦的地方。《孔疏》:“括谓矢末。” 度:适度。 释:放。

⑨ 钦:恭敬。 止:志向,意图。

⑩ 怿(yì):喜悦。《诗经·大雅·板》:“辞之怿矣。”《毛传》:“怿,悦也。”

⑪ 辞:这里指好的言辞声誉。

【译文】

王依然像往常一样不念不听。伊尹就说:“先王在天未明的时刻就忧思政事,坐着等待天明。还广泛寻求才智出众的人,以启迪后人,不要丧失先祖的教导以自取灭亡。您要慎行勤俭节约的美德,考虑长久的计谋。就像虞人张开了弓,还要看准箭尾放在弓弦合适的位置,然后才发射。您要重视自己所要达到的目的,遵行你先祖的举措,这样我就高兴了,千秋万世您都会得到美好的声誉。”

【段意】

第二段，伊尹告诫太甲端正品德容止，要像先王一样勤于政事。

王未克变。伊尹曰："兹乃不义①，习与性成。予弗狎于弗顺②，营于桐宫③，密迩先王其训④，无俾世迷⑤。王徂桐宫居忧⑥，克终允德。"

【注释】

①兹：这。指太甲的所作所为。

②狎（xiá）：轻忽，轻视。　弗顺：指不顺从义理的人。

③桐宫：在汤的墓地建造的行宫。

④密：亲密。　迩（ěr）：近。

⑤世：一生，一辈子。　迷：迷惑不醒悟。

⑥居忧：替父母尊长守丧。

【译文】

太甲不能改变旧习。伊尹说："嗣王这样做就是不遵德义，习惯了就会成性。我不能轻视不顺义理的人，要在桐营造宫室，使他亲近先王的教训，不能让他终身迷误。嗣王去桐宫守丧，能够最终成就他的诚信美德。"

【段意】

第三段，伊尹述说把太甲放逐到桐宫的原因。

太甲中第六

【题解】

《太甲中》记述伊尹迎接太甲回到亳都以后对太甲的教导。

在中国政治制度史上，伊尹第一次论述立君的道理和君民关系："民非后，罔克胥匡以生；后非民，罔以辟四方。"《礼记·表记》："《太甲》曰：'民非后，无能胥以宁；后非民，无以辟四方。'"可证这句话久已有之，不是后世伪作。《虞书》和《商书》也多次提及相似的观点，《大禹谟》："众非元后，何戴？后非众，罔与守邦。"《咸有一德》："后非民罔使，民非后罔事。"都是强调君民相互依存，缺一不可。《荀子·大略》进一步说明："天之生民，非为君也；天之立君，以为民也。"天生黎民百姓，不为君王；相反，天下人所立的君王，是为了黎民百姓服务的。宋代思想家李觏认为："立君者，天也；养民者，君也。非天命之私一人，为亿万人也。"明末清初思想家黄宗羲在历史剧变时期，认为历史变革的根本之道是仁义，中心是万民，方法则是变革制度。他提出："天之生万物，仁也；帝王之养万民，仁也。宇宙一团生气，聚于一人，故天下归之，此是常理。"《明夷待访录·原君》认为只有"以天下为主，君为客，凡君之所毕兴而经营者，为天下也"，才符合"设君之道"。

太甲还说"天作孽，犹可违；自作孽，不可逭。"上天降下的灾害，人尚能躲避；人如果自作罪孽，必定不可逃避。这句话强调两层意思，一是人们平时要保持戒惧敬慎，谨防人祸而咎由自取。二是谨始慎终，未雨绸缪，防患未然。这句话成为历代淑身修为的金科玉律。《孟子·公孙丑上》在论述“仁则荣，不仁则辱”“祸福无不自己求之”的道理时就直接引用《太甲》：“《太甲》曰：‘天作孽，犹可违；自作孽，不可活。’”至今责人自作自受，不值得同情，还常用这句警语。

惟三祀十有二月朔①，伊尹以冕服奉嗣王归于亳②，作书曰：“民非后③，罔克胥匡以生④；后非民，罔以辟四方⑤。皇天眷佑有商⑥，俾嗣王克终厥德，实万世无疆之休⑦。”

【注释】

①朔：阴历的每月初一。

②冕服：帝王的礼帽礼服。

③非：没有。《词诠》：“非，无也。” 后：君王。

④胥（xū）：互相。 匡：救助、扶助。

⑤辟：君王。这里作动词，统治。

⑥眷佑：眷顾佑助。 有：名词词头，无义。

⑦休：喜庆。

【译文】

三年十二月朔日，伊尹带着帝王的礼帽礼服奉迎嗣王太甲回到亳都，作书说：“民众没有君主，就不能互相扶助生存；君主没有民众，也无法治理四方。伟大的上天眷顾护佑商家，使嗣王能成就君德，实在是商家千秋万代的喜庆啊！”

【段意】

第一段，伊尹迎回太甲，讲明君民相互依存的道理，庆幸太甲幡然醒悟。

王拜手稽首①，曰："予小子不明于德，自底不类②。欲败度③，纵败礼，以速戾于厥躬④。天作孽⑤，犹可违⑥；自作孽，不可逭⑦。既往背师保之训⑧，弗克于厥初，尚赖匡救之德，图惟厥终。"

【注释】

①拜手：古代的一种跪拜礼。双膝下跪，两手拱合齐心，俯首至手。稽首：古代的一种跪拜礼。双膝下跪，叩头至地。古代君臣都可以行拜手稽首之礼。

②底：致。　不类：不好。《孔传》："类，善也。"

③败：败坏，破坏。　度：法度。

④速：招致。《尔雅·释言》："速，征也。""征，召也。"　戾（lì）：罪过。

⑤孽：灾祸。

⑥违：避免。《左传·成公十六年》："有淖于前，乃皆左右相违于淖。"杜预注："违，辟也。""辟"是"避"的古字。

⑦逭（huàn）：逃避。

⑧师保：古代负责辅导和协助帝王的官。

【译文】

王跪拜叩头说："我昏庸糊涂，不修德行，自己招致不善。放纵欲望，败坏法度，从而给自身招来罪过。上天造成的灾祸还可躲避，自己造成的灾祸不可逃脱。以前我违背师保您的教训，当初没能反省自己，还望依靠您匡扶救助的恩德，谋求好的结局。"

【段意】

第二段，太甲表示改过自新，希望伊尹继续辅佐。

伊尹拜手稽首，曰："修厥身，允德协于下①，惟明后②。先王子惠困穷③，民服厥命，罔有不悦。并其有邦厥邻④，乃曰：'徯我后⑤，后来无罚。'王懋乃德，视乃烈祖⑥，无时豫怠⑦。奉先思孝⑧，接下思恭⑨。视远惟明，听德惟聪。朕承王之休无斁⑩。"

【注释】

①允：真诚。《书集传》："允德，则有诚身诚意之实。"　　协：和洽。

②明后：英明的君王。

③子：古代兼有儿子和女儿之义，像对待儿女一样。　　惠：仁爱，爱护。　　困穷：贫穷困苦的人。

④并：并立于。　　有邦：诸侯国。

⑤徯（xī）：等待。

⑥烈祖：建立了功业的先祖。烈，《尚书正义》本作"厥"，此据《书集传》本。

⑦豫：安乐。　　怠：懒惰。

⑧ 奉先：尊奉祖先。

⑨ 接：接近。《仪礼·聘礼》："公揖入，立于中庭，宾立接西塾。"郑玄说："接，犹近也。"

⑩ 休：美善。　　斁（yì）：厌弃。《诗经·周南·葛覃》："为絺为绤，服之无斁。"《毛传》："斁，厌也。"

【译文】

伊尹跪拜叩头，说："修养自己的身心，又用诚信的美德协和臣民，这才是明君。先王成汤像对待自己的子女一样爱护贫穷困苦的人，所以民众服从他的教导，没有一个不喜悦。连他的友邦邻国也这样说：'等待我们的君王吧，我们的君王来了就没有祸患了。'大王要努力增进你的德行，效法你的烈祖，不可有片刻安乐懈怠。尊奉先人当思孝敬，接近臣下当思谦恭。观察远方要眼明，顺从有德要耳聪。这样我就能享受王的福祉永无止境。"

【段意】

第三段，伊尹勉励太甲师法成汤，修身爱民。

太甲下第七

【题解】

《太甲下》记叙太甲改悔后，伊尹反复告诫他要积小成大，自迩至远，行德政，做明主。伊尹指出："若升高，必自下；若陟遐，必自迩。"这句话蕴含着丰富的辩证思维，对于人们的修身、工作和学习都具有认识论价值。修身、工作和学习都不是一朝一夕的事情，都必须循序渐进，从小的方面着眼，往大的方向努力。如果轻视"小"，就无法成就"大"。《尚书·旅獒》篇说："不矜细行，终累大德。"《老子》说："合抱之木，生于毫末；九层之台，起于累土；千里之行，始于足下。""图难于其易，为大于其细。天下难事，必作于易；天下大事，必作于细。是以圣人终不为大，故能成其大。"《荀子·劝学》说："不积跬步，无以至千里；不积小流，无以成江海。"长沙岳麓山下有"自卑亭"，这是旧时通往千年学府岳麓书院的入口，有联云"行远必自迩，登高必自卑"，语出《礼记·中庸》"譬如行远，必自迩；譬如登高，必自卑"，渊源则来自《太甲下》。

伊尹申诰于王曰[①]："呜呼！惟天无亲[②]，克敬惟亲[③]；民罔常怀[④]，怀于有仁[⑤]；鬼神无常享[⑥]，享于克诚[⑦]。天位艰哉[⑧]！德惟治[⑨]，否德乱。与治同道[⑩]，罔不兴；与乱同事⑪，罔不亡。终始慎厥与⑫，惟明明后⑬。

【注释】

①申：重复，再三。

②无亲：指没有固定不变的亲人。

③克：能够。　敬：即“敬者”，这里指恭敬上天的人。

④怀：归往。《左传·成公八年》：“小国所望而怀也。”杜预注：“怀，归也。”

⑤有：名词词头。　仁：仁德的人。

⑥享：这里指鬼神享用祭品，引申为保佑的意思。

⑦诚：这里指诚信的人。

⑧天位：居天子之位。

⑨德：用如动词，实行德政。下文“否德”即不实行德政。

⑩同道：采取同样的措施。

⑪同事：做同样的事。事，指《伊训》中的“三风十愆”。

⑫与：结交。

⑬明明后：同《太甲中》“明后”。明明，明而又明，非常英明。

【译文】

伊尹再三告诫王说：“呀！只有上天没有固定不变的亲人，仅能亲近恭敬上天的人；民众没有固定不变应该归附的君王，他们归附仁德的君王；鬼神没有固定不变应该保佑的人，鬼神保佑能够诚信的人。处在天子的位置很不容易呀！实行德政的就太平，不实行德政的就混乱。采取与治世相同的办法，没有不兴盛的；采取与乱世相同的办法，没有不灭亡的。自始至终谨慎结交人，才是十分英明的君王。

【段意】

第一段，伊尹告诫太甲，要敬天爱民，实行德政，结交好人。

“先王惟时懋敬厥德①，克配上帝。今王嗣有令绪②，尚监兹哉③。若升高，必自下；若陟遐④，必自迩。无轻民事⑤，惟难；无安厥位，惟危。慎终于始⑥。有言逆于汝心⑦，必求诸道⑧；有言逊于汝志⑨，必求诸非道。

【注释】

①惟：动词，思。下文“惟难”“惟危”之“惟”同。　时：通“是”，这，代指上文“天位艰哉”。

②令：善，美好。《诗经·大雅·卷阿》：“如圭如璋，令闻令望。”郑玄说：“令，善也。”　绪：基业。

③尚：情态副词，表示祈求、愿望。　兹：此。指先王成汤勉力修德。

④陟（zhì）：升。这里是行走的意思。　遐（xiá）：远。

⑤民事：民众所做的事。指劳役等。

⑥于：连词，与。《经传释词》：“于……‘与’也，连及之词。”

⑦逆：违背，不合。

⑧诸：“之于”的合音。

⑨逊：恭顺。

【译文】

“先王念及这些就会努力敬修自己的德行，所以能够匹配上帝。现在我王继续享有好的基业，希望您认识到这一点。好比攀登高处，一定要从下面开始；好比行向远处，一定要从近处开始。不要轻视民众的事务，要想到它的难处；不要安于君位，要想到它的危险。始终都要保持谨慎。有些话违背你的心意，一定要根据道义来考求；有些话顺从你的心意，一定要根据不道义来考求。

【段意】

第二段，伊尹告诫太甲要居安思危，谨始慎终。

“呜呼！弗虑胡获①？弗为胡成？一人元良②，万邦以贞③。君罔以辩言乱旧政④，臣罔以宠利居成功⑤，邦其永孚于休⑥。”

【注释】

①胡：疑问代词，何，怎么。

②一人：指天子。天子自称一人，是谦辞，表示自己是人中的一个。臣下称天子为一人，是尊称，意思是天下唯一的一个。　元：大。良：善。

③万邦：天下。　贞：正。

④辩言：巧言，诡辩。

⑤宠利：恩宠和利禄。

⑥孚：保，安。《说文解字注》：“古文以孚为保也。”　休：休美。

【译文】

“啊！不思考怎么会有收获？不实干怎么能够成功？天子一人大善，天下就能淳正。君王不要使用巧辩扰乱旧政，臣下不要凭仗恩宠和利禄安居成功。这样，国家将永久保持美好。”

【段意】

第三段，指明君王臣下都要殚精竭虑，各尽其职，治理好天下。

咸有一德第八

【题解】

咸，都。一德，纯一之德。《咸有一德》是伊尹教导太甲的训辞。太甲回到亳都，亲自主持政事。伊尹将退隐终老，仍然担心太甲二三其德，就作《咸有一德》来勉励太甲。

《咸有一德》的核心是阐释君王必须具备常德，这也是上古的一个重要思想命题。夏桀无德失天下，成汤有德得天下。伊尹告诫太甲勉行纯一之德，任用的大臣也要具备纯一之德。伊尹指出："德无常师，主善为师；善无常主，协于克一。"这句话经宋儒发挥成为阐释义理的经典名句。蔡沈《书集传》认为"德"与"善"是共性与个性的关系，善是德的基础，德是善的纲领。"德"的修炼要从把握具体的"善"开始，而认识了"善"就要从千百种"善"中寻找共性，把握"德"之所在。落实在具体的学问方法上，就是要求由博而约，先广泛涉猎，之后再提炼精华。蔡沈最后认为，"一德"就是孔子所说的"吾道一以贯之"。宋儒的解释虽然未必符合经文原意，但是这种看似过度的解读能够深化经学学理，提高人们思想认识水平，具有重大意义。

《咸有一德》还提出"任人唯贤"的政治主张："今嗣王新服厥命，惟新厥德，终始惟一，时乃日新。任官惟贤材，左右惟其人。臣为上为德，为下为民。其难其慎，惟和惟一。"可以说从尧舜时代起，中国历代有为的政治领袖都十分注重任用德才兼备的人，组成贤人集团管理国家。

《咸有一德》属于晚书二十五篇，《史记·殷本纪》将“伊尹作《咸有一德》”系于成汤时代，与本篇不同。《礼记·缁衣》引《尹吉》：“惟尹躬及汤咸有一德。”郑玄指出“吉”为“告”之误，并说：“《尹告》，伊尹之诰也。《书序》以为《咸有一德》。今亡。”“清华简”中有《尹诰》篇，篇题系整理者所加，该篇内容大致是说商汤灭夏以后，伊尹希望汤借鉴于夏之亡，安抚民众，这样才能获得民心。清华简《尹诰》与《史记》记载相合，或是真本《咸有一德》，可以参考。

本篇今文无，古文有。

伊尹作《咸有一德》①。

【注释】

①咸：都。　　一：纯一。

【译文】

伊尹作《咸有一德》。

咸有一德

伊尹既复政厥辟①，将告归②，乃陈戒于德③。

【注释】

①复：还给。　　辟：君王，指太甲。

②告：请求。《国语·鲁语上》："国有饥馑，卿出告籴，古之制也。"韦昭注："告，请也。" 归：回到自己的封地。

③陈：陈述。 于：以。

【译文】

伊尹已经还政太甲，打算请求回到自己的封地，于是陈述德来告诫太甲。

【段意】

第一段，交代写作本篇的背景。

曰："呜呼！天难谌①，命靡常②。常厥德，保厥位③；厥德匪常④，九有以亡⑤。夏王弗克庸德⑥，慢神虐民。皇天弗保，监于万方，启迪有命，眷求一德⑦，俾作神主⑧。惟尹躬暨汤咸有一德⑨，克享天心⑩，受天明命，以有九有之师，爰革夏正⑪。

"非天私我有商，惟天佑于一德；非商求于下民，惟民归于一德。德惟一，动罔不吉；德二三⑫，动罔不凶。惟吉凶不僭在人⑬，惟天降灾祥在德。

【注释】

①谌（chén）：相信。《尔雅·释诂》："谌，信也，诚也。"

②靡：无，不。

③保：安定。《书集传》："然天命虽不常，而常于有德者，君德有常，则天命亦常而保厥位矣。"

④ 匪：《说文·匚部》解释为“器似竹筐”，这里通“非”，不。

⑤ 九有：九州。《诗经·商颂·长发》：“莫遂莫达，九有九截。”郑玄说：“无有能以德自遂达于天者，故天下归向汤，九州齐一截然。”

⑥ 庸：《尔雅·释诂》：“庸，常也。”

⑦ 眷：视。

⑧ 神主：百神之主。

⑨ 躬：自身，亲身。　暨：和。　咸：都。此外，还有学者认为“咸”为汤的别名。参《酒诰》“自成汤咸至于帝乙”句注释。

⑩ 享：当，适应。　天心：天意。

⑪ 爰（yuán）：于是。　革：更改。　正（zhēng）：正朔，一年的第一天。正，一年的开始；朔，一月的开始。古时改朝换代，新建立的王朝必须重新定正朔。夏朝建寅，商朝建丑。

⑫ 二三：一时是二，一时是三，反复不定，不专一。

⑬ 僭（jiàn）：差。

【译文】

伊尹说：“唉！上天难信，天命无常。如果常修德，就可以保有君位；如果不修常德，国家就会灭亡。夏桀不能经常修德，怠慢神明，残害民众。皇天不安，观察天下万方，开导享有天命的人，殷切寻求纯一之德，使他成为众神之主。只有我伊尹和成汤都有纯一之德，能适应天意，接受上天明命，拥有九州的民众，于是更改夏朝正朔。

“不是上天偏爱我们商家，而是上天佑助纯德的人；不是商家求请民众，而是民众归向纯德的人。如果德纯粹专一，行动起来无不吉利；如果德反复无常，行动起来无不凶险。各人逢吉遭凶不会有所偏差，上天降灾赐福依据的是人的德行。

【段意】

第二段，通过夏桀失德与商汤修德的事例，指出德纯一则吉，德不纯一则凶。

"今嗣王新服厥命①，惟新厥德，终始惟一②，时乃日新③。任官惟贤材，左右惟其人④。臣为上为德⑤，为下为民⑥。其难其慎⑦，惟和惟一⑧。德无常师，主善为师⑨；善无常主，协于克一。俾万姓咸曰：'大哉！王言。'又曰：'一哉！王心。'克绥先王之禄⑩，永底烝民之生⑪。

【注释】

①服：担任。《尔雅·释诂》："服，事也。" 厥命：天子之命。

②一：一贯，经常。

③时：通"是"，这。

④左右：辅弼大臣。

⑤臣为上为德：意思是大臣的职责，是使他的君王施行德政。《经传释词》："为，犹使也。"

⑥为下为民：意思是使他的下属帮助民众。

⑦难：难于任用。 慎：谨慎考察。

⑧和：和衷共济，同心同德，通力合作。 一：始终如一。

⑨主善：以善为正。《国语·周语》注："主，正也。"正，准则。

⑩绥：保守。

⑪底（dǐ）：致，达到。 烝（zhēng）民：众民。

【译文】

“现在嗣王新受天命，要更新自己的品德，始终如一而不间断，这样就能日日更新。任命官员当用贤才，任用大臣当用忠良。大臣协助君上施行德政，促使下属治理民众。任用官吏很困难，考察需慎重，所选用的必须是能同心同德、通力合作的人，必须是始终如一的人。德没有不变的榜样，以善为准则就是榜样；善没有不变的准则，协合于纯一的人就是准则。要使万民都说：‘重要呀！君王的话。’又说：‘纯一呀！君王的心。’这样就能安保先王的福禄，长久安定众民的生活。

【段意】

第三段，伊尹告诫太甲要每日修德不倦，善于用人，这样才能保天禄、厚民生。

“呜呼！七世之庙①，可以观德②；万夫之长，可以观政。后非民罔使③，民非后罔事④。无自广以狭人⑤，匹夫匹妇⑥，不获自尽⑦，民主罔与成厥功⑧。”

【注释】

① 七世之庙：古代帝王为了进行宗法统治，立七庙供奉七代祖先。《礼记·王制》：“天子七庙，三昭三穆，与太祖之庙而七。”昭穆是指宗庙的辈次排列，太祖居中，二世、四世、六世位于太祖的左方，称昭；三世、五世、七世位于太祖的右方，称穆。

② 可以观德：古代帝王七庙，对世次疏远的先祖则依制迁去神主，供在祭祀远祖、始祖的远庙，但如果是有德的帝王则不迁。因此，七庙亲尽而庙不毁，就证明有德。

③ 后：君王。　　使：使唤，役使。

④ 事：侍奉。

⑤ 无：通“毋”。　　广：宏大。　　狭：狭小。

⑥ 匹夫匹妇：平民百姓。

⑦ 自尽：尽自己的心力。

⑧ 民主：人主，天子。　　罔与：犹“罔以”，无以。详《大禹谟》。

【译文】

“啊！从供奉七世祖先的宗庙，可以看到功德。从万夫的首领，可以看到政绩。君王没有民众就无人驱使，民众没有君主就无人侍奉。不可自大而小看人，平民百姓如果不得各尽其力，人君就没有人帮助建立功勋。”

【段意】

第四段，伊尹告诫太甲不要妄自尊大，要虚心待人接物才能有所成就。

盘庚上第九

【题解】

盘庚是成汤的第十世孙，商代第二十位君王。商代中期，国势曾经一度衰弱。《史记·殷本纪》记载："自中丁以来，废適（嫡）而更立诸弟子，弟子或争相代立，比九世乱，于是诸侯莫朝。"盘庚为了避免水患人祸，复兴商邦，决定把国都从奄（今山东曲阜）迁往殷（今河南安阳），史称"盘庚迁殷"。

《史记》和晚出孔传本古文《尚书》把《盘庚》分上、中、下三篇，伏生本和汉石经则是一篇。这是分合的不同，内容没有多大区别。

《盘庚》三篇都是记载迁都前后盘庚的诰词，但是关于三篇篇目的先后次序问题历来颇多争议。我们主杨树达说，杨先生于《尚书易解序》中指出："上篇首云'盘庚迁于殷'者，乃计谋决迁后之辞，非已迁之辞也。自'我王来'至'厎绥四方'，皆殷民吁戚矢言之语，而前人皆误以为盘庚告民之辞者，以文有'天其永我命于兹新邑'之云，谓新邑必指将迁之殷言也。"《甘誓》"大战于甘，乃召六卿"，是指将战于甘，与"盘庚迁于殷"相似，都是用已然之辞表将然之意。西周金文中也有这种用法。西周早期小臣夌鼎铭文："正月，王在成周，王徙于楚麓，令小臣夌先省楚居，王至于徙居，无谴。""王徙于楚麓"是说王将迁往楚麓，也是用已然之辞表将然之意。

盘庚迁殷的原因，历来也是众说纷纭。或持“去奢行俭”说，《后汉书·郎顗传》即认为：“昔盘庚迁殷，去奢行俭。”或持“水灾说”，《尚书正义》即指出“下篇云：‘今我民用荡析离居，罔有定极。’传云：‘水泉沉溺，故荡析离居，无安定之极，徙以为之极。’孔意盖以地势洿下，又久居水变，水泉泻卤，不可行化，故欲迁都，不必为奢侈也”。或有综合上述两种观点的解读，郑玄注：“祖乙居耿（按：旧说以盘庚自耿迁殷）后，奢侈逾礼，土地迫近山川，尝圮焉。”宋代林之奇《尚书全解》进而详细分析：“耿……居之久也，为水所圮而不可居。盖其地沃饶而塞障，故富室巨家总于货宝，傲上从康而不可教训；其闾阎之民则苦于荡析离居，而罔有定极。盘庚于是谋居于亳，盖择其高燥之地，而将使居之。是举也是小民之所利而富家之所不欲，而唱为浮言以动摇小民之情。”盘庚迁都主要动因当是水患，但同时也打击了贵族豪强的势力。司马迁称盘庚迁殷以后，“行汤之政，然后百姓由宁，殷道复兴”。

《盘庚》的作者或为殷王小辛时的史官。《史记·殷本纪》记载“帝盘庚崩，弟小辛立，是为帝小辛。帝小辛立，殷复衰。百姓思盘庚，乃作《盘庚》三篇”。

《盘庚》三篇是上古散文名篇，虽然唐代大文豪韩愈曾经感叹“周《诰》殷《盘》，诘屈聱牙”，韩愈所处的年代相隔盘庚已近2000年，唐人感到文辞古奥，不易通读，非常正常，然而在殷商时代，周《诰》殷《盘》是口语化的书面语，语言质朴，形象生动。《盘庚上》《盘庚中》多用比喻，诸如“予若观火”“若火之燎于原，不可向迩”“若射之有志”“若乘舟”。这些全部是说理性明喻，哲理深刻，其艺术魅力具有智慧性。

《盘庚上》在传世文献中首次提出历朝历代用人的重要政治原则是重用故旧老臣。盘庚引用上古贤人迟任的话：“人惟求旧，器非求旧，惟新。”《尚书》的最后一篇《秦誓》也强调重用老臣，治国理政需要“询兹黄发，则罔所愆”（咨询头发由白变黄的老臣，就不会有过失）。老臣既忠诚可靠，又经验丰富。

盘庚五迁①，将治亳殷②，民咨胥怨③，作《盘庚》三篇。

【注释】

① 五迁：第五次迁都。《竹书纪年》记载仲丁“自亳迁于嚣”，河亶甲“自嚣迁于相”，祖乙居庇，南庚“自庇迁于奄”，盘庚“自奄迁于北蒙，曰殷”。

② 将治亳殷：《孔疏》：“束晳云：《尚书序》：‘盘庚五迁，将治亳殷。’旧说以为居亳，亳殷在河南。孔子壁中《尚书》云‘将始宅殷’，是与古文不同也。”当从壁书本。

③ 咨：嗟叹。　　胥：相互。

【译文】

盘庚第五次迁都，将开始居殷，人们都嗟叹埋怨，作《盘庚》三篇。

盘　庚

盘庚迁于殷①。民不适有居②，率吁众感出③，矢言④。曰：“我王来⑤，既爰宅于兹⑥，重我民⑦，无尽刘⑧。不能胥匡以生，卜稽[⑨]，曰其如台[⑩]？先王有服[⑪]，恪谨天命[⑫]，兹犹不常宁[⑬]。不常厥邑，于今五邦[⑭]！今不承于古[⑮]，罔知天之断命[⑯]，矧曰其克从先王之烈[⑰]？若颠木之有由蘖[⑱]，天其永我命于兹新邑[⑲]，绍复先王之大业，厎绥四方[⑳]。”

盘庚敩于民[㉑]，由乃在位以常旧服[㉒]，正法度[㉓]。曰：“无或敢伏小人之攸箴[㉔]！”王命众悉至于庭[㉕]。

【注释】

①迁于殷：将迁于殷。殷，在今河南安阳。“迁于殷”句式与《甘誓》“大战于甘”相同。杨树达说：“此定计决迁之辞，实为未迁也。”

②适：往。　有居：附音词，居住地。杨树达认为“居”即“都”，都邑，指出《诗经·大雅·公刘》“豳居允荒”，《师虎簋》“王在杜居”，《蔡簋》“王在雒居”，《史记》“其有夏之居”“营周居于雒邑”，“居”都作“都”解。可从。

③率：相率。从姚鼐、段玉裁说，见《说文解字注》“吁”字注。　慼：当从《说文》作“戚”，贵戚大臣。

④矢：陈述。《尔雅·释诂》：“矢，陈也。”

⑤我王：指南庚。王夫之说：“《盘庚》所谓‘我王来’者，谓南庚来奄，非谓祖乙来耿也。”见《书经稗疏》卷三。

⑥爰：易，改。　宅：居住。　兹：这里，指奄。

⑦重：重视。江声说：“重，厚，厚待之也。”

⑧刘：伤害。《尔雅·释诂》：“刘，杀也。”孙星衍《尚书今古文注疏》：“言我民若为水所害，是我杀之，所谓思天下有溺，由己溺之，毋令其尽厄于水也。”

⑨卜稽：卜而考之。稽，考。《周礼·春官·大卜》："国大迁、大师，则贞龟。"

⑩曰：语首助词。　其：将。　如台（yí）：如何，怎样。

⑪服：事。见《尚书易解》。

⑫恪（kè）：恭敬。　谨：谨慎。

⑬犹：尚且。　常：久。

⑭五邦：杨树达说："五邦，中丁迁嚣，一也；河亶甲迁相，二也；祖乙迁耿，三也；耿圮迁庇，四也；南庚迁奄，五也。中丁迁嚣，河亶甲迁相，祖乙居庇，南庚迁奄，并见古本《竹书纪年》，祖乙圮于耿，见《书序》。"

⑮古：指先王恪谨天命。

⑯断命：断定的命运。

⑰矧（shěn）：况且。　烈：事业。

⑱颠：倒仆。　有（yòu）：表数副词，表数之再。《经传释词》："有，犹'又'也。"《说文解字注》："古多假'有'为'又'字。"　由：倒木新生的枝条。　蘖：树木被砍伐后长出的新芽。

⑲新邑：指奄。杨树达说："合计南庚、阳甲、盘庚三王居奄之时月，不过二十一二年，故殷民仍称奄为新邑也。"见《尚书说》。

⑳底绥：安定。底，定。绥，安。

㉑敩（xiào）：教，开导。

㉒由：《方言》："正也。"　乃：《经传释词》："乃，犹'其'也。"又，于省吾说："'由乃'二字系'甹'字之讹，金文作'甹'，亦作'嗙'，系夹辅之意。毛公鼎：'嗙朕位。'番生簋及班彝均有'甹王位'之语。此言'甹在位'语意相埒。"存参。　常：遵守。《诗经·鲁颂·閟宫》：

“鲁邦是常。”郑笺：“常，守也。” 旧服：旧制。

㉓ 正法度：以法度为正，正视法度。

㉔或：有人。 伏：凭借。见《西京赋》薛综注。 小人之攸箴：即指上文所引不欲迁徙者之言。攸，所。箴，规劝。

㉕ 众：群臣。王先谦说：“经言众，皆谓群臣。”

【译文】

盘庚要把都城迁到殷邑。臣民们不想去那里，相率呼吁一些贵戚大臣出来，向他们陈述意见。臣民说：“我们的君王迁徙过来，既已改居在这里，是重视我们臣民，使我们不致都受到伤害。如果我们不能互相救助以求生存，仅是用龟卜稽考，将会怎么样呢？先王有事，都恭敬谨慎地遵从天命，这样尚且还不能长久安宁。不能长久住在一个地方，到现在已经更换过五个国都了！如果现在不继承先王敬慎天命的传统，就不知道老天所决定的命运，更何况说能继承先王的事业呢？好像倒伏的树又长出了新的枝芽一样，老天将使我们的国运在这新都延续下去，继续复兴先王的大业，安定天下。”

盘庚开导臣民，又教导在位的大臣遵守旧制，正视法度。他说：“不允许有人胆敢凭借小民的谏诫来反对迁都！”于是，王命令众人都来到王廷。

【段意】

第一段，殷民陈述反对迁都的理由。

王若曰：“格汝众①，予告汝训汝，猷黜乃心②，无傲从康③。古我先王，亦惟图任旧人共政④。王播告之修⑤，不匿厥指[⑥]，王用丕钦[⑦]。罔有逸言[⑧]，民用丕变。今汝聒聒[⑨]，起信险肤[⑩]，予弗知乃所讼。

“非予自荒兹德[⑪]，惟汝含德[⑫]，不惕予一人[⑬]。予若观火，予亦拙谋作[⑭]，乃逸[⑮]。若网在纲[⑯]，有条而不紊[⑰]；若农服田[⑱]，力穑乃亦有秋[⑲]。汝克黜乃心[⑳]，施实德于民[㉑]，至于婚友[㉒]，丕乃敢大言汝有积德[㉓]。乃不畏戎毒于远迩[㉔]，惰农自安，不昏作劳[㉕]，不服田亩，越其罔有黍稷[㉖]。

“汝不和吉言于百姓[㉗]，惟汝自生毒[㉘]，乃败祸奸宄[㉙]，以自灾于厥身。乃既先恶于民[㉚]，乃奉其恫[㉛]，汝悔身何及？相时憸民[㉜]，犹胥顾于箴言，其发有逸口[㉝]，矧予制乃短长之命[㉞]？汝曷弗告朕[㉟]，而胥动以浮言恐沈于众[㊱]？若火之燎于原，不可向迩，其犹可扑灭？则惟汝众自作弗靖[㊲]，非予有咎。

【注释】

①格：来。

②猷：可以。黄式三《尚书启幪》引黄以周说：“猷，犹可也。见王氏《释词》。”《经传释词》卷一“犹”条：“《诗·陟岵》曰：‘犹来无止。’传曰：‘犹，可也。’字或作‘猷’，《尔雅》曰：‘猷，可也。’”　黜：除去。

③傲：傲慢。　从：追求。　康：安乐。

④旧人：长期在位的人。　共政：共同管理政事。

⑤播告：布告，这里指教令。　播告之修：黄式三说：“谓修明王之教令也。”“播告之修”即“修播告”，宾语前置，“之”为帮助宾语

前置的结构助词。

⑥ 匿：隐瞒。　　指：通“旨”，意旨。

⑦ 丕：大。　　钦：敬重。

⑧ 逸：过错。《尔雅·释言》：“逸，过也。”

⑨ 聒（guō）聒：是说拒绝好意而自以为是。马融说：“拒善自用之意。”

⑩ 起：兴起。　　信：通“申”，申说。　　险：邪恶。　　肤：虚浮。

⑪ 荒：废弃。　　兹德：这种美德，指任用旧人的美德。

⑫ 惟：《词诠》：“等立连词，与也。”与“非”构成“非……，惟……”式，译为“不是……，而是……”。　　含：怀，藏。

⑬ 惕：通“施”。《白虎通》引作“施”（从俞樾说）。　　予一人：盘庚自称。

⑭ 亦：句中语气助词，无义。《经传释词》：亦，“有不承上文而但为语助者……其在句中助语者，若《书·盘庚》曰：‘予亦拙谋作，乃逸。’”　　拙：笨拙。《说文·手部》：“拙，不巧也。”　　谋作：即谋划和劳作。

⑮ 逸：过错。

⑯ 纲：网的总绳。

⑰ 紊：混乱。

⑱ 服：治，从事。

⑲ 穑：收获，泛指耕种。　　秋：年成。

⑳ 乃心：你们的（傲慢之）心。

㉑ 实德：曾运乾说：“不迁为顺民之虚名，迁则为惠民之实德也。”

㉒ 婚：姻亲，指亲戚。

㉓丕乃：于是。见《词诠》。

㉔乃：若，如果。　戎毒：指大水的灾害。戎，大。毒，害。

㉕昏：加强。《尔雅·释诂》："昏，强也。"　作劳：指"劳作"。

㉖越其：复音连词，于是就。《经传释词》："越其，犹爰乃也。"　黍稷：皆谷物名。

㉗和：宣，宣布。从俞樾说。

㉘毒：祸害。

㉙败：危败。　奸：在外作恶。　宄：在内作恶。

㉚先：倡导。郑玄《礼记·郊特牲》注："先谓倡导之也。"

㉛奉：承受。　恫：痛苦。《广雅·释诂》："恫，痛也。"

㉜相：看。《说文·目部》："相，省视也。从目，从木。《易》曰：'地可观者，莫可观于木。'《诗》曰：'相鼠有皮。'"　时：通"是"，这些。　憸（xiān）民：小民。杨树达说："憸读为纤，细也。"

㉝逸口：错误言论。蔡沈《书集传》说："过言也。"黄式三说："小人犹顾畏箴言之来于人，逸口之发于己。"

㉞制：掌握。　短长之命：或短或长的生命。

㉟曷：疑问代词，何，为什么。

㊱恐：恐吓。　沈：通"扰"。黄式三说："沈、扰通。告言不正以惑之也，言恐吓扰惑乎众也。"

㊲靖：安宁。《广雅·释诂》："靖，安也。"

【译文】

王这样说："来吧你们各位，我要告诉你们，开导你们，可以去除你们的私心，不许傲慢不恭，追求安逸。从前我们的先王，也只是谋求任用旧臣共同管理政事。他们推行先王的教令，不隐瞒教令的旨意，先王因此十分敬重他们。他们没有错误的言论，民众们也服从教化发生了很大改变。现在你们自以为是，起来申说邪恶虚浮的言论，我不知道你们争辩的意图。

“不是我自己放弃了任用旧人的美德，而是你们接受了恩德，却不报施给我。我对当前形势像看火一样清晰，我如果不善于谋划和行动，那我就错了。就好像把网结在纲上，才能有条理而不紊乱；就好像农民从事田间劳动，只有努力耕种才会获得丰收。你们能去除私心，把实际的好处施给民众，以至于亲戚朋友，然后才能扬言你们有积德。如果你们不担心将来或眼前会出现大灾害，像懒惰的农民一样自求安逸，不努力操劳，不从事田间劳动，于是就会没有黍稷收获。

“你们不向民众宣布我的善言，这是你们自生祸害，即将发生灾祸邪恶，是自己害自己。你们既然引导别人做了坏事，就会遭受痛苦，你们即使悔恨自己又怎么来得及？看看这些小民吧，他们尚且顾及规劝，顾及他们的错误言论，何况我掌握着你们的生死寿命呢？你们为什么不亲自告诉我，却用些无稽之谈互相鼓动、恐吓煽动民众呢？就好像大火在原野上燃烧，人们不能靠近，那还能够被扑灭吗？这都是你们众人自为不安，不是我有过错。

【段意】

第二段，盘庚斥责群臣不遵守旧制，造谣惑众，反对迁都。

“迟任有言曰①：‘人惟求旧，器非求旧，惟新。’古我先王暨乃祖乃父胥及逸勤②，予敢动用非罚③？世选尔劳④，予不掩尔善。兹予大享于先王⑤，尔祖其从与享之⑥。作福作灾，予亦不敢动用非德⑦。

“予告汝于难，若射之有志⑧。汝无侮老成人⑨，无弱孤有幼⑩。各长于厥居⑪，勉出乃力，听予一人之作猷⑫。无有远迩，用罪伐厥死⑬，用德彰厥善⑭。邦之臧⑮，惟汝众；邦之不臧，惟予一人有佚罚⑯。

“凡尔众，其惟致告⑰：自今至于后日，各恭尔事⑱，齐乃位⑲，度乃口⑳。罚及尔身，弗可悔。”

【注释】

①迟任：郑玄说：“迟任，古之贤史。”

②逸勤：安乐、勤劳。

③非罚：不当的惩罚。

④选：数说。《孔传》：“选，数也。” 劳：劳绩。

⑤享：祭祀。

⑥尔祖其从与享之：古代天子祭祖，也让功臣的祖先同时享祭。从，跟从。

⑦非德：不当的恩惠。

⑧志：《尚书易解》：“《广雅》：‘识也。’此谓所射之标识。言予以艰难告汝矣，汝当如射之有标识，不可偏离。”

⑨侮老：轻视。汉石经作“翕侮”，唐石经作“老侮”，皆连文成“轻忽”义。

⑩弱孤：王引之说：“‘弱孤’连言，以为孤弱而轻忽之也。” 有：助词。

⑪ 长：为长，为领导。　　厥居：居住的地方，指各自的封邑。

⑫ 作猷：所作所谋。江声说："作，为。猷，谋也。"

⑬ 罪：刑罚。　　死：恶。说见《尚书易解》。

⑭ 德：罪罚之反，奖赏。　　彰：表彰。

⑮ 之：如果。《经传释词》："之，犹'若'也。《书·盘庚》曰：'邦之臧，惟汝众；邦之不臧，惟予一人有佚罚。'言邦若臧、邦若不臧也。"　　臧：善。　　邦之臧，惟汝众：《尚书易解》："国之善是汝众之力，勉励之词。"

⑯ 佚罚：罪过。《国语·周语》引作"逸罚"，韦昭注："逸，过也。罚，犹罪也。"　　邦之不臧，惟予一人有佚罚：《尚书易解》："国之不善是予一人有失于罚，自警之词，言当执罚不偏也。"

⑰ 惟：思。　　致告：致告之词，告诫的话语。致，表达。告，告诫。

⑱ 恭：恭敬，一作"共"，"共"亦可训敬。见《汉书·王莽传》注引服虔说。

⑲ 齐乃位：敬慎地履行你们的职责。齐，旧说训"整"。今按："齐"也可训"敬"，表示恭敬、庄敬。《诗经·召南·采蘋》："谁其尸之？有齐季女。"《毛传》："齐，敬。"《国语·楚语下》："齐敬之勤。"韦昭注："齐，庄也。""齐乃位"即"敬乃位"，与"恭尔事"互文。位，职位。

⑳ 度乃口：闭住你们的嘴。度，通"𢼸"，闭也。

【译文】

"迟任说过：'用人要用长期担任官职的旧臣，用器物不要寻求旧器物，要用新的。'过去我们的先王同你们的祖辈父辈共担辛劳、共享安乐，我怎么敢对你们施行不恰当的刑罚呢？世世代代都会记着你们的功劳，我不会掩盖你们的善言善举。现在我要祭祀我们的先王，你们的祖先也将跟着享受祭祀。不管赐福还是降灾，我也不敢动用不恰当的赏赐或惩罚。

“我把困难的事情告诉你们，要像射箭有箭靶一样，不能偏离。你们不要轻视成年人，也不要看不起年少的人。你们各人领导着自己的封地，努力使出你们的力量，听从我一人的谋划。没有远和近的分别，我会用刑罚惩处那些坏的，用赏赐表彰那些好的。国家如果治理得好，是你们众人的功劳；国家如果治理得不好，是我有过有罪。

“你们众人要仔细考虑我告诫的话：从今以后，各人恭敬地做好你们分内的事情，敬慎地履行好你们的职责，闭上你们的嘴。否则惩罚到你们身上，可不要后悔。”

【段意】

第三段，盘庚向群臣申明赏罚。

盘庚中第十

【题解】

《盘庚中》是一篇著名的演说辞，在言语运用的技巧方面，时而恳切诚挚，时而正颜厉色，既有委婉的劝勉，又有严厉的警诫，既有诱惑，又有威胁。在话题论述的思想方面，盘庚巧妙地把君权和神权紧密结合起来，反复征引"古我前后""惟民之承保"，强调迁都的合理性与正当性。在"天命观"盛行的殷商时代，盘庚的演说具有不可抗拒的说服力，臣民们一方面畏惧不测的神灵，一方面敬畏现实的君权，不得不迁殷。

盘庚迁殷，开启了三代著名的"盘庚之政"。《竹书纪年》记载自汤至盘庚，曾经五次迁都；而自盘庚迁殷，"至纣之灭，二百七十三年，更不徙都"。民众安居，商朝中兴。因为盘庚迁殷，后世也称商为殷。"盘庚之政"是中国王朝盛世时期如"文景之治""贞观之治"和"康乾之治"的范式。

《盘庚中》通篇论述如何保民利民，治民要与民同甘共苦，"承汝俾汝惟喜康共"。对于后世"民本"思想的形成具有启示作用。

盘庚作①，惟涉河以民迁②。乃话民之弗率③，诞告用亶④。其有众咸造⑤，勿亵在王庭⑥。盘庚乃登，进厥民⑦。

曰："明听朕言，无荒失朕命[⑧]！呜呼！古我前后[⑨]，罔不惟民之承保[⑩]。后胥慼鲜[⑪]，以不浮于天时[⑫]。殷降大虐[⑬]，先王不怀厥攸作[⑭]，视民利用迁[⑮]。汝曷弗念我古后之闻？承汝俾汝惟喜康共[⑯]，非汝有咎比于罚[⑰]。予若吁怀兹新邑[⑱]，亦惟汝故以丕从厥志[⑲]？

【注释】

①作：立为君。与《周易·系辞下》"神农氏作""黄帝尧舜氏作"同。从黄式三说。一说指迁都之事开始行动。

②惟：谋。见《尔雅·释诂》。　涉：渡。奄在黄河的南边，殷在黄河的北面，所以要渡河。　以：介词，率领。

③话：会合。《说文·言部》："话，会合善言也。"　率：循。见《尔雅·释诂》。

④诞：程度副词，大。　亶：诚。

⑤有：前附音节。　咸：都。　造：到。

⑥勿亵：惴惴不安之貌。

⑦进：使人进前。

⑧荒：废弃。　失：通"佚"，轻忽。《说文·人部》："佚，忽也。"

⑨后：先王。《盘庚》有"古我前后""我古后""我先神后""高后""先后"，《诗经·商颂·玄鸟》有"商之先后"。郭沫若说："典籍中用'后'之例均限于先公先王，其存世者则称王而不称后。卜辞亦如是，是则后若毓，必王者之称谓之至古者。"

⑩罔不惟民之承保：江声说："当读至保字断句。保，安也。言前后无不承安其民也。"

⑪ 后胥：君后清楚。胥，古“谞”字。章太炎《文始》五说：“凡古言谞者，今言清楚，或言清爽。”　感鲜：贵戚明白。感，通“戚”，贵戚大臣。鲜，明，明白。

⑫ 以：因果连词。　浮：《小尔雅·广言》：“浮，罚也。”又，俞樾读“浮”为“佛”，又通“咈”，违背的意思。存参。　天时：即天时之灾。

⑬ 殷：盛。　虐：灾害。指洪灾。

⑭ 怀：安。　攸作：所作，指所作之居邑。

⑮ 用：以。

⑯ 承：顺。　俾：从。　康：安康。　共：通“拱”。《广雅》：“拱，固也。”俞樾说。　承汝俾汝惟喜康共：意为“我顺从汝等惟喜安固之心”。

⑰ 非：反对。　咎：过错。　比：入，陷入。

⑱ 吁：呼吁。　新邑：指奄。

⑲ 惟：顾念。　故：灾祸，见《周礼·天官·宫正》“国有故”注。　丕：程度副词，大大地，很。　从：遵从。　厥志：先王保民之志。　亦惟汝故以丕从厥志：也是顾念你们的灾祸而大大遵从先王保民之志吗？

【译文】

盘庚做了君王以后，计划渡过黄河带领臣民迁移。于是集合了那些不服从的臣民，用诚恳的态度极力劝告他们。那些民众都来了，在王庭惴惴不安。盘庚于是登上高处，招呼他们靠前一些。

盘庚说：“你们要听清楚我的话，不要忽视我的命令！啊！从前我们的先王，没有谁没想到顺承、安定民众的道理。君王都清楚，贵戚都明白，因此没有被天灾所惩罚。从前上天大降灾害，先王不安居自己所作的都邑，考虑臣民的利益而迁徙。你们为什么不想想我们先王的这些传闻事迹呢？我顺从你们喜欢安乐、稳定的心愿，反对你们因有灾难而陷入刑罚。我倘若呼吁你们安居在这新都奄邑，难道也算是顾念你们的灾祸、恪守先王保民的志向吗？

【段意】

第一段，说明迁都是继承先王保民的志愿。

"今予将试以汝迁，安定厥邦。汝不忧朕心之攸困①，乃咸大不宣乃心②，钦念以忱动予一人③。尔惟自鞠自苦④，若乘舟，汝弗济，臭厥载⑤。尔忱不属⑥，惟胥以沉⑦。不其或稽⑧，自怒曷瘳⑨？汝不谋长以思乃灾，汝诞劝忧⑩。今其有今罔后⑪，汝何生在上⑫？

"今予命汝一⑬，无起秽以自臭⑭，恐人倚乃身、迂乃心⑮。予迓续乃命于天⑯，予岂汝威⑰？用奉畜汝众⑱。

【注释】

①攸：句中语助词。《经传释词》："语助也。""言不忧朕心之困也。"

②乃：竟然。《词诠》："副词，顾也，却也。王引之云：'异之之词。'"　宣：孙星衍读为"和"，和协。

③钦：甚，很。见《尚书易解》。　忱：读为"扰（dǎn）"，不正的话。从庄葆琛说。

④鞠：通"鞫"。困穷。《孔传》："鞠，穷也。"《尔雅·释言》："鞫，

穷也。”

⑤ 臭：朽。《广雅·释诂》：“朽，败也。” 载：舟所载之物。

⑥ 忱：诚。 属：《礼记·经解》注：“属，犹合也。”

⑦ 胥以：相与。

⑧ 其：助词。 或：克。 稽：同，协同。见《尚书易解》。

⑨ 曷：何，怎么。 瘳（chōu）：疾病痊愈。

⑩ 劝：乐，安于。《吕氏春秋·适威》注：“劝，乐也。”

⑪ 其：《词诠》：“时间副词，将也。” 有今罔后：罔，无。无后，言将死亡。“有今”与“罔后”构成并列。

⑫ 上：江声《尚书集注音疏》：“盖人生则在地上，死则复于地下，则‘在上’谓在地上。”又，王先谦《尚书孔传参正》：“上者，天也。下文‘自上其罚汝’，‘上’亦谓天，是其明证。《诗》‘文王在上’‘赫赫在上’，《西伯戡黎》‘乃罪多参在上’，皆谓天也。民为天生，则生命系属在上天。今不顺天延命，汝生理已绝，尚有何生命在上天乎？与下文‘予迓续乃命于天’相应。”存参。

⑬ 一：同心一志。

⑭ 起秽：扬起污秽，比喻传播谣言。

⑮ 倚乃身：使你们身子不正。倚，偏斜。 迂乃心：使你们思想歪斜。迂，邪，歪斜。

⑯ 迓：《匡谬正俗》引作“御”。《曲礼》注：“劝侑曰御。”这里是劝请的意思。

⑰ 岂：难道。《词诠》：“岂，反诘副词，宁也。无疑而反诘用之。” 汝威：即“威汝”。 予岂汝威：《尚书易解》：“我岂威胁汝等乎？”

⑱ 用：目的连词，以。 奉：助。 畜：养。

【译文】

“现在我打算率领你们迁移，以安定国家。你们不体谅我内心的困苦，你们的内心竟然都很不和顺，很想用错误言论来动摇我。你们自己搞得走投无路，自寻烦恼，譬如坐在船上，你们不渡过去，就会使船上所载之物朽败。你们诚心不合作，那就只有一起沉下去。不能协同一致，只是自己怨怒，又有什么好处呢？你们不作长久打算，不顾念灾害，反而都在忧患的时局下寻求安乐。这样下去，将会有今日而无明日了，你们怎么能活在这世上呢？

“现在我命令你们同心同德，不要传播谣言来败坏自己，恐怕有人使你们身子不正、使你们心地歪邪。我向上天劝请延续你们的生命，我怎么会威胁你们呢？我是为了帮助和养育你们众人。

【段意】

第二段，盘庚警告众人不许造谣惑众，指明迁都是为了拯救臣民，安定国家。

“予念我先神后之劳尔先①，予丕克羞尔用怀尔②。然失于政，陈于兹③，高后丕乃崇降罪疾④，曰：‘曷虐朕民⑤？’汝万民乃不生生⑥，暨予一人猷同心⑦，先后丕降与汝罪疾⑧，曰：‘曷不暨朕幼孙有比⑨？’故有爽德⑩，自上其罚汝⑪，汝罔能迪⑫。

“古我先后既劳乃祖乃父，汝共作我畜民，汝有戕则在乃心⑬！我先后绥乃祖乃父⑭，乃祖乃父乃断弃汝⑮，不救乃死。兹予有乱政同位⑯，具乃贝玉⑰。乃祖乃父丕乃告我高后曰：‘作丕刑于朕孙！’迪高后丕乃崇降弗祥⑱。

【注释】

① 神后：神圣的君主。

② 丕：关联副词，表示动作行为的顺承，可译为“才”。　羞：进，献。《周礼·天官·笾人》：“凡祭祀，共其笾荐羞之实。”郑注：“荐、羞，皆进也。”《说文·羊部》：“羞，进献也。从羊，羊，所进也。从丑，丑亦声。”曾运乾曰：“羞尔，犹今言贡献意见于尔也。”

③ 陈：居住。《周礼·天官·内宰》：“陈其货贿。”郑玄注：“陈，犹处也。”

④ 丕乃：于是。见《经传释词》。　崇：程度副词，重重地。《尚书今古文注疏》：“崇者，《释诂》云：‘重也。’”

⑤ 曷：何，为什么。　虐：虐待。

⑥乃：连词，表假设关系，可译为“若”。　生生：营生。《庄子·大宗师》：“生生者不生。”《经典释文》引崔撰注：“常营其生为生生。”

⑦ 猷：谋求。一说“猷”作句中语助词。

⑧ 丕：乃，就，便。

⑨ 幼孙：盘庚自指。　有比：亲近。

⑩ 爽：差错。

⑪ 上：上天。　其：将。

⑫ 迪：逃脱。曾运乾《尚书正读》：“迪，逃也，声相近。”

⑬ 戕：残害。　则：通“贼”，害。

⑭ 绥：曾运乾说：“绥，安也。引申之安人以言亦曰绥。下文‘绥爰有众’，即告于有众也。”

⑮ 断：断然。

⑯ 兹：现在。　乱政：乱政之臣。　同位：共同在位。

⑰ 乃：语助词。见《助字辨略》。　贝玉：贝和玉，指财物。

⑱ 迪：语首助词。

【译文】

"我想到我们神圣的先王曾经烦劳你们祖先，我这才把使你们安定的意见贡献给你们。然而如果耽误了政事，长久居住在这里，先王就会重重地降下罪责，问道：'为什么虐待我的臣民？'你们万民如果不去谋生，不和我同心同德，先王也会对你们降下罪责，问道：'为什么不同我的幼孙亲近友好？'因此，有了过错上天就将惩罚你们，你们就不能逃脱。

"从前我们的先王已经烦劳你们的祖先和父辈，你们都是我养育的臣民，你们内心却又怀着恶念！我们的先王将会告诉你们的祖先和父辈，你们的祖先和父辈会断然抛弃你们，不会挽救你们免于死亡。现在我有扰乱政事的大臣，大肆聚集财物。你们的祖先和父辈会告诉我们的先王说：'对我们的子孙用大刑吧！'于是先王就会重重地降下刑罚。

【段意】

第三段，盘庚警告君臣如果离心失德，将会招致先祖的惩罚。

"呜呼！今予告汝：不易①！永敬大恤②，无胥绝远③！汝分猷念以相从④，各设中于乃心⑤。乃有不吉不迪⑥，颠越不恭⑦，暂遇奸宄⑧，我乃劓殄灭之⑨，无遗育⑩，无俾易种于兹新邑[11]。往哉生生[12]！今予将试以汝迁，永建乃家。”

【注释】

①易：轻易。

②敬：谨慎。　恤：忧患。

③胥：相。　绝远：隔绝疏远。

④分：当。宋玉《神女赋》：“含然诺其不分兮，喟扬音而哀叹。”李善注：“分，当也。”　猷：谋。　相：偏指副词，我。“相从”即“从相”“顺从我”。

⑤中：和。

⑥乃：若。　吉：善。　迪：道，正路。

⑦颠：陨，坠落。　越：越轨，违法。

⑧暂：王引之读为“渐”，欺诈。　遇：王引之读为“隅”，或读为“偶”，奸邪。

⑨劓（yì）：断。见《广雅·释诂》。　殄（tiǎn）：灭绝。

⑩育：王引之读为“胄”，后代。

⑪易：延续。王引之说：“易，延也。”　种：种族。

⑫哉：《经传释词》：“哉，句中语助也。”无实义。

【译文】

“啊！现在我告诉你们：不要轻举妄动！要永远警惕大的忧患，不要互相疏远！你们应当想着顺从于我，各人心里都要想着和衷共济。假如有人不善良，不走正道，违法不恭，欺诈奸邪，胡作非为，我就要灭绝他们，不留他们的后代，不让不善的种类在新都延续。去吧，去谋生吧！现在我将率领你们迁徙，永久建立你们的家园。”

【段意】

第四段，发布禁令。

盘庚下第十一

【题解】

《盘庚下》记叙盘庚迁殷以后告诫臣民的话，首先进一步解释迁都的原因："今我民用荡析离居，罔有定极。"然后劝导诸侯和在位大臣廉政爱民，"式敷民德，永肩一心"。

盘庚再次强调迁殷是为了避免水患。趋吉避祸是我们这个古老民族代代相传的思维意识。移民成为数千年来的重要国家政策。迁殷是传世文献中大规模有计划移民的第一次真实记载。《周礼·秋官·士师》："若邦凶荒，令移民通财。"《孟子·梁惠王上》："寡人之于国也，尽心焉耳矣。河内凶，则移其民于河东，移其粟于河内。河东凶亦然。"可见，盘庚的治国之策已经成为古代执政者的共识。今天，盘庚的智慧仍然是启迪我们解决现实问题的重要参考。

盘庚迁殷后民众安居乐业，天下安定和睦，商殷国力日盛，创造了辉煌的青铜文明，是中国青铜时代发展的巅峰时期。殷墟出土的后母戊大方鼎是世界上迄今为止挖掘到的最大青铜器，代表了当时世界上最为发达的冶炼水平、铸造工艺和造型艺术，反映了高度发达的手工业文明和礼乐文明。殷墟挖掘的大批甲骨文字是中国最早的汉字，已经具备成熟的系统，东方的华夏文明开始进入有文字记载的历史阶段。

盘庚既迁，奠厥攸居[①]，乃正厥位，绥爰有众[②]。

曰："无戏怠[③]，懋建大命[④]！今予其敷心腹肾肠[⑤]，历告尔百姓于朕志[⑥]。罔罪尔众，尔无共怒，协比谗言予一人[⑦]。

"古我先王将多于前功[⑧]，适于山[⑨]。用降我凶[⑩]，德嘉绩于朕邦[⑪]。今我民用荡析离居[⑫]，罔有定极[⑬]，尔谓朕曷震动万民以迁[⑭]！肆上帝将复我高祖之德[⑮]，乱越我家[⑯]。朕及笃敬[⑰]，恭承民命[⑱]，用永地于新邑[⑲]。肆予冲人[⑳]，非废厥谋[㉑]，吊由灵各[㉒]；非敢违卜，用宏兹贲[㉓]。

【注释】

①奠：确定。　　攸：所。

②绥：告诫。　　爰：于。《经传释词》："《尔雅》曰：'爰，于也。'又'爰，於也。''于'与'於'同义。《书·盘庚》曰：'绥爰有众。'是也。《诗·击鼓》曰：'爰居爰处，爰丧其马，于以求之。''于'亦'爰'也，互文耳。"

③戏：嬉戏。　　怠：懒惰。

④懋：勉力。　　建：布告。《周礼·天官·小宰》"掌建邦之宫刑"，郑玄注："建，明布告之。"

⑤敷：布。开诚布公的意思。

⑥历：数说。　　百姓：百官。　　于：以。

⑦协比：协同一致。

⑧将：欲。见《广雅·释诂》。　　前功：前人的功劳。

⑨适：往，迁往。

⑩用：连词，因此。　　降：减少。　　凶：灾祸。

⑪ 德：升。

⑫ 用：介词，介引动作行为发生的原因。　　荡析：荡泆。段玉裁说："荡泆者，动荡奔突而出。"

⑬ 极：止，至。《诗经·齐风·南山》："既曰得止，曷又极止。"《毛传》："极，至也。"

⑭ 曷：何，为什么。　　震动：惊动。

⑮ 肆：时间副词，今。见《尔雅·释诂》。

⑯ 乱：治理。　　越：于。《经传释词》："《尔雅》曰：'粤，于也。'又曰：'粤，於也。'字亦作'越'。"

⑰ 及：情态副词，汲汲。《春秋公羊传·隐公元年》："及，犹汲汲也。"　　笃：情态副词，笃厚地。　　敬：表敬副词，认真地、敬慎地。

⑱ 承：续，延续。

⑲ 用：率领，见《词诠》。　　永地：永久居住。

⑳ 肆：故，因果连词。　　冲人：童人，年幼的人，盘庚自指。与"予小子"意义相近。

㉑ 厥谋：你们的谋划。

㉒ 吊由灵各：善用上帝的谋度。吊，善。灵，神，指上帝。各，读为"格"，《仓颉篇》："格，量度也。"见《尚书易解》。

㉓ 用：目的连词，以。　　宏：通"弘"，弘扬。　　贲：美。又，章太炎认为"贲"为卜龟。"用宏兹贲"即发扬、光大这卜龟的吉示。存参。

【译文】

盘庚已经迁都，定好住的地方以后，才决定宗庙朝廷的位置，然后告诫众人。

盘庚说："不要追求享乐，不要懒惰，努力传达我的教命吧！现在我开诚布公，把我的想法告诉你们各位官员。我不会惩罚你们众人，你们也不要一起发怒，联合起来毁谤我一个人。

"从前我们的先王想光大前人的功业，遂迁往山地。因此减少了洪水给我们的灾祸，为我国建树了很大的功业。现在我们的臣民由于洪水动荡奔腾而流离失所，没有固定的住处，你们反而问我为什么要惊动众人而迁徙！现在上帝要复兴我们高祖的美德，治理好我们的国家。我急切、笃厚地遵从上帝的意志，奉命延续你们的生命，率领你们长远居住在新都。所以，我这个年轻人，不是敢于废弃你们的谋划，是要善于遵行上帝的谋度；不是敢于违背卜兆，是要发扬光大这一美好的事业。

【段意】

第一段，盘庚说明迁都的理由。

"呜呼！邦伯师长百执事之人①，尚皆隐哉②！予其懋简相尔念敬我众③。朕不肩好货④，敢恭生生⑤。鞠人谋人之保居⑥，叙钦⑦。今我既羞告尔于朕志若否⑧，罔有弗钦！无总于货宝⑨，生生自庸⑩！式敷民德⑪，永肩一心⑫！"

【注释】

①邦伯：邦国之长，指诸侯。　师长：众位官长。　百执事：处理具体事务的众位官员。

②尚：庶几，表示祈使语气。　隐：忖度，考虑。《广雅·释诂》："隐，度也。"

③其：时间副词，将。　懋：勉力。　简相：视察。简，阅。相，视。

④ 肩：任用。　　好货：喜好财货的官吏。

⑤ 恭：举用。　　生生：营生的人。

⑥ 鞠：养，抚养。　　保：安。

⑦ 叙：次序。　　钦：敬。

⑧ 羞：进。参《盘庚中》“予丕克羞尔用怀尔”注。　　于：以。若否：顺与否。

⑨ 总：聚敛。

⑩ 庸：功，谓建功。

⑪ 式：句首语助词。　　敷：施。　　德：恩惠。

⑫ 肩：克，能够。

【译文】

“啊！各位诸侯、各位官长以及全体官员，你们都要考虑考虑啊！我将要尽力考察你们怜恤、尊重我们民众的情况。我不会任用贪财的人，只任用经营民生的人。对于那些能养育民众并能谋求他们安居的人，我将依次敬重他们。现在我已经把我心里的好恶告诉你们了，不要有不顺从的！不要聚敛财宝，要经营民生以自立功勋！要把恩惠施给民众，永远能够与民众同心！”

【段意】

第二段，教导官员体恤民情，重视民生。

说命上第十二

【题解】

说（yuè）命，即命说。说，即傅说。《史记·殷本纪》记载，盘庚去世后，他的两个弟弟相继为王，商朝国运日渐衰微。“帝武丁即位，思复兴殷，而未得其佐。三年不言，政事决定于冢宰，以观国风。武丁夜梦得圣人，名曰说。以梦所见视群臣百吏，皆非也。于是乃使百工营求之野，得说于傅险中。是时说为胥靡，筑于傅险。见于武丁，武丁曰是也。得而与之语，果圣人，举以为相，殷国大治。故遂以傅险姓之，号曰傅说。”

《说命》三篇是殷高宗武丁任命傅说为相的命辞。

《说命上》主要是武丁的命辞和傅说的答辞。武丁的命辞生动展现了一个举贤任能、劝谏纳谏的明君形象：“朝夕纳诲，以辅台德。若金，用汝作砺；若济巨川，用汝作舟楫；若岁大旱，用汝作霖雨。”傅说的答辞，不仅表达自己不负厚望的决心，还提出一条重要的教育原则：“惟木从绳则正，后从谏则圣。”木头依从绳墨砍削就会正直，君主依从谏言行事就会圣明。不仅君王纳谏，普通人的学习也是需要善于听取他人意见。《礼记·学记》：“独学而无友，则孤陋而寡闻。”正是从反面说明，不善于向他人学习就会故步自封，孤陋寡闻。

《说命》三篇属于晚书二十五篇。清华简中也有三篇《说命》，每篇最后一支简背均有篇题“尃（傅）敓（说）之命”，整理者分别题为《说命上》《说命中》和《说命下》。《说命上》主要讲述武丁在傅岩找到正在筑城的说，命傅说征战，不行杀戮而战胜，于是任命傅说为公。《说命中》记述傅说由傅岩来到殷都以及武丁命说的命辞。《说命下》主要记载武丁言辞。清华简《说命》与今传本内容多不同。

《说命》三篇今文无，古文有。

高宗梦得说①，使百工营求诸野②，得诸傅岩③，作《说命》三篇。

【注释】

①高宗：殷高宗武丁。《史记·殷本记》：“武丁修政行德，天下咸欢，殷道复兴。帝武丁崩，子帝祖庚立，祖己嘉武丁之以祥雉为德，立其庙为高宗。”

②百工：百官。见《尧典》“允厘百工”注释。　营：谋求，寻求。《楚辞·天问》：“何往营斑禄。”洪兴祖补注：“营，度也。”蒋骥注：“营，求也。”

③傅：地名。　岩：山中洞穴。　孔安国说：“傅氏之岩在虞虢之界，通道所经，有涧水坏道，常使胥靡刑人筑护此道。说贤而隐，代胥靡筑之，以供食也。”

【译文】

高宗做梦梦见了说，令百官到民间求访此人，最后在傅岩找到了他，作《说命》三篇。

说 命

王宅忧[①]，亮阴三祀[②]。既免丧[③]，其惟弗言，群臣咸谏于王曰："呜呼！知之曰明哲，明哲实作则[④]。天子惟君万邦[⑤]，百官承式[⑥]，王言惟作命，不言，臣下罔攸禀令[⑦]。"

【注释】

①王：指殷高宗武丁。 宅：居。 忧：愁思，引申为愁思之事，后指父母之丧。宅丧，即居丧，这里指武丁为父亲小乙守丧。

②亮阴：帝王守丧。又写作"谅阴""凉阴""亮闇""梁闇""谅闇"。马融说："亮，信也。阴，默也。为听于冢宰，信默而不言。"郑玄读为"梁闇"，解为居丧之庐。存参。 祀：年。

③免丧：守丧期满。

④明哲：明智，这里指通晓事理的人。 实：副词，确实。 则：法则。

⑤君：用如动词，君临，统治。

⑥式：法式，法令。

⑦攸：所。 禀：接受。

【译文】

高宗为父亲守丧，要守三年。已经守丧期满，他还是不论政事，群臣都向王进谏说："啊！通晓事理叫作明哲，明哲的人实可制定法则。天子统治万邦，百官尊奉法令，王的话就是教命，如果王不说话，臣下就无从接受教命。"

【段意】

第一段，武丁居丧期满后仍然不论政事，百官进谏，劝王出言。

王庸作书以诰曰："以台正于四方①，惟恐德弗类②，兹故弗言。恭默思道③，梦帝赉予良弼④，其代予言⑤。"乃审厥象⑥，俾以形旁求于天下⑦。说筑傅岩之野⑧，惟肖⑨，爰立作相⑩，王置诸其左右。

【注释】

①台（yí）：我。　正：表正。作为仪表、法式。

②类：善。《诗经·大雅·皇矣》："克明克类，克长克君。"郑玄说："类，善也。"

③思道：思考治理天下的办法。

④赉（lài）：赏赐。　良弼：贤良的辅佐大臣。《说文·弜部》："弼，辅也。"引申为官称，古代辅佐君王的大臣左称辅，右称弼。

⑤其：副词，表示揣测语气，将会。

⑥审：详辨，究考。　厥象：那个形象，即梦中人的形象。厥，那个。

⑦旁：普遍，四方。《说文·上部》："旁，溥也。"另见《太甲上》"旁求俊彦"注。

⑧筑：捣土的杵，这里是捣土使之坚实。《孟子·告子下》："舜发于畎亩之中，傅说举于版筑之间。"版筑就是筑墙时用两板相夹，中间放泥土，用杵舂实。

⑨肖：相像，相似。

⑩爰：于是。　立：登上某一地位。

【译文】

王因而作书告谕群臣说："以我作为四方的表率，惟恐德行不好，所以我不轻易发言。我恭敬沉默思考治国的办法，梦见上帝赐给我一位贤良的辅佐大臣，他将会代替我发言。"于是究考梦中人的形象画成图像，派遣人按照图像在全国各地到处寻找。傅说在傅岩郊野筑墙，和梦中人形象相似，于是升用他作相，王把他安排在自己身边。

【段意】

第二段，记述发现傅说的经过。

命之曰①："朝夕纳诲②，以辅台德。若金③，用汝作砺④；若济巨川，用汝作舟楫；若岁大旱，用汝作霖雨⑤。启乃心，沃朕心⑥。若药弗瞑眩⑦，厥疾弗瘳；若跣弗视地⑧，厥足用伤⑨。惟暨乃僚⑩，罔不同心，以匡乃辟，俾率先王⑪，迪我高后⑫，以康兆民⑬。呜呼！钦予时命⑭，其惟有终⑮。"

【注释】

①命：任命官吏时发布的政令。蔡沈《书集传》："后世命官制词，其原盖出于此。"

②纳诲：进谏。　朝夕纳诲：蔡沈《书集传》："'朝夕纳诲'者，无时不进善言也。"

③若：如果。　金：金属。这里指铁器。

④砺：磨刀石。《荀子·劝学》："故木受绳则直，金就砺则利。"

⑤霖雨：久下不停的雨。《左传·隐公九年》："凡雨自三日以往为霖。"

⑥ 沃：《说文·水部》："沃，溉灌也。"

⑦ 瞑眩（míng xuàn）：头昏眼花。《孔疏》："瞑眩者，令人愤闷之意也。《方言》云：'凡饮药而毒，东齐海岱间或谓之瞑，或谓之眩。'"又说："药毒乃得除病，言切乃得去惑。"意思是良药苦口利于病，忠言逆耳利于行。

⑧ 跣（xiǎn）：赤脚。

⑨ 用：因此。

⑩ 僚：僚属，下属官员。

⑪ 俾：使。　　率：遵循。

⑫ 迪：蹈，踩踏。　　高后：高尚的君王，指成汤。

⑬ 康：安乐。

⑭ 钦：敬。　　时：通"是"，代词。

⑮ 其：表示期望的语气助词。

【译文】

王任命傅说说："你要早晚赐教，来帮助我修德。如若打制铁器，要用你作磨刀石；如若渡过大河，要用你作船和桨；如若年岁大旱，要用你作霖雨。敞开你的心泉，灌溉我的心田。如果药物不猛烈，疾病就不会痊愈；如果赤脚不看路，脚会因此受伤。希望你和你的同僚没有一个不同心协力，匡正你的君王，使他沿着先王的道路，踏着成汤的足迹前进，从而安定天下众民。啊！谨遵我的这个命令，希望能善始善终啊！"

【段意】

第三段，记载武丁任命说的命词。武丁运用一系列比喻，表达对说的倚重与期望。

说复于王曰[①]:“惟木从绳则正[②],后从谏则圣。后克圣,臣不命其承[③],畴敢不祗若王之休命[④]?”

【注释】

①复:回答。

②绳:绳墨。木工用的墨线。

③其:副词,表示肯定语气。　　臣不命其承:蔡沈《书集传》:“君果从谏,臣虽不命,犹且承之。”意思是说,如果君王能够从谏如流,那么臣子不必等待命令就会主动向君王进谏。

④畴(chóu):谁。　祗(zhī):恭敬。　若:顺。　休:美好。

【译文】

傅说答复说:“木头依从绳墨砍削就会正直,君主依从谏言行事就会圣明。君主能够圣明,臣下不必等待命令就会主动进言,谁敢不恭敬顺从君王的美好教导呢?”

【段意】

第四段,傅说表示愿意主动进言。

说命中第十三

【题解】

《说命中》主要记叙傅说总理百官后对武丁的进言，系统反映了傅说的执政理念，如顺从天道，建邦封官；君王不能轻易发号施令，不能随便动用军队，不能轻易颁赐行赏，不能随便授人军权。“惟治乱在庶官。”任官授爵，必选贤任能；对待自己，要谦虚谨慎；对待事情，要有备无患；对待鬼神，要庄敬少祭。

《说命中》傅说告诫武丁：“无耻过作非。”不能以过错为耻而文过饰非，这也是殷商政治家一贯的政治主张。《仲虺之诰》中仲虺要求成汤“改过不吝”，《伊训》中伊尹告诫太甲“检身若不及”。这也是儒家一以贯之的主张。《周易·益卦》：“君子以见善则迁，有过则改。”《论语·述而》孔子说：“德之不修，学之不讲，闻义不能徙，不善不能改，是吾忧也。”《论语·卫灵公》：“过而不改，是谓过矣。”

《说命中》提出了“非知之艰，行之惟艰”知行关系的哲学命题，是“知行合一”的理论源头。古代哲学家非常重视“知行关系”。孟子认为“良知”“良能”与生俱有，朱熹提倡先知后行，王阳明提出知行合一，知行没有先后。“知行合一”的理论伴随时代的发展，内涵和外延代有变化，或强调先知后行，或强调先行后知，或强调知易行难，或强调行易知难，然而“知”的认识自觉性和“行”的实践重要性，一直是这一理论的核心。

惟说命总百官[①]，乃进于王曰[②]：“呜呼！明王奉若天道[③]，建邦设都[④]，树后王君公[⑤]，承以大夫师长[⑥]，不惟逸豫[⑦]，惟以乱民[⑧]。

“惟天聪明，惟圣时宪[⑨]，惟臣钦若[⑩]，惟民从乂[⑪]。惟口起羞[⑫]，惟甲胄起戎[⑬]，惟衣裳在笥[⑭]，惟干戈省厥躬[⑮]。王惟戒兹[⑯]，允兹克明[⑰]，乃罔不休。

【注释】

①命：受命。　　总：总理，统管。

②进：进谏，献策。

③若：顺从。

④邦：指王国和邦国。王国，天子建立的国家。邦国，诸侯的封国。　　都：天子建立的帝都和诸侯建立的国都。

⑤君公：指诸侯。

⑥承：承接，接着。　　大夫师长：臣。《孔疏》：“《周礼》立官多以师为名。师者，众所法，亦是长之义也。大夫以下分职不同，每官各有其长，故以师长言之。”

⑦逸豫：安逸享乐。

⑧乱：治理。杨树达《积微居小学述林》认为小篆的字形像人以一手持丝，又一手持互以收之。本义为理丝，引申为治理。

⑨时：通“是”，代词。　　宪：效法，摹仿。

⑩钦：恭敬。　　若：顺从。

⑪ 乂：治理。

⑫ 口：这里指随意发号施令。　　起：引起，招来。　　羞：羞辱。

⑬ 甲胄：铠甲和头盔。这里代指军队。　　戎：戎兵，战争。

⑭ 衣裳：这里指官服。　　笥（sì）：一种装衣物的方形竹器。

⑮ 干戈：武器。干，盾牌，古代作战时用来防身抵御兵刃的武器。戈，古代一种可以横击、钩杀的进攻型武器。　　省（xǐng）：察看。　　躬：身，本人。　　"惟衣裳在笥，惟干戈省厥躬"两句互文见义，等于说"惟衣裳在笥省厥躬，惟干戈在库省厥躬"。

⑯ 兹：这。指上文口、甲胄、衣裳、干戈四个方面。

⑰ 允：信。　　明：明政，使政治清明。

【译文】

傅说接受王命总理百官，就向王进言说："啊！圣明的君王顺从天道，建立邦国，设置都城，树立诸侯，任命大夫师长等官员，不是为了安逸享乐，而是为了治理民众。

"上天耳聪目明，洞悉一切，圣王善于效法上天，臣下敬顺圣王，民众就能顺从治理了。轻易发号施令会招致羞辱；随便动用军队会引发战争；官服放在箱子里，不可轻易赏赐，要看被赏赐的对象是否称职；干戈藏在府库中，不可随便授予，要看被授予的将帅能不能胜任。王应该以此为戒，如果真能明白这些道理，王政就无不美好了。

【段意】

第一段，傅说向武丁进言，要求君王奉天治民，慎用慎授军政大权。

"惟治乱在庶官①。官不及私昵②，惟其能；爵罔及恶德[③]，惟其贤。虑善以动，动惟厥时。有其善[④]，丧厥善；矜其能[⑤]，丧厥功。惟事事[⑥]，乃其有备，有备无患。无启宠纳侮[⑦]，无耻过作非[⑧]。惟厥攸居[⑨]，政事惟醇[⑩]。黩于祭祀[⑪]，时谓弗钦[⑫]。礼烦则乱，事神则难。"

【注释】

①庶：众多。《尔雅·释诂》："庶，众也。"

②及：涉及，与。　昵（nì）：亲近。

③爵：爵位。《礼记·王制》："王者之制禄爵，公、侯、伯、子、男凡五等。"公、侯、伯、子、男是天子赐给诸侯的爵位。这里是指帝王赐给朝廷官员的爵位，即公、卿、大夫、士等。　恶德：恶德之人，品德不好的人。

④有：自恃。与下句"矜其能"的"矜"互文见义。

⑤矜：自夸。

⑥事事：任何一件事。一说做事情，前一个事字，动词，从事；后一个事字，名词，事情。两说都通。

⑦宠：宠幸，宠爱。　纳：入，收进。　侮：轻慢。

⑧耻过：以过为耻。把过错当作耻辱。　非：不对。

⑨攸：所。　居：居止，行为举止。

⑩醇（chún）：通"纯"，纯粹，完美。

⑪黩（dú）：轻慢，不庄重。《春秋公羊传·桓公八年》："（祭）亟则黩，黩则不敬。君子之祭也，敬而不黩。"何休注："黩，渫黩也。"渫黩，后写作"亵渎"。

⑫时：通"是"，这。　钦：敬。

【译文】

“国家的是太平还是混乱取决于众位官员。官职不可授予偏爱、亲近的人，应当授予贤能的人；爵位不可赏赐给品德不好的人，应当赏赐给贤德的人。考虑是善行才行动，行动还要把握时机。自恃自己良善，就会失掉良善；自夸自己能干，就会失去功劳。做任何事情都要有准备，有准备才没有后患。不要开启宠幸之途而招致侮辱，不要以过错为耻而文过饰非。如果行为举止都像上面所讲的那样，政事就会处理得很完美。轻慢对待祭祀，这叫不敬。祭礼烦琐就会紊乱，事奉鬼神就会困难。”

【段意】

第二段，傅说告诫武丁：任官要选贤授能，不要任人唯亲；行事要谦虚谨慎，不要自以为是；祭祀要庄重，不要太烦琐。

王曰：“旨哉①！说。乃言惟服②。乃不良于言③，予罔闻于行④。”

说拜稽首曰：“非知之艰，行之惟艰。王忱不艰⑤，允协于先王成德⑥。惟说不言，有厥咎⑦。”

【注释】

① 旨：美。《诗经·小雅·頍弁》：“尔酒既旨，尔殽既嘉。”郑玄说：“旨、嘉皆美也。”

② 服：实行。蔡沈《书集传》：“服，行也。”

③ 良：善。　言：说。

④ 闻：通“昏”，勉力。“闻于行”与“良于言”相对。《说文》“闻”

字的古文从昏得声，可与“昏”相通，毛公鼎铭文“余非庸又闻”，“闻”读为“昏”。“昏”有“勉力”的意思。《西京赋》薛综注：“昏，勉也。”《尔雅·释诂》：“昏，强也。”

⑤忱：真诚。

⑥允：情态副词，确实。　　协：符合。　　成：盛。

⑦咎：过错。

【译文】

王说：“好呀！傅说。你的话应当实行。你如果不善于进言，我就不能努力地去实行。”

傅说跪拜叩头，说道：“不是知道它艰难，而是实行它艰难。王真心不把实行当为艰难，确实符合先王的盛德。我傅说如果不说，就有过错了。”

【段意】

第三段，君臣互相勉励。

说命下第十四

【题解】

《说命下》记叙武丁诚心求教，傅说倾心教诲。傅说认为教育就是要引导人们建立功业，想要建立功业就要增长知识，而增长知识的不二途径是学习："人求多闻，时惟建事。学于古训乃有获。"《礼记·学记》也说："古之王者，建国君民，教学为先。"把教学视为"建国君民"的第一要务。

教育的主要内容是德行。武丁夸赞傅说的德行和德行教育："四海之内咸仰朕德，时乃风。"希望傅说"尔惟训于朕志"，引导他的志向，培养他的德行。《礼记·大学》开篇就说："大学之道，在明明德，在亲民，在止于至善。"也以"明明德"为"大学"第一要义。

《说命下》傅说指明："惟学逊志，务时敏，厥脩乃来。允怀于兹，道积于厥躬。"强调学习需要长期坚持不懈，并且学习的时候必须专心致志。只要始终一心向学，德行、知识必定会在潜移默化中增长。傅说还指出："惟斆学半，念终始典于学，厥德脩罔觉。"《礼记·学记》所论的"教学相长"即源于"惟斆学半"。

《说命》三篇丰富的教育思想是我们这个古老民族传统教育思想永不枯竭的鲜活源泉。

王曰："来！汝说。台小子旧学于甘盘[①]，既乃遯于荒野[②]，入宅于河[③]。自河徂亳[④]，暨厥终罔显[⑤]。尔惟训于朕志[⑥]。若作酒醴[⑦]，尔惟麹糵[⑧]；若作和羹[⑨]，尔惟盐梅[⑩]。尔交修予[⑪]，罔予弃[⑫]，予惟克迈乃训[⑬]。"

【注释】

①甘盘：武丁时的贤臣。《君奭》篇中，周公景仰殷商时的贤臣，把武丁时的甘盘，与成汤的伊尹、太甲的保衡、太戊的伊陟、祖乙的巫贤等相提并论。

②遯（dùn）："遁"的古字。逃避。

③宅：居住。《尔雅·释言》："宅，居也。"　河：河洲。见《孔传》《孔疏》。

④徂（cú）：往。

⑤暨（jì）：到。这个意义又写作"洎"。《国语·周语中》："上求不暨，是其外利也。"韦昭注："暨，至也。"　显：明显。这里指品德、学业没有明显的进展。

⑥于：大，远大，用作动词。《方言》："于，大也。"

⑦若：如果。　醴：甜酒。

⑧麹（qū）：酿酒或制酱时引起发酵的块状物，用某种霉菌和大麦、大豆、麸皮等制成。《列子·杨朱》："聚酒千钟，积麹成封；望门百步，糟浆之气逆于人鼻。"又写作"麯"或"粬"。　糵（niè）：《玉篇》："麯也。"《礼记·礼运》："礼之于人，犹酒之有糵也。"

⑨和：掺和。　羹：用肉或菜调和五味做成的带汁的食物。

⑩梅：青梅，有酸味，可作调味品。

⑪ 尔交脩予：《孔传》："交，非一之义。"《孔疏》："尔交脩予，令其交更脩治己也。故以交为非一之义，言交互教之，非一事之义。"意思是你要在多方面指导我，让我修德。"脩"，通"修"。

⑫ 罔予弃：即"罔弃予"。

⑬ 迈：《尔雅·释诂》："迈，行也。"

【译文】

王说："来呀！你傅说。我旧时曾向甘盘学习过，不久就躲避到荒野，后又入居于河洲。从河洲回到亳都，学业品德都始终没有显著进展。你应当训导我，使我具有远大的志向。如果作甜酒，你就是麴与蘖；如果作羹汤，你就是盐和梅。你要在各个方面训导我，不要厌弃我，我一定能够履行你的训导。"

【段意】

第一段，武丁表达向傅说求教的诚意。

说曰："王，人求多闻，时惟建事。学于古训乃有获，事不师古[①]，以克永世[②]，匪说攸闻[③]。惟学逊志[④]，务时敏[⑤]，厥脩乃来。允怀于兹[⑥]，道积于厥躬。惟敩学半[⑦]，念终始典于学[⑧]，厥德脩罔觉[⑨]。监于先王成宪[⑩]，其永无愆[⑪]。惟说式克钦承[⑫]，旁招俊乂[⑬]，列于庶位[⑭]。"

【注释】

① 师：师法，学习。

② 永世：世世代代永远下去。意思是长治久安。

③ 匪：通“非”。　攸：所。

④ 逊：使谦逊。　志：心意。

⑤ 务：致力，追求。　敏：努力，奋勉。

⑥ 允：相信。　怀：想念。

⑦ 敩（xiào）：《孔传》：“敩，教也。教然后知所困，是学之半。”

⑧ 典：从事。

⑨ 罔觉：不觉得，自己没有感觉到。

⑩ 监：通“鉴”，借鉴。　成宪：现成的法度。

⑪ 永：长久。　愆（qiān）：过错。

⑫ 式：用，因此。　承：承受，接受。

⑬ 旁：普遍，广泛。　招：招集，求得。　俊乂：有才能的人。马融说：“才德过千人为俊，百人为乂。”

⑭ 列：排列，安排。　庶：众。　位：官位，职位。

【译文】

傅说说：“王，人们要求增长知识，这是想要建立事业。只有学习古人的教导，才能有所收获；想成就事业却不向古人学习，又能长治久安，我傅说没有听说过。学习要心志谦逊，务必时刻努力，修为才能增长。相信并且记住这些，德行在自己身上将积累增多。教是学的一半，自始至终念念不忘学习，德行就会不知不觉地增长。借鉴先王的成法，将永久没有失误。我傅说因此能够敬承您的意旨，广泛地招纳有才能的人，把他们安排在各种职位上。”

【段意】

第二段，傅说劝诫武丁学习古训，借鉴成法，广揽人才。

王曰："呜呼！说，四海之内咸仰朕德[①]，时乃风[②]。股肱惟人[③]，良臣惟圣。昔先正保衡作我先王[④]，乃曰：'予弗克俾厥后惟尧舜[⑤]，其心愧耻，若挞于市[⑥]。'一夫不获[⑦]，则曰'时予之辜'。佑我烈祖[⑧]，格于皇天[⑨]。尔尚明保予[⑩]，罔俾阿衡专美有商[⑪]。惟后非贤不乂，惟贤非后不食。其尔克绍乃辟于先王[⑫]，永绥民[⑬]。"

说拜稽首曰："敢对扬天子之休命[⑭]！"

【注释】

①仰：景仰，仰慕。

②乃：你的。　风：政教，教化。《孔传》："风，教也。"

③股：大腿。　肱（gōng）：上臂。

④正：这里指长官。《尔雅·释诂》："正，长也。"　保衡：官名。《孔疏》："保衡、阿衡，俱伊尹也。《君奭》传曰：'伊尹为保衡，言天下所取安，所取平。'"　作：兴起。

⑤俾：使。　后：君王。这里指成汤。

⑥若：像。　挞（tà）：用棍子或鞭子打。　市：集市。

⑦一夫：一人。　获：得到。这里指得到妥善的安置。

⑧佑：佑助，辅佐。　烈祖：建立了功业的祖先。烈，事业，功绩。

⑨格：至，到达。引申指感通。《字汇》："格，感通也。"《说文解字注》："格，训为至，而感格之义生焉。"　皇：《尔雅·释诂》："大也。"

⑩尚：表示希望、祈求的副词。　保：安定。

⑪专：独有、独占。　有：名词词头。

⑫ 绍：继续。　　乃：你的。

⑬ 绥：安抚。

⑭ 敢：表敬副词，可译为“请”。　　对扬：报答，弘扬。《孔传》：“对，答也。答受美命而称扬之。”

【译文】

王说：“啊！傅说。天下的人都敬仰我的德行，这是你的教化所致。股肱完备才能成人，良臣具备才能成圣。从前先王的官长保衡使我们的先王兴起，却说：‘我不能使我的君王做尧舜，我内心感到惭愧耻辱，好比在集市受到鞭打一样。’如果有一个人不能得到妥善安置，他就说‘这是我的罪过’。他辅助我的烈祖成汤感通皇天。你要勉力扶持我，不要让伊尹专美于我商家。君主得不到贤人就不会治理，贤人得不到明君就不会被任用。你要能让你的君主继承先王，长久安定民众。”

傅说跪拜叩头，说：“请让我报答、弘扬天子的美好教导！”

【段意】

第三段，武丁赞扬傅说的政教，并进一步提出要求。

高宗肜日第十五

【题解】

高宗，即武丁。肜（róng），祭祀后明日又祭祀叫肜。肜日，又祭之日。本篇记述武丁又祭成汤的时候，忽然有一只野鸡飞来鸣叫，武丁为此恐惧，大臣祖己开导武丁。《尚书大传》说："武丁祭成汤，有飞雉升鼎耳而雊。武丁问诸祖己，祖己曰：'雉者，野鸟也，不当升鼎。今升鼎者，欲为用也。远方将有来朝者乎？'故武丁内反诸己，以思先王之道。三年，编发重译来朝者六国。孔子曰：'吾于《高宗肜日》，见德之有报之疾也。'"李学勤《古文献丛论》指出，武丁时期的甲骨卜辞中发现有以雉鸣为灾异的记事。上博简《鲍叔牙与隰朋之谏》："昔高宗祭，有雉雊于彝前，召祖己而问焉，曰：'是何也？'"记叙史实近于《高宗肜日》。

《高宗肜日》反映了殷人的图腾崇拜和祖先崇拜，对我们研究宗教史和民俗史有重要的参考价值。《诗经·商颂·玄鸟》说："天命玄鸟，降而生商。"相传商的始祖母简狄吞食燕卵而生下商的始祖契，所以殷人把燕子作为民族图腾，并且崇拜各种飞禽，认为它们能够带来上天的旨意。甲骨卜辞里有"于帝史凤，二犬"的记载，郭沫若释为："盖视凤为天帝之使，而祀之以二犬。"在隆重的祭典上，野鸡飞上祭器鸣叫，也许是在传达上天或者祖先的某种责难，所以武丁必然会感到大祸临头。

《高宗肜日》还体现了"王司敬民，罔非天胤"的民本思想，郭沫若《青铜时代》认为殷时不可能有民本思想,因为"卜辞中没有见到'民'字以及从'民'的字",可以继续研究。

高宗祭成汤,有飞雉升鼎耳而雊[①]。祖己训诸王[②],作《高宗肜日》《高宗之训》。

【注释】

①雉:野鸡。　升:登。　鼎:古代一种三足两耳的金属器物。雊(gòu):野鸡鸣叫。

②祖己:商代贤臣。有学者认为是武丁的长子,有学者以为是武丁的重臣。备考。

【译文】

高宗武丁祭祀成汤,有一只野鸡飞到祭祀用的鼎耳上鸣叫。祖己训导武丁,作《高宗肜日》《高宗之训》。

高宗肜日

高宗肜日[①],越有雊雉[②]。祖己曰:"惟先格王[③],正厥事[④]。"乃训于王。

【注释】

①肜:殷商时的祭名。《尔雅·释天》:"绎,又祭也。周曰绎,商曰肜,夏曰复胙。"《书序》《史记·殷本纪》等文献都以为是高宗武丁祭成汤。

②越:句首语助词,无义。

③格:通"假",宽解。《史记·殷本纪》作"王勿忧,先修政事"。孙星衍说:"史公云'王勿忧'者,疑释'假王'为宽暇王心。"

④正：纠正。　　事：政事，这里指祭祀之事。

【译文】

高宗又祭的那一天，有一只野鸡在鼎上鸣叫。祖己说："要先宽解君王的心，然后再纠正他祭祀不当的事。"于是训导王。

【段意】

第一段，说明祖己劝导武丁的缘由。

曰："惟天监下民，典厥义①。降年有永有不永②，非天夭民，民中绝命③。民有不若德④，不听罪⑤。天既孚命正厥德⑥，乃曰：'其如台⑦？'

【注释】

①典：通"腆"，善，以为善。　　义：宜，指行事合宜。《淮南子·齐俗训》说："义者，循理而行宜也。"

②永：本指水流长。《说文·永部》："永，长也。象水巠理之长。《诗》曰：'江之永矣。'"这里指寿命长久。

③中：身，自己。《礼记·檀弓下》："文子其中，退然如不胜衣。"郑玄注："中，身也。"

④若：《尔雅·释诂》："善也。"

⑤听：顺从。

⑥孚：通"付"，交付，给予。汉石经、《汉书·孔光传》都作"付"。

⑦其：时间副词，表时间将然。　　如台（yí）：如何。

【译文】

祖己说："上天监视下民，赞美他们行事合宜。上天赐给人的年寿有长有短，并不是上天使人夭折，而是有些人自己断绝自己的性命。有些人有不好的品德，有不顺从天意的罪过。上天已经发出命令纠正他们不好的品德，他们竟说：'要怎么样呢？'

【段意】

第二段，记祖己宽解商王，劝王遵理行义。

"呜呼！王司敬民①，罔非天胤②，典祀无丰于昵③！"

【注释】

①王：泛指先王。　　司：嗣，嗣位。

②胤：后代。

③典：常。　　昵：近亲。《孔传》："昵，近也。祭祀有常，不当特丰于近庙。"杨树达《积微居甲骨文说·尚书典祀无丰于昵甲骨文证》："这'近'字是说'近的亲属'。换句话说，就是直系亲属或直系的祖先。伪《孔传》说的'近庙'，也是指这个。"

【译文】

"啊！先王继承帝位被民众敬重，没有谁不是老天的后代，在祭祀的时候，近亲中的祭品不要过于丰厚啊！"

【段意】

第三段，祖己告诫武丁，祭祀不要偏厚近亲。

西伯戡黎第十六

【题解】

西伯，周文王。姓姬，名昌，殷末西方诸侯之长。戡，战胜。黎，殷的属国，在王畿附近，又写作“耆”或“饥”，在今山西省长治市西南。

周族历史悠久，《益稷》篇记载周的始祖后稷担任舜的农官，曾佐禹治水。至古公亶父时期，周族迁徙至周原，开始崛起。《诗经·大雅·绵》用“周原膴膴，堇荼如饴”来形容周原土地的肥沃。周族在周原发展生息，至周文王执政时期国势日益强大。文王一方面向商王朝俯首称臣，一方面不断兼并附近方国，开疆拓土。《史记·周本纪》记载周文王在讨伐犬戎、密须之后的第二年就发动征伐黎国的战争，东进与殷商争夺天下的战略意图已经十分明显。殷商的有识之士惶恐不安。大臣祖伊面谏纣王，极力向纣王禀告形势的危急，力劝纣王努力为国家命运着想，勤勉政事。史官记录了这件事，写成《西伯戡黎》。

国家面临危亡之时，纣王竟说：“我生不有命在天？”祖伊反对说：“乃罪多，参在上，乃能责命于天？”祖伊的“天”和纣王的“天”是不一样的，祖伊的“天”已经伦理化了，福善祸淫。近似于西周的“天命观”。殷商的“天命观”是祖先神灵与天同在，君权神授，缺乏改善国家统治方法和治理手段的主观能动性；西周的"天命观"赋予道德内涵，以德配天，夺取政权和巩固政权都必须努力推行德政。《蔡仲之命》篇说："皇天无亲，惟德是辅。"《左传·僖公五年》引宫之奇的话："臣闻之，鬼神非人实亲，惟德是依。故《周书》曰：'皇天无亲，惟德是辅。'又曰：'黍稷非馨，明德惟馨。'又曰：'民不易物，惟德繄物。'如是，则非德民不和，神不享矣。神所冯依，将在德矣。"

《西伯戡黎》还反映了商朝末期尖锐的社会矛盾。纣王酒池肉林，天怨人怒，殷民悲呼："今我民罔弗欲丧，曰：'天曷不降威？'"《汤誓》也记载了夏民的悲呼："时日曷丧？予及汝皆亡。"这些都是民众对暴君暴政恨之入骨的控诉。

《西伯戡黎》具有很高的史料价值，对商周思想史、哲学史和政治史的研究具有重要意义。

本篇的"西伯"，唐前的学者认为指周文王，宋后不少学者为了维护文王的形象，认为是周武王，今本《竹书纪年》认为"耆""黎"属两个国家，文王伐耆而武王伐黎。清华简《耆夜》则记载："武王八年征伐郜（耆），大戗（戡）之。"伐黎的正是武王。这个问题尚待继续研究。

殷始咎周①，周人乘黎②。祖伊恐③，奔告于受④，作《西伯戡黎》⑤。

【注释】

①咎：一般指灾祸、过错，引申指憎恶。

②乘：胜。见《孔传》。

③ 祖伊：祖己的后代，商纣王时的贤臣。

④ 受：商纣王。《史记·殷本纪》："帝乙崩，子辛立，是为帝辛，天下谓之纣。"郑玄说："纣，帝乙之少子名辛。帝乙爱而欲立焉，号曰受德。时人传声作纣也。史掌书，知其本，故曰受。"

⑤ 西伯：周文王。《史记·周本纪》说："公季卒，子昌立，是为西伯。西伯曰文王。"郑玄认为，文王居岐山，封为雍州伯，雍州在西部，因此称文王为西伯。　戡：平定，战胜。

【译文】

殷商开始憎恶周，周人战胜了黎。祖伊感到惊恐，跑来禀告纣王。史官记下这件事写成《西伯戡黎》。

西伯戡黎

西伯既戡黎，祖伊恐，奔告于王[①]。

【注释】

① 奔：跑。

【译文】

周文王已经打败了黎国，祖伊很恐慌，跑来报告纣王。

【段意】

第一段，交代祖伊进言的背景。

曰："天子！天既讫我殷命[①]。格人元龟罔敢知吉[②]。非先王不相我后人[③]，惟王淫戏用自绝[④]。故天弃我，不有康食⑤。不虞天性⑥，不迪率典⑦。今我民罔弗欲丧⑧，曰：‘天曷不降威⑨？’大命不挚⑩，今王其如台⑪？”

【注释】

①既：通“其”，语气副词，表示揣测语气，可译为“恐怕”。曾运乾《尚书核诂》：“‘既’与‘其’古通用。《禹贡》：‘潍淄其道。’《史记》‘其’作‘既’。《诗·常武》：‘徐方既来。’《荀子·议兵篇》‘既’作‘其’。即其例也。” 讫：终止。 殷命：殷商的福命。

②格人：能知天地吉凶的至人、贤人。《孔疏》：“‘格’训为‘至’。至人谓至道之人，有所识解者也。” 元龟：大龟。 罔敢：不能。 知：觉察。

③相：扶助，辅佐。《集韵》：“相，助也。”

④淫戏：淫荡嬉戏，指沉迷酒色。《史记·殷本纪》：“（纣）好酒淫乐，嬖于妇人。”《史记·乐书》载李斯说：“放弃诗书，极意声色，祖伊所以惧也。” 用：以。 自绝：《孔疏》：“纣既自绝于先王，亦自绝于天。”

⑤康食：糟糠之食，指低劣生活。从章太炎说。

⑥虞：度。 天性：上天安民之性。《左传·襄公十四年》：“天之爱民甚矣，岂其使一人肆于民上以从其淫而弃天地之性？必不然矣。”

⑦迪：由，遵行。 率典：法典。

⑧罔弗欲丧：没有人不希望纣灭亡。

⑨曷：何，为什么。 降威：降下威罚。

⑩挚：至，到来。

⑪如台（yí）：如何。

【译文】

祖伊说："天子啊，上天恐怕要终止我们殷商的福命了！贤人和神龟都不能觉察出吉兆。不是先王不扶助我们后人，而是大王淫荡嬉戏自绝于天。所以上天将抛弃我们，不让我们安居疏食。大王不揣度天性，不遵循法典。如今我们的民众没有不希望大王灭亡的，他们说：'老天为什么还不降下威罚呢？'天命不再归向我们，如今大王将要怎么办呢？"

【段意】

第二段，祖伊指出纣王沉湎酒色，不守法典，已致使天怒民怨。

王曰："呜呼！我生不有命在天①？"

祖伊反曰②："呜呼！乃罪多③，参在上④，乃能责命于天⑤？殷之即丧，指乃功⑥，不无戮于尔邦⑦！"

【注释】

①我生不有命在天：《史记·殷本纪》引作"我生不有命在天乎"，《周本纪》引作"不有天命乎？是何能为"。

②反：反对，反驳。见《尚书易解》。

③罪：过错，失误。

④参：当作"絫"，《汗简》《古文四声韵》作"絫"。絫，读为傫，懒惰懈怠。《说文解字注》："傫，垂貌。从人，絫声。一曰懒懈。"见《尚书易解》。

⑤乃：宁，难道。《经传释词》："乃，犹'宁'也……乃、宁一声之转。故'乃'训为'宁'，'宁'亦训为'乃'。" 责命于天：向上天祈求

好运。

⑥ 指乃功：指示您的政事。功，事，政事。

⑦ 戮：通“勠”，并力，合力。《说文·力部》：“勠，并力也。”

【译文】

纣王说：“啊！我的一生不是有福命在天吗？”

祖伊反驳说：“唉！您的过失很多，懒惰懈怠又高高在上，难道还能向上天祈求福命吗？殷商即将灭亡，您要指示政事，不可不为您的国家努力啊！”

【段意】

第三段，祖伊指明殷商行将灭亡，正告纣王不能迷信天命，应当勤劳国事以拯救国家。

微子第十七

【题解】

微子名启，是纣王的同母庶兄，因封在微，爵位属于子这一个等级，所以史称微子。

殷商末年，内忧外患，危在旦夕，微子屡次进谏，纣王全然不听。微子感到绝望，打算以死相争或逃亡出走，就找父师、少师商量。父师建议微子远遁荒野，倘若殷商灭亡，还有人能够祭祀殷商的先王先公。史官记录了微子和父师、少师的问答，微子是问答的主体，所以用微子名篇。

《微子》开启了中国文人对行藏问题的思索，也是中国文学隐逸情节的源头。《论语·微子》载："微子去之，箕子为之奴，比干谏而死。孔子曰：'殷有三仁焉。'"孔子认为如果时运不济，天下无道，隐逸是一种仁德。《论语·公冶长》："道不行，乘桴浮于海。"《论语·泰伯》："天下有道则见，无道则隐。邦有道，贫且贱焉，耻也；邦无道，富且贵焉，耻也。"而《孟子》说"穷则独善其身"，表达的也正是同样的意思。当然儒家的隐逸是一种人道之隐。《论语·季氏》："隐居以求其志，行义以达其道。""志"是侧重于个体层面的理想、价值，而"道"则是侧重于社会层面的理想、价值。"隐居"是修己内圣的过程，"行义"则是治世外王的过程。儒家的隐逸绝非视功名富贵如粪土，追求潇洒超脱、恬淡自如，而是一种手段式的待时之隐，其背后支撑的仍是一种积极入世的人道精神。在道家行藏论述体系中，隐逸思想内涵是尊重生命，尊重自然，追求独立和自由，进而通于自然之道，达到绝弃名利（无我、无名、无功），物我两忘的人生境界。《庄子·在宥》指出："有天道，有人道。无为而尊者，天道也；有为而累者，人道也。"道家的隐逸是一种天道之隐。儒、道隐逸到魏晋时期开始合流，道家的隐逸成为隐逸文化和隐逸思想的主体。但毫无疑问，儒、道隐逸的前源是《微子》。

《史记·宋微子世家》："周武王伐纣克殷，微子乃持其祭器造于军门。""于是武王乃释微子，复其位如故。"1976年陕西省扶风县出土了一座铜器窖藏，共出土青铜器103件。学者认定这些青铜器的所有者是微子的后裔，并将这批青铜器命名为"微史家族窖藏铜器群"。在这些青铜器中，74件有铭文。铭文中有"昭格乐大神""大神其陟降""其享祀大神"等语句，可知微史家族中有人担任过巫职。

微史家族还多出史官。如《史墙盘》的作者史墙就是史官。事实上，史巫同源。汪中《述学·左氏春秋释疑》："天地、鬼神、灾祥、卜筮、梦之备书于册者，何也？此史之职也。"龚自珍《古史钩沉论二》："周之世官，大者史。史之外无有语言焉，史之外无有文字焉。""《易》也者，卜筮之史也。"巫、史的共同特征是他们都掌握天文历法的知识，都有着沟通天人的能力，只不过史的认识较巫而言更加理性化而已。

微子及其后裔在周代执掌巫史、乐舞之职。周礼对殷礼有所承袭。《论语·为政》："周因于殷礼，所损益可知也。"周公制礼作乐，应该也有微子及其家族的功劳。

殷既错天命[①]，微子作诰父师、少师[②]。

【注释】

①错：错乱。马融说："废也。" 天命：指天赋予人的权力和职责。

②作：始。《禹贡》："沱、潜既道，云土梦作乂。"王引之即读为"乍"，始也。《管子·五行》："五声既调，然后作立五行以正天时，五官以正人位。"宋翔凤以"作"训"始"，"作立"即"始立"。 父师、少师：均为官名。

【译文】

殷商已经废弃了天命，微子始与父师、少师商议。

微　子

微子若曰[①]："父师、少师！殷其弗或乱正四方[②]。我祖厎遂陈于上[③]，我用沉酗于酒[④]，用乱败厥德于下[⑤]。殷罔不小大好草窃奸宄[⑥]，卿士师师非度[⑦]。凡有辜罪，乃罔恒获[⑧]，小民方兴[⑨]，相为敌雠[⑩]。今殷其沦丧[⑪]，若涉大水[⑫]，其无津涯[⑬]。殷遂丧，越至于今[⑭]！"

曰："父师、少师，我其发出狂[⑮]？吾家耄逊于荒[⑯]？今尔无指告[⑰]，予颠隮[⑱]，若之何其[⑲]？"

【注释】

①若:这样。

②其:大概,表测度。　　或:克,能。《文侯之命》"罔或耆寿",《汉书·成帝纪》诏引作"罔克耆寿",是"或""克"通用之证。上古"或"为匣母职韵字,"克"为溪母职韵字;二字叠韵,故得通用。　　乱:治。黄式三说:"弗或乱正四方,无以治正四方也。弗或,犹'无以'也。"

③我祖:指成汤。马融说。　　底:定。　　遂:法,与"术"通。从黄式三说。　　陈:陈列。

④我:指纣。　　用:由于。　　沉酗:沉醉。酗,醉酒发怒。《广韵》:"酗,醉怒也。"

⑤乱:淫乱。　　厥德:成汤之德。　　下:后世。

⑥小:指小民。　　大:指群臣。　　草:读为"抄",掠取。　　奸宄:犯法作乱。

⑦师师:互相效法。　　度:法度。

⑧乃:却。　　恒:常。　　获:通"矱"。矱,尺度,法度。《后汉书·崔骃传》:"协准矱之贞度兮,同断金之玄策。"李贤注:"准,绳也;矱,尺也。"

⑨方:范围副词,并。郑玄说:"方犹并也。"《说文·方部》:"方,并船也。象两舟省,总头形。""方"的甲骨文、金文象耒耜之形,于省吾认为"古者耦耕,古方有'并'意"。引申有"普遍"义。说见《耒耜考》。杨树达则认为,"其用为四方之义者,实假'旁'字用耳"。说见《释"旁"》。　　兴:兴起。

⑩相:偏指副词,我们。　　雠:仇敌。

⑪其:或许,表测度。　　沦丧:灭亡。《史记·宋微子世家》"沦丧"

作“典丧”。钱大昕说：“典，读如殄。典丧者，殄丧也。”

⑫ 涉：徒步渡水。

⑬ 其：殆，几乎。　津：渡口。　涯：水岸。

⑭ 越：句首语助词，无义。　今：此。

⑮ 发：孙诒让读为“废”，言我其废弃而出亡。　狂：《史记·宋微子世家》作“往”，当从之。

⑯ 家：住在家。　耄：通“保”，安。　逊：遁，回避。　荒：荒野。

⑰ 无：句中语助词，无义。《经义述闻》：“无，语辞，犹‘无念尔祖’之‘无’。《毛传》曰：‘无念，念也。’古多以‘无’为语辞。”　指告：指示告诉。清华简《周公之琴舞》有“弼寺亓又肩，貽告舍㬎悳之行”句，与《诗经·周颂·敬之》“佛时仔肩，示我显德行”可相互参照，“貽”就是《诗》中的“示”。同时，有不少研究者认为“貽告”即《微子》“指告”。按：指、示、告都含有“表明”义，不论作“指”或作“示”，意义都相近。

⑱ 予：《经义述闻》：“谓殷也。犹下文言‘我乃颠隮’也。”一说以“今尔无指告予”句绝，“予”是微子自称，亦通。　颠隮（jī）：《孔疏》：“‘颠’谓从上而陨，‘隮’谓坠于沟壑，皆灭亡之意也。”

⑲ 若之何：怎么办。　其：语气助词。《经传释词》：“其，问词之助也。或作‘期’，或作‘居’，义并同也。”《尚书易解》：“其，郑玄曰：‘语助也，齐鲁之间声如姬。’《礼记》曰：‘何居。’言今汝不指示相告，我殷将颠坠，如之何哉？”

【译文】

微子这样说：“父师、少师！殷商恐怕不能治理好天下了。我们的先祖成汤制定法度陈列在前，可纣王沉醉于酒，败坏成汤的美德在后。

殷商大小臣民无不抢夺偷盗，犯法作乱，官员们相互效法，违反法度。凡是有罪的人，竟没有按常法予以处置，小民们一齐起来，同我们结成仇敌。现在殷商恐怕要灭亡了，就像要渡过大河，却找不到渡口和河岸。殷商法度丧亡，竟然到了这种地步！”

微子说：“父师、少师，我是被废弃而出亡在外呢？还是住在家中安然避居荒野呢？现在你们要指点我，殷商将要灭亡，怎么办啊？”

【段意】

第一段，微子指出殷商面临丧乱，就去留问题向父师、少师征求意见。

父师若曰：“王子①！天毒降灾荒殷邦②，方兴沉酗于酒③，乃罔畏畏④，咈其耇长旧有位人⑤。今殷民乃攘窃神祇之牺牷牲用以容⑥，将食无灾⑦。降监殷民⑧，用乂雠敛⑨，召敌雠不怠⑩。罪合于一⑪，多瘠罔诏⑫。

“商今其有灾⑬，我兴受其败⑭；商其沦丧，我罔为臣仆⑮。诏王子出迪⑯，我旧云刻子、王子弗出⑰，我乃颠隮⑱。自靖⑲！人自献于先王，我不顾行遯⑳。”

【注释】

① 王子：微子。微子是商王帝乙的长子。

② 毒：深、厚，重重地。《尚书核诂》：“毒，《说文》：‘厚也。’《史记》作‘笃’，义同。” 荒：《史记·宋微子世家》作“亡”。

③ 方：并。 兴：起。

④ 乃：却。 畏畏：读为“畏威”，“畏”“威”古通。《尚书今古

文注疏》："当为'畏威'。《礼记·表记》引《甫刑》曰：'德威惟威。'郑注云：'德所威，则人皆畏之。'是以'威'为'畏'。郑注《考工记》又云：'故书"畏"作"威"。'"《尚书易解》释《康诰》"庸庸""祗祗""威威"，谓："庸庸，用可用也。祗祗，敬可敬也。威威，畏可畏也。"

⑤ 咈（fú）：违背。　耇（gǒu）：老。

⑥ 攘：顺手拿取。　窃：偷盗。　牺：毛色纯一的牲畜。　牷（quán）：纯色的全牲。　牲：牛羊猪。　容：隐。

⑦ 将：养。《诗经·小雅·四牡》："王事靡盬，不遑将父。"《毛传》："将，养也。"

⑧ 降：下。　监：监视。

⑨ 乂：杀。　雠：通"稠"，多。马融本作"稠"。　敛：赋敛。

⑩ 召：招致。　怠：宽缓。

⑪ 罪：罪人。

⑫ 瘠：病。指受害的人。　诏：告。

⑬ 其：或许。

⑭ 败：灾祸。

⑮ 臣仆：奴隶。

⑯ 诏王子出迪：《尚书易解》："诏，告也。迪，孙星衍曰：'行也。字从由，行也。'《史记·宋世家》云：'于是太师、少师乃劝微子去，遂行。'即其事也。"

⑰ 旧：久。　刻子：焦循《尚书补疏》："刻子即箕子也。"

⑱ 我：指殷商。

⑲ 靖：谋划。

⑳ 顾：顾虑。　遯：逃。

【译文】

父师这样说："王子！老天重降大灾要灭亡我们殷商，殷商君臣却上下沉醉在酒中，竟不惧怕老天的威力，违背耆宿旧臣的教诲。现在臣民竟然偷盗祭祀天地神灵的猪牛羊三牲，把它们藏起来，或饲养，或吃掉，都没受到惩罚。上帝向下视察殷民，发现我们殷商用杀戮和重刑横征暴敛，招致民怨也不放宽。罪人聚合在一起，众多的受害者无处申诉。

"殷商如今或许会有灾祸，那我们就起来承受灾难；殷商或许会灭亡，我不会做敌人的奴隶。我劝告王子逃出去，我很久以前就说过，如果箕子和王子不逃出去，我们殷商就会灭亡。自己谋划决定吧！人人各自对先王作出贡献，我不会考虑逃亡的事。"

【段意】

第二段，父师申述殷商行将灭亡，力劝微子出逃。

周　书

周，朝代名，公元前十一世纪周武王灭商后建立。周书，就是周代的文献资料。周的始祖名弃，《史记·周本纪》记载舜"封弃于邰，号曰后稷，别姓姬"。古公亶父时，定居周原。《史记正义》称"因太王所居周原，因号曰周"。公元前七七二年周平王东迁洛邑，历史上称东迁之前为西周，以后为东周。公元前二五六年被秦国灭亡。周代共历八百多年，三十四王。

今存《周书》主要是武王、成王、康王、穆王、平王时代的史料，计三十二篇，其中今文十九篇，古文十三篇。

泰誓上第一

【题解】

泰，通“太”，《史记·周本纪》作“太”，《国语·周语》作“大”。本篇是周武王在孟津大会诸侯伐商的誓师词，因为盟会规模盛大，所以称为《泰誓》。《孔传》说：“大会以誓众。”

《泰誓上》记述周武王陈述商纣王的罪行，强调伐商是顺天行罚，敬德保民。

《泰誓上》在中国思想史上第一次提出人为万物之灵的命题。周武王开篇即说：“惟天地万物父母，惟人万物之灵。”为什么人为万物之灵？许慎《说文·人部》：“人，天地之性最贵者也。”何为贵？《荀子·王制》指出天地间的水火有气却没有生命，草木有生命却没有知觉，禽兽有知觉却不讲道义；人有气、有生命、有知觉，而且讲究道义，所以人最为天下所贵重。《书集传》进一步解释为“具四端，备万善，知觉独异于物”。人高于万物的区别性特征就是人有伦理道德，有理性认识。

人为万物之灵在中国传统文化里后派生出人定胜天的重要思想。荀子写过《天论》一文，反复论证人通过一定努力，则可以掌握自然的运行规律，更好地掌握人类自己的命运。荀子说：“大天而思之，孰与物畜而制之？从天而颂之，孰与制天命而用之？望时而待之，孰与应时而使之？因物而多之，孰与骋能而化之？思物而物之，孰与理物而勿失之也？愿于物之所以生，孰与有物之所以成？故错人而思天，则失万物之情。”荀子“人定胜天”的理论，对于发挥人的主观能动性具有重要的思想价值。

人为万物之灵还派生出“天人合一”的重要思想，上天挑选治理民众的君王，君王应该爱民保民。《泰誓上》篇尾说：“民之所欲，天必从之。”这句话《左传》《国语》都有征引。《泰誓中》：“天视自我民视，天听自我民听。”这句话《孟子·万章上》也有征引，意思是说上天的看法出自我们民众的看法，上天的听闻出自我们民众的听闻。周人注意到，殷朝灭亡很重要的原因就是没能处理好与民众的关系，其政治根基在武王伐纣之前就已经动摇了。因此，周人夺取政权后，强调“保民”。西周“保民”的思想与“天命”“敬德”相联系，成为西周主流政治思想。“民本”思想也成为传统优秀文化的重要组成部分，历代宝之。

《泰誓上》在战争史上还第一次提出战争性质的问题，提出衡量力量对比的“德”“义”诉求。《泰誓上》最后一节论述“同力度德，同德度义”的问题，指出：“受有臣亿万，惟亿万心；予有臣三千，惟一心。”史实雄辩地说明，战争的胜负不在于人数和武器，而在于德义。战争的正义与否，决定战争的胜负。这一战争观至今仍然是军事理论的金科玉律。

先秦《尚书》百篇传本有《泰誓》，但伏胜今文《尚书》28篇中没有《泰誓》，汉武帝时，河内女子献《泰誓》置于今文《尚书》，因而今文《尚书》又有29篇之说。东汉马融、郑玄等大学者都怀疑《泰誓》是伪作，后来在西晋永嘉之乱中与今文《尚书》一起亡佚了。今传《泰誓》三篇来自东晋梅赜所献孔传古文

《尚书》。

《左传》襄公三十一年和《史记·周本纪》皆有《泰誓》引文。《左传》引文与今传本《泰誓上》经文相同,《史记》引文与今传本《泰誓》多相异。

《泰誓》三篇,今文无,古文有。

惟十有一年[①],武王伐殷。一月戊午[②],师渡孟津[③],作《泰誓》三篇。

【注释】

① 十有一年:指周文王十一年。《孔传》:"九年而文王卒,武王三年服毕,观兵孟津。以卜诸侯伐纣之心,诸侯佥同,乃退,以示弱。"根据《史记·周本纪》"九年,武王上祭于毕"的张守节《正义》记载,武王即位不改元,续文王受命年,表示继承父业。

② 一月戊午:《孔传》:"十三年正月二十八日。"其中,"十三年"不必采信。见下"惟十有三年春"注释。

③ 孟津:黄河古渡口名,在今河南省孟津县。

【译文】

十一年,周武王征伐殷国。一月戊午日,军队在孟津渡黄河,写了《泰誓》三篇。

泰 誓

惟十有三年春[①],大会于孟津。

王曰:“嗟!我友邦冢君越我御事庶士[②],明听誓[③]。惟天地万物父母[④],惟人万物之灵[⑤]。亶聪明[⑥],作元后[⑦],元后作民父母。

“今商王受弗敬上天[⑧],降灾下民。沉湎冒色[⑨],敢行暴虐,罪人以族[⑩],官人以世[⑪]。惟宫室、台榭、陂池、侈服[⑫],以残害于尔万姓。焚炙忠良[⑬],刳剔孕妇[⑭]。皇天震怒,命我文考[⑮],肃将天威[⑯],大勋未集[⑰]。

“肆予小子发[⑱],以尔友邦冢君,观政于商[⑲]。惟受罔有悛心[⑳],乃夷居[㉑],弗事上帝神祇,遗厥先宗庙弗祀。牺牲粢盛[㉒],既于凶盗。乃曰:‘吾有民有命!’罔惩其侮[㉓]。天佑下民,作之君,作之师,惟其克相上帝,宠绥四方[㉔]。有罪无罪,予曷敢有越厥志[㉕]?

【注释】

①惟十有三年春:《书序》与《史记》均以周武王克殷为十一年。《洪范》:“惟十有三祀,王访于箕子。”《金縢》:“既克商二年,王有疾,弗豫。”《史记·周本纪》并为周武王克殷后二年事,与十一年周武王伐殷的记载相合。关于克殷年月,尚有其他一些史料记载,但终以《史记》说较为可信。皮锡瑞《今文尚书考证》及王国维《周开国年表》明确主张《史记》之说。此处“十三年”当为“十一年”,但本篇译文仍取原文。

②友邦:友好国家。《孔疏》:“同志为友,天子友诸侯亲之也。《牧誓》传曰:‘言志同灭纣。’” 冢(zhǒng)君:指诸侯。 越:与,和。 御事庶士:泛指大大小小的各级官员。王樵说:“即本国三卿、亚旅、师氏、千夫长、百夫长。”庶士,众士。

③ 明听：仔细听的意思。蔡沈《书集传》："告以伐商之意，且欲其听之审也。"

④ 天地万物父母：意思是说天地生成万物，所以天地是万物的父母。

⑤ 灵：神，这里指贵重之物。《礼记·礼运》："故人者，天地之心也，五行之端也，食味、别声、被色而生者也。"

⑥ 亶（dǎn）：诚信，真的。

⑦ 元后：与上文"冢君"同，指大君。元，大。

⑧ 受：商纣王名，又名受德。

⑨ 沉湎：指沉溺在酒中，即酗酒。　冒：贪欲。《新书·道术》："厚人自薄谓之让，反让为冒。"

⑩ 罪：惩罚。　族：灭族。《孔传》："一人有罪，刑及父母、兄弟、妻子。"

⑪ 官：任用。　世：父子相继为世。《周礼·秋官·大行人》："世相朝也。"郑玄注："父死子立曰世。"　官人以世：意思是说纣王任用官员不选贤任能，父兄死了任用子弟。

⑫ 台榭（xiè）：建在高土台上的敞屋。《孔疏》引李巡说："台，积土为之，所以观望也。台上有屋谓之榭。"　陂（bēi）池：池塘。　侈服：华丽的服饰。《孔传》："侈谓服饰过制，言匮民财力为奢丽。"

⑬ 焚炙（zhì）：焚烧。当指炮烙（páo luò），亦作"炮格"，相传是商纣王发明的一种酷刑，堆炭架烧铜柱，令人行走其上，以致落火被焚身亡。《史记·殷本纪》："百姓怨望而诸侯有畔者，于是纣乃重刑辟，有炮格之法。"《列女传》："膏铜柱，下加之炭，令有罪者行焉，辄堕炭中，妲己笑，名曰炮格之刑。"

⑭ 刳（kū）：剖开身体。　剔：分解骨肉，把肉从骨头上刮下来。

⑮ 文考：指文王。

⑯ 肃：敬。　　将：行。　　天威：上天的惩罚。

⑰ 勋：功业。　　集：成就，成功。

⑱ 肆：故，从前。　　发：武王名。

⑲ 观政：观察政事。蔡沈《书集传》："观政，犹伊尹所谓'万夫之长可以观政'。八百诸侯背商归周，则商政可知。"

⑳ 悛（quān）：改过，悔改。

㉑ 夷居：傲慢无礼。《荀子·修身》："容貌态度，进退趋行，由礼则雅，不由礼则夷固僻违，庸众而野。"杨倞："夷，倨也。"

㉒ 粢盛（zī chéng）：盛在祭器中的黍稷。

㉓ 惩：这里的意思是制止。　　侮：傲慢。

㉔ 宠：这里的意思是爱护，保护。　　绥：安定。

㉕ 越：《孔传》释为"远也"。这里的意思是违背。

【译文】

十三年春天，周武王在孟津大会诸侯。

武王说："啊！我的友邦大君和我的大小官员们，请仔细听取我的誓言。天地是万物的父母，人是万物中的贵者。真正聪明的人作大君，大君作民众的父母。

"如今商王受不敬重上天，大降灾祸给民众。他酗酒好色，竟敢施行暴虐，用灭族的严刑惩罚人，用世袭的方法任用人。他大建宫室、台榭、池塘，追求华丽的服饰，用这些来残害你们民众。他烧杀忠良，解剖孕妇。皇天动怒，命令我的先父文王恭敬地奉行上天的惩罚，可惜大功没有完成。

"从前我小子姬发和你们友邦大君观察商的政事，发现商王受没有悔改的心意，他仍然傲慢不恭，不祭祀天地神灵，舍弃他的祖先宗庙也不祭祀。祭祀的牛羊黍稷等祭物，也被凶恶盗窃的人吃尽了。商王受却说：'我有民众有天命！'一点也不制止他的傲慢之心。上天护佑下民，为民众设置君王、师长，是希望他们能够辅助上帝，保护和安定天下。有罪的应该讨伐，无罪的应该赦免，我怎么敢违背上天的意志呢？

【段意】

第一段，武王宣布商纣王的罪行，指出伐商是继承文王遗志，奉行天命。

"同力度德，同德度义①。受有臣亿万，惟亿万心；予有臣三千，惟一心。商罪贯盈②，天命诛之。予弗顺天，厥罪惟钧③。予小子夙夜祗惧，受命文考④，类于上帝⑤，宜于冢土⑥，以尔有众厎天之罚⑦。天矜于民⑧，民之所欲，天必从之。尔尚弼予一人⑨，永清四海⑩。时哉弗可失！"

【注释】

① 同力度德，同德度义：《孔传》："力钧则有德者胜，德钧则秉义者强，揆度优劣，胜负可见。"度，度量。

② 贯盈：成串地多，表示积累到了极限。这里的意思是商纣王罪大恶极。贯，串。

③ 钧：通"均"，相等，相同。

④ 受命文考：《书集传》："言受命文考者，以伐纣之举，天本命之

文王，武王特禀文王之命，以卒其伐功而已。”

⑤ 类：通“禷”，祭祀名，《说文·示部》：“以事类祭天神也。”古代作为因特别事故祭天的名称，与定时的郊祭不同。

⑥ 宜：蔡沈《书集传》：“祭社曰宜。”《尔雅·释天》：“起大事，动大众，必先有事乎社而后出，谓之宜。” 冢土：就是大社。古代为百官万民所立的社，祭祀土神谷神。《诗经·大雅·绵》：“乃立冢土。”《毛传》：“冢，大；冢土，大社也。”

⑦ 底（dǐ）：致。

⑧ 矜：怜悯。

⑨ 弼：辅佐。 予一人：武王自指。

⑩ 永清四海：陈经说：“四海本清，纣污浊之，伯夷大公所以避之以待天下之清也。去纣而除其秽恶，则清其源而天下清矣。”

【译文】

“力量相等就衡量德，德行相配就衡量义。商王受有臣亿万，是亿万条心；我有臣三千，只是一条心。商王受的罪恶仿佛穿物的串子已经穿满一样，上天命令我讨伐他。我如果不顺从上天，我的罪恶就与商纣相等。我小子早晚敬慎忧惧，在文考庙接受了伐商的命令，我又祭告上帝，祭祀大社，然后率领你们众位执行上天的惩罚。上天怜悯民众，民众的愿望上天一定会依从。你们应当辅助我，使四海之内永远清明。时机啊，不可失去！”

【段意】

第二段，武王指出殷商君臣离心离德，而周国君臣则同心同德。伐商是顺应天命和民意，应当注意把握战机。

泰誓中第二

【题解】

《泰誓中》记述周武王率领西方诸侯联军渡过孟津，一月戊午这天在黄河北岸誓师。誓词的中心从“天意”和“人心”两方面分析伐商必胜，勉励将士“一德一心，立定厥功”。

《泰誓中》记载了商周时代贞问国家大事的占梦法。周武王说：“朕梦协朕卜。”《说命》记载“高宗梦得说”，而卜辞中正有商王梦见大臣的记载。甲骨卜辞中多见占梦的记载，梦有凶梦也有吉梦，本篇称“朕梦协朕卜，袭于休祥”，说明武王的梦是一个吉梦。《诗经·小雅·斯干》也说：“乃寝乃兴，乃占我梦。吉梦维何？维熊维罴，维虺维蛇。大人占之：维熊维罴，男子之祥；维虺维蛇，女子之祥。”占梦的习俗一直流传到后代，而梦也逐渐成为文学创作的母题，成为沟通天人、古今、生死的桥梁，给历代文人提供了广阔的想象空间。

《泰誓中》提倡尚武精神。周武王勉励将士们：“我武惟扬，侵于之疆，取彼凶残。”“我武惟扬”就是尚武精神最简练的语言表述形式。我们这个民族从来就具有“狭路相逢勇者胜”的无畏气概，祖先告诫我们需威武凌厉，奋发向上，才能够不被外敌欺侮。《泰誓中》提倡的尚武精神在当下具有重要的现实意义。

惟戊午,王次于河朔①,群后以师毕会②。王乃徇师而誓曰③:“呜呼!西土有众④,咸听朕言。我闻吉人为善⑤,惟日不足⑥;凶人为不善,亦惟日不足。今商王受力行无度⑦,播弃犁老⑧,昵比罪人⑨,淫酗肆虐⑩。臣下化之⑪,朋家作仇⑫,胁权相灭⑬。无辜吁天⑭,秽德彰闻⑮。

【注释】

①次:停留、驻扎。《孔传》:“次,止也。” 河朔:黄河北岸。

②群后:指众诸侯。 毕:都。

③徇:巡视。《孔传》:“徇,循也。”《字诂》:“循,巡也。”《汉书·东方朔传》注:“循,行视也。”

④西土有众:指西方各国的官员。周国王都在丰、镐,其地在西方,跟从武王渡河伐商的都是西方诸侯,所以称西土有众。有,词头,无义。

⑤吉人:善良的人。

⑥惟日不足:整天做善事还感到不满足。蔡沈《书集传》:“言终日为之,而犹为不足也。”

⑦力:尽力,竭力。 行:为,做。 无度:指没有法度的事,就是违反法度的事。

⑧播:放弃。《国语·吴语》:“今王播弃黎老。”韦昭注:“播,放也。”刘向《九叹·思古》:“播规矩以背度兮。”王逸注:“播,弃也。”《多方》篇“屑播天命”,“播”也是“放弃”的意思。 犁老:老人。古本“犁”作“黎”。《经义述闻》:“黎老者,耆老也,古字‘黎’与‘耆’通。”这里指箕子、比干这些忠实的老臣。

⑨昵比:亲近。

⑩ 淫：过度，过分。　　肆：放纵。

⑪ 化：变化，意思是渐渐弃善从恶。《管子·七法》："渐也，顺也，靡也，久也，服也，习也，谓之化。"　　臣下化之：《孔疏》："臣下化而为之，由纣恶而臣亦恶。言君臣之罪同也。"

⑫ 朋家作仇：意思是各立朋党，相为仇敌。朋，结党。

⑬ 胁：挟持。《释名·释形体》："胁，挟也。"　　胁权相灭：《孔传》："胁上权命以相诛灭。"

⑭ 无辜：即"无辜者"，指无罪的人。　　吁天：呼天诉苦。

⑮ 秽：秽恶。　　闻：传布。

【译文】

戊午日，周武王在黄河北岸扎营，众诸侯率领他们的军队都来会合。武王于是巡视军队并且告诫他们说："啊！西方各位官长，都来听我的誓言。我听说好人做好事，整天做还做不够；坏人做坏事，也是整天做还做不够。如今商王受竭力做不合法度的事，抛弃年高德劭的忠实大臣，亲近为非作歹的罪人，过度嗜酒，放肆暴虐。臣下也受到他的影响，各结朋党互为仇敌，挟持权柄互相诛杀。无罪的人呼天诉苦，纣王秽恶的行为天下传闻。

【段意】

第一段，指明商纣王纵欲败德，亲佞远贤，臣下结党营私，民众痛不欲生。

"惟天惠民①，惟辟奉天②。有夏桀弗克若天，流毒下国③。天乃佑命成汤，降黜夏命④。惟受罪浮于桀⑤。剥丧元良⑥，贼虐谏辅⑦。谓己有天命，谓敬不足行⑧，谓祭无益，谓暴无伤。厥监惟不远⑨，在彼夏王⑩。天其以予乂民⑪，朕梦协朕卜⑫，袭于休祥⑬，戎商必克⑭。受有亿兆夷人⑮，离心离德；予有乱臣十人⑯，同心同德。虽有周亲⑰，不如仁人⑱。

【注释】

①惠：爱。

②辟：君。　奉：奉承。

③流毒：传布毒害，等于说传播灾难。

④降黜：贬退，废黜。　命：福命，指国运。　降黜夏命：《孔传》释为"下退桀命"。

⑤浮：超过。《孔疏》："物在水上谓之浮。浮者，高之意，故为过也。桀罪已大，纣又过之。言纣恶之甚，故下句说其过桀之状。"

⑥剥：伤害。见《孔传》。　丧：迫使离开国土。蔡沈《书集传》："丧，去也，古者去国为丧。"　元良：指微子。《史记·殷本纪》："微子数谏不听，乃与大师、少师谋，遂去。"元，大。良，善。

⑦贼：杀害。　虐：残暴。　谏：直言规劝。　辅：古代辅佐帝王的大臣。《尚书大传》："古者天子必有四邻：前曰疑，后曰丞，左曰辅，右曰弼。"　谏辅：指比干。《史记·殷本纪》记载："（比干）乃强谏纣。纣怒曰：'吾闻圣人心有七窍。'剖比干，观其心。"

⑧足：值得。

⑨监：通"鉴"，镜子。《新书·胎教》："明监所以照形也。"一说儆戒，教训。

⑩ 在：察。见《尚书·舜典》“在璇玑玉衡”孔安国传。

⑪ 其：副词，表示揣测语气。　以：使用。　乂（yì）：治理。

⑫ 协：符合。

⑬ 袭：重合。

⑭ 戎：征伐。　克：胜。

⑮ 夷人：平人，指谋略见识平常的人。夷，平。《孔疏》：“传训‘夷’为‘平’，平人为凡人，言其智虑齐、识见同。”

⑯ 乱臣：治世大臣。乱，治理。《尔雅·释诂》：“治也。”　十人：指周公旦、召（shào）公奭（shì）、太公望、毕公、荣公、太颠、闳夭、散宜生、南宫括、邑姜。见《孔传》、蔡沈《书集传》。

⑰ 周亲：至亲。周，至。

⑱ 仁人：仁爱有德的人，这里指上文“乱臣”。

【译文】

“上天惠爱民众，君主遵奉上天。夏桀不能顺从天意，在天下传播灾祸。上天于是佑助、命令成汤，贬黜夏桀的国运。商王受的罪恶超过了夏桀。他伤害驱逐善良的大臣，残暴杀戮谏争的大臣。宣称自己有天命，宣称敬天不值得实行，宣称祭祀没有益处，宣称暴虐没有妨碍。他的镜鉴并不遥远，只需看看那个夏桀。上天或许要使我治理民众，我的梦符合我的卜兆，吉庆重叠出现，征伐商国一定会胜利。商王受有亿兆平民，但都离心离德；我有治世的大臣十人，但都同心同德。纣虽有至亲的臣子，比不上我周家的仁人。

【段意】

第二段，指明天佑人和，伐商必胜。

“天视自我民视，天听自我民听。百姓有过[①]，在予一人[②]，今朕必往[③]。我武惟扬，侵于之疆[④]，取彼凶残[⑤]。我伐用张[⑥]，于汤有光。勖哉[⑦]，夫子[⑧]！罔或无畏[⑨]，宁执非敌[⑩]。百姓懔懔[⑪]，若崩厥角[⑫]。呜呼！乃一德一心[⑬]，立定厥功，惟克永世。”

【注释】

①过：责怪抱怨。《广韵》：“过，责也。”

②予一人：武王自指。　百姓有过，在予一人：王安石说：“盖以其身任天下之责，不如是不足以为天吏也。”

③今朕必往：现在我必定前去伐商。蔡沈《书集传》：“言天之视听皆自乎民，今民皆有责于我，谓我不正商罪。以民心而察天意，则我之伐商断必往矣。”

④侵：入。　于：到，及于。

⑤取：擒取。　凶残：凶残的人，指纣王。

⑥用：取得。　张：开展，施行。《广雅》：“张，施也。”

⑦勖（xù）：勉力，努力。

⑧夫子：《孔传》：“夫子谓将士。”

⑨罔：通“毋”，不可。　畏：通“威”，威武。

⑩宁：宁愿。《说文·用部》：“宁，愿词也。”　非敌：无敌。《仲虺之诰》“罔不惧于非辜”，“非辜”即“无辜”。非，无，没有。

⑪懔（lǐn）懔：恐惧的样子。

⑫若：好像。　崩：崩下。　厥角：叩头。角，额角，指头。《汉书·诸侯王表》：“厥角稽首。”应劭说：“厥者，顿也。角者，额角

也。” 若崩厥角：当为“厥角若崩”，意思是叩头好像山崩一样。见俞樾《古书疑义举例·倒句例》。

⑬ 一德：指同谋救民。 一心：指同心诛暴。

【译文】

“上天的看法，出自我们民众的看法；上天的听闻，出自我们民众的听闻。老百姓责怪抱怨我，如今我一定要依从民意前往伐商。我们的武力要发扬，要攻入商国的疆土上，擒取那些残暴的人。我们的征伐要进行，这个事业比成汤的还辉煌呀！努力吧！将士们。不可不威武，宁愿怀有没有对手的思想。百姓危惧不安，他们向我们叩头求助就像山崩一样。啊！你们要一心一德建功立业，才能够长久安定民众。”

【段意】

第三段，指明伐商是顺应天意民心，勉励将士建功立业。

泰誓下第三

【题解】

《泰誓下》是戊午日的第二天己未日周武王巡视伐商大军时告诫将士们的誓词。武王再次列举纣王的种种罪行，说明讨伐的原因，同时号召将士们分清敌我，勇敢杀敌。

《泰誓下》第一次提出“独夫”这个政治概念。“古人有言曰：‘抚我则后，虐我则雠。’独夫受洪惟作威，乃汝世雠。”《书集传》解释：“独夫，言天命已绝，人心已去，但一独夫耳。”这一概念涉及君王应该如何对待臣民这个古老的政治命题。《荀子·哀公》引孔子曰：“丘闻之，君者，舟也；庶人者，水也。水则载舟，水则覆舟，君以此思危，则危将焉而不至矣！”历史不断地证明这一真理：水能载舟，亦能覆舟。凡是施仁政、顺民心的贤君，都能使百姓安居乐业，国家昌盛兴隆；反之，行暴政、逆民心的昏君，必横征暴敛，荒淫无度，以至于成为“狗彘食人食而不知检，涂有饿莩而不知发”“率兽而食人”的独夫民贼，最终都会走向毁灭。

《泰誓下》还提出“树德务滋，除恶务本”的政治理念，影响深远。《左传·哀公元年》伍子胥也引用过“树德莫如滋，去疾莫如尽”的古语。“树德务滋”重心在“滋”，一是增加滋长，积小德为大德，二是持之以恒，始终为德。

时厥明①，王乃大巡六师②，明誓众士③。

王曰："呜呼！我西土君子，天有显道④，厥类惟彰⑤。今商王受狎侮五常⑥，荒怠弗敬⑦，自绝于天，结怨于民。斫朝涉之胫⑧，剖贤人之心⑨，作威杀戮，毒痡四海⑩。崇信奸回⑪，放黜师保，屏弃典刑，囚奴正士⑫。郊社不修⑬，宗庙不享⑭。作奇技淫巧以悦妇人⑮。上帝弗顺，祝降时丧⑯。尔其孜孜⑰，奉予一人⑱，恭行天罚！

【注释】

①厥明：指戊午日的第二天。《书集传》："厥明，戊午之明日也。"

②六师：古制，天子六军，大国三军。当时周武王没有六军，这里的六军泛指诸侯的军队。

③众士：众将士。《孔传》："众士，百夫长以上。"

④显道：显明的常理，即如下文的"五常"。

⑤类：法则。《方言》："类，法也。"　彰：明，宣扬。

⑥狎（xiá）侮：轻忽侮慢。　五常：五种常行的伦理道德准则。《孔疏》："五常即五典，谓父义、母慈、兄友、弟恭、子孝。五者，人之常行。"

⑦荒：废弃。　怠：懈怠，懒怠。　弗敬：不重视。

⑧斫：砍断。　涉：徒步涉水。《说文·水部》："涉，徒行厉水也。"　斫朝涉之胫：《孔传》说纣王受"冬月见朝涉水者，谓其胫耐寒，斩而视之"。

⑨贤人：指比干。

⑩痡（pū）：伤害。《尔雅·释诂》："痡，病也。"

⑪ 回：邪。甲骨文字形像渊水回旋之形，本为旋转，引申为形容词，邪曲。《诗经·小雅·鼓钟》："淑人君子，其德不回。"

⑫ 囚：囚禁。　奴：为奴隶，侮辱。　正士：指箕子。《史记·殷本纪》记载，纣王"剖比干，观其心。箕子惧，乃佯狂为奴，纣又囚之"。

⑬ 郊：古祭名，祭天地。　社：古祭名，祭土地。　修：修治。

⑭ 不享：不祭祀。

⑮ 奇技淫巧：指纣王的各种荒淫暴虐的行为。奇技，奇异技能。淫巧，过度工巧。　妇人：指妲己。

⑯ 祝：断然。《孔传》："断也。"　时丧：这丧亡的惩罚。

⑰ 其：副词，表示祈使语气。

⑱ 奉：帮助。《淮南子·说林训》注："奉，助也。"

【译文】

时在戊午的第二天，周武王大规模地巡视西方诸侯的联军，明白地向众将士发表誓言。

武王说："啊！我们西方的将士们，上天有明显的常理，那些法则应当显扬。如今商王受轻慢伦理，荒废怠惰，毫不重视，自绝于上天，又与民众结下怨恨。他砍断冬天清晨涉水者的脚胫，剖开贤人的心脏，作威杀戮，毒害天下。他推崇、宠信奸邪小人，放逐、贬黜师保大臣，废除常法，囚禁、奴役正士。祭天祭地的大典不举行，宗庙也不祭祀。造作奇技荒淫新巧的事物来取悦妇人。上帝不依，断然降下这丧亡的诛罚。你们要努力帮助我，恭敬地奉行上天的惩罚！

【段意】

第一段，指明商纣王暴虐残忍，荒怠政事，勉励众将士协助自己恭行天罚。

“古人有言曰：‘抚我则后[①]，虐我则雠[②]。’独夫受洪惟作威[③]，乃汝世雠[④]。树德务滋[⑤]，除恶务本[⑥]，肆予小子诞以尔众士殄歼乃雠[⑦]。尔众士其尚迪果毅[⑧]，以登乃辟[⑨]。功多有厚赏[⑩]，不迪有显戮[⑪]。

“呜呼！惟我文考若日月之照临，光于四方[⑫]，显于西土[⑬]。惟我有周诞受多方[⑭]。予克受，非予武[⑮]，惟朕文考无罪[⑯]；受克予，非朕文考有罪，惟予小子无良[⑰]。”

【注释】

①抚：抚爱。　后：君主。

②虐：虐待。　雠：仇敌。

③独夫：孤独一人。指纣王残暴凶狠，众叛亲离。蔡沈《书集传》：“独夫，言天命已绝，人心已去，但一独夫耳。”　洪：大。

④世雠：大仇。《左传·桓公九年》：“诸经称‘世子’及‘卫世叔申’，经作‘世’字，传皆为‘大’，然则古者‘世’之与‘大’字义通也。”

⑤务：致力。　滋：滋长。

⑥本：根本，本源。蔡沈《书集传》：“喻纣为众恶之本，在所当去。”

⑦诞：句中语气助词，无义。　殄（tiǎn）歼：灭绝、歼灭。

⑧迪：《尔雅·释诂》：“迪，道也。”借声为“蹈”，履行，践行。果毅：《孔疏》：“言其心不犹豫也。军法以杀敌为上，故劝令果毅成功也。”果，果敢。毅，坚决，坚毅。

⑨登：成就。《尔雅·释诂》：“登，成也。”　辟：君。

⑩ 厚赏：就是重赏。

⑪ 显戮：明显的惩罚。

⑫ 光：充，广。见《尧典》“光被四表”注释。

⑬ 显于西土：蔡沈《书集传》：“言其德尤著于所发之地也。”

⑭ 受：爱护。《广雅·释诂》：“受，亲也。” 多方：指众诸侯国。

⑮ 武：勇武。

⑯ 无罪：没有过失。罪，过失。《孔疏》：“文王无罪于天下，故天佑之，人尽其用。”

⑰ 良：善。《孔疏》：“言胜非我功，败非父咎，崇孝罪己，以求众心耳。”

【译文】

“古人有句话讲：‘抚爱我的就是君主，虐待我的就是仇敌。’独夫受大行威虐，是你们的大仇敌。建树美德务求滋长，去除邪恶务求除根，所以我率领你们众将士前去歼灭你们的仇人。你们众将士要做到果敢坚毅，从而成就你们的君主。功劳多的有重赏，做不到果敢坚毅的有严厉的惩罚。

“啊！我先父文王的明德像日月照临，光辉遍及四方，在西土尤为显耀。我们周国爱护众诸侯国。如果我战胜了受，不是我勇武，是因为我的先父文王没有过失；如果受战胜了我，不是我的先父文王有过失，是因为我不好。”

【段意】

第二段，号令全军果敢坚毅，完成文王未竟的灭商大业。

牧誓第四

【题解】

牧，指牧野，商都郊区地名，在商都朝歌南七十里，今河南淇县南。《牧誓》是周武王在牧野与商纣王的军队决战前的誓师词。

《牧誓》开篇交代这场战争的具体时间是“甲子昧爽”，即甲子日清晨。1976年3月陕西临潼出土了一件西周早期铜器利簋，铭文作者亲身参加了牧野之战。据铭文记载，“珷（武王）征商，隹（唯）甲子朝”，与《牧誓》的记载完全相同。

《牧誓》在中国的战争史上第一次提出在战斗中争取敌军归降的策略思想。周武王严格规定西方联军在战场上“弗迓克奔以役西土”（不要阻止般商将士前来投奔帮助我们西土），这一重要的策略极大地瓦解了商军的战斗意志，阵前纷纷倒戈，对牧野之战的结果产生了决定性影响。事实上，这是周武王始终如一的思想。小国周要打败大邦殷，彻底征服殷民，必须分化殷商力量，争取人心。这对后代产生了深远影响。

武王争取人心也表现在对待己方的部众上。武王在誓词篇首就说“逖矣，西土之人”。这是劳师之辞，表示对众军的体恤。“西土”固然可以指称周国，但此时的“西土”其实还包括归附于周的各个西部方国。“西土”一词比“周”具有更大的包容性。对周和西方其他部族而言，东方强大的商王朝是他们共同的敌人。在这种情况下，武王称“西土”而不称“周”，有利于争取团结，显示了超群的政治智慧。

《牧誓》也反映了商周时期的行军攻战形式。“今日之事，不愆于六步、七步，乃止齐焉。夫子勖哉！不愆于四伐、五伐、六伐、七伐，乃止齐焉。勖哉夫子！”这几句话译成现代汉语即为：“今天的战事，行军时，不超过六步、七步就要停下来整齐队列。将士们，要努力啊！刺击时，不超过四次、五次、六次、七次就要停下来整齐队列。努力吧，将士们！”这种攻战形式在今人看来是不可思议的，但是实质古今相同。战争强调纪律必须严明，步调必须一致。这种军事思想对历代兵书所阐述的军事理论都有明显的影响。顾颉刚、刘起釪等学者认为这是武王伐纣前举行隆重的舞蹈仪式，“六步七步、六伐七伐等等都是舞蹈动作”，《牧誓》就是武王在这种舞蹈仪式上的誓词。也有学者认为“六步七步、六伐七伐”是两军对阵时的阵前表演。《庄子·徐无鬼》：“市南宜僚弄丸而两家之难解。”罗勉道《南华真经循本》注之曰：“市南宜僚善弄丸铃，常八个在空中，一个在手。楚与宋战，宜僚披胸受刃，于军前弄丸铃，一军停战，遂胜之。”这类阵前表演可以提振己方士气，同时可以震慑对手。历史事实究竟如何，待深入研究。

《牧誓》第一次揭示封建社会一条重要的政治原则：不准后宫干政。“牝鸡无晨；牝鸡之晨，惟家之索。”公鸡打鸣，母鸡生蛋，各司其职。公鸡打鸣是自然天道，自然天道即是天命天理，那么母鸡打鸣自然是违背天命天理的自然现象，故必然是凶祸之兆。孔安国指出，牝鸡司晨“喻妇人知外事，雌代雄鸣则家尽，妇夺夫政则国亡”。

不准后宫干政，究其原因，古代是父权社会，女性是从属于男性的，男人当政天经地义，女人参政犯上作乱；再说古代妇女多不能接受正规系统的文化教育，参与军国大事，容易祸国殃民。更重要的原因是皇权正统，后宫都是异姓。后宫干政，外戚必然专权，就意味着异姓把持朝政，威胁皇权，乃至篡权夺位，改朝换代。

武王戎车三百两①，虎贲三百人②，与受战于牧野，作《牧誓》。

【注释】

①戎车：战车。　　两：通“辆”。

②虎贲：勇士。《汉官仪》：“《书》称‘虎贲三百人’，言其猛如虎之奔赴也。”　　三百人：《孟子·尽心下》《史记·周本纪》作“三千人”。《尚书今古文注疏》：“《孟子·尽心》篇云：‘武王之伐殷也，革车三百两，虎贲三千人。’《周本纪》云：‘遂率戎车三百乘，虎贲三千人，甲士四万五千人。’则此‘三百人’当是‘三千人’之误也。《司马法》云：‘革车一乘，士十人，徒二十人。’《乐记》云：‘虎贲之士说剑。’则虎贲即士也。一乘十人，三百两则三千人矣。”但翻译时仍忠实于原文。

【译文】

武王用战车三百辆，勇士三百人，和受在牧野作战，作了《牧誓》。

牧　誓

时甲子昧爽[①]，王朝至于商郊牧野[②]，乃誓。王左杖黄钺[③]，右秉白旄以麾[④]，曰："逖矣[⑤]，西土之人！"王曰："嗟[⑥]！我友邦冢君御事[⑦]，司徒、司马、司空[⑧]，亚旅、师氏[⑨]，千夫长、百夫长[⑩]，及庸[⑪]、蜀[⑫]、羌[⑬]、髳[⑭]、微[⑮]、卢[⑯]、彭[⑰]、濮人[⑱]。称尔戈[⑲]，比尔干[⑳]，立尔矛[㉑]，予其誓[㉒]。"

【注释】

①甲子：甲子日。　昧爽：太阳没有出来的时候。《说文·日部》："昧爽，旦明也。"《礼记·内则》："昧爽而朝，日出而退。"

②商郊：商都城朝歌郊区。《周礼·地官·载师》杜子春注："五十里为近郊，百里为远郊。"牧野位于近郊之外，远郊之内。

③杖：拿着。《说文·木部》："杖，持也。"　钺：大斧。

④秉：义同"杖"。《尔雅·释诂》："秉，执也。"　白旄（máo）：马融谓："旄牛尾。"　麾：指挥。

⑤逖（tì）：遥远。参与周伐商的方国皆为西方诸侯和戎狄之国，来路遥远。

⑥嗟：叹词，表示对千军万马的大声呼告，实际上是呼唤的拟声。

⑦冢君：邦国的君主。　御事：邦国的治事大臣。

⑧司徒、司马、司空：官名。《孔传》："治事三卿，司徒主民，司马主兵，司空主土。"

⑨亚旅、师氏：官名。亚旅，上大夫。见《左传·文公十五年》注。师氏，中大夫。见《周礼·地官·序官》。

⑩千夫长、百夫长：官名。郑玄说："千夫长，师帅；百夫长，旅帅。"

⑪ 庸：古国名，在今湖北省竹山县西南，后为楚所灭。与蜀、羌、髳、微、卢、彭、濮同是当时周国西南方的八个戎狄之国，故与友邦分别言之。

⑫ 蜀：在今四川省西部地区。三星堆青铜文化遗址即属古蜀文化。

⑬ 羌：在今甘肃省东南地区。

⑭ 髳（máo）：在今甘肃省与四川省的交界地区。

⑮ 微：在今陕西省眉县境内。

⑯ 卢：在今湖北省襄阳市西南。

⑰ 彭：在今湖北省房县西南。

⑱ 濮（pú）：在今湖北省与重庆市交界处。

⑲ 称：举。　　戈：古代主要兵器，横刃，木质长柄，可以横击。

⑳ 比：排列。　　干：盾牌。

㉑ 矛：古代主要兵器。木质长柄，直刺。

㉒ 其：时间副词，将。

【译文】

甲子日的黎明时刻，周武王率领军队来到商国都城郊外的牧野，举行誓师。周武王左手拿着黄色大斧，右手拿着白色旄牛尾指挥军队，说：“遥远啊，西方来的将士们！”武王说：“啊！我们友邦的国君和办事的大臣，司徒、司马、司空，亚旅、师氏，千夫长、百夫长，以及庸、蜀、羌、髳、微、卢、彭、濮的人们，举起你们的戈，排列好你们的盾，竖立起你们的矛，我要宣布战场纪律了。”

【段意】

第一段，武王指挥西土联军将士，整饬军威。

王曰："古人有言曰：'牝鸡无晨①；牝鸡之晨②，惟家之索③。'今商王受惟妇言是用④，昏弃厥肆祀弗答⑤，昏弃厥遗王父母弟不迪⑥，乃惟四方之多罪逋逃⑦，是崇是长⑧，是信是使⑨，是以为大夫卿士⑩。俾暴虐于百姓⑪，以奸宄于商邑⑫。

"今予发惟恭行天之罚⑬。今日之事，不愆于六步、七步⑭，乃止齐焉⑮。夫子勖哉⑯！不愆于四伐、五伐、六伐、七伐⑰，乃止齐焉。勖哉夫子！尚桓桓⑱，如虎如貔⑲，如熊如罴⑳，于商郊㉑。弗迓克奔以役西土㉒。勖哉夫子！尔所弗勖㉓，其于尔躬有戮㉔！"

【注释】

①牝鸡无晨：母鸡没有早晨打鸣的。牝鸡，母鸡。

②之：如果。《经传释词》："之，犹若也。""《牧誓》曰：'牝鸡之晨，惟家之索。'言牝鸡若晨也。"

③惟：只是。　索：空，尽。　这是一个宾语前置句，"惟家之索"即"惟索家"。

④妇：指妲己。《史记·殷本纪》："纣嬖于妇人，爱妲己，惟妲己之言是从。"

⑤昏弃：蔑弃，即轻蔑、轻视。见《经义述闻》。　肆：祭名，对祖先的祭祀叫肆。见《周礼·春官·大祝》郑玄注。　答：报答神灵。蔡沈《书集传》："答，报也。"又，"报"可以指答拜神灵的祭祀。《国语·鲁语上》："幕，能帅颛顼者也，有虞氏报焉。杼，能帅禹者也，夏后氏报焉。上甲微，能帅契者也，商人报焉。高圉、大王，能帅稷者也，周

人报焉。”韦昭注：“报，报德，谓祭也。”（一本作“报，报德之祭也”。）此处“答”训为“报”，或与此相类。

⑥ 遗：杜预注《左传》：“遗，余也。” 王父母弟：即同父异母兄弟和叔伯兄弟。 迪：用。

⑦ 逋（bū）：逃亡。

⑧ 崇、长：指尊敬。

⑨ 信：信任。 使：使用。 这两句中的四个“是”均为前置宾语，复指上文“四方之多罪逋逃”。

⑩ 以：使。《战国策·秦策一》：“泠向谓秦王曰：‘向欲以齐事王，使攻宋也。’”高诱注：“以，犹使也。”“以”与“使”在秦汉文献中常互文见义。《诗经·豳风·九罭》：“无以我公归兮，无使我心悲兮。”《史记·五帝本纪》：“于是尧以二女妻舜而观其内，使九男与处以观其外。” 大夫卿士：官名。

⑪ 俾：使。

⑫ 奸宄（guǐ）：犯法作乱。乱在外为奸，乱在内为宄。

⑬ 发：周武王名。

⑭ 愆（qiān）：过，超过。《司马法》：“军以舒为主，虽交兵致刃，徒不趣，车不驰，不逾列，是以不乱。” 步：跨出一足为“跬（kuǐ）”，再跨出一足为“步”。《小尔雅》：“倍跬谓之步。”

⑮ 止齐：等待队伍整齐，防止轻进。止，等。郑玄说：“好整好暇，用兵之术。” 焉：表示祈使语气的语气词。

⑯ 夫子：《孔传》：“夫子谓将士。” 勖：勉。

⑰ 伐：郑玄说：“伐谓击刺也。一击一刺曰一伐。始前就敌，六步、七步当止齐，正行列。及兵相接，少者四伐，多者五伐，又当止齐，正行

列也。”

⑱ 尚：表示命令语气。　　桓桓：威武的样子。郑玄说：“桓桓，威武貌。”

⑲ 貔：一种猛兽。《说文·豸（zhì）部》：“豹属。”或以为即古代神兽“貔貅”，雄性称之为“貔”，雌性为“貅”。

⑳ 罴：熊的一种。

㉑ 于：往。

㉒ 迓：《史记》与马融本作“禦”，王肃本作“御”。古“御”“禦”音义相通。禦，马融说：“禁也。”　　役：《广雅·释诂》：“助也。”　　西土：指周国。

㉓ 所：表假设，如果。《经传释词》：“所，犹‘若’也。”

㉔ 其：《经传释词》：“其，犹‘乃’也。”　　躬：身。　　戮：杀。

【译文】

周武王说：“古人有话说：‘没有早晨打鸣的母鸡；如果母鸡在早晨打鸣，这个人家就会倾家荡产。’现在商王受只是听信妇人的话，轻视对祖宗的祭祀不予答拜，轻视并遗弃他的同祖兄弟不予任用，竟然只重视四方重罪逃亡的人，推崇他们，尊敬他们，信任他们，使用他们，用他们做大夫、卿士。使他们残暴地对待老百姓，在商国内外作乱。

“现在，我姬发奉行老天的惩罚。今天的战事，进军时，不超过六步、七步就要停下来整齐队列。将士们，要努力啊！刺击时，不超过四次、五次、六次、七次就要停下来整齐队列。努力吧，将士们！希望你们威武雄壮，像虎、貔、熊、罴一样，前往商都的郊外。不要阻止能够跑来投降的人,以便帮助我们西土。努力吧,将士们!你们如果不努力,就会对你们本身施行杀戮!”

【段意】

第二段,列举受王种种罪行,宣布战场纪律。

武成第五

【题解】

武，指武王灭商的武功。成，成就。《武成》记叙周武王伐殷归来后的重要政事。《史记·周本纪》："已而命召公释箕子之囚。命毕公释百姓之囚，表商容之闾。命南宫括散鹿台之财，发钜桥之粟，以振贫弱萌隶。命南宫括、史佚展九鼎保玉。命闳夭封比干之墓。命宗祝享祠于军。乃罢兵西归。行狩，记政事，作《武成》。"

任何新生政权首要的任务是论述夺取政权的合法性，确定新政权的纲领、基本国策和工作重心。《武成》就是一份条理井然的开国治理政纲。

《武成》中周武王首先简要概括了先王后稷、公刘、古公亶父、王季的事迹，突出文王"诞膺天命，以抚方夏"的伟大功绩。随后，武王叙述自己顺应天意民心，秉承文王遗志，完成灭殷大业。最后总结牧野之战的经过，用敌军"前徒倒戈，攻于后，以北"的细节，说明周夺取天下的必然性，周克商是历史和民众的选择。

《武成》记叙灭商以后，周武王立即着手确立新的官僚制度。"列爵惟五，分土惟三"是规定分封爵位的等次；"建官惟贤，位事惟能"是确定官僚选拔的标准。此外，还确定了新生王国的工作重心：重视伦理道德建设（重民五教）、重视民生（惟食、丧、祭）、树立新风（惇信明义，崇德报功），这样可以达至理想的治世，君王垂衣拱手，天下太平。垂拱而治体现的是“无为”的治国思想，这种政治思想对中国封建社会有着深远影响，构成了中国传统政治学说的重要组成部分。“垂拱”强调的是有贤人志士的辅佐，君主能够保持低调的统治状态。“无为而治”不是什么也不做，而是不过多地干预百姓、充分发挥民众的创造力，让他们休养生息。有很多文献记叙了这种思想，如《老子》“是以圣人处无为之事，行不言之教”，《庄子·天地》“君原于德而成于天，故曰玄古之君天下，无为也，天德而已矣”。这些都强调君主的人格力量对于国家治理的作用，反对君王滥用自己的统治权。

《武成》第一次提出“偃武修文”的政治主张：重视文教，反对战争。同时也反映了中国古代哲人所主张的邦交原则：偃武修文，亲仁善邻。

本篇今文无，古文有。

武王伐殷。往伐归兽①，识其政事②，作《武成》。

【注释】

①往伐归兽：《尚书孔传参正》卷三十五引皮锡瑞说：“兽、狩通用……古文序作‘往伐归兽’者，谓往而伐殷，归而巡狩……解者误以为用本字，则‘往伐归兽’近于不辞矣。”

②识：记识。

【译文】

周武王征伐殷。从前往伐殷到归来巡狩，史官记叙这中间的大事，作《武成》。

武 成

惟一月壬辰，旁死魄[①]。越翼日[②]，癸巳，王朝步自周[③]，于征伐商[④]。

厥四月，哉生明[⑤]，王来自商，至于丰[⑥]。乃偃武修文[⑦]，归马于华山之阳[⑧]，放牛于桃林之野[⑨]，示天下弗服[⑩]。

丁未[⑪]，祀于周庙[⑫]，邦甸、侯、卫骏奔走[⑬]，执豆、笾[⑭]。越三日，庚戌，柴、望[⑮]，大告武成。

【注释】

①旁：《孔传》释为“近也”。　魄：也作“霸”，月光。　旁死魄：指月亮大部分无光。《孔传》以为是一月二日。一说指阴历每月二十五日至三十日这一段时间。见王国维《观堂集林·生霸死霸考》。

②越：至。《经传释词》：“越，犹‘及’也。”　翼日：第二天。

③朝（zhāo）：早晨。　步：《孔传》释为“行也”。　自：从。　周：镐京。

④于：义同《牧誓》“于商郊”之“于”，往。

⑤哉生明：月亮开始发光。古代常用作阴历每月二日或三日的代称。哉，通“才”，始。

⑥丰：文王时的周都。在今陕西省西安市鄠（hù）邑区，原为户县，载藉多为“鄠县”。丰有周代先王庙。

⑦ 偃：停止，止息。　修：修治。　偃武修文：即停止武备，修治文德教化。《孔传》："倒载干戈，包以虎皮，示不用。行礼射，设庠序，修文教。"

⑧ 华山：旧说是西岳华山。阎若璩说："《武成》之华山非太华山，乃阳华山。今商州雒南县东北有阳华山，即武王归马之地，与桃林之野南北相望，壤地相接。"　阳：山的南面。

⑨ 桃林：地名，在今河南省。阎若璩说："桃林塞为今灵宝县西至潼关，广围三百里皆是。"

⑩ 服：使用。

⑪ 丁未：指四月丁未日。

⑫ 祀于周庙：《孔传》："祭告后稷以下，文考文王以上七世之祖。"周庙，周祖庙。

⑬ 甸、侯、卫：就是甸服、侯服、卫服。周代把王室周围的土地按照距离远近分成六种，称为六服，即侯服、甸服、男服、采服、卫服、蛮服。这里用甸、侯、卫代指六服的诸侯。　骏：迅速。《尔雅·释诂》："骏，速也。"

⑭ 豆、笾（biān）：豆和笾，都是古代的祭器。

⑮ 柴：祭名，烧柴祭天，后又写作"祡"。　望：祭名，古代祭祀山川的专名，望而祭之，所以叫作"望"。《舜典》："岁二月，东巡守，至于岱宗，柴。望秩于山川。"这里的"柴""望"与《舜典》同。

【译文】

一月壬辰日，月亮大部分没有光辉。至第二天癸巳日，周武王早晨从镐京出发，前往征伐商国。

四月，月亮开始放出光辉，周武王从商国归来，到了丰邑。于是停止武备，修治文教，把战马放归华山的南面，把牛放回桃林的郊野，明示天下不再乘用。

四月丁未日，周武王在周庙举行祭祀，甸、侯、卫等服的诸侯都迅速赶来助祭，陈设木豆、竹笾等祭器。到第三天庚戌日，举行柴祭来祭天，举行望祭来祭山川，遍告伐商武功的成就。

【段意】

第一段，记叙武王伐殷归来，偃武修文，祭祀群神。

既生魄[①]，庶邦冢君暨百工[②]，受命于周[③]。

王若曰："呜呼，群后[④]！惟先王建邦启土[⑤]，公刘克笃前烈[⑥]，至于大王肇基王迹[⑦]，王季其勤王家[⑧]。我文考文王，克成厥勋，诞膺天命[⑨]，以抚方夏[⑩]。大邦畏其力[⑪]，小邦怀其德[⑫]。惟九年，大统未集[⑬]，予小子其承厥志。底商之罪，告于皇天后土、所过名山大川[⑭]，曰[⑮]：'惟有道曾孙周王发[⑯]，将有大正于商[⑰]。今商王受无道，暴殄天物[⑱]，害虐烝民[⑲]，为天下逋逃主[⑳]，萃渊薮[㉑]。予小子既获仁人[㉒]，敢祇承上帝，以遏乱略。华夏蛮貊[㉓]，罔不率俾[㉔]。恭天成命[㉕]，肆予东征[㉖]，绥厥士女[㉗]。惟其士女，篚厥玄黄[㉘]，昭我周王[㉙]。天休震动[㉚]，用附我大邑周。惟尔有神，尚克相予以济兆民[㉛]，无作神羞[㉜]！'

"既戊午[㉝]，师逾孟津。癸亥，陈于商郊[㉞]，俟天休命[㉟]。甲子昧爽，受率其旅若林[㊱]，会于牧野[㊲]。罔有敌于我师，前徒倒戈[38]，攻于后，以北[39]，血流漂杵[40]。

"一戎衣[41]，天下大定。乃反商政[42]，政由旧[43]。释箕子囚，封比干墓[44]，式商容闾[45]。散鹿台之财[46]，发钜桥之粟[47]，大赉于四海，而万姓悦服。"

【注释】

①既生魄：《汉书·律历志》："生霸，望也。"《孔传》以为是十五日之后。一说，指从上弦到月望一段时间，月亮已经生魄还没有大明。王国维《观堂集林·生霸死霸考》："既生霸，谓自八、九日以降至十四、五日也。"

②庶邦：指各诸侯国。　暨（jì）：和，同。　百工：指周的百官。

③命：政命。蔡沈《书集传》："四方诸侯及百官皆于周受命，盖武王新即位，诸侯百官皆朝见新君。"

④群后：众诸侯。

⑤惟：句首语气词。　先王：指后稷。《孔疏》："后稷非王，尊其祖，故称先王。"　建邦启土：建立邦国，开启疆土。《孔疏》："后稷始封于邰，故言建邦启土。"

⑥公刘：后稷的曾孙。　笃：修治，治理。《广雅·释诂》："笃，理也。"　烈：业。　公刘克笃前烈：即公刘能修治前人的功业。《史记·周本纪》记载公刘"务耕种，行地宜，自漆、沮度渭，取材用，行者有资，居者有畜积，民赖其庆。百姓怀之，多徙而保归焉"。

⑦大王：古公亶父。　肇基：开始。《尔雅·释诂》："基、肇，始也。"　大王肇基王迹：指古公亶父迁居岐山下的周原，积德行义，深得民心，开始王业。《史记·周本纪》称"盖王瑞自太王兴"。

⑧ 王季：文王的父亲。　勤：勤劳。　王家：指王家的事业。

⑨ 膺：受。

⑩ 方夏：《孔传》释为“四方中夏”。

⑪ 大邦畏其力：指大国畏惧文王的威力。

⑫ 小邦怀其德：指小国思念文王的恩德。

⑬ 大统：指统一天下的大业。　集：成就，成功。

⑭ 皇天后土：古时天地的合称。《左传·僖公十五年》：“君履后土而戴皇天，皇天后土实闻君之言。”这里指天神地神。　名山：指华山。　大川：指黄河。　周武王伐商从镐京往朝歌，必然经过华山，渡过黄河。

⑮ 曰：下文为武王告神词。

⑯ 有道：《孔疏》：“自称有道者，圣人至公，为民除害，以纣无道言己有道，所以告神求助，不得饰以谦辞也。”　曾孙：诸侯自称之辞。《礼记·曲礼》：“临祭祀，内事曰‘孝子某侯某’，外事曰‘曾孙某侯某’。”

⑰ 大正：大事。正，同“政”。

⑱ 天物：指鸟兽草木等各种天然物资。

⑲ 烝（zhēng）民：指民众。烝，众多。

⑳ 逋（bū）逃主：《孔传》：“天下罪人逃亡者而纣为魁主。”逋，逃亡。

㉑ 萃：聚集。　渊薮（sǒu）：鱼和兽类聚居的地方。这里比喻天下罪人都归向纣，如同鱼聚于渊，兽聚于薮。

㉒ 仁人：指太公、周公、召公这些大臣。

㉓ 华夏：指中原国家。《孔疏》：“《释诂》云：‘夏，大也。’故大国

曰夏。华夏谓中国也。”　　蛮貊（mò）：泛指四方的少数民族国家。蛮，古代对南方各少数民族的泛称。貊，古代北方少数民族名。

㉔ 俾：遵从。《尔雅·释诂》：“俾，从也。”

㉕ 成命：定命。特指天意灭商。

㉖ 肆：所以。　　东征：商在周的东方，伐商是向东征伐，所以叫作东征。

㉗ 士女：古代男女的称呼。

㉘ 篚（fěi）：竹筐，这里用作动词。　　玄黄：指玄黄二色丝帛。

㉙ 昭：《说文·日部》：“昭，日明也。”这里用作“显扬”。

㉚ 休：美、善。　　震动：震动民心。

㉛ 相：帮助。　　兆民：广大民众。

㉜ 无作神羞：莫使神受到羞辱。作，使也。见《周礼·夏官·射人》贾公彦疏。

㉝ 既：甲骨文和金文字形像一个人坐在食器（皀）前扭头的样子，表示吃饱了。本义即为吃完饭，引申为及、至。

㉞ 陈（zhèn）：《广雅·释诂》：“陈，列也。”这里义为“列阵”“布阵”。

㉟ 俟天休命：《孔传》：“谓夜雨止毕陈。”俟，等待。

㊱ 旅：《尔雅·释诂》：“众也。”这里指军队。　　若林：形容人多势众。《孔传》：“如林，言盛多。”

㊲ 会：指会战。

㊳ 前徒：指前军。　　倒戈：倒转戈矛向己方攻击。《史记·周本纪》：“纣师虽众，皆无战之心，心欲武王亟入。纣师皆倒兵以战，以开武王。”

㊴ 北：败逃。

㊵ 杵：舂杵。《孔传》："血流漂舂杵。"

㊶ 一戎衣：即"殪戎殷"，灭亡大商。《礼记·中庸》："武王缵大王、王季、文王之绪，壹戎衣而有天下。"《康诰》"天乃大命文王。殪戎殷"，"壹戎衣"即"殪戎殷"。"壹"通"殪"，"衣"通"殷"。"壹"为"殪"之借，本篇又省为"一"。郑玄说："衣读如殷，声之误也，齐言殷声如衣。"上古"衣"为影母微部字，"殷"为影母文部字，二字双声，微文旁转，例得通用。

㊷ 反：反对。这里的意思是废除。　商政：指纣的恶政。

㊸ 由：用。　旧：指商代旧时的善政。

㊹ 封：本义为疆界。这里的语义为"培土"。《说文·之部》："封，爵诸侯之土也。从之，从土，从寸。"郭沫若曰："古之畿封实以树为之也。此习于今犹存。然其事之起，乃远在太古。太古之民多利用自然林木以为族与族间之畛域，西方学者所称为境界林者是也。"李孝定曰："封之本义当以郭说为是，许训乃后起之义。字象植树土上，以明经界。爵诸侯必有封疆，乃其引申义。"《孔传》："封，益其土。"　封比干墓：在比干墓上添土，重新修坟墓，以表尊重。

㊺ 式：通"轼"，车前的横木。《孔疏》："男子立乘，有所敬则俯而凭式。"这里是礼敬的意思。　商容：商代贤人。《史记·殷本纪》："商容贤者，百姓爱之，纣废之。"　闾：《说文·门部》："闾，里门也。"　式商容闾：礼敬商容居里。《孔疏》："武王过其闾而式之。言此内有贤人，式之礼贤也。"

㊻ 鹿台：府库名。《史记·殷本纪》载商纣王"厚赋税以实鹿台之钱"。《史记集解》引如淳说："《新序》云鹿台，其大三里，高千尺。"

㊼ 钜（jù）桥：仓名。《史记集解》引服虔说："钜桥，仓名。许慎

曰钜鹿水之大桥也，有漕粟也。”

【译文】

十五日之后，各国诸侯和百官都到周王畿来接受政命。

周武王这样说：“啊！诸侯们。先王后稷建立邦国开辟疆土，公刘能修治前人的功业，到了太王开始了王者的事业，王季勤劳王家。我先父文王能够成就王业，大受天命，安抚天下。大国畏惧他的威力，小国怀念他的恩德。文王即位九年，统一天下的大业没有完成，我小子就继承他的遗志。我把商的罪恶禀告皇天后土以及所经过的名山大川，说：‘周家有道的曾孙姬发，对商国将有大事。现在商王受残暴无道，弃绝天物，虐待民众。他是天下逃亡罪人的主人，殷邑成为逃亡罪人聚集的地方。我小子已经得到了仁人志士，愿意敬承上帝的意旨，制止乱谋。中原和四方各国无不遵从，我奉了上天的定命，所以兴师东征，安定那里的老百姓。那里的老百姓用竹筐装着黑色和黄色的丝绸，显扬我周王盛德。上天休美，民心震动，因而天下归附了我大国周啊！希望你们神明能够帮助我，来救助亿万民众，不要使神明受到羞辱！’

“到了戊午日，军队渡过孟津。癸亥日，在商郊列阵，等待上天的美命。甲子日清早，商受率领他众多的军队，来到牧野会战。他的军队没有对我军进行抵抗，前面的士卒反戈一击，攻击后面的士卒，大败商军，流血之多简直可以漂起木杵。

“灭亡大商，天下大安。我于是废除商王的恶政，采用商代先王旧时的做法。解除对箕子的囚禁，修治比干的坟墓，礼敬商容的居里。散发鹿台的财货，发放钜桥的米粟，向四海施行大赏，天下万民都心悦诚服。”

【段意】

第二段，记叙武王在周接见四方诸侯及百官时的讲话，主要论述了周灭商的必然性。

列爵惟五①，分土惟三②。建官惟贤③，位事惟能④。重民五教⑤，惟食、丧、祭⑥，惇信明义⑦，崇德报功。垂拱而天下治⑧。

【注释】

①惟：为。　　五：指公、侯、伯、子、男五等爵位。

②分土：指分封土地。《孔传》：“列地封国，公、侯方百里，伯七十里，子、男五十里，为三品。”

③贤：用作动词，指任用贤才。

④位事：安排吏治。位，居，分派。　　能：用作动词，指选择能人。

⑤五教：指父义、母慈、兄友、弟恭、子孝五种伦理道德准则的教化。

⑥惟食、丧、祭：指食物、丧礼、祭祀。《孔传》：“民以食为命，丧礼笃亲爱，祭祀崇孝养，皆圣王所重。”

⑦惇：醇厚。《说文·心部》：“惇，厚也。”

⑧垂拱：垂衣拱手。《孔传》：“言武王所修皆是，所任得人，故垂拱而天下治。”

【译文】

武王设立爵位为五等，分封土地为三等。建立官职只是任用贤良，安排官员只是依据才能。注重用父义、母慈、兄友、弟恭、子孝五种伦理道德教化民众，重视民食、丧葬、祭祀，又能敦厚诚信、讲明道义，尊崇有德的人，报答有功的人。于是武王垂衣拱手而天下安治。

【段意】

第三段，记叙周武王克殷后的重要政治举措。

洪范第六

【题解】

洪，大；范，法。洪范，就是治国大法。

相传大禹治水时，有一只神龟从洛水中浮出来，背负着写有治国大道的《洛书》献给大禹。《周易·系辞上》："河出《图》，洛出《书》，圣人则之。""洛出《书》"指的就是这件事。据《汉书·五行志》，《洛书》的内容就是《洪范》第三节的六十五字："初一曰五行，次二曰敬用五事，次三曰农用八政，次四曰协用五纪，次五曰建用皇极，次六曰乂用三德，次七曰明用稽疑，次八曰念用庶征，次九曰向用五福，威用六极。"殷商时，《洛书》传给了箕子。武王克商后，向箕子询问治国方略，箕子便根据《洛书》详细叙述了治理国家的九种大法。史官记录箕子的话，写成《洪范》。

九种大法中第一种大法是"五行"。行，意为"用"。"五行"本指自然界金木水火土五种基本物质。春秋时期，人们逐渐意识到物质之间存在制约关系，并将其与人事结合起来。《左传·昭公三十一年》载晋史墨用"火胜金""水胜火"的道理解释日食及占卜的结果，推测战争的胜负。战国时期，阴阳家邹衍提出"五德终始说"，又将五行相克理论与王朝更迭联系起来。汉代学者进一步予以发挥，用"五行"解释一切自然现象和社会现象。董仲舒完整地提出五行生克理论，几乎囊括自然、政治、人事、历史等各个领域。《汉书·五行志》即是以《洪范》为纲，记叙灾异，论断史事，对后世影响深远。实际上，《洪范》与《虞夏书》的《甘誓》所讲的五行都是朴素的、唯物的。《甘誓》仅仅提及五行，《洪范》虽讲到“水曰润下，火曰炎上，木曰曲直，金曰从革，土爰稼穑”，也仅仅讲的是五行的性质。

第二种大法是“敬用五事”，强调人君要勤于修身。第三种大法是“农用八政”，描述国家的行政构架，任命八种政务官员分别掌管国家的农业、财货、祭祀、居民、教育、司法、诸侯朝觐和军事。第四种大法是“协用五纪”，强调合理利用天时节气。第五种大法是“建用皇极”，强调建立君主的法则就是人君要厚德爱民，赏罚分明；民众要维护王权，遵纪守法。第六种大法是“乂用三德”，说明治民的策略和方法，要中庸正直，宽猛兼济，恩威并用。第七种大法是“明用稽疑”，指出重大政事要根据卜筮来决定吉凶从违，选择任命掌管龟卜和蓍筮的官员，详细说明辨吉凶的卜法和筮法。第八种大法是“念用庶征”，说明天气好坏与政事臧否的因果关系，诠释“天人合一”的神学思想。第九种大法是“向用五福，威用六极”，指明从善有善果，从恶有恶果。

《洪范》是帝王之书，系统、具体地论述了治国方略，所以历代封建帝王都将其奉为圭臬。南宋大学者朱熹认为《洪范》“是治道最紧切处”“天下之事其大者，大概备于此矣”。明太祖朱元璋“命儒臣书《洪范》揭于御座之右，朝夕观览”。

《洪范》对我国古代政治史、哲学史、思想史都产生了巨大影响。先秦诸子的诸多思想主张均导源于《洪范》，试举几例：《洪范》列举五行，水居首位，而《老子》说："上善若水。水善利万物而不争，处众人之所恶，故几于道。"《洪范》尚水对于老子"道"观念的形成有所启发。《洪范》"皇极"一节云"无偏无陂，遵王之义；无有作好，遵王之道；无有作恶，遵王之路。无偏无党，王道荡荡；无党无偏，王道平平；无反无侧，王道正直"，而《论语》说"君子周而不比，小人比而不周""君子矜而不争，群而不党"，《墨子》说"不党父兄，不偏贵富，不嬖颜色"，都表现出对"皇极"思想的继承。"皇极"一节首次提出"王道"的概念，《孟子》中"先王之道""王政"的观念显然源于此。《管子》明确论及"五行""八政"，并对《洪范》"五事""五纪""三德""庶征"等观念也都有继承。综上所举不过万一，然而已可说明儒、道、墨、法诸家均从《洪范》中获得智慧的灵感。因《洪范》包罗万象，西汉初年，学者们就开始对于《洪范》进行单篇研究，延至宋代蔚然形成《洪范》学。

今本《洪范》属于《周书》，但有古本将其归为《商书》。《左传·文公五年》宁嬴曰："《商书》曰：'沉渐刚克，高明柔克。'"东汉许慎《说文解字》称引《洪范》，也认为是《商书》。

武王胜殷，杀受，立武庚①，以箕子归②，作《洪范》。

【注释】

①武庚：一名禄父，殷纣王的儿子。

②箕子：殷纣王的叔父。

【译文】

周武王战胜殷商，诛杀纣王受，立受的儿子武庚为诸侯，带着箕子返回镐京，史官（根据箕子的讲话）写了《洪范》。

洪 范

惟十有三祀①，王访于箕子②。王乃言曰："呜呼！箕子，惟天阴骘下民③，相协厥居④，我不知其彝伦攸叙⑤。"

箕子乃言曰："我闻在昔⑥，鲧陻洪水⑦，汩陈其五行⑧。帝乃震怒，不畀洪范九畴⑨，彝伦攸斁⑩。鲧则殛死⑪，禹乃嗣兴，天乃锡禹洪范九畴⑫，彝伦攸叙。

"初一曰五行⑬，次二曰敬用五事⑭，次三曰农用八政⑮，次四曰协用五纪⑯，次五曰建用皇极⑰，次六曰乂用三德⑱，次七曰明用稽疑⑲，次八曰念用庶征⑳，次九曰向用五福㉑，威用六极。

【注释】

①十有三祀：即第十三年，指周文王受命建国后的第十三年，周武王灭商后的第二年。

②王：周武王。　访：咨询。《尔雅·释诂》："访，谋也。"

③阴：马融释为"覆也"。《释名·释形体》："阴，荫也。"　骘（zhì）：《史记·宋微子世家》作"定"。　阴骘：即荫覆安定。

④相：使。见《吕览·诚廉》高诱注。　协：和。　厥：其。

⑤彝伦：常理。　攸：《经传释词》："犹'所以'也。"　叙：次序，这里为制定、规定。

⑥ 在昔：往古，从前。也写作“昔在”“昔才”。西周金文已见。《君奭》“我闻在昔”，《礼记·缁衣》引作“昔在”。《无逸》篇“昔在殷王中宗”，《中论·夭寿》作“在昔殷王中宗”。西周时期何尊铭文有“昔才（在）尔考公氏克逨玟王”句，师訇簋铭文有“才（在）昔先王小学女”句。

⑦ 鲧：人名，夏禹的父亲。　陻（yīn）：堵塞。

⑧ 汩：乱。孙星衍《尚书今古文注疏》：“‘汩’为‘乱’者，江氏声引司马相如《上林赋》云：‘汩乎混流。’又云：‘《说文》：“汩，治水也。”反其义则为乱。’‘汩’与‘滑’声相近，故为乱。”江声采用义训法，认为“汩”训“乱”是反义为训；孙星衍则用声训法，认为“汩”“滑”音近可通，而“滑”有“乱”义，故“汩”也有“乱”义。《舜典》“蛮夷猾夏”，《潜夫论》引作“滑”，郑玄说：“猾，乱也。”　陈：列。　五行：指水、火、木、金、土五种被人利用的物质。《尚书大传》：“水火者，百姓之所饮食也；金木者，百姓之所兴作也；土者，万物之所资生也。是为人用。”行，用。

⑨ 畀（bì）：给予。　九畴：即下文初一至次九的九类治国大法。畴，类。

⑩ 攸：因此，于是。下文“彝伦攸叙”之“攸”用法同。　斁（dù）：败坏。

⑪ 殛：诛，这里是流放的意思。《吕氏春秋·行论》高诱注：“《书》云‘鲧则殛死’，先殛后死也。”

⑫ 锡：通“赐”，给予。

⑬ 初一：这是特殊的序数表示法，《尚书》用“初”或“初一”表示“第一”。

⑭ 次：第。　　敬：谨。　　五事：五件事。详见下文。

⑮ 农：努力。《广雅·释诂》："农，勉也。"王念孙疏证："农，犹努也，语之转耳。"《吕刑》篇"农殖嘉谷"之"农"同此。西周时期的梁其钟铭文有"农臣先王"之语，"农"义同此。　　八政：八种政事官员，此处指八种政务。详见下文。

⑯ 协：合。　　五纪：五种记时方法。纪，《广雅·释诂》释为"识也"。

⑰ 建：建立。　　皇：君王。　　极：法则。　　皇极：《尚书大传》作"王极"。朱熹说："皇者，君之称；极者，至极之义，标准之名也。"

⑱ 乂（yì）：治，这里指治民。《孔传》："治民必用刚、柔、正直之三德。"

⑲ 稽：考察。当读为卟（jī），《说文·口部》："卟，卜以问疑也，读与稽同。《书》云：'卟疑。'"

⑳ 念：经常思虑。《说文·心部》："念，常思也。"　　庶：众。　　征：征兆。

㉑ 向：读为飨，劝勉。《汉书·谷永传》："经曰：'飨用五福，畏用六极。'"

【译文】

周文王十三年，武王咨询箕子治国常理。武王问道："啊！箕子，上帝庇荫安定下民，使他们和睦相处，我不知道那治国常理的制定方法。"

箕子就回答说："我听说从前鲧堵塞洪水，胡乱安排五种物质。上帝震怒，不给鲧九种大法，治国的常理因此败坏了。后来，鲧被流放而死，禹继而兴起，上帝就把九种大法赐给了禹，治国的常理因此定了下来。

“第一是五行，第二是认真做好五事，第三是努力施行八种政务，第四是合用五种记时方法，第五是建事使用皇极，第六是治民任用具有三种德性的人，第七是尊用稽考疑难的方法，第八是经常注意使用各种征兆理事，第九是用五福鼓励臣民，用六极警戒臣民。

【段意】

第一段，说明洪范九畴的产生和传承情况，概述其纲目。

“一①，五行：一曰水②，二曰火，三曰木，四曰金，五曰土。水曰润下③，火曰炎上，木曰曲直④，金曰从革⑤，土爰稼穑⑥。润下作咸⑦，炎上作苦，曲直作酸，从革作辛，稼穑作甘。

【注释】

① 此处始分叙九种治国大法。“一、二、三、四、五、六、七、八、九”是基数词，本篇用来表示“第一、第二、第三、第四、第五、第六、第七、第八、第九”的序次。每一种治国大法内部的序次也采用基数表示序数。

② 曰：为，是。《经传释词》：“曰，犹‘为’也。若《书·洪范》‘一曰水，二曰火，三曰木，四曰金，五曰土’之属是也。故桓四年《谷梁传》‘一为干豆，二为宾客，三为充君之庖’，《公羊传》‘为’作‘曰’。”《词诠》：“不完全内动词，为也。”“一曰水”即“一是水”，余类推。

③ 曰：句中语气助词，无义。以下三个“曰”用法同。　润：润湿。

④ 曲直:可曲可直。

⑤ 从:顺从。　革:变革。这里指改变形状。

⑥ 爰:句中语气助词,无义。《尚书正读》:"爰,《史记》作'曰','爰'亦'曰',声相近而借也。""曰""爰"互文,皆为句中语气助词。稼穑:播种和收获。　土爰稼穑:土里可以种植收获百谷。

⑦ 润下:当指润下的水。"炎上""曲直""从革""稼穑"同例。作:产生。《诗经·周颂·天作》:"天作高山,大王荒之。"《毛传》:"作,生也。"

【译文】

"一,五行:第一是水,第二是火,第三是木,第四是金,第五是土。水向下润湿,火向上燃烧,木可以弯曲可以伸直,金属可以顺从人意改变形状,土壤可以种植收获百谷。向下润湿的水产生咸味,向上燃烧的火产生苦味,可曲可直的木产生酸味,顺从人意而改变形状的金属产生辣味,种植并收获的百谷产生甜味。

"二,五事:一曰貌①,二曰言,三曰视,四曰听,五曰思。貌曰恭,言曰从②,视曰明,听曰聪③,思曰睿。恭作肃④,从作乂⑤,明作哲,聪作谋,睿作圣。

【注释】

① 貌:容貌。

② 从:正当合理。《汉书·五行志》注:"貌正曰恭,言正曰从。"

③ 聪:听得广远。《楚辞·涉江》王逸注:"远听曰聪。"

④ 作:才。《说文·人部》:"作,起也。"引申为"始"。《经传释词》:

“作，始也。家大人曰：‘作’之言‘乍’也，乍者，始也。”《古汉语同义虚词类释》：“‘作’之训‘始’为‘才’义，当由其动词‘开始’之义引申虚化而来。作乂，即‘始治’，亦‘才治’。” 肃：敬。

⑤ 乂：治。《孔疏》：“貌能恭则心肃敬也，言可从则政必治也，视能明则所见照晳也，听能聪则所谋必当也，思通微则事无不通乃成圣也。”“《洪范》本体与人主作法，皆据人主为说。”

【译文】

“二，五事：一是容貌，二是言论，三是观察，四是听闻，五是思考。容貌要恭敬，言论要正当，观察要明白，听闻要广远，思考要通达。容貌恭敬才能严肃，言论正当才能治理，观察明白才能明智，听闻广远才能善谋，思考通达才能圣明。

“三，八政①：一曰食，二曰货，三曰祀，四曰司空，五曰司徒，六曰司寇，七曰宾，八曰师。

【注释】

① 八政：八种政务官员。郑玄说：“食，谓掌民食之官，若后稷者也。货，掌金帛之官，若《周礼》司货贿者也。祀，掌祭祀之官，若宗伯者也。司空，掌居民之官也。司徒，掌教民之官也。司寇，掌诘盗贼之官。宾，掌诸侯朝觐之官，《周礼》大行人是也。师，掌军旅之官，若司马也。”这一节列举八种官名，以代八方面的政务。

【译文】

“三，八种政务：一是管理民食，二是管理财货，三是管理祭祀，四是管理居民，五是管理教育，六是管理司法，七是管理朝觐，八是管理军事。

“四，五纪：一曰岁，二曰月，三曰日，四曰星辰①，五曰历数②。

【注释】

①星：指二十八宿。 辰：指十二辰。 星辰：《孔传》：“二十八宿迭见以叙气节，十二辰以纪日月所会。”

②历数：指太阳、月亮运行经历的周天度数。周天三百六十五又四分之一度，太阳每天行一度，月亮每天行十三又十九分之七度，一年按照十二个月计算，就有余日。计算太阳、月亮运行的周天度数，可以定闰月。定闰月就可以调和四季。《尧典》：“以闰月定四时，成岁。”

【译文】

“四，五种记时方法：一是年，二是月，三是日，四是星辰的出现情况，五是日月运行所经历的周天度数。

“五，皇极：皇建其有极①。敛时五福②，用敷锡厥庶民③，惟时厥庶民于汝极④。锡汝保极⑤：凡厥庶民，无有淫朋⑥，人无有比德⑦，惟皇作极。凡厥庶民，有猷有为有守⑧，汝则念之。不协于极，不罹于咎⑨，皇则受之⑩。而康而色⑪，曰：‘予攸好德⑫。’汝则锡之福。时人斯其惟皇之极⑬。无虐茕独而畏高明⑭，人之有能有为，使羞其行⑮，而邦其昌⑯。凡厥正人⑰，既富方谷⑱，汝弗能使有好于而家⑲，时人斯其辜[20]。于其无好德[21]，汝虽锡之福，其作汝用咎[22]。无偏无陂[23]，遵王之义[24]；无有作好[25]，遵王之道；无有作恶，遵王之路。无偏无党，王道荡荡[26]；无党无偏，王道平平[27]；无反无侧[28]，王道正直。会其有极[29]，归其有极[30]。曰[31]：皇，极之敷言[32]，是彝是训[33]，于帝其训。凡厥庶民，极之敷言，是训是行，以近天子之光。曰：天子作民父母，以为天下王。

【注释】

①建：建立。这里指建立君权。按：西周时期的班簋铭文有"王令毛伯更虢城公服，屏王位，作四方极"之语，可视为"皇极"的雏形。《周礼·天官·序官》："惟王建国，辨方正位，体国经野，设官分职，以为民极。"

②敛：采取。　　时：这。　　五福：内容不详。或指下文第九条所说的寿、富、康宁、攸好德、考终命五种幸福。

③敷：普遍。　　锡：施予。

④于：《尚书易解》引《方言》："大也，犹言重视。"

⑤锡：贡献。　　保：保持，保有。

⑥淫朋：邪党。

⑦人：百官。　　比德：蔡沈《书集传》："私相比附也。"德，行为。

⑧猷：谋。　　为：作为。　　守：操守。

⑨罹：陷入。　　咎：罪恶。

⑩受：容纳。此处指宽容。

⑪而：两个"而"均为连词，表并列关系。　　康：安。　　色：温润。见《诗经·鲁颂·泮水》"载色载笑"传。

⑫ 攸：遵行。《尚书易解》："攸，与'由'通，遵行之意。"一说"攸"为句中语助词。《经传释词》："予攸好德，言予好德也。"

⑬ 时：承接连词，可译为"是""于是"。　斯：于是，就。《经传释词》："犹'乃'也。"　惟：思。

⑭ 无：通"毋"，不要。　茕独：泛指鳏寡孤独，无依无靠的人。茕，孤。

⑮ 羞：贡献。《尔雅·释诂》："羞，进也。"

⑯ 而：第二人称代词，主要用作定语，你（们）的。

⑰ 正人：指官员。《尚书今古文注疏》："正谓在位之正长。"

⑱ 既：既然，因果连词，表推论。　方：经常。《礼记·檀弓》："左右就养无方。"郑玄注："方，犹常也。"　谷：禄位。

⑲ 家：这里指国家。

⑳ 时人斯其辜：于是臣民们就要责怪您了。辜，责怪。

㉑ 于其无好德：对于那些没有好品行的人。王引之据《史记·宋微子世家》作"于其无好"指出此句本无"德"字，又对陆德明《经典释文》和孔颖达《尚书正义》进行分析，指出二家所见版本也均无"德"字，并且指出"好"当读第三声。此外，王氏还指出："'咎'训为恶，'好'与'咎'义正相对。'无好'与'有好'亦相对。若读为'攸好德'之'好'，则与上下文义不相属矣。且'好'与'咎'古音正协，'皇极'一篇皆用韵之文，不应此三句独无韵也。"见《经义述闻》。

㉒ 作：焦循说："《周礼·司士》注：'作'谓'使之'也。"　用：《说文·用部》："可施行也。"　咎：《广雅·释诂》："恶也。"这里指恶政。

㉓ 无：通"勿"，不要。下同。　陂（pō）：不正。后来写作"颇"。

㉔ 义：法。

㉕ 有：或。《吕氏春秋》《韩非子》引“有”皆作“或”。 好：马融说：“私好也。”

㉖ 荡荡：宽广的样子。

㉗ 平平：平易的样子。

㉘ 无反无侧：马融说：“反，反道也；侧，倾侧也。”

㉙ 会：聚合，这里指团结。郑玄说：“谓君当会聚有中之人以为臣也。”

㉚ 归：归附。郑玄说：“谓臣也当就有中之君而事之。”

㉛ 曰：《尚书正读》：“更端之词。”

㉜ 极之敷言：极所陈述之言。敷，陈述。

㉝ 是：代词，之，为前置宾语。下文“是训是行”之“是”用法同。 彝：《史记·宋微子世家》作“夷”，陈列宣扬的意思。 训：顺从。

【译文】

“五，君王的法则：君王建立君权要有法则。采用五福，普遍地施与臣民，这样臣民就会尊重您的法则。献给您维持法则的方法：凡是臣下不能有邪恶的帮派，百官不能有私相比附的行为，只能把君王做榜样。凡是臣下有计谋有作为有操守的人，您就惦念重视他们。行为不合法则，但没有陷入罪恶的人，你就宽容他们。假若有人和悦温顺地说：‘我遵行美德。’您就赐给他们好处。于是臣民们就会思念君王的法则。不虐待无依无靠的人，不敬畏位高显贵的人。假若有人有才能有作为，就要让他们得以施展，国家就会繁荣昌盛。凡是那些百官之长，既然富有固定的俸禄，假如您不能使他们对国家有所贡献，那么臣民们就要责怪您了。对于那些没有好品行的人，您即使赐给他们幸福，他们也将会使您受到危害。不要偏颇不正，要遵守王法；不要私心偏好，要遵守王道；不要为非作歹，要遵行正路。不行偏，不结党，王道坦荡；不结党，不行偏，王道平平；不违反，不倾侧，王道正直。君王要团结那些守法之臣，归附那些执法之君。君王，对于皇极的广泛陈述，要宣扬教导，要遵守执行。凡是百官，对于皇极的陈述，要遵守顺从，从而接近天子的光辉。天子作臣民的父母，因而做天下的君王。

“六，三德：一曰正直，二曰刚克①，三曰柔克。平康正直②，强弗友刚克③，燮友柔克④。沉潜刚克⑤，高明柔克⑥。惟辟作福，惟辟作威，惟辟玉食⑦，臣无有作福作威玉食。臣之有作福作威玉食⑧，其害于而家，凶于而国。人用侧颇僻⑨，民用僭忒⑩。

【注释】

①克：胜过。《尔雅·释诂》：“胜也。”刚克、柔克，皆指性情而言，是说性情过刚或者过柔。

②平康：中正平和。

③友：亲近。

④燮（xiè）：和顺。

⑤沉潜：用作动词，抑制。　　刚克：指“刚克者”，刚克的人。

⑥高明：用作动词，推崇。　　柔克：指“柔克者”，柔克的人。

⑦玉食：马融说：“美食。”这里用作动词。

⑧之：如果。《经传释词》：“之，犹‘若’也……《洪范》曰：‘臣之有作福作威玉食，其害于而家，凶于而国。’言臣若有作福作威玉食也。”

⑨ 用：介词，因此。　　侧：倾仄。　　颇僻：不正。见《尚书易解》。　　人用侧颇僻：百官将因此倾侧不正。

⑩ 僭忒：越轨作恶，犯上作乱。僭，越轨。忒，作恶。

【译文】

“六，三种德性：一是正直，二是过于刚强，三是过于柔弱。中正平和就是正直，强不可亲就是刚克，和顺可亲就是柔克。应当抑制刚强不可亲近的人，推崇和顺可亲的人。只有君王才能作福，只有君王才能作威，只有君王才能享用美食，臣子不可拥有作福、作威、享受美食的权利。假若臣子有作福、作威、享受美食的权利，就会害及您的家，乱及您的国。百官将因此倾侧不正，民众也将因此犯上作乱。

“七，稽疑：择建立卜筮人①，乃命卜筮。曰雨，曰霁，曰蒙，曰驿②，曰克③，曰贞④，曰悔⑤，凡七。卜五，占用二，衍忒⑥。立时人作卜筮⑦，三人占，则从二人之言。汝则有大疑⑧，谋及乃心⑨，谋及卿士，谋及庶人，谋及卜筮。汝则从，龟从，筮从，卿士从，庶民从，是之谓大同。身其康强，子孙其逢⑩，吉。汝则从，龟从，筮从，卿士逆，庶民逆，吉。卿士从，龟从，筮从，汝则逆，庶民逆，吉。庶民从，龟从，筮从，汝则逆，卿士逆，吉。汝则从，龟从，筮逆，卿士逆，庶民逆，作内吉⑪，作外凶。龟筮共违于人，用静吉，用作凶⑫。

【注释】

① 卜筮（shì）：古时占卜，用龟甲占吉凶叫作卜，用蓍草占吉凶叫

作筮。

②驿：古文作圛（yì）。《说文·口部》："圛，回行也。从囗，睾声。《尚书》：'曰圛'。圛，升云半有半无。读若驿。"

③克：郑玄说："如祲气之色相违也。"见《史记集解》。

④贞：内卦。孙星衍说："《易·蛊卦》巽下艮上，巽为风，艮为山。《春秋左氏》僖十五年传云：'蛊之贞，风也；其悔，山也。'是'内卦曰贞，外卦曰悔'，卦以下为内，上为外也。""曰贞"与下句"曰悔"都承前省略主语"用蓍草占卜所得的卦象"。

⑤悔：外卦。《说文》作"𠧪"。

⑥衍：推演。　忒：变化。

⑦时人：指掌管卜筮的官员。

⑧则：假若，如果。《经传释词》："则，犹若也。"

⑨及：与，介词。"及"本为动词。《说文·又部》："及，逮也。"甲骨文和金文中没有"及"作介词的语例，传世文献中《尚书》始见"及"虚化为介词的用例，后又虚化为连词。

⑩逢：兴旺。马融说："大也。"　子孙其逢：王引之说："犹言其后必大耳。"

⑪内：国内。下句"外"，指国外。

⑫作：举事。

【译文】

"七，用卜决疑：选择建立掌管卜筮的官员，教导他们卜筮。龟兆有的叫作雨，有的叫作霁，有的叫作蒙，有的叫作驿，有的叫作克；卦象有的叫作贞，有的叫作悔，共计有七种。龟兆用前五种，占筮用后两种，根据这些推演变化决定吉凶。设立这种官员进行卜筮，三个人占卜，就听从两个人的说法。你若有重大的疑虑，你自己要考虑，再与卿士商量，再与庶民商量，再与卜筮官员商量。你赞同，龟卜赞同，蓍筮赞同，卿士赞同，庶民赞同，这叫大同。这样，自身会康强，子孙会昌盛，吉利。你赞同，龟卜赞同，蓍筮赞同，而卿士反对，庶民反对，也吉利。卿士赞同，龟卜赞同，蓍筮赞同，你反对，庶民反对，也吉利。庶民赞同，龟卜赞同，蓍筮赞同，你反对，卿士反对，也吉利。你赞同，龟卜赞同，蓍筮反对，卿士反对，庶民反对，做国内的事就吉利，做国外的事就不吉利。龟卜、蓍筮都不合人意，不做事就吉利，做事就凶险。

“八，庶征：曰雨，曰旸①，曰燠②，曰寒，曰风。曰时五者来备③，各以其叙④，庶草蕃庑⑤。一极备⑥，凶⑦；一极无，凶。曰休征⑧：曰肃，时雨若⑨；曰乂，时旸若；曰哲，时燠若；曰谋，时寒若；曰圣，时风若。曰咎征：曰狂⑩，恒雨若；曰僭⑪，恒旸若；曰豫⑫，恒燠若；曰急⑬，恒寒若；曰蒙⑭，恒风若。曰王省惟岁⑮，卿士惟月，师尹惟日。岁月日时无易⑯，百谷用成⑰，乂用明，俊民用章⑱，家用平康。日月岁时既易，百谷用不成，乂用昏不明，俊民用微⑲，家用不宁。庶民惟星，星有好风，星有好雨⑳。日月之行，则有冬有夏㉑。月之从星，则以风雨㉒。

【注释】

① 旸（yáng）：同上文“雨”相对，意思是晴天。《说文·日部》：“旸，日出也。”

② 燠（yù）：同下文“寒”相对，意思是温暖。《说文·火部》：“燠，热在中也。”

③ 者：今文《尚书》仅此一个“者”字，或为后人传抄讹误，详见钱宗武《今文尚书语言研究》。

④ 叙：次序。

⑤ 庑：通“芜”，这里指草长得丰盛。

⑥ 一：指雨、旸、燠、寒、风五者之一。《尚书》仅此一例用子数表示分数，是传世文献最早的分数表示法。后来渐渐出现母数，出现“母数＋之（分）＋子数”式，最后逐渐定型为“母数＋分＋之＋子数”形式。 极备：过多。下文的“极无”就是“过少”。

⑦ 凶：荒年。

⑧ 曰：《词诠》：“语首助词，无义。”曰，古通“聿”。《诗经·大雅·抑》：“天方艰难，曰丧厥国。”《经典释文》引《韩诗》，“曰”作“聿”。

⑨时雨若：像时雨。若，像。《尚书正读》：“若，譬况之词，位于句末。如《易·离卦》‘出涕沱若，戚嗟若’，言出涕若沱，戚若嗟也。《诗·氓》‘桑之未落，其叶沃若’，言其叶若沃也。本文‘曰肃，时雨若’，犹《孟子》言‘若雨时降’也。下均放此。”一说“若”为语气词。《尚书核诂》：“若，《周易》王注：‘辞也。’”《词诠》：“若，语末助词。”

⑩ 狂：傲慢。

⑪ 僭（jiàn）：差错。

⑫ 豫：逸乐。

⑬ 急：郑玄说：“急促，自用也。”《孔疏》：“以谋者用人之言，故急为自用己也。”

⑭ 蒙：昏暗。

⑮ 省（xǐng）：视察治理政事。

⑯ 岁月日：岁包括四时和月日。岁统月，月统日，日统时。这是正

常状态。 易：改变。 岁月日时无易：《尚书易解》："喻君臣各顺其常。"

⑰ 用：因而，表示结果的连词。

⑱ 俊民：有才能的人。 章：彰，显明。谓表彰提拔。

⑲ 微：与上文"章"对举，不显明，不被提拔重用。

⑳ 星有好（hào）风，星有好雨：马融说："箕星好风，毕星好雨。"好，喜欢。

㉑ 日月之行，则有冬有夏：郭嵩焘《史记札记》："冬夏者，天之所以成岁功也，而日月之行循乎黄道以佐成岁功。以喻臣奉君命而布之风。"

㉒ 月之从星，则以风雨：《史记札记》："月入箕则风，入毕则雨。风雨者，天之所以发生万物也，而月从星之好以施行之。以喻倡导百姓之欲以达之君。"此句谓月亮顺从星星，就要用风和雨润泽它们。以：用。

【译文】

"八，各种征兆：一叫雨，一叫晴，一叫暖，一叫寒，一叫风。一年中这五种天气齐备，各根据时序发生，百草就茂盛。一种天气过多就会是荒年，一种天气过少也会是荒年。好征兆是：一叫肃敬，就像及时降雨；一叫修治，就像及时晴朗；一叫明智，就像及时温暖；一叫善谋，就像及时寒冷；一叫圣明，就像及时刮风。坏征兆是：一叫狂妄，就像久雨；一叫错乱，就像久晴；一叫逸豫，就像久暖；一叫严褊，就像久寒；一叫昏昧，就像久风。君王视察治理政事，就像一年统属月日；卿士就像月，统属于岁；众尹就像日，统属于月。假若岁、月、日、时的关系没有改变，百谷就因此成熟，政治就因此清明，杰出的人才因此显扬，国家因此太平安宁。假若日、月、岁、时的关系全都改变，百谷就因此不能成熟，政治就因此昏暗不明，杰出的人才因此不能被重用，国家因此不得安宁。民众好比星星，有的星喜欢风，有的星喜欢雨。太阳和月亮运行，就有冬天和夏天。月亮顺从星星，就要用风和雨润泽它们。

“九，五福：一曰寿，二曰富，三曰康宁，四曰攸好德①，五曰考终命②。六极：一曰凶、短、折③，二曰疾，三曰忧，四曰贫，五曰恶④，六曰弱⑤。”

【注释】

①攸好德：遵行美德。攸，通“由”。

②考终命：老而善终。考，老。

③凶、短、折：均指早死。未到换牙齿的时候就死了叫作“凶”，未到二十岁成年的时候就死了叫作“短”，未结婚就死了叫作“折”。郑玄说。

④恶：邪恶。《尚书易解》：“恶，指善恶之恶，‘攸好德’之反，谓为奸宄，不遵循好德也。”

⑤弱：郑玄说：“愚懦不壮毅曰弱。”

【译文】

“九，五种幸福：一是长寿，二是富贵，三是健康安宁，四是遵行美德，五是高寿善终。六种不幸的事：一是早死，二是疾病，三是忧愁，四是贫穷，五是邪恶，六是懦弱。”

【段意】

第二段，分条详述洪范九畴的具体内容。

旅獒第七

【题解】

旅，国名。獒（áo），大犬。《尔雅·释畜》："狗四尺为獒。"周武王克殷后，西方旅国向武王进献大犬。召公担心武王玩物丧志，劝谏武王敬慎德行，重视贤能，安国保民。史官记录召公的话，写成《旅獒》。

《旅獒》实际上是一篇有关德治的论文，开篇就提出论题："明王慎德，四夷咸宾。"圣明的君王注重德性，四周的民族都来归顺。接着论述了德与物的关系。召公认为四夷的贡品应当是实用的器物，不应当是奢侈的玩物。君王应当明白贡物是自己的德性所致，应当把贡物分别赐给其他异姓的诸侯，用这种方式昭示盛德。同时，君王还应该把宝石玉器分别赐予同姓的诸侯，用这种方式说明自己注重血缘之亲。召公还特别强调物因人贵，物贵由人，如果是有德之君所赐之物，则可称为贵重之物；倘若是无德之君所赐之物，则没有什么价值。因此，一个君王如果要让自己的赏赐产生应有的激励功能，唯一的办法就是提高自己的德性修养。

德治的核心在于统治者要以身作则，发挥自身的道德垂范作用。《旅獒》的"明王慎德"，《仲虺之诰》的"表正万邦"，《说命》上篇的"正于四方"，《洪范》的"皇极"思想，《君奭》的"作汝民极”，都是强调君王要做臣民的表率。这是《尚书》反复论证的思想，与儒家观点一致。孔子说：“为政以德，譬如北辰，居其所而众星共之。”统治者的德行应当像北极星那样耀眼，吸引臣民像众星一样围绕在自己周围。孔子还说：“远人不服，则修文德以来之。”仍然是强调统治者自身的道德力量。

本篇古文有，今文无。

西旅献獒[①]，太保作《旅獒》[②]。

【注释】

①西旅：西方国名。　　獒（áo）：大犬。《尔雅·释畜》：“狗四尺为獒。”《书集传》：“獒能晓解人意，猛而善搏人者，异于常犬，非特以其高大也。”

②太保：官名。这里指召公奭（shì）。

【译文】

西方旅国向周武王进献大犬，太保召公作了《旅獒》。

旅　獒

惟克商，遂通道于九夷八蛮[①]。西旅厎贡厥獒[②]，太保乃作《旅獒》，用训于王[③]。

【注释】

①通道：打通了道路。　　九夷：古代东方各民族。《后汉书·东夷传》：“夷有九种，曰：畎（quǎn）夷、于夷、方夷、黄夷、白夷、赤夷、

玄夷、风夷、阳夷。” 八蛮：古代南方各民族。《尔雅·释地》：“八蛮在南方。”《礼记·王制》“南方曰蛮”孔颖达疏引《尔雅》汉李巡注云：“一曰天竺，二曰咳（hāi）首，三曰僬侥（jiāo yáo），四曰跛踵（bǒ zhǒng），五曰穿胸，六曰儋（dān）耳，七曰狗轵（zhǐ），八曰旁春。” 九夷八蛮连文，泛指周王朝四境的外族。

② 底（dǐ）：至，来。

③ 用：目的连词，来。 训：开导、教诲。 王：指周武王。

【译文】

周武王克商以后，便开辟了通往周边外族国家的道路。西方旅国来进献当地的大犬，太保召公就写了《旅獒》，用来劝谏武王。

【段意】

第一段，说明本篇的写作背景。

曰：“呜呼！明王慎德[①]，四夷咸宾[②]。无有远迩，毕献方物[③]，惟服食器用[④]。王乃昭德之致于异姓之邦[⑤]，无替厥服[⑥]；分宝玉于伯叔之国，时庸展亲[⑦]。人不易物[⑧]，惟德其物[⑨]！

“德盛不狎侮[⑩]。狎侮君子[⑪]，罔以尽人心；狎侮小人[⑫]，罔以尽其力。不役耳目[⑬]，百度惟贞[⑭]。玩人丧德[⑮]，玩物丧志[⑯]。志以道宁[⑰]，言以道接[⑱]。不作无益害有益[⑲]，功乃成；不贵异物贱用物[⑳]，民乃足。犬马非其土性不畜[㉑]，珍禽奇兽不育于国。不宝远物[㉒]，则远人格[㉓]；所宝惟贤，则迩人安[㉔]。

【注释】

①慎德：即谨修德行。蔡沈以为此乃“一篇之纲领也”。

②宾：用如动词，服从、归顺。

③方物：《孔传》：“方土所生之物。”等于说地方土特产。

④惟服食器用：《孔疏》：“惟可以‘供服食器用’者，玄纁絺纻，供服也；橘柚菁茅，供食也；羽毛齿革，瑶琨筱簜，供器用也。”惟，范围副词，只是。

⑤昭德之致于异姓之邦：意思是向异姓诸侯展示盛德带来的成果，实际上是指将方物特产分赐给他们。换言之，将方物特产分赐给异性诸侯，用这种方式向他们展示周德的盛大。昭，昭示。德之致，德业带来的成果，即上句的“方物”。《孔传》：“德之所致，谓远夷之贡。”

⑥替：废弃。　　服：职事、职务。

⑦展：展示。　　亲：亲情。

⑧易：这里指轻视，轻易对待。

⑨德：意动用法，以……为德。

⑩德盛：德行盛大。　　狎（xiá）侮：轻忽、怠慢。

⑪君子：指臣。

⑫小人：指民。《左传·襄公九年》：“君子劳心，小人劳力。”

⑬不役耳目：不被耳目所役使，就是不放纵声色的意思。

⑭百度：百事。《左传·昭公元年》：“兹心不爽，而昏乱百度。”杜预注：“百度，百事之节也。”　　贞：正。

⑮玩人：玩弄人。

⑯玩物：玩弄物。

⑰道：这里指一种准则。《书集传》：“道者，所当由之理。”　　宁：安。

⑱ 接：酬应。《朱子语类》："接者，酬应之谓。言当以道酬应也。又曰，志，我之志；言，人之言。"

⑲ 无益：即"无益者"，无益的事。《孔传》："游观为无益。"真德秀说："为无益则心志分而功不成。"

⑳ 异物：《孔传》："奇巧为异物。"真德秀说："贵异物则征求多而民不足。"

㉑ 土性：就是土生、土产。性，同"生"。 畜：畜养。 犬马非其土性不畜：《孔传》："非此土所生不畜，以不习其用。"

㉒ 宝：意动用法，以……为宝。

㉓ 格：至、来。

㉔ 安：这里是安居乐业的意思。

【译文】

召公说："啊！圣明的君王敬修德行，所以四方的民族都来归顺。不论远近都贡献各方的物产，但只是些穿的吃的用的而已。君王于是把方物特产分赐给异姓诸侯，使他们不要荒废职事；分赐宝玉给同姓的国家，用这些东西展示亲情。人不轻视物，只是把物当作德来对待。

"君王德行盛大就不会轻忽怠慢。轻忽怠慢官员，就不能使人尽心；轻忽怠慢民众，就不能使人尽力。不被歌舞女色役使，处理百事就会适当。玩弄人会丧失德行，玩弄物会丧失志向。自己的意志要依靠道来安定，别人的言论要依靠道来酬应。不做无益的事来妨害有益的事，功业就能成就；不看重奇珍异物，不轻视日常用品，民众就能富足。犬马不是土生土长的不蓄养，也不蓄养珍禽异兽于国内。不看重远方的物产，远方的人就会来归顺；尊重的仅仅是贤才，近处的人就能安居乐业。

【段意】

第二段，召公告诫武王“玩人丧德，玩物丧志”，强调慎德重道，不恋宝物。

“呜呼！夙夜罔或不勤①。不矜细行②，终累大德。为山九仞③，功亏一篑④。允迪兹⑤，生民保厥居⑥，惟乃世王⑦。”

【注释】

①或：有。《书集传》：“或，犹言万一也。吕氏曰：此即谨德功夫。‘或’之一字，最有意味。”

②矜：慎。　细行：小德。　“细行”与下文“一篑”皆喻指周武王接受大獒之事。

③仞：八尺。一说七尺。

④篑（kuì）：盛土的竹器。

⑤允：诚，信。　迪：实行。　兹：这。此处指召公的劝谏。

⑥生民：民众。

⑦王（wàng）：名词用作动词，称王。

【译文】

“啊！从早到晚不可有不勤勉的时候。不谨慎修行小品行，终究会损害大品德。譬如垒筑九仞高的土山，只差一筐土都算没有完工。您若真能履行这些劝告，民众就能保其安居，周室也就可以世世代代为王。”

【段意】

第三段，召公劝勉武王夙夜行德，防微杜渐，保国安民。

金縢第八

【题解】

金縢指用金属带子装束的匣子。

周武王灭商以后，封商纣王的儿子武庚于殷商旧都，利用他统治殷商遗民，同时把殷商的王畿划分为邶、墉、卫三个封区，分别由武王的三个弟弟管叔、霍叔和蔡叔统治，监视武庚，史称“三监”。武王身患重病，周公亲自向先王祈祷，请求代替武王去死。史官将祈祷的册书收藏在金属装束的匣子里。武王死后，成王继位，周公摄政。三监散布流言，中伤周公，并勾结武庚发动叛乱。周公毅然东征，平定了叛乱，成王仍对周公有所猜忌，后来在一次天灾中偶知金縢之书，幡然悔悟。史官记录了这件事，名叫《金縢》。

《金縢》是中国文学史上极为重要的研究资料，作者在情境设置、人物刻划、语言艺术、情节安排等方面颇具文学匠心。全文时空跨度很大，历史事件纷纭复杂，有“三监”之乱，有周公东征，但作者巧妙地以“金縢”作为线索贯穿前后，凭借高超的叙事技巧，条理分明地记载了从周公祈神代武王死，到史官作《金縢》；从君臣猜忌，周公居东，到成王看到《金縢》而醒悟；从决定亲迎周公，到郊迎周公。尤其值得注意的是《尚书》各篇多记言，而《金縢》则明显地具有叙事性质。孔颖达指出：“此篇叙事多而言语少。”朱熹则进一步发掘《金縢》的文体价值：“《金縢》本史官记事之文，意在发明周公之忠荩，特借金縢一事以显之，与后世史家纪事本末体略相当。”

《金縢》还反映了天人感应的神学思想。周人的这种天人感应更多的是强调人的因素，强调人本身可以参与“天命”。成王解释“天大雷电以风”说：“今天动威以彰周公之德。”可见人的德性能够影响上天，周人的天人感应反映了殷周之际剧烈的思想观念变动。同时，“今天动威以彰周公之德”也开启了后世忠贞被冤而借天之异象申冤的文学叙述模式，其中最著名的就是东海孝妇的故事（见《汉书》卷七十一）以及关汉卿由此改编创作的《窦娥冤》。东海孝妇含冤被杀，“郡中枯旱三年”，后来冤情平反，“天立大雨，岁孰”，与本篇周公含冤时“天大雷电以风，禾尽偃”以及冤情昭雪后“天乃雨，反风，禾则尽起”“岁则大熟”的情节如出一辙，而《窦娥冤》则在此基础上进一步发挥为“血溅白练”“六月飞雪”的灾异事件。

《金縢》也是档案学研究的重要史料，真实地记录了上古档案的形成、保存和历史作用，反映了最古老的档案制度及其基本属性和基本价值。史官记录周公的祝祷辞是原始的真实的档案材料，史官用金属装束严密地封存周公的祝祷辞反映了档案材料的保密性。金縢之书解除了成王的疑虑，有效地加强了西周统治阶级内部的团结，对稳定周初政局发挥了巨大作用。

清华简中有《周武王有疾周公所自以代王之志》一篇，篇题与传世本《金縢》不同，内容却基本一致，对于研究《尚书》的今古文和伪古文有着不可替代的重要学术价值。同时，对传世文本的正确解读也有重要参考价值。比如文末“王出郊”，历来解释或以为是成王出郊亲迎周公，或以为是周公死后成王郊祭周公。简文中成王说“惟余冲人其亲逆公”，随后“王乃出逆公，至郊”，可以证明周成王郊外亲迎周公是史实。

武王有疾①，周公作《金縢》②。

【注释】

①疾：病。这里指重病。

②金縢：本指金属装束的匣子，这里用作篇名。

【译文】

武王生了重病，周公告神，写作《金縢》。

金　縢

既克商二年，王有疾，弗豫①。二公曰②：“我其为王穆卜③。”周公曰：“未可以戚我先王④？”公乃自以为功⑤，为三坛同墠⑥。为坛于南方，北面，周公立焉⑦，植璧秉珪⑧，乃告太王、王季、文王⑨。

史乃册⑩，祝曰：“惟尔元孙某⑪，遘厉虐疾⑫。若尔三王是有丕子之责于天⑬，以旦代某之身。予仁若考能⑭，多材多艺⑮，能事鬼神。乃元孙不若旦多材多艺⑯，不能事鬼神。乃命于帝庭⑰，敷佑四方⑱，用能定尔子孙于下地⑲。四方之民罔不祗畏⑳。呜呼！无坠天之降宝命㉑，我先王亦永有依归。今我即命于元龟㉒，尔之许我㉓，我其以璧与珪归俟尔命㉔；尔不许我，我乃屏璧与珪㉕。”

乃卜三龟，一习吉㉖。启籥见书㉗，乃并是吉㉘。公曰：“体㉙，王其罔害。予小子新命于三王㉚，惟永终是图㉛；兹攸俟㉜，能念予一人。”公归，乃纳册于金縢之匮中。王翼日乃瘳㉝。

【注释】

①豫：安，适。黄式三说：“疾曰弗豫，犹言身不快也。”汉代以后，天子生病叫作“弗豫”。《孔疏》：“《顾命》云：‘王有疾，不怿。’怿，悦也。故‘不豫’为不悦豫也。”悦豫，一作“悦悆”。嵇康《琴赋》：“若和平者听之，则怡养悦悆，淑穆玄真。”《说文·心部》：“悆，忘也，嘾也。从心，余声。《周书》曰：‘有疾，不悆。’悆，喜也。”所引《金縢》“豫”正作“悆”。《尔雅·释诂》：“悆，安也。”悆，《说文》释为“喜”，黄式三释为“快”，均含有安、适的意思。

②二公：指太公、召公。

③穆：恭敬。

④戚：通“祷”。《尚书易解》指出《说文》“譸”读若“淑”，可知尗、寿二声相通。按：“尗”“戚”上古音属觉部，“寿”“祷”上古音属幽部，幽、觉对转，可相通。

⑤功：《史记·鲁周公世家》作“质”，意为“抵押”。　自以为功：即以身为抵押，指代武王死。

⑥三坛：太王、王季、文王各为一坛。　墠（shàn）：用作祭祀的场地。郑玄《礼记·祭法》注：“除地曰墠。”

⑦焉：句末语气助词。《玉篇》：“焉，语已之词也。”

⑧植：郑玄说："古'置'字。" 璧：圆形的玉。 珪：上圆下方开头的玉。古代祈祷必用珪璧。

⑨太王：武王曾祖父，名古公亶父。 王季：武王祖父，名季历。 文王：武王的父亲，名昌。

⑩史：内史，主作册之事。 册：《史记·鲁周公世家》作"策"，书写册书。

⑪惟：语气助词。 元：长。 某：指周武王姬发。史官避讳，不书周武王姓名。《尚书核诂》："某，《史记》作'王发'，周史讳其名也。"

⑫遘：遇到。 厉：危。 虐：恶。

⑬是：这时。 丕子：布席祭祀。丕子的责任是助祭。《尚书正读》："'丕子'当读为'布兹'。'布'与'丕'，'子'与'兹'，并声之转。《史·周本纪》：'武王立于社南，毛叔奉明水，卫康叔封布兹，召公奭赞采，师尚父牵牲。'《集解》云：'兹，藉席之名。'据此，则布兹为弟子助祭以事鬼神者之一役。本文意言三王在帝左右，如需执贱役，奉事鬼神，旦尤能举其职，故请以旦代某之身也。"

⑭仁：俞樾《群经平议》："'仁'当读为'佞'。《说文·女部》：'佞，巧谄高材也。'小徐本作'从女，仁声'……故得假'仁'为之。""'佞'与'巧'义相近，'仁'与'巧'则不类矣。《周本纪》'为人巧佞'，亦以'巧''佞'连文。是其证矣。""佞"字早先无贬义，可指口才，亦可泛指才能，"不佞"即"不才"。此处周公自谓有事神之技巧，与仁德无涉，俞说可取。 若：顺。 考：巧。《史记·鲁周公世家》作"巧"。

⑮材、艺：都指技术。

⑯乃：你们的。

⑰乃：《词诠》："乃，始也，初也。"

⑱敷：普遍。　佑：有。王国维说："盂鼎云'匍有四方'。知'佑'为'有'之假借，非佑助之谓矣。"

⑲下地：人间。

⑳祇：恭敬。

㉑坠：丧失。　宝命：指上文"命于帝庭，敷佑四方"的使命。

㉒即命：就而听命。即，靠近。

㉓尔：指三王。　之：如果。《经传释词》："之，犹'若'也……《金縢》曰：'尔之许我，我其以璧与珪，归俟尔命。'言尔若许我也。"

㉔归：归于三王之所。

㉕屏：收藏。

㉖一：数次活用为副词，都。　习：重复。

㉗启：打开。　籥（yuè）：锁钥。　书：占卜的书。

㉘是：判断词。《尚书》"是"28见，作判断词的仅此处一见，这也许就是传世文献语言"是"作判断词的最早语例。

㉙体：兆形。见《周礼·春官·占人》注。又，《史记·鲁周公世家》："周公入贺武王曰：'王其无害。'"皮锡瑞《今文尚书考证》："《史记》无'体'字，史公疑训'体'为'幸'。《毛诗·氓》'体无咎言'，《韩诗》作'履'，云'幸也'，是'体'与'履'通，义得训幸。盖公见卜而喜曰：'幸也，王其无害。'史公云'入贺'，故不云'幸也'。""体""履"上古音均属脂部，可通用，皮锡瑞说亦通。

㉚命：祷告。《尔雅·释诂》："命，告也。"

㉛惟永终是图：宾语前置，即"惟图永终"。

㉜攸：所。　俟：期待。

㉝翼日：第二天。翼，通"翌"。　瘳（chōu）：痊愈。

【译文】

周灭商后的第二年，武王生了重病，身体不适。太公、召公说："我们为王恭敬地卜问吉凶吧！"周公说："不可以向我们先王祷告吗？"周公就把自身作为抵押，清扫了一块土地，在上面筑起三座祭坛。又在三坛的南方筑起一座台子，周公面向北方站在台上，放好玉，拿着圭，就向太王、王季、文王祷告。

史官写了册书，祝告说："你们的长孙姬发，遇到凶险的大病。假若你们三位先王这时在天上有助祭的职责，就用我姬旦代替他的身子吧！我善言、随顺、灵巧、能干，多才多艺，能奉事鬼神。你们的长孙不如我多才多艺，不能奉事鬼神。而且他在天帝那里接受了任命，遍有四方，能够在人间安定你们的子孙，天下民众也无不敬畏他。唉！不丧失上帝降给的宝贵使命，我们的先王也就永远有所归依。现在，我来听命于大龟，你们倘若应允我，我就拿着璧和圭归向你们，等待你们的命令；你们倘若不应允我，我就收藏起璧和圭。"

于是卜问三龟，都重复出现吉兆。打开锁钥查看卜兆之书，也都是吉利的。周公说："根据兆形，王会没有危险。我刚刚向三位先王祷告，只是谋求国运长远；现在所期待的，是先王能够念及我的诚心。"周公回去后，把册书放进金属装束着的匣子中。第二天，周武王就痊愈了。

【段意】

第一段，记叙周公向先王请求代替武王而死，以安定新生的周邦。

武王既丧①，管叔及其群弟乃流言于国②，曰："公将不利于孺子③。"周公乃告二公曰："我之弗辟④，我无以告我先王。”周公居东二年⑤，则罪人斯得⑥。于后，公乃为诗以贻王，名之曰《鸱鸮》⑦。王亦未敢诮公⑧。

【注释】

①丧：死。《史记·封禅书》：“武王克殷二年，天下未宁而崩。”

②管叔：名鲜，文王第三子。周公兄，武王弟，封于管。　群弟：指蔡叔、霍叔。《逸周书·作雒解》：“武王克殷，乃立王子禄父俾守商祀，建管叔于东，建蔡叔、霍叔于殷，俾监殷臣。”

③孺子：年幼的人，指成王。　公将不利于孺子：《史记·鲁周公世家》：“武王既崩，成王少，在强葆之中。周公恐天下闻武王崩而畔，周公乃践阼，代成王摄行政，当国。管叔及其群弟流言于国曰：‘周公将不利于成王。’”

④辟（bì）：摄政。《尚书正读》：“辟，即摄政也。《洛诰》：‘朕复子明辟’，即还政成王也。管叔言周公摄政，将不利于孺子；周公言我不摄政，将无以告我先王也。”

⑤居东：居在东方，指周公东征。

⑥罪人：指三叔和武庚。　斯：关联副词。即“遂”。《尚书正读》：“《史·鲁世家》云：周公卒相成王，管、蔡、武庚等果率淮夷而反，周公乃奉成王命，兴师东伐，遂诛管叔，杀武庚，放蔡叔。”《经传释词》：“斯，犹‘乃’也……《金縢》曰：‘周公居东二年，则罪人斯得。’”　得：捕获。

⑦《鸱鸮（chī xiāo）》：即《诗经·豳风·鸱鸮》。《诗序》：“《鸱鸮》，周公救乱也。成王未知周公之志，公乃为诗以遗王，名之曰《鸱鸮》焉。”此诗用鸱鸮作比喻，向成王申述周室危急时自己不畏毁誉、不畏

凶险、救乱扶倾的苦心。

⑧亦：只是。《词诠》：亦，“副词，只也，特也，但也。” 诮（qiào）：责备。

【译文】

武王去世后，管叔和他的几个弟弟就在国内散布谣言，说：“周公将会对年幼的成王不利。”周公就告诉太公、召公说：“如果我不摄政，我将无以告我先王。”周公留在东方两年，罪人就被捕获了。后来，周公写了一首诗送给成王，命名它为《鸱鸮》。结果，成王只是不敢责备周公（心中实生猜忌）。

【段意】

第二段，周公遭到流言中伤，成王怀疑周公。

秋①，大熟，未获②，天大雷电以风③，禾尽偃④，大木斯拔⑤，邦人大恐。王与大夫尽弁以启金縢之书⑥，乃得周公所自以为功代武王之说⑦。二公及王乃问诸史与百执事⑧。对曰：“信⑨。噫⑩！公命我勿敢言。”

王执书以泣，曰：“其勿穆卜！昔公勤劳王家，惟予冲人弗及知⑪。今天动威以彰周公之德，惟朕小子其新逆⑫，我国家礼亦宜之⑬。”王出郊⑭，天乃雨，反风，禾则尽起⑮。二公命邦人凡大木所偃，尽起而筑之⑯。岁则大熟。

【注释】

①秋：就是“周公居东二年，则罪人斯得”后的秋天。

② 未获：指百谷尚未收获。《说文·禾部》："获，刈谷也。"

③ 以：连词。《广雅》："以，与也。"

④ 偃：倒伏。

⑤ 斯：尽。《吕氏春秋·报更》："斯食之。"高诱注："斯，尽也。""斯"为"澌"之声符。《方言》："澌，尽也。"《广雅·释诂》："澌，尽也。""斯""澌""悉"上古皆为心纽字，双声可通。

⑥ 弁（biàn）：爵弁，一种礼冠。　以：目的连词。此句言成王与大夫皆戴礼冠以开藏卜兆之书。

⑦ 说：指周公祷告时的祝词。

⑧ 诸：《词诠》："诸，代名词兼介词，'之于'二字之合声。"　百执事：办事官员。

⑨ 信：确实。

⑩ 噫：马融本作"懿"，唉，叹词，表示伤痛。《孔传》："噫，恨辞。"《孔疏》："噫者，心不平之声，故为恨辞。"《诗经·大雅·瞻卬》："懿厥哲妇，为枭为鸱。"郑玄笺："懿，有所痛伤之声也。"《孔疏》："懿与噫，字虽异，音义同。《金縢》云：'噫！公命我勿敢言。'与此同也。噫者，心有不平而为声，故云有所痛伤之声。"

⑪ 冲人：年幼的人。清华简《金縢》作"沓人"。"沓人"亦见于清华简《皇门》。沓从沈声。按：《诗经·豳风·七月》："二之日凿冰冲冲，三之日纳于凌阴。"朱骏声《说文通训定声》谓冲、阴叶韵，并指出冲字"读若沈也"。其说可与清华简互证。又，《召诰》《洛诰》篇有"冲子"，而西周时期沈子它簋、壴卣等铭文中已见有"沈子"二字，有论者指出"沈子"即"冲子"。

⑫ 新：通"亲"，亲自。　逆：迎。　《尚书释义》："新，马融

作‘亲’……逆，迎也。”

⑬礼亦宜之：《尚书释义》：“意谓为报周公之德，礼宜亲迎于郊也。”

⑭王出郊：成王出郊亲迎周公。

⑮起：立起，扶起。

⑯筑：用土培根。《经典释文》：“谓筑其根。” 起而筑之：即大木所偃压之庄稼，尽起之，尽筑之。

【译文】

秋天，百谷成熟，还没有收获，天空雷电大作，刮起大风，庄稼都倒伏了，大树都被拔起，国人非常恐慌。周成王和大夫们都戴上礼帽，打开金属装束着的匣子，于是得到了周公以自身为质请代武王的祝词。太公、召公和成王于是询问众史官以及许多办事官员。他们回答说：“确实是。唉！周公告诫我们不能说出来。”

成王拿着册书哭泣说：“不要敬卜了！过去，周公勤劳王室，我这年轻人来不及了解。现在上天动怒来彰显周公的功德，我小子要亲自去迎接，我们国家的礼制也应该这样。”成王走出郊外，天就下起了雨，风向也反转了，倒伏的庄稼又全部立起来。太公、召公命令国人，凡大树所压的庄稼，要全部扶起来，又培好根。这一年获得了大丰收。

【段意】

第三段，记叙成王得金縢之书，幡然悔悟，亲迎周公。

大诰第九

【题解】

大诰，就是普遍告谕。

周武王逝世后，成王继位，周公摄政。《史记·鲁周公世家》记载："武王既崩，成王少，在襁褓之中。周公恐天下闻武王崩而畔，周公乃践祚，代成王摄行政，当国。"三监勾结武庚，联合徐、奄、熊、盈等东方邦国和部落，发动大规模武装叛乱，又散布流言，在统治阶级内部挑拨离间。周公决定东征平叛，侯伯和大臣们"罔不反"，周公处境孤立。内忧外患，新生的西周王朝危在旦夕。在这危急时刻，周公大诰各诸侯国的国君和众位大臣，劝导他们协力平叛。史官记录周公的诰辞，名叫《大诰》。

周公的诰辞反映了我们民族与生具有的忧患意识，也成就了我们民族"多难兴邦"的责任感和使命感。周公说："予造天役，遗大投艰于朕身，越予冲人不卬自恤。义尔邦君越尔多士、尹氏、御事绥予曰：'无毖于恤，不可不成乃宁考图功！'"周公还连用筑屋、稼穑设喻，申明他在艰难日子里的想法，决意东征，努力完成文王所谋求建立的功业。周公的忧患意识也是儒家一脉相承的思想意识。孟子说："生于忧患，死于安乐。""故天将降大任于是人也，必先苦其心志，劳其筋骨，饿其体肤，空乏其身，行拂乱其所为，所以动心忍性，曾益其所不能。"人无远虑，必有近忧。无数的历史事实证明，大到国家民族，小到家庭个人，忧患意识激励我们砥砺前行。

《大诰》作为《周书》的重要诰体，重在警诫，后代常仿制。明太祖朱元璋于洪武十八年（1385）冬，仿周公《大诰》，亲写刑典，亦名《大诰》，颁发天下。十九年春又刊布《大诰续编》。十九年冬刊布《大诰三编》，重申："此诰前后三编，凡朕臣民，务要家藏人育，以为鉴戒。"

《大诰》"王若曰""王曰"的"王"，向多争议，或认为是周公，或认为是周成王。《尚书正义》引郑玄说："王，谓摄也。周公居摄，命大事则权代王也。"历代学者多从郑说。《大诰》《康诰》《酒诰》《梓材》都是记载周公摄政时的事件，这几篇中的"王"皆指周公。

武王崩，三监及淮夷叛[①]，周公相成王，将黜殷[②]，作《大诰》。

【注释】

① 三监：指管叔、蔡叔、霍叔。一说指管叔、蔡叔、武庚。

② 黜：消灭。

【译文】

周武王去世后，三监和淮夷叛乱，周公辅佐成王，将要消灭殷商，作了《大诰》。

大 诰

王若曰[①]："猷[②]！大诰尔多邦越尔御事[③]。弗吊[④]！天降割于我家[⑤]，不少延[⑥]。洪惟我幼冲人[⑦]，嗣无疆大历服[⑧]。弗造哲[⑨]，迪民康[⑩]，矧曰其有能格知天命[⑪]？已[⑫]！予惟小子，若涉渊水，予惟往求朕攸济[⑬]。敷贲敷前人受命[⑭]，兹不忘大功[⑮]。予不敢闭于天降威[⑯]，用宁王遗我大宝龟[⑰]，绍天明[⑱]。即命曰[⑲]：'有大艰于西土，西土人亦不静，越兹蠢[⑳]。殷小腆诞敢纪其叙[㉑]。天降威[㉒]，知我国有疵[㉓]，民不康，曰：予复！反鄙我周邦[㉔]，今蠢今翼[㉕]。日[㉖]，民献有十夫予翼[㉗]，以于敉宁、武图功[㉘]。我有大事，休？'朕卜并吉。

"肆予告我友邦君越尹氏、庶士、御事[㉙]，曰：'予得吉卜，予惟以尔庶邦于伐殷逋播臣[㉚]。'尔庶邦君越庶士、御事罔不反曰：'艰大，民不静，亦惟在王宫邦君室[㉛]。越予小子考[㉜]，翼不可征[㉝]，王害不违卜[㉞]？'

"肆予冲人永思艰曰[㉟]：'呜呼！允蠢鳏寡[㊱]，哀哉！'予造天役[㊲]，遗大投艰于朕身[㊳]，越予冲人不卬自恤[㊴]。义尔邦君越尔多士、尹氏、御事绥予曰[㊵]：'无毖于恤[㊶]，不可不成乃宁考图功[㊷]！'

"已！予惟小子不敢替上帝命[㊸]。天休于宁王[㊹]，兴我小邦周，宁王惟卜用[㊺]，克绥受兹命。今天其相民，矧亦惟卜用[㊻]。呜呼！天明畏[㊼]，弼我丕丕基[㊽]！"

【注释】

① 王：指周公。《礼记·明堂位》："周公践天子之位以治天下。"《孔疏》引郑玄说："王，谓摄也。周公居摄，命大事则权代王也。"

② 猷：蔡沈《书集传》："猷，发语辞也。"据《经典释文》《尚书正义》，马融、郑玄、王肃本"猷"皆在"诰"后，且马融本"猷"作"繇"。《汉书·翟方进传》王莽依《周书》作《大诰》："摄皇帝若曰：大诰道诸侯王、三公、列侯于汝卿大夫、元士御事。"段玉裁说："莽作'依'者，今文《尚书》也。然则古文、今文并作'诰猷'，不作'猷诰'也……今考古'引导'字多作'道'。道为繇，教道亦为繇。此云'诰道'，《多方》云'道诰'，一而已矣。莽云'大诰道'，文义正如此。"段玉裁认为"猷"应置于"诰"字后，"诰猷"意谓"诰导"。其说存参。

③ 多邦：指各诸侯国。　越：并列连词，与，和。《广雅》："越，与也。"　御事：治事大臣。御，治。

④ 吊：善。

⑤ 割：通"害"，灾害。马融本作"害"。《广雅疏证》："害、割古同声而通用。"

⑥ 少：程度副词，稍微。　延：间断，间隔。《尔雅·释诂》："延，间也。"

⑦ 洪惟：句首语助词，无义。金文作"弘唯"，西周时期毛公鼎铭文有"弘唯乃智"之语。　我：我们，上古汉语人称代词单复数同形。　幼冲人：年轻人，指周成王。　一说"洪"通"鸿"，是"代替"的意思，《尔雅·释诂》："鸿，代也。""我幼冲人"则指成王。存参。

⑧ 大历服：此处指王业。历，《小尔雅》："久也。"服，事。

⑨ 造：遭遇。　哲：明智的人。

⑩ 迪：引导。

⑪矧（shěn）：况且。　格：度量。《文选·芜城赋》："格高五岳。"李善注引《苍颉篇》："格，量度也。"

⑫ 已：叹词，哀叹之声。

⑬ 攸济：渡过的方法。攸，所。济，渡。

⑭ 敷贲（fén）：指大龟。敷，大。《诗经·大雅·常武》："铺敦淮濆。"《韩诗》"铺"作"敷"，云："大也。"贲，《尔雅·释鱼》："龟三足，贲。"　敷前人：辅助前人。敷，通"辅"，辅助。

⑮ 大功：指辅助前人开国的功业。

⑯ 闭：闭藏。　天降威：即天降灾难。

⑰ 宁王：即文王。上古文字"宁""文"形近易误。详吴大澂《字说》。

⑱ 绍：《尚书故》："绍，为'卲（shào）'之借字。《说文·卜部》：'卲，卜问也。'"　天明：即天命。杨树达说："'明'是'命'之假借字。"

⑲ 即命：走近大龟祷告。

⑳ 越：介词，介引动作行为发生的时间。《经传释词》："越，犹'及'也。"《词诠》："介词，逾也，过也。"　兹：指此时。　蠢：动。

㉑ 小腆：小主。指武庚。腆，主。　诞：句中语助词，无义。　纪其叙：组织他们的残余力量。纪，组织。叙，残余。

㉒ 天降威：这里指武王死。

㉓ 疵（cī）：病、困难。此处指成王年幼，周公被人怀疑。

㉔ 鄙：图谋。王先谦说："古文'啚'为'鄙'，与'图'字形近，其义当为图。"　反鄙：造反图谋。

㉕ 翼：通"翌"，即"翊"，飞动的样子。　今蠢今翼：现在已经动乱起来，形容形势十分危急。从俞樾说。

㉖日：近日。

㉗献：贤。这里指贤者。　夫：量词。“夫”本指成人。《说文·大部》：“夫，丈夫也。从大，一以像簪也。周制以八寸为尺，十尺为丈。人长八尺，故曰‘丈夫’。”后经引申可用作人的特定计数单位，相当于“位”。　予翼：即翼予，宾语前置。翼，辅佐。

㉘敉（mǐ）：《尚书启幪》：“敉、弥通，终也。”这里是“完成”的意思。　宁、武：指文王、武王。　图功：图谋的事业，指统一国家。

㉙肆：因果连词，故，所以。　尹氏：史官。　庶士：众士。

㉚惟：谋划，打算。　以：与。　于：往。　逋：逃亡。　播：离散，播迁。

㉛惟：有。见《东京赋》薛综注。　管叔、蔡叔都是王室的人，武庚是邦君，所以说“在王宫邦君室”。

㉜越：句首语助词，无义。　予小子：庶邦君等谦称小子。　考：考察。

㉝翼：或，或许。翼，《尚书易解》：“当读为‘意’，犹‘或’也。”《古汉语同义虚词类释》：“《广雅》：‘意，疑也。’《古书虚字集释》：‘意，为犹‘或’也。’‘意’有‘臆’即揣度之义，作动词，其训‘或’作副词，当由此虚化而来。”又，于省吾认为“考翼”当连读，“考”读为“孝”，“翼”当作“友”，“考翼”即“孝友”。于氏说：“上言予得吉卜以伐殷，尔邦君庶士、御事无不反曰：‘艰难，民不安静，亦惟在王家及诸侯之室。’意谓成王与诸叔不睦耳。下接以予小子孝友不可征，王害不违卜？言以孝友之道言之，则管蔡不可征，王曷不违前之卜？皆假设邦君、庶士、御事之言而王自为质问也。”存参。

㉞害（hé）：通“曷”，何，为什么。《广雅·释诂》：“害、曷，何也。”

王念孙疏证：“害、曷一字也。《周南·葛覃》篇：‘害浣害否。’《毛传》云：‘害，何也。’《释文》：‘害与曷同。’”

㉟ 肆：《尔雅·释诂》：“今也。”

㊱ 允：信，实在。　　蠢：扰动。　　鳏寡：泛指苦难的人。

㊲ 役：役使。

㊳ 遗：《尚书易解》：“当读为‘惟’，《诗》‘其鱼唯唯’，《韩诗》作‘遗遗’。知‘遗’与‘惟’古代相通也。”　　投：掷。这里是委任、托付的意思。　　艰：艰难的事。

㊴ 卬（áng）：自称代词。《尔雅·释诂》：“卬，我也。”马瑞辰《毛诗传笺通释》：“卬者，‘姎’之假借。”《说文·女部》：“姎，女人自称我也。”甲骨文和金文中皆未出现“卬”，今文《尚书》仅2见，皆见于《大诰》，《诗经》有5见。“卬”在上古或为岐周方言词。　　恤：忧虑。　　不卬自恤：为宾语前置句，《汉书》引为“不身自卬”。颜师古注：“非自忧己身也。”

㊵ 义：《经传释词》：“义，助语词。言尔邦君及尔多士、尹士、御事，当安勉我也。犹上文言‘尔庶邦君越庶士、御事’矣。”《词诠》：“义，语首助词，无义。”　　绥：安慰。

㊶ 无：通“勿”。　　毖：恐惧，畏慎。

㊷ 宁考：即文考。

㊸ 替：废弃。　　不敢替上帝命：《孔传》：“不敢废天命，言卜吉当必征之。”

㊹ 休：用作动词，嘉惠。

㊺ 宁王惟卜用：即“宁王惟用卜”，宾语前置句。

㊻ 矧：又。《经传释词》：“矧，犹‘又’也。《大诰》曰：‘宁王惟卜用，

克绥受兹命。今天其相民，矧亦惟卜用。’言又亦惟卜用也。”

㊼ 天明畏：即畏天明，宾语前置句。天明，天命。

㊽ 丕：大。　　基：事业。

【译文】

王这样说：“啊！遍告你们各国君主和你们的办事大臣。不幸啊！上天给我们国家降下灾祸，不稍稍间断。我们这个年轻人，刚刚继承了远大悠久的王业。没有遇到明哲的人能引导民众安定下来，何况说会有能度知天命的人呢？唉！我小子像渡过深渊，我应当前往寻求让我渡过去的办法。大宝龟帮助前人接受天命，至今不能忘记它的大功。在上天降下灾难的时刻我不敢把它闭藏着，用文王留给我们的大宝龟卜问天命。我走近大龟祷告说：‘西方有大灾难，西方人也不安静，现在也蠢蠢欲动了。殷商的小主竟敢组织他的残余力量。上天降下灾祸，他们知道我们国家有困难，人心不定。他们说：我们要复国！他们造反图谋我们周国，现在乱跑乱动起来了。这些天有十位贤者来帮助我，我要和他们前往完成文王、武王所谋求的功业。我们将有战事，会吉利吗？’我的卜兆全都吉利。

“所以我告诉我们的友邦国君和各位大臣说：‘我现在得到了吉卜，打算和你们各国去讨伐殷商那些叛乱的罪人。’你们各位国君和各位大臣没有人不反对说：‘困难很大，民众不安宁，也有在王室和邦君室的人。我们这些小子考虑，或许不可征讨吧，大王为什么不违背龟卜呢？’

“现在我深深地考虑着艰难的事：‘唉！确实惊扰了苦难的民众，真痛心啊！’我受天命的役使，上天把艰难的事重托给我，我无暇为自身忧虑。你们各位邦君与各位大臣应该安慰我说：‘不要被忧患吓倒，

不可不完成您文王所谋求的功业！’

“唉！我小子不敢废弃天命。上天嘉惠文王，振兴我们小小的周国，当年文王只用龟卜，就能够承受这天命。如今上天将帮助民众，当再次只用龟卜。唉！天命可畏，辅助我们伟大的事业吧！”

【段意】

第一段，周公宣布吉卜，劝导邦君和群臣不畏艰难，顺从天意，参加东征。

王曰："尔惟旧人①，尔丕克远省②，尔知宁王若勤哉③！天閟毖我成功所④，予不敢不极卒宁王图事⑤。肆予大化诱我友邦君⑥：天棐忱辞⑦，其考我民⑧，予曷其不于前宁人图功攸终？天亦惟用勤毖我民⑨，若有疾，予曷敢不于前宁人攸受休毕⑩？"

王曰："若昔朕其逝⑪，朕言艰日思⑫。若考作室，既厎法⑬，厥子乃弗肯堂⑭，矧肯构⑮？厥父菑⑯，厥子乃弗肯播，矧肯获？厥考翼其肯曰⑰：'予有后弗弃基？'肆予曷敢不越卬敉宁王大命⑱？若兄考⑲，乃有友伐厥子⑳，民养其劝弗救㉑？"

【注释】

①惟：是。《玉篇》："惟，为也。"　旧人：老臣。

②丕：程度副词，大，多。　省（xǐng）：省识。

③若：《尚书正读》："若，如何也。"

④閟（bì）：秘密。　毖：告诉。　所：意。此处指天意。详

见杨树达《古书疑义举例续补·'所'作'意'义用例》。

⑤ 极:通"亟",快速。见《经义述闻》。

⑥ 化诱:教导。

⑦ 棐(fěi):辅助。　忱辞:指大龟显示吉兆。忱,诚信。

⑧ 考:成。

⑨ 毖:劳。

⑩ 休:善。　毕:终。

⑪ 若昔:昔日、往日,指过去周公随武王伐纣。《史记·鲁周公世家》:"武王九年东伐至盟津,周公辅行。十一年伐纣,至牧野,周公佐武王,作《牧誓》。破殷,入商宫。"(九年、十一年,指周文王受命建国后第九年、第十一年。参《洪范》"惟十有三祀"注释。)　其:将要。逝:往。

⑫ 言:说。　艰日思:艰难日子的想法。　此句意为,我向你们说点艰难日子里的想法。见《尚书易解》。

⑬ 厎:定。

⑭ 堂:基。这里为动词,指垒土筑基。"堂"字从尚,从土,指高平的土地,可作房基。"堂"与"坛"字意义相近。《金縢》:"三坛同墠。"马融注:"坛,土堂。"《左传·哀公元年》:"室不崇坛。"杜预注:"平地作室,不起坛也。"杨伯峻注:"古代贵族为室,必先有坛,高于平地,然后起屋。"

⑮ 构:盖屋。

⑯ 菑(zī):新垦的土地。

⑰ 翼:或。

⑱ 越:在,介词,介引动作行为有关的对象。《经传释词》:"《尔雅》

曰：'粤，于也。'又曰：'粤，於也。'字亦作'越'。" 越卬：谓在我自己身上。卬，我。

⑲ 考：终。见《楚辞·九叹》注。 兄考：指兄死。

⑳ 友：《尚书易解》："犹群也。"

㉑ 民养：民众的长官，指诸侯和各级官员。《书集传》："'民养'以喻邦君御事。"养，长。

【译文】

王说："你们是老臣，你们多能远知往事，你们知道文王是如何勤劳的啊！上天秘密地告诉我们成功的意旨，我不敢不快速完成文王图谋的事业。现在我劝导我们友邦的君主：上天用诚信的话帮助我们，要成全我们的民众，我们为什么不去谋求完成前文王所图谋的功业呢？上天也许要使我们的臣民勤劳，好比有疾病，我们怎敢不对前文王所受的疾病好好攘除呢？"

王说："像往日讨伐纣王一样，我将要前往，我说些在艰难日子里的想法。好像父亲建房屋，已经确定了办法，他的儿子却不愿意打地基，何况愿意盖屋呢？他的父亲新开垦了田地，他的儿子却不愿意播种，何况愿意收获呢？这样他的父亲或许会说：'我后人不会废弃我的基业吗？'所以我怎敢不在我自己身上就完成文王伟大的使命呢？又好比兄长死了，却有人群起攻击他的儿子，为民长官的难道能够相劝不救吗？"

【段意】

第二段，周公劝导邦君和群臣要不畏艰难，努力完成文王未竟的事业。

王曰："呜呼！肆哉[①]，尔庶邦君越尔御事。爽邦由哲[②]，亦惟十人迪知上帝命越天棐忱[③]，尔时罔敢易法[④]，矧今天降戾于周邦[⑤]？惟大艰人诞邻胥伐于厥室[⑥]，尔亦不知天命不易？予永念曰：天惟丧殷，若穑夫[⑦]，予曷敢不终朕亩[⑧]？天亦惟休于前宁人，予曷其极卜[⑨]？敢弗于从率宁人有指疆土[⑩]？矧今卜并吉？肆朕诞以尔东征[⑪]。天命不僭，卜陈惟若兹[⑫]！"

【注释】

①肆：极力，尽力。《尔雅·释言》："肆，力也。"郭注："肆，极力。"

②爽：明，这里指"使……清明"。《说文·叕部》："爽，明也。"　哲：指明智的人。

③惟：有。　十人：指上文的"十夫"。　迪：指导。　越：连词，与。　天棐忱：老天用诚信辅助。

④罔敢：不能。《汉书·翟方进传》王莽依《周书》作《大诰》："粤天辅诚，尔不得易定。"知"罔敢"即不得、不能。　易法：易废。金文"废"多作"法"，二字古通用。易废者，怠弃之意。　尔时罔敢易法：即"尔罔敢易法时"，否定句的代词宾语前置（《尚书易解》）。

⑤戾：定。《汉书》作"定"。此处指上帝的定命。

⑥大艰人：大罪人。指管叔、蔡叔。　诞：《尚书核诂》："读为'延'，谓延邻相伐也。"《无逸》"既诞"，石经作"既延"，"诞"与"延"古通。　邻：邻国，指武庚。　胥：相。

⑦穑夫：农夫。

⑧终朕亩：即终竟我农亩之事。

⑨极：放弃。《仪礼·大射礼》郑玄注："犹放也。""极卜"与上文"王害不违卜"的"违卜"义相应。

⑩于：往。　率：行视。　指：《孔疏》作"旨"。《汉书·王莽传》也作"旨"，美好。

⑪诞：《经传释词》："句中助词。""说者训为'大'，亦失之。"

⑫陈：指示。《国语·齐语》韦昭注："陈，示也。"　若：顺从。　兹：语末助词，与"哉"通。见《词诠》。

【译文】

王说："啊！努力吧，你们诸位邦君和各位官员。使国家清明要任用明智的人，现在也有十个人引导我们知道天命和上天助以诚信的道理，你们不能轻视这些事，何况现在上天已经给周国降下了定命呢？那些发动叛乱的大罪人，勾结邻国，同室操戈，你们也不知天命不可改变吗？我长时间考虑着：上天要灭亡殷国，好像农夫一样，我怎敢不完成我田地里的工作呢？上天也想嘉惠我们先辈文王，我们怎能放弃吉卜呢？怎敢不前去重新巡视文王这美好的疆土呢？更何况今天的占卜都是吉兆呢？现在我要率领你们东征。天命不会有差错，卜兆的指示必须遵从啊！"

【段意】

第三段，周公劝诫邦君群臣应当敬奉天命，合力东征。

微子之命第十

【题解】

命，册命。本篇是周成王分封微子的命辞。

周王朝建立以后，微子主动归顺。周公东征平定叛乱，诛杀武庚。周成王仍然采取以殷治殷的方法，册命微子为宋国国君，治理殷商故地。鉴于武庚叛乱的历史教训，成王申告微子，“率由典常，以蕃王室。弘乃烈祖，律乃有民，永绥厥位”。

微子入周后受到了“作宾于王家”的礼遇，不仅能够助祭周之祖庙，成王待之以宾礼，还能够在封地宋国保持殷代制度。《诗经·周颂·有客》记载微子朝周助祭。《毛诗序》：“《有客》，微子来见祖庙也。”郑玄笺曰：“成王既黜殷命，杀武庚，命微子代殷后。既受命，来朝而见也。有客，二王之后为客也。”《左传·僖公二十四年》：“宋，先代之后也，于周为客。”《有客》的首两句：“有客有客，亦白其马。”说明微子来朝骑乘的是白马。殷人尚白，微子骑乘白马，这也是微子不忘祖先制度的表现。微子“作宾于王家”也反映周初政治家清醒的政治头脑，高明的政治策略，为了巩固新生的政权，就必须最大限度地瓦解敌对势力，最大限度地团结一切可以团结的人。

微子能够“作宾于王家”，还因为微子能够传承殷商的礼乐制度，西周礼乐制度的制作离不开殷代乐舞威仪的传承。微子最大的功绩是“统承先王，修其礼物”。蔡沈《书集传》说：“礼，典礼。物，文物也。修其典礼文物，不使废坏，以备一王之成法也。孔子曰：‘夏礼吾能言之，杞不足征也；殷礼吾能言之，宋不足征也。文献不足故也。’殷之典礼，微子修之。至孔子时，已不足征矣，故夫子惜之。”蔡沈认为微子是殷商礼乐制度的继承者，为周礼的制作奠定了基础。

本篇今文无，古文有。

成王既黜殷命[①]，杀武庚，命微子启代殷后[②]，作《微子之命》。

【注释】

①黜：断绝。

②后：后嗣。

【译文】

周成王断绝了殷商的国运，杀死武庚，册命微子启代替武庚为殷商故地君王，史官记录了成王的封命写作《微子之命》。

微子之命

王若曰：“猷！殷王元子[①]。惟稽古[②]，崇德象贤[③]。统承先王[④]，修其礼物[⑤]，作宾于王家[⑥]，与国咸休，永世无穷。呜呼！乃祖成汤，克齐、圣、广、渊[⑦]，皇天眷佑，诞受厥命。抚民以宽[⑧]，除其邪虐，功加于时[⑨]，德垂后裔[⑩]。尔惟践修厥猷[⑪]，旧有令闻[⑫]，恪慎克孝，肃恭神人[⑬]。予嘉乃德，曰笃不忘。上帝时歆⑭，下民祗协，庸建尔于上公⑮，尹兹东夏⑯。

【注释】

①元子：长子。微子是帝乙的长子，纣王的母亲为妾时所生。

②稽古：查考古事。

③崇德：尊崇盛德。　　象贤：效法贤人。象，效法。

④统承先王：继承先王的血统。统，嫡系血统。

⑤修：行使。　　礼物：礼制文物。

⑥宾：客。蔡沈《书集传》："以客礼遇之也。"

⑦齐、圣、广、渊：《孔传》："齐德、圣达、广大、深远。"蔡沈《书集传》："齐，肃也。齐则无不敬，圣则无不通。广，言其大。渊，言其深也。"

⑧宽：宽政。

⑨功加于时：指汤的功绩施于当时。加，施加。时，当时。

⑩德垂后裔：蔡沈《书集传》："言其所传者远也。"垂，流传。

⑪尔：指微子。　　践修：履行。　　猷：道。

⑫令闻：美好的名声。

⑬肃恭神人：以恭敬事神治人。肃，敬。

⑭歆（xīn）：享受。

⑮庸：用。　　上公：周制，三公八命，出封时加一命，称上公。《周礼·春官·典命》："上公九命为伯，其国家宫室、车旗、衣服、礼仪，皆以九为节。"

⑯尹：治理。　　东夏：指宋国。蔡沈《书集传》："宋亳在东，故曰'东夏'。"

【译文】

王这样说："啊！殷王的长子。查考古事，有尊崇盛德、效法先贤的制度。你继承先王的传统，施行先王的礼制文物，作王家的贵宾，跟王家同样美好，世世代代无穷无尽。啊！你的祖先成汤，能够肃敬、圣明、广大、深远，皇天顾念佑助，承受了天命。他用宽缓的政教安抚臣民，除掉邪恶暴虐的人，功绩施展于当时，德泽流传于后世。你践行成汤的治道，早就有美好的名声，又谨慎能孝，恭敬地事神治人。我欣赏你的美德，印象深刻而不能忘怀。上天依时享受你的祭祀，下民对你敬爱顺服，因此立你为上公来治理宋地。

【段意】

第一段，周成王称颂成汤的美德，赞扬微子统承先王，事神治人，册命微子治理宋国。

"钦哉！往敷乃训，慎乃服命①，率由典常，以蕃王室②。弘乃烈祖③，律乃有民④，永绥厥位，毗予一人⑤。世世享德，万邦作式⑥，俾我有周无斁⑦。

"呜呼！往哉惟休，无替朕命⑧。"

【注释】

① 服：职务。　　命：使命。　　慎乃服命：慎重地执行你的职务和使命。

② 蕃：通"藩"，屏障。这里是作为屏障的意思。

③ 弘：弘大，弘扬。　　烈：英明、显赫。《国语·晋语九》："君有烈名，臣无叛质。"韦昭注："烈，明也。"

④律：管束，规范。

⑤毗（pí）：辅佐。　　予：我。成王自指。

⑥式：法，榜样。

⑦俾：服从。见《尔雅·释诂》。　　斁（yì）：懈怠。

⑧无：通“毋”，不要。　　替：废弃。

【译文】

“要敬慎呀！前去发布你的政令，谨慎对待你上公的职位与使命，遵循常法，护卫周王室。弘扬你英明先祖的治道，约束你的民众，长久安居上公之位，辅助我一人。你的子子孙孙世代都会享受你的功德，万邦诸侯都会以你为榜样，服从我周王室而不懈怠。

“啊！去吧，好好地干！不要废弃我的诰令。”

【段意】

第二段，勉励微子履行职责，遵守常法，拱卫周王室。

康诰第十一

【题解】

康，指康叔。《史记·卫世家》："卫康叔名封，周武王同母少弟也。""周公旦以成王命兴师伐殷，杀武庚禄父、管叔，放蔡叔。以武庚殷余民封康叔为卫君，居河、淇间故殷墟。"周公忧虑康叔年轻缺乏政治经验，谆谆教导治卫方略，叮咛再三，反复告诫。史官记录周公的诰词，写成《康诰》。

《康诰》的核心是阐述"明德慎罚"的治殷原则和执政理念，全篇紧紧围绕"德"和"罚"展开论述。"明德慎罚"总体来说就是"庸庸（任用可任用的人）、祗祗（尊敬可尊敬的人）、威威（威慑可威慑的人）"。"明德"是主要方面，从"德"的角度要求管理者善于运用德化的方法治理国家，实行"德政"。"罚"只是辅助手段，"慎罚"则要求管理者能够慎用刑罚，善用"中罚"。"德主刑辅、废除酷刑"的思想是西周文明高于殷商之处，也开启了中国社会的德治时代。"明德慎罚"对后来的儒家思想也产生了重要的影响。孔子所说的"宽猛相济"的治政策略就是继承了这种思想。

周公还深刻认识到刑罚的制定应该有轻有重。周公告诫康叔对那些虽然罪恶不大，但明知故犯的人，必须毫不留情，杀一儆百；对那些即使犯了大罪，但不是故意作恶、坚持不改的人，要减轻刑罚。《尚书·吕刑》篇也提出："刑罚世轻世重，惟齐非齐，有伦有要。"《周礼·秋官·司寇》规定"刑新国用轻典，刑平国用中典，刑乱国用重典"。古人又将其概括为"三国三典"的原则。历史上，汉高祖刘邦"约法三章"是"刑新国用轻典"的例子；而明太祖朱元璋奉行重典治国、重典治吏则是"刑乱国用重典"的代表。

"明德慎罚"主张德治为主，刑治为辅，奠定了中国传统政治的基础。中国历史上主刑治的国家相对较少。秦国在商鞅变法后专主刑治，轻视德教，这种策略在战时有利于提高国家机器战争动员的效率，民众受到战争威胁，也愿意配合国家共御外侮。但进入和平统一时期，秦朝仍然施行严刑苛法，就必然导致民怨沸腾，最终二世而亡。贾谊《过秦论》认为，秦王"不信功臣，不亲士民，废王道而立私爱，焚文书而酷刑法，先诈力而后仁义"，正是秦朝灭亡的主要原因。

周公的诰词特别强调"敬""慎"二字，这在于周公认识到"惟命不于常"。天命并非恒定不变，天命以人心为依归，得人心者得天命。为政当重人心，人心向背关乎国家兴衰存亡。由于周公把"天命"和"民情"联系在一起，所以周公所敬畏的与其说是天命，倒不如说是民情。周公以为治政的目的是保民安民康民，"若保赤子，惟民其康乂"。《西伯戡黎》篇中，我们已经看到了殷周之际天命观念的变化。周朝天命观的产生有其必然性。《牧誓》篇提出"西土"的观念，是周人的一大成功。西方各族地异俗殊，神祇与祖先也应当是各不相同，在这种情况下，周王有整合信仰的必要，而天帝正可兼容各族神祇。天帝又授命于西伯文王，是因为文王能够“明德”。这样，周人的天命观突破了部族信仰的界线，促进了“西土”联盟的形成。

《康诰》还出现了与“西土”相对的“东土”概念。“西土”本是周灭商以前对以自己为首的西方诸侯的统称；周灭商以后，从一方侯国成为天下共主，而此时周人仍以西土之人自居，并用“东土”指称殷商故地，则显示出地域文化认同的分野，显示出周人对殷商遗民的警惕。直到《召诰》以后各篇“天下”的观念逐渐进入人们的视野（今文《周书》中，“天下”一词首先见于《洪范》，但那只是零星出现），才表明周人真正具有“溥天之下，莫非王土；率土之滨，莫非王臣”的王者意识。

《康诰》专论理政治国，反映了周初的意识形态及政治制度、司法制度，是《周书》的重要篇章，文献价值较高，后世文献多有引用。这些异文是研究《尚书》在秦汉传播弥足珍贵的史料。

成王既伐管叔、蔡叔①，以殷余民封康叔②，作《康诰》《酒诰》《梓材》。

【注释】

①伐：讨伐。这里指周公东征。

②殷余民：殷商遗民。　　康叔：名封。周武王的弟弟。武王同母弟兄十人，周公旦排行第四，康叔排行第九。

【译文】

周成王讨伐管叔、蔡叔以后，把殷商遗民封给康叔，（周公依据成王的命令告诫康叔），史官记录周公的诰词，写了《康诰》《酒诰》

《梓材》。

康　诰

惟三月哉生魄①，周公初基作新大邑于东国洛②，四方民大和会③。侯甸男邦④、采卫百工⑤、播民和见⑥，士于周。周公咸勤⑦，乃洪大诰治⑧。

【注释】

①三月：指周公摄政第四年的三月。　　哉：初，始。《尔雅·释诂》："哉，始也。"　　魄：通"霸"。西周金文都作"霸"。《说文·月部》："霸，月始生霸然也。承大月二日，承小月三日。从月，䨣声。《周书》曰：'哉生霸。'"王国维认为每月二、三日至五、六日是"哉生霸"。

②基：谋划。郑玄说："基，谋也。"　　新大邑：甲文中常见"大邑商"，指商都城，这里当指周的新王城。　　洛：指洛水附近。

③和：和悦。　　会：集合。

④邦：指邦君。这里特指侯、甸、男三种不同诸侯国的邦君。

⑤采卫：亦为两种不同的诸侯国。　　百工：百官。

⑥播民：即移民，这里指殷商遗民。　　见：会见。一说"见"字属下读，指效力。孙星衍说："见者，《天官书》：'以星见为效。'正义曰：'效，见也。'士者，《诗传》云：'事也。'"孙氏释"见士于周"为"效事于周"。于省吾指出金文中有"见事"连用的语例（玗鼎铭文："玗见事于彭。"匽侯旨鼎铭文："匽侯旨初见事于宗周。"），从而也认为这里的"见士"当连读，"士"通"事"，"见士"即"见事"义。存参。

⑦咸：都。　　勤：慰劳。

⑧ 洪：代替。《尔雅·释诂》："鸿，代也。""鸿"与"洪"通。郑玄说："洪，代也。言周公代成王诰。"　治：治道。指治殷的大法。

【译文】

三月初，周公开始计划在东方洛水附近建造一个新的大城市，四方的臣民都高兴地前来聚集。侯、甸、男的邦君，采、卫的百官，殷商的遗民都来会见，为周王室服务。周公全都慰劳了他们，于是代替成王大诰康叔治殷的方法。

【段意】

第一段，交代周公作诰的背景。

王若曰："孟侯①，朕其弟②，小子封③。惟乃丕显考文王④，克明德慎罚⑤；不敢侮鳏寡，庸庸⑥，祗祗⑦，威威⑧，显民⑨，用肇造我区夏⑩，越我一二邦以修我西土⑪。惟时怙冒⑫，闻于上帝⑬，帝休⑭，天乃大命文王。殪戎殷⑮，诞受厥命越厥邦厥民⑯，惟时叙⑰，乃寡兄勖⑱，肆汝小子封在兹东土⑲。"

【注释】

① 孟侯：指康叔。《汉书·地理志》："周公封弟康叔，号曰孟侯，以夹辅周室。"

② 其：之。见《经传释词》。

③ 封：康叔名。《史记·卫康叔世家》："卫康叔名封，周武王同母少弟也。"小子封，与上文"孟侯""朕其弟"同指，三者是同位语。

④ 乃：你的。　　丕：句中语助词。《经传释词》："'丕显考'，显考也。通作'不显'。《毛诗》：'不显，显也。'则上一字乃发声，《笺》解为'岂不显'，失其意矣。"　　显：明。　　考：先父。

⑤ 明德慎罚：崇尚德教，慎用刑罚。这一句是本篇纲领。

⑥ 庸庸：任用可用的人。一说"庸庸"指酬报有功劳的人。《荀子·大略》："亲亲、故故、庸庸、劳劳，仁之杀也。"杨倞注："庸，功也。庸庸、劳劳，谓称其功劳，以报有功劳者。杀，差等也，皆仁恩之差也。"

⑦ 祗祗：尊敬值得尊敬的人。

⑧ 威威：惩罚应当惩罚的人。

⑨ 显民：《尚书易解》："显民，光显其民，谓尊宠之也。"

⑩ 用：因果连词，因此。　　肇：时间副词，始。　　区夏：小夏。周邦自称夏。《君奭》："惟文王尚克修和我有夏。"可证。周原位于今陕西西部，地域狭小，所以周自称区夏。文王时周才向东发展，进入今山西南部、陕西东南部和河南的西部地区。区，小。见《广雅·释诂》。"区夏"与下文"戎殷"相对。

⑪ 我西土：我们西土。周位于今陕西西部岐山地区，在殷西方。下文"东土"指殷商之地，与"我西土"相对。

⑫ 时：通"是"，这。　　怙：大。　　冒（xù）：通"勖"。《说文·力部》："勖，勉也。"

⑬ 闻于上帝：被上帝知道了。于，介词，介引动作行为的施动者。

⑭ 休：高兴。《广雅·释诂》："休，喜也。"

⑮ 殪（yì）：死。此指灭亡。　　戎殷：大殷。这里叙述当初自称为小夏的周灭亡了作为大邦的殷。

⑯ 诞：句首语助词，无义。

⑰ 时：承。　叙：次序。《尔雅·释诂》："叙，绪也。"

⑱ 乃：因果连词。《尚书易解》："言壹伐商，受命与民，惟承文王之绪，乃大兄武王勉力为之也。"　寡兄：大兄。此指周武王。详《尚书正读》。

⑲ 东土：卫国是殷商故地，在河、淇之间，相对周而言在东方，故称东土。《史记·卫康叔世家》："周公旦以成王命兴师伐殷，杀武庚禄父、管叔，放蔡叔。以武庚殷余民封康叔为卫君，居河、淇间故商墟。"

【译文】

王这样说："孟侯，我的弟弟，年轻的封啊！你的伟大英明的父亲文王，能够崇尚德教，慎用刑罚；不敢欺侮无依无靠的人，任用可以任用的人，尊敬值得尊敬的人，惩罚应当惩罚的人，尊宠民众，因而开始造就了我们小夏，和我们的几个友邦共同治理我们西方。文王这种极大的努力，被上帝知道了，上帝很高兴，就降大命给文王。灭亡大国殷，接受上帝的大命和殷国殷民，继承文王的基业，是你的长兄武王努力所致，所以你这年轻的封才被分封在这东土。"

【段意】

第二段，周公总结历史经验，指出明德慎罚是治政的根本思想策略。

王曰："呜呼！封，汝念哉！今民将在祗遹乃文考[①]，绍闻衣德言[②]。往敷求于殷先哲王用保乂民[③]，汝丕远惟商耇成人宅心知训[④]。别求闻由古先哲王用康保民[⑤]，弘于天。若德裕乃身[⑥]，不废在王命[⑦]！"

王曰："呜呼！小子封，恫瘝乃身[⑧]，敬哉[⑨]！天畏棐忱[10]。民情大可见，小人难保。往尽乃心，无康好逸豫，乃其乂民。我闻曰：'怨不在大，亦不在小。惠不惠[11]，懋不懋[12]。'已[13]！汝惟小子[14]，乃服惟弘王应保殷民[15]，亦惟助王宅天命[16]，作新民。"

【注释】

①在：观察。《尔雅·释诂》："在，察也。" 祗：敬。《尔雅·释诂》："祗，敬也。" 遹（yù）：遵循。《尔雅·释诂》："遹，循也。"

②绍：通"劭"，尽力。 闻：听取。 衣：即"殷"。《中庸》："壹戎衣而有天下。"郑玄注："'衣'读为'殷'，声之误也。齐人言'殷'声如'衣'。"上古"衣"为影母微部字，"殷"为影母文部字，二字双声，微文旁转，例得通用。

③敷：普遍。 乂：养。

④丕：程度副词，可译为"很""大大地"。 惟：思。 耇（gǒu）成人：德高望重的长者。耇，老。 宅：揣度。 训：教训。

⑤别：另外。 由：遵从，遵照。 古先哲王：与上文"殷先哲王"对举，当指虞夏时代的哲王。周公告诫康叔治理殷商故地，要寻求殷商和古代明君贤臣的治国之法。 康：安。

⑥若：顺。 裕：指导。《广雅·释诂》："裕，道也。"

⑦不废在王命：不停地完成王命。废，止。在，完成。《尔雅·释诂》："在，终也。"于省吾认为"在"通"于"。"不废在王命"即"不废于王命"。存参。

⑧恫（tōng）：痛。 瘝（guān）：病。

⑨敬：谨慎。

⑩ 畏：通“威”，德。《广雅·释言》：“威，德也。”王念孙疏证引《风俗通义·十反》篇曰：“《书》曰：‘天威棐谌。’言天德辅诚也。”

⑪ 惠不惠：使不顺从者顺从。

⑫ 懋：勉力。

⑬ 已：叹词。《孔传》作“已乎”，当为呼告之声。

⑭ 惟：《词诠》：“句中助词，无义。”

⑮ 服：职责。　　弘：大。这里是宽大。见《尚书易解》。　　应保：接受和保有。同“承保”。《经义述闻》：“‘应保’犹‘受保’也。”

⑯ 亦惟：也是。

【译文】

王说：“啊！封，你要考虑啊！现在殷民将观察你恭敬地追随文王，努力听取殷人的好意见。你去了殷地，要遍求殷代圣明先王用来保养民众的方法，你还要深远思考殷商长者揣度民心的明智教导。另外，你还要探求遵从上古圣明帝王的治国之法，以安保民众，这比天还宏大。你要用和顺的美德指导自己，不停地去完成王命！”

王说：“啊！年轻的封，治理国家应当苦身劳形，要谨慎啊！上天辅助诚信的人。民情大致可以看出，小百姓难于安定。你去殷地要尽你的心意，不要苟安贪图逸乐，这样才会治理好民众。我听说：‘民怨不在于大，也不在于小。要使不顺从的顺从，不努力的努力。’啊！你这个年轻人，你的职责就是宽大对待王家所接受、保护的殷民，也是辅佐王家揣度天命，革新殷民。”

【段意】

第三段，告诫康叔取法殷商先王和远古哲王，尚德保民，尽心政事。

王曰："呜呼！封，敬明乃罚。人有小罪，非眚[1]，乃惟终自作不典[2]；式尔[3]，有厥罪小[4]，乃不可不杀。乃有大罪，非终，乃惟眚灾[5]；适尔，既道极厥辜，时乃不可杀。"

王曰："呜呼！封，有叙时[6]，乃大明服[7]，惟民其敕懋和[8]。若有疾，惟民其毕弃咎。若保赤子[9]，惟民其康乂。

"非汝封刑人杀人，无或刑人杀人。非汝封又曰劓刵人[10]，无或劓刵人。"

王曰："外事[11]，汝陈时臬司师[12]，兹殷罚有伦[13]。"又曰："要囚[14]，服念五六日至于旬时[15]，丕蔽要囚[16]。"

王曰："汝陈时臬事罚[17]。蔽殷彝[18]，用其义刑义杀[19]，勿庸以次汝封[20]。乃汝尽逊曰时叙[21]，惟曰未有逊事[22]。已！汝惟小子，未其有若汝封之心[23]。朕心朕德，惟乃知。

"凡民自得罪[24]：寇攘奸宄[25]，杀越人于货[26]，暋不畏死[27]。罔弗憝[28]。"

王曰："封，元恶大憝[29]，矧惟不孝不友[30]。子弗祗服厥父事[31]，大伤厥考心；于父不能字厥子[32]，乃疾厥子[33]；于弟弗念天显[34]，乃弗克恭厥兄；兄亦不念鞠子哀[35]，大不友于弟。惟吊兹[36]，不于我政人得罪[37]，天惟与我民彝大泯乱[38]。曰：乃其速由文王作罚[39]，刑兹无赦[40]。

"不率大戛[41]，矧惟外庶子、训人惟厥正人越小臣、诸节[42]。乃别播敷造民[43]，大誉弗念弗庸，瘝厥君；时乃引恶[44]，惟朕憝。已！汝乃其速由兹义率杀[45]。

"亦惟君惟长[46]，不能厥家人越厥小臣、外正[47]，惟威惟虐，大放王命，乃非德用乂。

“汝亦罔不克敬典。乃由裕民㊽，惟文王之敬忌㊾；乃裕民曰：‘我惟有及㊿。’则予一人以怿。”

【注释】

①眚（shěng）：过失。

②乃惟：并列连词，与上文的“非”构成“非……乃惟……”，可译为“不是……而是……” 终：终久、永久。 典：法。

③式：句首语助词。 尔：如此。 又，吴汝纶《尚书故》：“‘式尔’者，常然也。式，法也；法，常也。常、法同训。”下文“适尔”，蔡沈《书集传》释为“偶尔”，吴氏云：“《文选·王命论》注：‘适，遇也。’《尔雅》：‘遇，偶也。’此‘适’可训‘偶’之证。‘适尔’，偶然也。《鬼谷子》注：‘适然者，有时而然也。’”存参。

④有：虽然。《尔雅·释训》：“有，虽也。”

⑤眚灾：因过失而造成的灾害。

⑥有叙：附音词，即“叙”，顺从，“有”为词头，无义。 时：这。指代上节“杀终赦眚”的方法。

⑦服：诚服。

⑧敕：告诫。 懋：勉力。 和：顺。

⑨赤子：小孩。

⑩劓（yì）：古代刑罚，割鼻。 刵（èr）：古代刑罚，断耳。

⑪外事：判理案件的事。江声说：“外事，听狱之事也。听狱在外朝，故云外事。”

⑫陈：宣布。 臬：法律。 司：治理，管理。 师：士师，狱官。

⑬ 伦：条理。

⑭ 要囚：囚禁犯人。要，通“幽”，囚禁。上古“要”为影母宵部字，“幽”为影母幽部字，二字双声，幽、宵旁转，例得通用。要囚即幽囚。幽，《荀子·王霸》：“公侯失礼则幽。”杨倞注：“幽，囚也。”“囚”上古音亦属幽部，与“幽”叠韵，可通。

⑮ 服：思考。《诗经·周南·关雎》：“寤寐思服。”《毛传》：“服，思之也。”又，有学者认为这里的“服”字与《关雎》的“服”字都当读为“报”。《关雎》“报”训为“答”，这里“报”则依《说文》释为“当罪人”，即判决罪犯。这里的断句也许应当是“要囚服，念五、六日至于旬时，丕蔽要囚”，“要囚”为名词，指被幽囚之人，全句是说：判决被监禁的囚犯，要考虑五六天，甚至十天，才予以决断。存参。

⑯ 丕：《经传释词》：“犹‘乃’也。” 蔽：判断。

⑰ 事罚：施行刑罚。

⑱ 蔽殷彝：即蔽以殷彝，用殷法判断案件。彝，法。

⑲ 义：宜，合理。

⑳ 勿庸：不用。 次：《荀子·宥坐》引作“即”。即，就，从。 以次汝封：顺从你封的心意。

㉑ 乃：假设连词，假如。 逊：顺从。

㉒ 惟：应当。《吕氏春秋·知分》注：“惟，宜也。”

㉓ 其：句中语气助词。 有：或。 若：顺从。

㉔ 自：由。《经传释词》：“‘自’，词之‘用’也。《书·康诰》曰：‘凡民自得罪。’某氏传训‘自’为‘用’。”“用，词之‘由’也。” 自得罪：由此得罪。

㉕ 寇攘奸宄：《尚书易解》：“寇，贼也。攘，夺也。”奸，在外作乱。

宄，在内作乱。

㉖越人：远人。越，远。见《广雅·释诂》。　于：《尚书故》："取也。"

㉗暋（mǐn）：强横。

㉘罔弗憝（duì）：没有人不怨恨。憝，怨恨。

㉙元：大。　大憝：令人极其痛恨的人。

㉚矧：也。《经传释词》："矧，犹'亦'也。"　孝、友：《尔雅·释训》："善父母为孝，善兄弟为友。"

㉛祗：恭敬。　服：治理。

㉜于：为。见《仪礼·士冠礼》郑玄注。一说"于"作并列连词。字：爱。

㉝疾：恶。

㉞天显：指天伦。

㉟鞠子：幼子。《尔雅·释言》："鞠，稚也。"　哀：痛苦。

㊱吊：《尔雅·释诂》："至也。"　兹：这。指代上文不孝不慈不恭不友的情况。

㊲于：《孔疏》："犹'由'也。"　政人：执政的人。

㊳泯：混乱。

㊴速：迅速地。　由：可译为"按照"。　又，孙星衍以"乃其速由"断句，释"速"为"招致"，认为"由"是"訧"的假借字。孙疏："乃其自召罪訧，不可旁及亲属。《酒诰》曰：'惟民自速辜。'《多方》云：'乃惟尔自速辜。'语意正同。""《后汉书·王符传》云：'夫养稂莠者伤禾稼，惠奸轨者贼良民。《书》曰：'文王作罚，刑兹无赦。'《风俗通·皇霸篇》《潜夫论·述赦篇》引同《后汉书》，则知'乃其速由'不相属也。"郭店楚简《成之闻之》引《康弇（诰）》："不还大暊（戛），文王

复（作）罚，型（刑）丝（兹）亡惥（赦）。”简文所引《康诰》语序与传世本有异，“不率大戛”句在“文王作罚”前，可知简本“乃其速由”与“文王作罚”不相连，可与孙说一并存参。

㊵ 兹：这。指代上文不孝不友的人。

㊶ 率：遵循。　戛（jiá）：常法。蔡沈《书集传》：“戛，法也。”郭店楚简《成之闻之》：“《康奡（诰）》曰：‘不还大暊（戛），文王复（作）罚，型（刑）丝（兹）亡惥（赦）。’此言也，言不霥大祟（常）者，文王之型莫𦤎（重）安（焉）。是故君子慎六位以祀天常。”则简文也释“暊（戛）”为常。可为佐证。

㊷ 庶子、训人：均为掌管教育的官。　惟：并列连词，与，和。《经传释词》：“‘惟’犹‘与’也，及也。”黄侃笺识：“‘与’之借。”　小臣：内侍官员。江声说：“小臣，掌君之小命者。”　诸节：掌管符节的官。《秦誓》马融注：“诸节，诸受符节有司也。”

㊸ 播敷：播布。　造：通“告”。殷敬顺、陈景元《列子·杨朱》释文：“‘造’本作‘告’。”

㊹ 引：增长。

㊺ 由：介引动作行为所凭借的依据，可译为“按照”。　义：读为“仪”，法。《经义述闻》：“古者书‘仪’但为‘义’。”《说文》：“仪，度也。”徐锴云：“度，法度也。”《墨子》：“置此以为法，立此以为仪，将以量度天下之王公大人、卿大夫之仁与不仁。”“法”“仪”近义对文。　率杀：捕杀。率，捕。《说文·率部》：“率，捕鸟毕也。”　又，孙星衍此处亦以“乃其速由”句绝，孙疏：“言此诸臣为汝召訧，当循其义刑以诛罚之。”

㊻ 君、长：指诸侯。

㊼ 外正：外官。　　小臣、外正：泛指内外官员。

㊽ 乃：往。见《广雅·释诂》。下文“乃”同。　　由裕：即“猷裕”，教导。《方言》：“裕，猷，道也。东齐曰‘裕’，或曰‘猷’。”

㊾ 敬忌：指敬德忌恶。

㊿ 有及：附音词，及，谓及之，承上文省。及之，就是及文王那样赏善罚恶。

【译文】

王说：“啊！封，要谨慎严明你的刑罚。如果一个人犯了小罪，不是过失，而是经常自作不法；这样，即使他的罪行小，却不可不杀。如果一个人犯了大罪，不是坚持作恶不肯悔改，而是因过失造成灾害；偶然这样，并且他已经全部交代了他的罪过，这个人就不可杀。”

王说：“啊！封，能够顺从这样去做，就都会明白上意，心悦诚服；民众就会互相告诫，和顺相处。像自己有病一样看待臣民犯罪，臣民就会完全抛弃罪恶。像保护小孩一样保护臣民，臣民就会康乐安定。

“不是你姬封刑人杀人，没有人敢刑人杀人。不是你姬封有令要割鼻断耳，没有人敢施行割鼻断耳的刑罚。”

王说：“判断案件，你要宣布这些法则管理狱官，这样，殷人的刑罚才会有条理。”王又说：“囚禁的犯人，必须考虑五、六天，乃至十天，才判决他们。”

王说：“你宣布这些法律进行惩罚。判断案件要依据殷人的常法，采用适宜的刑杀条律，不要随心所欲。假如完全顺从你的意志断案才叫顺当，应当说不会有顺当的事。唉！你是年轻人，不可顺从你姬封的心意。我的心意，你要理解。

“民众凡因这些行为犯罪：偷窃、抢夺、内外作乱，杀远人取财货，强横不怕死。这些罪行没有人不怨恨。”

王说：“封啊，元凶首恶之外，也有些是不孝顺不友爱的。儿子不认真治理他父亲的事，大伤他父亲的心；父亲不能爱怜他的儿子，反而厌恶儿子；弟弟不顾天伦，不尊敬他的哥哥；哥哥也不顾念小弟弟的痛苦，对小弟弟极不友爱。父子兄弟之间竟然到了这种地步，不由行政人员去惩罚他们，上帝赋予民众的常法就会大混乱。我说，就要赶快使用文王制定的刑罚，惩罚这些人，不要赦免。

“不遵守国家大法的，也有诸侯国的庶子、训人和正人、小臣、诸节等官员。他们竟然另外发布政令告谕民众，大肆称誉不顾念、不执行国家法令的人，危害国君；这就助长了恶人，我怨恨他们。唉！你应该迅速根据这些法规捕杀他们。

“也有这种情况，诸侯不能教育好他们的家人和内外官员，作威肆虐，完全违背王命，这些人就不可用德去治理。

“你也不能不遵守法令。前往教导民众，要思念文王的赏善罚恶；前往教导民众说：‘我们只求继承文王。’那么，我就高兴了。”

【段意】

第四段，告诫康叔用刑的原则和刑律，告诫谨慎用刑。

王曰：“封，爽惟民迪吉康①，我时其惟殷先哲王德②，用康乂民作求③。矧今民罔迪④，不适⑤；不迪，则罔政在厥邦⑥。”

王曰：“封，予惟不可不监，告汝德之说于罚之行⑦。今惟民不静，未戾厥心[⑧]，迪屡未同，爽惟天其罚殛我[⑨]，我其不怨。惟厥罪无在大，亦无在多，矧曰其尚显闻于天[⑩]？”

王曰：“呜呼！封，敬哉！无作怨[⑪]，勿用非谋非彝蔽时忱[⑫]。丕则敏德[⑬]，用康乃心[⑭]，顾乃德，远乃猷[⑮]，裕乃以[⑯]。民宁，不汝瑕殄[⑰]。”

【注释】

① 爽惟：句首语助词。《经传释词》：“凡《书》言‘爽惟’‘丕惟’‘洪惟’‘诞惟’‘迪惟’‘率惟’，皆词也。” 迪：教导。 吉：善。

② 时：时间副词，表示动作经常发生，可译为“时时”。《古书虚字集释》：“‘时’，犹‘常’也。”《古汉语同义虚词类释》谓“时”之“常”义“似由‘时节’之义引申虚化而来，时节有常，故‘时’得以训‘常’”。 其：将要。 惟：思念。

③ 求：通“逑”，匹配。《诗经·周南·关雎》：“窈窕淑女，君子好逑。”《毛传》：“逑，匹也。”

④ 矧：亦，并且。 迪：意为受到教导。

⑤ 适：善良。《广雅·释诂》：“适，善也。”玄应《一切经音义》：“适，谓善好称人心也。”

⑥ 罔政：没有德政。 则罔政在厥邦：《孔传》：“则无善政在其国。”

⑦ 于：并列连词，《经传释词》：“犹‘越’也，‘与’也。” 行：道理。

⑧ 戾：安定。《诗经·小雅·雨无正》：“周宗既灭，靡所止戾。”《毛传》：“戾，定也。”

⑨ 殛：诛责。

⑩ 矧：何况。《玉篇》："况也。" 曰：通"聿"，句中语气助词。

⑪ 作：造作。

⑫ 蔽：堵塞。 忱：诚。

⑬ 丕则：承接连词，于是。见《经传释词》。 敏：努力。《礼记·中庸》："人道敏政，地道敏树。"郑玄注："敏，犹'勉'也。"敏、勉双声，故得通用。

⑭ 乃：相当于"其"，指殷民。

⑮ 猷：通"繇"，繇役。《诗经·小雅·巧言》："秩秩大猷。"《汉书·叙传》注作"秩秩大繇"。

⑯ 裕乃以：足其衣食。以，用也。

⑰ 瑕：病，挑毛病，责备。 殄：绝。 这是个宾语前置句。"瑕"也可能是通"遐"。瑕、遐古可通用。《诗经·小雅·隰桑》："遐不谓矣。"《礼记·表记》引作"瑕"。《诗经·邶风·泉水》传："瑕，远也。"《诗经·周南·汝坟》："既见君子，不我遐弃。""不我遐弃"与"不汝瑕殄"句式相近，"遐弃""遐殄"意义可能也相近，都指远远地抛弃、断绝。存参。

【译文】

王说："封啊，民众受到教化才会善良安定，我们时时要思虑殷代圣明先王的德政，用安治殷民与他们媲美。并且现在的殷民不加教导，就不会善良；不加教导，殷国就没有德政。"

王说："封啊，我们不可不看清这些，我已经告诉你施行德政的意见和招致责罚的道理。现在民众不安静，民心不安定，屡屡教导仍然不和顺，上天将要责罚我们，我们就不可怨恨。本来罪过不在于大，也不在于多，何况这些罪过还被上天明显地听到呢？”

王说：“唉！封，要谨慎啊！不要制造怨恨，不要使用不好的计谋、不合法的措施来以蔽塞你的诚心。于是努力施行德政，以安定殷民的心，顾念他们的善德，宽缓他们的徭役，丰足他们的衣食。民众安宁了，上天就不会责备和抛弃你了。”

【段意】

第五段，指出“殷民不静”的现实危机，告诫康叔必须用德政教化殷民。

王曰：“呜呼！肆汝小子封①。惟命不于常②，汝念哉！无我殄享③，明乃服命④，高乃听⑤，用康乂民。”

王若曰：“往哉！封，勿替敬，典听朕告⑥，汝乃以殷民世享⑦。”

【注释】

① 肆：努力、尽力。

② 命：郑玄说：“命，天命也。天命不于常，言不专佑一家也。”

③ 殄：尽，绝。　　享：劝告。

④ 明：勉。　　乃：你的。

⑤ 高：《广雅·释诂》：“敬也。”

⑥ 典：时间副词，常。

⑦ 以：与。　　世享：世世享有殷国。　　以殷民世享：康叔封在卫国，卫国的民众都是殷商遗民，所以说与殷民世享。

【译文】

王说："啊，努力吧！你这年轻的姬封。天命不仅仅帮助一家，你要记住啊！不要拒绝我的忠告，勉力履行你的职责，重视你的听闻，用来安治民众。"

王这样说："去吧！姬封啊，不要放弃警惕，经常听取我的忠告，你就可以和殷民世世代代享有殷国。"

【段意】

第六段，告诫康叔必须听从教命。

酒诰第十二

【题解】

《酒诰》是中国文字记载历史上的第一篇限酒令。卫国处在殷商故地，饮酒风气盛行，经常“群饮”“崇饮”。周公从巩固政权的高度认识到移风易俗的重要性，命令康叔在卫国限酒。史官记录诰词，写成《酒诰》。

限酒令的制定首先是为了节约粮食（惟曰我民迪小子惟土物爱）。周以农业立族、立国，周的始祖后稷是舜帝时主管农业的官员。在生产力尚不发达的上古时期，农耕民族深知稼穑艰难，因此对粮食格外珍惜。周公在《无逸》篇中也告诫官员“先知稼穑之艰难，乃逸，则知小人之依”，希望官员们要懂得农事的不易。节约粮食的优良传统在后代一直延续，悯农也成为中国文学一大主题。

周公限酒也鉴于历史的经验教训。商王朝从成汤到帝乙的历代君王、大臣、方伯都忙于政事，无暇耽乐纵酒，所以享有天下。这些是历史的成功经验。商纣王大肆饮酒，游乐过度，民德沦丧，邦国覆灭，这是历史的失败教训。限酒也是天命的要求，正如前面各篇所分析的那样，在周朝天命与民意相一致。“弗惟德馨香祀，登闻于天；诞惟民怨，庶群自酒，腥闻在上。故天降丧于殷，罔爱于殷”，殷商群饮无度，民怨沸腾，上天有所察知，就降下灾祸处罚殷商。周公认识到为了贯彻敬德保民的治国主张，必须限酒，只有限酒才能够获得民心，才能获得上天的眷顾。

周公禁酒，既显示出雷霆万钧的政治魄力，也显示出政治理性、司法理性和人文理性高度融合的政治智慧，既有灵活的选择性，又有严格的规定性。他强调对于触犯限酒令的周朝治事官员必须严惩不贷，而对于触犯限酒令的殷商遗民，则采取先教育后惩治的策略。同时，限酒令不是禁酒令，周公显然意识到酒在人类情感世界中的重要作用，对于培养慎终追远、孝敬父母的美德有所裨益。周公规定两种情况可以饮酒。一是祭祀可以饮酒，周代文献屡见。诸如《诗经·大雅·旱麓》："清酒既载，骍牡既备。以享以祀，以介景福。"《诗经·大雅·既醉》："既醉以酒，既饱以德。君子万年，介尔景福。"以酒、德飨神祭祀。《诗经·小雅·楚茨》："我仓既盈，我庾维亿。以为酒食，以享以祀。以妥以侑，以介景福。"该诗下文云："祝祭于祊，祀事孔明。先祖是皇，神保是飨。孝孙有庆，报以介福，万寿无疆。"说明此诗所叙写的是祭祀先祖。二是努力务农经商，孝养父母，父母高兴，置办丰盛宴席，也可以饮酒。以酒飨父母与以酒祭祖本质上是一致的。孔子论孝，云："生，事之以礼；死，葬之以礼，祭之以礼。""以酒飨父母"谓"生，事之以礼"；以酒祭祖则可谓"死，祭之以礼"。酒本身无所谓美丑善恶，酒能飨神，亦能犯神，关键在于人如何对待它，归根结底仍然是德性问题。

《酒诰》中周公还引用"人无于水监，当于民监"的格言，强调通过察看民情考察政治得失，对后代政治家产生了重大影响。"监"的构形表明，在铜镜发明以前，先民们常用水来观察自己的相貌。“监”的甲骨文字形像一个人弓身跪坐在盛放水的容器前俯照面容，可知古时确有以水为镜的习惯，后来随着金属冶炼技术的产生和发展，铜镜逐渐兴起，代替了“水镜”，“镜”代替“监”。以镜喻事，《酒诰》为首创，后屡见载籍。《墨子·非攻中》：“古者有语曰：‘君子不镜于水，而镜于人。镜于水，见面之容；镜于人，则知吉与凶。’”《旧唐书·魏徵列传》记载唐太宗闻魏徵殂逝，感叹曰：“夫以铜为镜，可以正衣冠；以古为镜，可以知兴替；以人为镜，可以明得失。”当下，镜鉴仍然是我们知古识今、知人善任、知过即改的重要方法。

酒　诰

王若曰：“明大命于妹邦①。乃穆考文王②，肇国在西土③。厥诰毖庶邦、庶士越少正、御事朝夕曰④：‘祀兹酒⑤。’惟天降命⑥，肇我民⑦，惟元祀⑧。天降威⑨，我民用大乱丧德⑩，亦罔非酒惟行⑪；越小大邦用丧，亦罔非酒惟辜。

“文王诰教小子有正有事⑫：无彝酒⑬。越庶国⑭：饮惟祀，德将无醉⑮。惟曰我民迪小子惟土物爱⑯，厥心臧。聪听祖考之彝训⑰，越小大德⑱。

“小子惟一妹土⑲，嗣尔股肱⑳，纯其艺黍稷㉑，奔走事厥考厥长㉒。肇牵车牛㉓，远服贾用㉔，孝养厥父母；厥父母庆，自洗腆㉕，致用酒㉖。

“庶士、有正越庶伯、君子㉗，其尔典听朕教㉘！尔大克羞耇惟君㉙，尔乃饮食醉饱。丕惟曰尔克永观省㉚，作稽中德[31]，尔尚克羞馈祀[32]。尔乃自介用逸[33]，兹乃允惟王正事之臣[34]。兹亦惟天若元德[35]，永不忘在王家[36]。"

【注释】

①明：宣明，昭告。　妹邦：指卫国。妹是古"沬"字。《诗经·鄘风·桑中》："爰采唐矣，沬之乡矣。"《毛传》："沬，卫邑。"今河南淇县。　有学者认为，"明大命于妹邦"是史官记录诰命时插入的一句话，目的是说明王发布诰命的地点。存参。

②乃：时间副词，当初，从前。《广雅·释诂》："乃，往也。"王念孙据《汉书》颜师古注指出先秦两汉文献中的"乃者"即"曩者"，亦即"过往""往昔"。按：今文《尚书》无"者"字（仅《洪范》有一"者"字，可能是传抄讹误），这里的"乃"或许正相当于"乃者"。　穆考：尊敬的先王。蔡沈《书集传》："穆，敬也。《诗》曰'穆穆文王'是也。"《孔传》谓"父昭子穆，文王第称穆"，亦通。

③肇：通"肁（zhào）"，创建。《说文·户部》："肁，始开也。"　西土：周在殷的西方，故称"西土"。周朝自始祖后稷封于邰，公刘迁邠，太王迁岐，都在西方。文王治岐，后迁丰。

④厥：其，指文王。　毖：《尚书今古文注疏》："'毖'同'必'。"《广雅·释诂》："必，敕也。"　庶邦：各国诸侯。　庶士：众卿士。　越：和。　少正：副长官。蔡沈《书集传》："少正，官之副贰。"　御事：指一般办事官员。

⑤兹：则。《经传释词》："兹，犹'斯'也。《书·酒诰》：'朝夕曰：祀兹酒。'言朝夕戒之曰：惟祭祀斯用酒也。""斯，犹'则'也。"《尚书正读》："兹，则也。声之转。祀兹酒，犹云祀则酒，即下文诰教小子饮惟祀也。"上古"兹"为精母之部字，"则"为精母职部字，二字双声，之、

职对转,例得相通。

⑥ 惟:语气助词。　　命:福命,与下文“威”相对。

⑦ 肇:敏,指劝勉。《尔雅·释言》:“肇,敏也。”

⑧ 惟:只是。　　元:大。　　祀:祭祀。　　又,俞樾撰《周文王受命称王改元说》,释“元祀”为“元年”。王国维也认为“惟元祀”即是“指文王受命改元,非指祀事”。清华简《程寤》:“隹王元祀正月既生魄,大姒梦见商廷隹棘,乃小子发取周廷梓树于厥间,化为松柏棫柞,寤惊,告王,王弗敢占,召大子发……占于明堂。王及大子发并拜吉梦,受商命于皇上帝。”刘国忠认为这一记载即《酒诰》“惟天降命,肇我民,惟元祀”之所指,《酒诰》“惟元祀”即清华简《程寤》“隹王元祀”。存参。

⑨ 威:罚。

⑩ 用:通“庸”,通常。见《尚书易解》。

⑪ 惟:为。　　行:言语,指口实。《尔雅·释诂》:“行,言也。”　　亦罔非酒惟行:也没有不是用酗酒作为口实。

⑫ 小子:指文王的子孙。　　有正:附音词,指大臣。“有”为其前附音节,无义。正,政。　　有事:指小臣。　　有正有事:指在中央王朝担任大小职务的文王子孙。

⑬ 无:通“毋”,不要。　　彝:时间副词,经常。

⑭ 越:和。　　庶国:指在诸侯国任职的文王子孙。

⑮ 德将:以德自助。将,扶助。

⑯ 小子:这里指臣民的子孙。　　土物:指土里生长出来的农作物。　　爱:惜。

⑰ 聪:听清楚。

⑱ 越：发扬。《尔雅·释诂》："越，扬也。"

⑲ 小子：指留居卫国的殷遗民。与下文"庶士、有正"相对。

⑳ 嗣：习。《诗经·郑风·子衿》："子宁不嗣音。"《毛传》："嗣，习也。"这里指熟练运用。　股：大腿。　肱：胳膊从肘到肩的部分。

㉑ 纯：专一，专心。《国语·晋语》贾逵注："纯，专也。"　艺：种植。

㉒ 奔走：《尚书释义》："意谓勤勉也。"　事：侍奉。

㉓ 肇：敏，这里作勉力解。

㉔ 服：从事。　贾（gǔ）：本义指坐商。这里"贾用"连文，贾用，贸易。

㉕ 洗腆：洁净丰盛的膳食。蔡沈《书集传》："洗以致其洁，腆以致其厚。"腆，《说文·肉部》："设膳腆。腆，多也。"

㉖ 致：得到。

㉗ 伯：方伯。　君子：指在位官员。《荀子·大略》："君子听律习容而后士。"杨倞注："君子，在位者之通称。"　庶士、有正、庶伯、君子：都指卫国的群臣。

㉘ 其：希望。表示祈使语气。　典：常，经常。

㉙ 羞：进献。　耇：指长辈。　惟：与。

㉚ 丕：句首语助词，无义。　惟：思。　观省（xǐng）：省察。省，察，视。

㉛ 作：举动，泛指言行。　稽：《周礼·天官·小宰》郑众注："合也。"谓符合。　中德：中正的美德。

㉜ 馈祀：郑玄说："助祭于君。"国君祭祀，选择贤臣助祭。

㉝ 乃：假设连词，假如。　介：通"界"，限制。《后汉书·马融传》注："界，犹限也。"见《尚书易解》。　用逸：指饮酒。用，行。

㉞ 允：时间副词，长期。杨树达《尚书说》："允，当读为'骏'，长也。" 惟：是。 正：主管官员。 事：一般办事官员。

㉟ 若：善，赞美。 元：善。

㊱ 永不忘在王家：永远不会被王家忘记。王充耘说："永不忘在王家，所谓有成绩以纪于太常之类。"在，介词，介引动作行为的施动者。

【译文】

王这样说："要在卫国宣布一项重大教命。当初，穆考文王在西方创立国家。他早晚告诫各国诸侯、各位卿士和各级官员说：'祭祀时才饮酒。'上帝降下福令，劝勉我们臣民，只在大祭时才饮酒。上帝降下惩罚，我们臣民平常大乱失德，也没有不是以酗酒作为口实的；大小国家平常灭亡，也没有不是以酗酒作为罪过的。

"文王还告诫在王朝担任大小官职的子孙：不要经常饮酒。告诫在诸侯国任职的子孙：只有在祭祀时才可以饮酒，并要用德把持自身，不要喝醉了。文王还告诫我们的臣民要教导子孙珍惜粮食，使他们心地善良。我们要听清前辈的伦常教训，发扬大大小小的美德。

"殷民们，你们要专心住在卫国，继续发挥你们的力量，专心种植黍稷，勤勉侍奉你们的父辈和长辈。（农事完毕以后）勉力牵牛赶车，到外地去从事贸易，孝顺赡养父母；父母高兴，你们置办了洁净丰盛的膳食，可以饮酒。

"各级官员们，你们要经常听从我的教导！你们都能进献酒食给老人和君主，你们就能喝醉吃饱。我想，你们能够长期坚持自我省察，使自己的言行符合中正的美德，你们就还能够参加国君举行的祭祀。你们如果自己限制行乐饮酒，这样就能长期成为王家的治事官员。这些是上帝所赞赏的美德，将永远不会被王家忘记。”

【段意】

第一段，周公指出酗酒的危害，申述事神孝亲才准饮酒的规定，劝勉殷民和官员们节制饮酒。

王曰：“封，我西土棐徂邦君御事小子①，尚克用文王教，不腆于酒②，故我至于今，克受殷之命。”

王曰：“封，我闻惟曰③：‘在昔殷先哲王迪畏天显小民④，经德秉哲⑤。自成汤咸至于帝乙⑥，成王畏相惟御事⑦，厥棐有恭⑧，不敢自暇自逸，矧曰其敢崇饮⑨？越在外服⑩，侯甸男卫邦伯，越在内服，百僚庶尹惟亚惟服宗工越百姓里居⑪，罔敢湎于酒。不惟不敢，亦不暇⑫，惟助成王德显越⑬，尹人祗辟⑭。’

“我闻亦惟曰：‘在今后嗣王⑮，酣⑯，身厥命⑰，罔显于民祗⑱，保越怨不易⑲。诞惟厥纵⑳，淫泆于非彝㉑，用燕丧威仪㉒，民罔不衋伤心㉓。惟荒腆于酒，不惟自息乃逸㉔。厥心疾很㉕，不克畏死㉖。辜在商邑㉗，越殷国灭，无罹㉘。弗惟德馨香祀㉙，登闻于天㉚；诞惟民怨，庶群自酒㉛，腥闻在上。故天降丧于殷，罔爱于殷，惟逸。天非虐，惟民自速辜㉜。’”

【注释】

① 棐徂：辅助。黄式三说：“棐，辅也。”徂，通“助”。

② 不腆于酒：等于说不沉湎在酒中。腆，丰厚。

③惟：有。

④迪：句中语助词。　天显：天明，即天命。

⑤经：行。　秉：持。　哲：通“悊”。《说文·心部》：“悊，敬也。”

⑥咸：通“覃”，延续（见《尚书正读》）。又，胡厚宣认为“咸”为成汤名，指出甲骨卜辞中“咸”常与“上甲”“大丁”等商王一同出现，且“列王世次，咸在上甲和大丁之间，则其必为大乙汤无疑”，并说：“《书·酒诰》说‘自成汤咸至于帝乙’，又《多士》说‘自成汤至于帝乙’，句法相同，而《酒诰》称成汤为成汤咸。《太平御览·八三》引古本《竹书纪年》说‘汤有七名而九征’，《金楼子》也说‘汤有七号’，疑咸者当为汤之一名。”存参。　帝乙：商纣王的父亲。

⑦成王畏相：《尚书易解》认为就是有成就的国王和可敬畏的辅相。

⑧有恭：附音词，即“恭”，恭敬。

⑨崇：推崇。

⑩外服：外官，指诸侯。

⑪僚：官。　尹：正。　惟：与。　亚：次，正官的副职。　服：事。　宗工：指做官的宗室成员。　越：与。　百姓里居：指百官中退休后住在家里的人。见《尚书今古文注疏》。又，西周时期的《史颂鼎》铭文：“王在宗周令史颂省稣，瀾友里君百姓。”《矢令方尊》铭文：“舍三事命，众卿事寮、众诸尹、众里君、众百工；众诸侯，侯、甸、男，舍四方命。”基于上述，王国维、杨筠如、郭沫若等学者认为“里居”当为“里君”。存参。

⑫不惟不敢，亦不暇：不但不敢，也没有闲暇。

⑬ 显越:《尚书易解》:"显越,当连读,《释言》:'越,扬也。'显越,即显扬。"

⑭ 祇:敬,重视。　辟:法。　蔡沈《书集传》:"惟欲上以助成君德,而使之昭著;下以助尹人祇辟,而使之益不怠耳。"

⑮ 后嗣王:指纣王。

⑯ 酣:乐酒。《说文·酉部》:"酣,酒乐也。"

⑰ 身:通"傓"。《说文·人部》:"傓,神也。"神厥命,以其命为神,意谓有命在天。　又,杨树达《尚书说》:"'酣'为'甘酉'二字之误合,'酉',古'酒'字。'身'当读为'信',二字古音近。纣为长夜之饮,是甘酒也。纣言我生不有命在天,是信厥命也。"存参。

⑱ 显:明,昭著。　民祇:臣民所重视的事。

⑲ 保:安。　越:于。

⑳ 诞惟:句首复音语助词。　纵:《尔雅·释诂》:"乱也。"

㉑ 泆:通"佚",乐。　淫泆于非彝:即游乐在违反常法的活动中。

㉒ 用:《词诠》:"介词,由也,因也。"　燕:通"宴",宴饮。江声《尚书集注音疏》:"纣为酒池肉林,使男女裸而相逐其间,故言大放纵淫泆于非法,以燕饮丧其威仪。"

㉓ 衋(xì):《说文·血部》:"伤痛也。"

㉔ 乃:他的。　逸:过失。《尔雅·释言》:"逸,过也。"

㉕ 很:狠。

㉖ 克:《尚书核诂》:"犹'肯'也。"

㉗ 辜:罪过。这里用作动词,作恶。

㉘ 无:没有……过。　罹:忧。

㉙ 弗:不。　惟:有。　馨香:芳香。

㉚ 登：升。

㉛ 庶群：指纣王的群臣。　　自酒：私自饮酒。

㉜ 速：招致。

【译文】

王说："封啊，我们西土辅导帮助诸侯和官员，还能够遵从文王的教导，不多饮酒，所以我们能够到今天，能够接受殷人的大命。"

王说："封啊，我听到有人说：'过去殷的圣哲先王畏惧天命和小老百姓，施行德政，保持恭敬。从成汤延续到帝乙，明君贤相都考虑着治理国事，他们辅政恭敬，不敢自己安闲逸乐，何况敢推崇饮酒呢？在外地的侯、甸、男、卫的诸侯，在朝中的各级官员、宗室贵族以及退休家居的官员，没有人敢沉湎在酒中。不但不敢，他们也没有闲暇，他们只想佐助成就王德，显扬王德，佐助长官重视法令。'

"我听到也有人说：'在近世的商纣王，好酒，以为有命在天，不明白臣民所重视的事，安于怨恨而不改。他大作淫乱，游乐在违反常法的活动之中，因宴乐而丧失了威仪，臣民没有不悲痛伤心的。商纣王只想放纵于酒，不想主动改过。他心地凶狠，不畏杀身之祸。他作恶在商都，对于殷国的灭亡，没有忧虑过。没有明德芳香的祭祀升闻于上天，只有民众的怨气、群臣私自饮酒的腥气被上天知晓。所以，上天对殷邦降下了灾祸，不再喜欢殷国，就是因为商纣王只是一味贪图淫乐。上天并不暴虐，只是殷民自己招致罪罚。'"

【段意】

第二段，从正反两方面总结殷商戒酒兴国、纵酒亡国的历史经验教训。

王曰："封，予不惟若兹多诰[①]。古人有言曰：'人无于水监[②]，当于民监。'今惟殷坠厥命，我其可不大监抚于时[③]！予惟曰汝劼毖殷献臣[④]，侯甸男卫，矧太史友[⑤]、内史友、越献臣百宗工[⑥]，矧惟尔事[⑦]、服休服采[⑧]，矧惟若畴[⑨]，圻父薄违[⑩]、农父若保[⑪]、宏父定辟[⑫]：'矧汝刚制于酒[⑬]！'

"厥或诰曰[⑭]：'群饮。'汝勿佚[⑮]，尽执拘以归于周[⑯]，予其杀[⑰]。又惟殷之迪诸臣惟工[⑱]，乃湎于酒，勿庸杀之[⑲]，姑惟教之[⑳]。有斯明享[㉑]，乃不用我教辞[㉒]，惟我一人弗恤弗蠲[㉓]，乃事时同于杀[㉔]。"

王曰："封，汝典听朕毖，勿辩乃司民湎于酒[㉕]。"

【注释】

①惟：想。　　若兹：如此。

②无：通"毋"，不要。　　监："鉴"的古字，盛水用以照自己面容的器具，好比后代镜子，这里引申用作动词"察看"。

③其：语气副词，难道。　　监抚：省察。抚，《文选·神女赋序》注："览也。"　　时：这。

④曰：句中语气助词，无义。　　劼（jié）：谨慎。《说文·力部》："劼，慎也。"又，李学勤认为，戎生编钟铭文"劼遣卤责（积），俾谮征緐汤"与晋姜鼎铭文"嘉遣我易（锡）卤责（积）千两（辆）"可对照，"劼"字实为"嘉"字的省体。按：《诗经·大雅·既醉》："公尸嘉告。"郑笺云："嘉告，以善言告之。"可参。　　毖：告诫。见《广韵》。　　献：贤。《尚书易解》："从'殷献臣'至'宏父定辟'共四十四字，均为'劼毖'之宾语。"

⑤ 矧：并列连词。《经传释词》："矧，又也。"下文二"矧"字同。　太史：与下文的内史都是史官。太史记事，内史记言。　友：同僚。

⑥ 越：与。　百：概数。　宗：尊。　工：官。　百宗工：许多尊贵的官员。

⑦ 矧惟：与上下文中的"矧""越"互文，与、和的意思。　尔：你的。　事：治事官员。

⑧ 服休：管理国君游宴休息的近臣。　服采：管理国君朝祭的近臣。

⑨ 若：你们。　畴：通"寿"。三寿，指下文圻父、农父、宏父三卿。《诗经·鲁颂·閟宫》："三寿作朋。"郑笺："三寿，三卿也。"见《尚书正读》。

⑩ 圻父：司马，掌管军事的卿。　薄：迫逐。这里作讨伐解。　违：违戾不顺，这里作叛乱解。

⑪ 农父：掌管农业的卿。　若：顺。　保：养。

⑫ 宏父：掌管度量土地和居民的卿。　辟：法。

⑬ 矧：句首语助词。《尚书易解》："矧，《说文》：'况也，词也。'此'矧'字为语首助词。"　刚：强。此处可译为"强行"。　制于酒：制止饮酒。制，断绝。

⑭ 厥：假设连词，可译为"如果"。详屈万里《尚书今注今译》。　或：有。　诰：同"告"，报告。

⑮ 佚：放纵。

⑯ 执拘：逮捕。

⑰ 其：将要。周初群饮罪行严重。《周礼·地官·司虣》："司虣掌

宪市之禁令,禁其斗嚣者与虣乱者、出入相陵犯者、以属游饮食于市者,若不可禁,则搏而戮之。”

⑱ 迪:句中语气助词。见《经传释词》。 惟:与。

⑲ 勿庸:不用。

⑳ 姑:副词,暂且。

㉑ 斯:近指代词,这样。 享:劝勉的意思。详《尚书骈枝》。

㉒ 乃:竟。 教辞:教导的话。

㉓ 我一人:同“予一人”。古代君王自称“予一人”。 恤:忧。这里义为“怜惜”。 蠲:免除罪过。

㉔ 事:治。 时:这,指这种人。 同于杀:同于群饮杀戮的罪。

㉕ 辩:《尚书核诂》:“《广雅》:‘使也。’古‘辩’与‘俾’通。《书序》:‘俾荣伯作《贿肃慎之命》。’马本‘俾’作‘辩’,即其证也。” 司民:指治民的官员。司,治。

【译文】

王说:“封啊,我不想如此详告了。古人有话说:‘人不要只从水中察看自己,应当从民情上察看自己。’现在殷商已丧失了他的福命,我们怎么能不大大地省察这个事实!我想你应该慎重告诫殷国的贤臣,侯、甸、男、卫的诸侯,朝中记事记言的史官,贤良的大臣和许多尊贵的官员,还有你的治事官员,管理游宴休息和祭祀的近臣,还有你的三卿,讨伐叛乱的圻父、顺养民众的农父、制定法度的宏父:‘你们要强行戒酒!’

“假若有人报告说:‘有人群聚饮酒。’你不要放纵他们,要全部逮捕起来押送到周都,我将杀掉他们。此外,殷商的辅臣百官沉湎在酒中,不用杀他们,暂且先教育他们。有这样明显的劝戒,竟然还有人不遵从我的教令，我不会怜惜，也不会赦免，处治这类人，同群聚饮酒者一样，要杀。”

王说：“封啊，你要经常听从我的告诫，不要使你的官员沉湎在酒中。”

【段意】

第三段，周公宣布限酒的法令条例。

梓材第十三

【题解】

《梓材》也是周公告诫康叔治理殷民的诰词。诰词中，周公用“若作梓材”比喻治国的道理，所以史官取“梓材”二字作为篇名。《史记集解》引孔安国曰：“告康叔以为政之道，亦如梓人之治材也。”

商亡周兴，颠倒了统治者和被统治者之间的关系，失去政权的殷商遗民反抗激烈。如何稳定政局，安定民心，一直是西周统治阶级政事考量的优先方向。周公采取政权更替的反常规政治手段，不是大刀阔斧，而是告诫康叔“汝若恒”，治理殷民必须先用殷商常典常法。“予罔厉杀人”，宽宥罪人，大赦天下。这些都是非常高明的政治策略。一个国家的典章制度就像一个民族的语言风俗一样，具有极大的心理接受惯性和社会延续性，争取民心则是政局稳定的基础。安民必须得民心养民心。“厥命曷以？‘引养引恬。’”周公强调为政者要注重运用政权的伦理依据和道德基础，只有不断强化政权的伦理依据和道德基础，民心才能思定，政权才能稳固，如此施政也具有充分的历史依据，“自古王若兹。”周公的政治主张对于缓和商周的民族矛盾和阶级矛盾，促进社会发展产生了积极作用，为周初的“成康之治”奠定了重要的思想基础，对于后代政治家的执政理念也有深远的影响。例如，诸葛孔明南征孟获七擒七纵，治蜀攻心为上，都是周公治殷策略思想的成功实践。

《梓材》的语言生动形象，表现出娴熟的艺术技巧。为了说明创业和守成的关系，连用种地、建房、作器三个生产生活中常见的事理做比喻。周族是农业民族，周人有发达的农耕文化，有深厚的农耕情结。而农耕文明和定居文明是互为因果的。《诗经·大雅》中的《绵》和《公刘》都有周人造屋作室的记载。种地、建房、作器，在周人的文化心理世界中占有突出的位置。《梓材》为研究比喻修辞格的文化心理因素提供了重要语料。

《梓材》与《康诰》《酒诰》三篇合用一个《书序》，学者们一般认为周秦时代只有《康诰》，西汉伏生始分为三篇。多数学者认为本篇内容前后不类，后一部分是大臣劝谏君王的话，怀疑是《尚书》别的篇目的错简。《尚书易解》细绎全篇，认为全篇"首尾连贯，条理井然"，可参看。

梓　材

王曰："封，以厥庶民暨厥臣达大家[1]，以厥臣达王惟邦君[2]，汝若恒[3]。

"越曰我有师师、司徒、司马、司空、尹旅曰[4]：'予罔厉杀人[5]。'亦厥君先敬劳[6]，肆徂厥敬劳[7]。

"肆往[8]，奸宄、杀人、历人[9]，宥[10]；肆亦见厥君事[11]、戕败人[12]，宥。

"王启监[13]，厥乱为民[14]。曰[15]：'无胥戕[16]，无胥虐，至于敬寡[17]，至于属妇[18]，合由以容[19]。'王其效邦君越御事[20]，厥命曷以[21]？‘引养引恬[22]。’自古王若兹，监罔攸辟[23]！

【注释】

① 以：介词，由、自。　暨：《词诠》：“等立连词，与也，及也。”达：至。“以……达……”即“自……至……”。　大家：指卿大夫。

② 王：此指诸侯。王国维说：“古时天泽之分未严，诸侯在其国自有称王之俗。”　惟：并列连词，与。《经传释词》：“‘惟’犹与也，及也。”黄侃笺识：“‘与’之借。”　邦君：国君。

③ 若：顺从。　恒：常，常典。　若恒：指遵从殷先哲王制定的典章治理殷民。这是周公治殷的重要策略思想。《康诰》亦云：“往敷求于殷先哲王用保乂民，汝丕远惟商耇成人宅心知训。”遵从殷之典章，以殷治殷，尚德慎刑，才能安定殷民，巩固周王朝的统治。

④ 越曰：句首语气助词。　师师：众位官长。《尚书今古文注疏》：“师师者，上‘师’，《释诂》云：‘众也。’下‘师’，郑注《周礼》云：‘犹长也。’”　司徒、司马、司空：都是官名。西周时期的《盠方彝》《五祀卫鼎》《裘卫盉》铭文中，“司徒”都写作“司土”，“司空”都写作“司工”，司徒（土）、司马、司空（工）三者都合称为“三有司”，且三者次序固定，首先是司徒，其次是司马，最后是司空。司徒主要掌管教化，司马掌管司法和军事，司空主管邦土营建。　尹：正。指大夫。　旅：众。指众士。

⑤ 厉：杀戮无罪的人叫做厉。《逸周书·谥法解》：“杀戮无辜曰厉。”

⑥ 劳：《孔传》释为“劳来”。劳来，慰劳。　敬劳：恭敬慰劳，认真慰劳。

⑦ 肆：情态副词，努力。《尔雅·释诂》：“肆，力也。”　徂：施行。

《诗经·大雅·桑柔》笺："徂，行也。"

⑧ 肆：时间副词，表过去时间。《尔雅·释诂》："故也。" 往：表示过去已久的时间。 肆往：指往日，以往的事。

⑨ 历：俘虏。《逸周书·世俘解》作"磿（lì）"，二字古通。

⑩ 宥：宽恕，赦免。

⑪ 亦：关联副词，也，此处表示事理性状的相似并列关系。 见：泄露。《广韵》："见，露也。"

⑫ 戕：残害。

⑬ 王：泛指君王。 启：开创，创设，这里指建立。《广雅·释诂》："开也。"开与建、立义同，如"开国"即谓"建国""立国"。 监：诸侯。《尚书易解》："公侯伯子男各监一国，所以诸侯称为监。"

⑭ 乱："率"之借。《词诠》："率，大率也。"表示未能十分肯定的估计，语气副词，可译为"大抵"。 为：教化。《论衡·效力》引此句作"厥率化民"。

⑮ 曰：以下是王者建监时的诰词。

⑯ 无：通"毋"，否定副词，在祈使句中表示命令、禁止以及告诫。此处语气较轻，可译作"不要"。 胥：范围副词，相，互相。

⑰ 敬：通"矜""鳏"，老而无妻的人。《吕刑》"哀敬折狱"，《尚书大传》作"哀矜"，《汉书·于定国传》作"哀鳏"。 寡：老而无夫的人。

⑱ 属：一作"㛗（chú）"，怀孕。《说文·女部》："㛗，妇人妊身也。从女刍声。《周书》曰：'至于㛗妇。'"

⑲ 合：共同。 由：教导。《方言》："道也。" 以：并列连词，与，和。 容：宽容。 合由以容：同样教导和宽容他们。

⑳效：教。《尚书正读》："效，当为效，形之讹也，效、教古今字。" 越：

并列连词，与。

㉑ 厥：其。　　曷以：代词宾语前置，即“以曷”。

㉒ 引：长。　　恬：安。　　《尚书正读》：“‘引养引恬’，答词。言王之大赦诰命，其意云何？曰：长养民，长安民而已。”

㉓ 攸：所。　　辟：通“僻”，偏。

【译文】

王说：“封啊，从殷的民众和他们的官员到卿大夫，从他们的官员到诸侯和国君，你要顺从常典对待他们。

“对我们的各位官长、司徒、司马、司空、大夫和众士说：‘我们不滥杀无罪的人。’各位邦君也当以敬重慰劳为先，努力去施行那些认真慰劳民众的事。

“往日里，那些内外作乱的罪犯、杀人的罪犯、虏人的罪犯，要宽恕；泄露国君大事的罪犯、残坏人体的罪犯，也要宽恕。

“王者建立诸侯，大抵在于教化民众。他说：‘不要互相残害，不要互相暴虐，至于鳏夫寡妇，至于孕妇，要同样教育和宽容。’王者教导诸侯和诸侯国的官员，他用什么作为诰命呢？‘长养民众，长安民众。’自古君王都像这样，监督就没有什么偏差！

【段意】

第一段，周公阐述治殷的政策，主张以教化为主，慎用刑罚。

“惟曰：若稽田①，既勤敷菑②，惟其陈修③，为厥疆畎④。若作室家，既勤垣墉⑤，惟其涂塈茨⑥。若作梓材⑦，既勤朴斲⑧，惟其涂丹雘⑨。

“今王惟曰[10]：先王既勤用明德[11]，怀为夹[12]，庶邦享作[13]，兄弟方来[14]。亦既用明德[15]，后式典集[16]，庶邦丕享[17]。

“皇天既付中国民越厥疆土于先王，肆王惟德用[18]，和怿先后迷民[19]，用怿先王受命[20]。已！若兹监[21]，惟曰欲至于万年[22]，惟王子子孙孙永保民[23]。”

【注释】

①若：好像，如同。《经传释词》：“《考工记·梓人》注曰：‘若，如也。’常语。”黄侃笺识：“‘若’为‘如’之借。” 稽：《周礼·地官·质人》郑玄注：“治也。”

②既：已经。 勤：情态副词，勤劳地。 敷：布，这里指播种。 菑（zī）：新开垦的土地。

③其：表示祈使（劝告、希望或命令）语气。《经传释词》：“‘其’，犹‘尚’也，‘庶几’也。”《词诠》：“其，命令副词。”此处可译为“应当”。 陈修：治理。《经义述闻》：“陈，治也。《周官·稍人》注引《小雅·信南山》篇‘维禹敶之’，《毛诗》‘敶’作‘甸’，云‘甸，治也’。《多方》曰：‘畋而田。’《齐风·甫田》曰：‘无田甫田。’田、甸、畋、敶、陈，古同声而通用。陈、修皆治也。”

④疆：界。 畎（quǎn）：田间水沟。

⑤垣：矮墙。 墉（yōng）：高墙。

⑥涂：当依《孔疏》《集韵》及《群经音辨》作“斁”。《说文·攴部》：“斁，一曰终也。”下文“涂”同此。说详《太炎先生尚书说》。 塈（xì）：涂上泥巴。 茨（cí）：用茅草盖屋。

⑦梓材：上等的木材。《书集传》：“梓，良材，可为器者。”

⑧朴:《说文·木部》:“木素也。”这里指砍去树皮。　斲(zhuó):用斧砍。

⑨丹雘(huò):朱色颜料。这里指油漆彩饰。

⑩王:王家。周秉钧《〈尚书·梓材篇〉析疑》:“这个王字,是指王家,不是周公自谓。不说王家而说王,这是以小名代大名之例,详见俞氏《古书疑义举例》。‘今王惟曰’,即‘现在我们王家考虑说’的意思。”

⑪用:施行。《方言》:“用,行也。”

⑫怀:来。　夹:同“郏”,洛邑。《尚书易解》:“《国语》注:‘郏,洛邑。’‘怀为夹’者,来营洛邑也。《周本纪》曰:‘成王在丰,使召公复营洛邑,如武王之意。’成王时为复营,则武王时已营之可知也。”

⑬享:进献。　作:从事劳役。《尚书骈枝》:“作谓兴作,任劳役之事。”

⑭方:邦,国,与《周易·比》之“不宁方”、《诗经·大雅·韩奕》之“不庭方”的“方”义同,“兄弟方”即兄弟之国。

⑮亦:表示事理性状的递进关系。　既:已经。《词诠》:“时间副词,表过去,已也。”

⑯后:指诸侯。　式:用。　典:常。　集:聚集、会合。这里指朝会。

⑰丕:《词诠》:“乃也。”可译为“就”“便”。

⑱肆:时间副词,表示现在时间。《尔雅·释诂》:“肆,今也。”

⑲和怿:和悦、和睦。　先后:教导。《诗经·大雅·绵》:“予曰有先后。”《毛传》:“相道前后曰先后。”　迷民:指还没有真正服从周王朝的殷商臣民。

⑳用:目的连词,通“以”。　怿:终,完成。《尚书易解》:“‘用

怿’之‘怿’，当读为‘斁’，终也。《释文》曰：‘怿字又作斁。’是也。”

㉑ 监：治理民众。《说文·卧部》：“临下也。”

㉒ 惟：乃，就。　　欲：将。见《词诠》。

㉓ 惟：与，和。　　永：永久，长久。

【译文】

“我想：好比治理田地，既已勤劳地开垦、播种，就应当考虑整治土地，修筑田界，开挖水沟。好比建造房屋，既已勤劳地筑起了墙壁，就应当考虑完成涂泥和盖屋的工作。好比制作梓木器具，既已勤劳地去皮砍削，就应当考虑完成彩饰的工作。

“现在我们王家考虑：先王既已努力施行明德来作洛邑，各国都来进贡任役，兄弟邦国也都来了。也是已经施行了明德，诸侯就依据常例来朝见，众国就来进贡。

“上天既已把中国的臣民和疆土都托付给先王，今王也只有施行德政，来和悦、教导殷商那些迷惑的民众，用来完成先王所受的使命。唉！像这样治理殷民，我想你将传位万年，同王的子子孙孙永远保有殷民。”

【段意】

第二段，周公申述制定治殷政策的理由，激励康叔完成先王未竟的事业。

召诰第十四

【题解】

召，指召公，名奭（shì），周武王的弟弟，西周初期著名的政治家。

周原来是殷商的西方诸侯国，国都与殷商故地距离遥远，不利于统治。周公摄政七年后还政成王，成王决定重新营建洛邑，委派召公主持营建工程。召公先赴洛地勘察地形，测量方位，确定宗庙、宫室、朝市等各类建筑物的位置。周公随后前去全面视察，举行祭地典礼，然后才正式颁布建邑命令，大举动工。后来成王来到洛邑。召公率领各国诸侯拜见成王，分析当时情势，赞美成王迁居洛邑治理天下的决定，勉励成王施德爱民，光大文王、武王开创的业绩。史官记录营建洛邑的过程，召公的诰词是主体部分，就用《召诰》作为篇名。

召公的“相宅”和周公的“用牲于郊”相沿成习，是后世工程建筑选址、占卜和祭祀的前源，现在各地建造房屋，还多有选时日、看风水、上梁祭祀、放爆竹、摆酒席的习俗，都是古代习俗的流风余韵。

召公的诰词着重论述君王个人品德与夺取天下、保有天下的关系。召公指出，只有“王其德之用”才能“祈天永命”，永远享有上天赐予的统治天下的大命。因而召公急切地吁请成王“肆惟王其疾敬德”，强调君王加强品德修养的重要性和迫切性。周初天命观的内核正是“德”，“德”与“天命”是互动的、是相互影响的。“德”的观念对后世产生了根本性的影响。千百年来，“立德”始终是最重要的政治话题和最首要的政治目标。《左传·襄公二十四年》记载晋国范宣子询问到访的穆叔何谓“死而不朽”，穆叔引述古人格言：“太上有立德，其次有立功，其次有立言。”认为“虽久不废，此之谓三不朽”，“立德”为“三不朽”之首。

“天下”一词，《尚书》首见于《洪范》，自《召诰》起，逐渐多了起来，如《顾命》篇：“燮和天下。”《康王之诰》篇：“用昭明于天下。”《吕刑》：“罔有令政在于天下。”“天下”概念的提出、“天下”观念的形成，对于新生的周王朝意义重大，统一的王朝急切需要一个统一的身份认同，“天下”呼应了这一历史的需要。

《召诰》是研究周初政治思想的重要文献。王国维《殷商制度论》指出：“此篇乃召公之言，而史佚书之以诰天下，文、武、周公所以治天下之精义大法，胥在于此。”

《召诰》也是研究对偶、反复、排比等修辞格艺术表达的重要语料。“……今时既坠厥命……今时既坠厥命”“……乃早坠厥命……乃早坠厥命”，为变换式末句间隔叠句。“我不敢知曰……”“我不敢知曰……”“我不敢知曰……”“我不敢知曰……”，为四重同形式起句间隔叠句。“越六日乙未……”“越若来三月……”“越三日戊申……”“越三日庚戌……”“越五日甲寅……”，为五重变文同构式起句间隔叠句。再三再四，回环反复，言者情真意切，闻者为之动容，具有巨大的语言张力和穿透力。

成王在丰[①]，欲宅洛邑[②]，使召公相宅[③]，作《召诰》。

【注释】

①丰：周文王时国都，在今西安市鄠邑区。后来周武王迁都镐京，但文王庙仍在丰。

②宅：居住。

③相：视。这里指勘察。　宅：居处。指宗庙、宫室、朝市的地址。

【译文】

周成王在丰，打算居住到洛邑，委派召公先去勘察宗庙、宫室、朝市的地址，史官据此写作《召诰》。

召　诰

惟二月既望[①]，越六日乙未[②]，王朝步自周[③]，则至于丰[④]。

惟太保先周公相宅[⑤]。越若来三月[⑥]，惟丙午朏[⑦]。越三日戊申，太保朝至于洛，卜宅[⑧]。厥既得卜[⑨]，则经营[⑩]。越三日庚戌[⑪]，太保乃以庶殷攻位于洛汭[⑫]。越五日甲寅[⑬]，位成[⑭]。

若翼日乙卯[⑮]，周公朝至于洛，则达观于新邑营[⑯]。越三日丁巳[⑰]，用牲于郊[⑱]，牛二[⑲]。越翼日戊午[⑳]，乃社于新邑[㉑]，牛一，羊一，豕一。越七日甲子[㉒]，周公乃朝，用书命庶殷侯、甸、男邦伯[㉓]。厥既命殷庶，庶殷丕作[㉔]。

太保乃以庶邦冢君出取币[㉕]，乃复入锡周公[㉖]，曰[㉗]：“拜手稽首旅王[㉘]，若公诰告庶殷越自乃御事[㉙]。

【注释】

① 二月：《史记·鲁周公世家》："成王七年二月乙未，王朝步自周，至丰，使太保召公先之雒相土。其三月，周公往营成周雒邑，卜居焉，曰吉，遂国之。"与《周本纪》记载合。据此，则"二月"为周成王七年二月。　既望：十六日。望，十五日。《尚书正读》根据《三统历》和《周历》推算，认为这一年二月小，乙亥日朔，己丑日望。庚寅日既望，为二月十六日。

② 越：及，至，到。《经传释词》："越，犹'及'也。"下文"越三日戊申""越三日庚戌""越五日甲寅""越三日丁巳""越翼日戊午""越七日甲子"的"越"同。

③ 王：周成王。　朝（zhāo）：早晨。　周：指周武王时西周国都镐京，在今西安市西南。文王居丰，武王迁镐，镐、丰相距二十五里。

④ 则：关联副词，表顺承。　至于丰：建洛迁都是重大决策，成王必须祭告文王、武王。文王庙在丰，故成王须至丰。《孔疏》："告庙当先祖后考，此必于丰告文王，于镐京告武王也。"

⑤ 太保：官名。周成王时召公奭为太保。　先周公：先于周公，在周公的前面。

⑥ 越若：句首语气词。　来三月：承上文"二月既望"，指二月后的三月。来，表示将来，之后，如"来日"即明日。

⑦ 朏（fěi）：新月开始生明。一般用作阴历每月初三的代称。

⑧ 卜宅：这里指用龟卜问地址的吉凶。《周礼·春官·大卜》："国大迁、大师，则贞龟。"

⑨ 得卜：得到吉祥的卜兆。

⑩ 经营：指测量地基。《义府》："径直为经，周回为营，谓相步其基址也。"

⑪ 庚戌：三月七日。

⑫ 以：率领。　庶殷：众殷民。　攻位：指测定宗庙、宫室、朝市的方位。攻，治。位，指城廓、宗庙、宫室的方位。　洛汭：指洛水流入黄河的地方。汭，河流会合处。

⑬ 甲寅：三月十一日。

⑭ 位成：蔡沈《书集传》："位成者，左祖、右社、前朝、后市之位成也。"

⑮ 若：《经传释词》："若，犹'及'也。"　翼：通"翌"。翌日，次日。　乙卯：三月十二日。

⑯ 达：通，范围副词，表受事范围的全部。　达观：段玉裁《古文尚书撰异》："如今俗语云通看一遍。达，通也。"　营：所经营的区域。

⑰ 丁巳：三月十四日。

⑱ 郊：南郊。周代祭天在都邑的南郊。

⑲ 牛二：用两头牛祭祀。

⑳ 戊午：三月十五日。

㉑ 社：祭土神。

㉒ 甲子：三月二十一日。

㉓ 用书命：用文告命令，即发布文告。书，文告。《国语·鲁语上》："宣公使仆人以书命季文子曰：'夫莒大子不惮以吾故杀其君，而以宝来，其爱我甚矣。为我予之邑。今日必授，无逆命矣。'""以书命"与"用书命"同。

㉔丕：程度副词，大。　　作：指动工兴建。

㉕乃：关联副词，于是，就。　　以：与，和。　　冢君：长君。　　币：玉帛之类。将要陈言，先以玉帛等礼物表其诚敬。

㉖锡：进献。古代可用于下对上。《尧典》“师锡帝曰”，《禹贡》“纳锡大龟”均为下对上。

㉗曰：主语是召公。

㉘旅王：向成王陈述。旅，陈述。《尔雅·释诂》：“旅，陈也。”成王在丰祭告文王庙后，也来到洛，所以说向成王陈述。《洛诰》：“公既定宅，伻来，来，视予卜，休恒吉。”《尚书今古文注疏》：“相宅时王留西都未来，当于使来告卜之后来洛也。”也有学者认为，“拜手稽首旅王”并非召公说话内容，而是史官记录召公讲话时特意附加的说明文字，“拜手稽首”说明讲话时的动作，“旅王”说明讲话的对象。存参。

㉙若：遵从。《尚书易解》：“‘若公’十一字为一句，谓顺从周公诰告庶殷与用其御事之臣，下文‘旦曰’以下，即其事也。”我们采取这种读法。　　自：用。　　乃：其。　　吕祖谦《增修东莱书说》：“此一章，诸儒之说不同。一说，成王不在洛，止告周公。谓王不在洛则可，谓告周公，则一篇无告周公之辞也。又一说，谓终篇戒成王。成王在洛，告周公与告成王同。使成王果在洛，召公以天下诸侯取币来献者，何以不即归之成王，而归之周公？序言‘成王在丰’，不闻在洛。史官言使太保先相宅，本非自来也。盖洛邑事毕，周公将归宗周。召公乃取天下诸侯贽见币物献之周公，使达之王。召公欲陈戒于成王，故与周公言曰：‘拜手稽首，陈于公及王。’虽与周公言，乃欲周公以诸侯之币与召公之戒并达于王也。召公谓今洛邑已成，欲归，诰告殷民，根本乃自于御事。皆不敢指成王，故谓之‘御事’，如今称人为‘足下’‘执事’之

谓也。”

【译文】

二月十六日，到第六天乙未日，成王早晨从镐京步行，到了丰邑。

太保召公在周公之前到洛地勘察宗庙、宫室、朝市营建的地址。到了三月丙午日，新月初露光辉。到了第三天戊申日，太保早晨到达洛地，卜问所选的地址。已经得到吉兆，就开始测量基址。到第三天庚戌日，太保便率领众殷民在洛水与黄河会合的地方测定宗庙、宫室、朝市的方位。到第五天甲寅，各建筑物的位置都确定了。

到了次日乙卯日，周公早晨到达洛地，全面视察新邑的区域。到第三天丁巳日，在南郊用牲祭祀上帝，用了两头牛。到次日戊午日，又在新邑举行祭地的典礼，用了一头牛、一头羊和一头猪。到第七天甲子日，周公就在早晨用文告命令殷民以及侯、甸、男众邦君营建洛邑。已经命令了众殷民，众殷民就大举动工。

太保于是同众邦君出来取了币帛，再入内进献给周公，太保说：“跪拜叩头报告我王，请顺从周公的诰令告诫殷商遗民以及任用殷商旧臣。

【段意】

第一段，记述勘察、测定、开工营建洛邑的过程。

“呜呼！皇天上帝改厥元子①，兹大国殷之命②。惟王受命，无疆惟休③，亦无疆惟恤④。呜呼！曷其奈何弗敬⑤？

“天既遐终大邦殷之命⑥，兹殷多先哲王在天⑦，越厥后王后民⑧，兹服厥命⑨。厥终⑩，智藏瘝在⑪。夫知保抱携持厥妇子[12]，以哀吁天[13]，徂厥亡[14]，出执[15]。呜呼！天亦哀于四方民[16]，其眷命用懋[17]。王其疾敬德[18]！

“相古先民有夏[19]，天迪从子保[20]，面稽天若[21]，今时既坠厥命[22]。今相有殷，天迪格保[23]，面稽天若，今时既坠厥命。今冲子嗣[24]，则无遗寿耇[25]，曰其稽我古人之德[26]，矧曰其有能稽谋自天[27]？

【注释】

①元子：首子，指天子。《尔雅·释诂》：“元，首也。”郑玄说：“言首子者，凡人皆天之子，天子为之首耳。”

②兹：通“已”，一说通“在”，均训为终止。《尚书易解》：“兹，按当读为已，止也。《皋陶谟》：‘迩可远在兹。’《史记·夏本纪》‘兹’作‘已’，是‘兹’‘已’通用之证。下文：‘天既遐终大邦殷之命。’兹大国殷之命，犹终大邦殷之命也。”杨树达《尚书易解序》：“（兹）当读为在，《尔雅·释诂》云：‘在，终也。’下文云：‘天既遐终大邦殷之命。’彼文云‘终’，此文云‘在’，其义一也。《说文》‘鼒’从才声，或作‘镃’，从兹声，此‘才’声、‘兹’声相通之证也。”

③休：吉祥。

④恤：忧患。

⑤曷其：《尚书易解》：“曷其，奈何，同义复用，以加强语气。”曷其、奈何，都是“如何”“怎么”的意思。　弗：《词诠》：“否定副词，不也。”

⑥遐：远。表示已经过去的时间久远。《尔雅·释诂》“遐”“远”互训。《尚书易解》：“言天久终大邦殷之命。”

⑦ 兹：表承接关系。《词诠》："兹，承接连词，斯也，则也。" 多先哲王：殷商从成汤到武丁，有六七位圣明的君王。《史记·殷本纪》中即着重记载了成汤、太甲、盘庚、武丁四位圣明有为君主的事迹。

⑧ 越：句首语气词。 厥：其，代词。下句"厥"字同。

⑨ 服：受。

⑩ 厥终：这里特指殷商末年。《尚书易解》："厥终，谓后王之终，即纣之末年。"

⑪ 瘝（guān）：通"鳏"，病。这里指作恶的人。 在：在位。智藏瘝在：纣王末年，明智的人都隐藏起来，奸邪作恶的人掌权在位。《孔传》："其终，后王之终，谓纣也。贤智隐藏，瘝病者在位，言无良臣。"

⑫ 保：背负。屈万里《尚书释义》根据金文字认为"象人负子而子有褓护之之状，即'褓'字，亦当有负义。"动词"保""抱""携""持"并列，"厥妇子"是共同宾语。

⑬ 以：承接连词。《经传释词》："以，犹'而'也。"黄侃笺识："'而'者，'乃'之借，用为连属之词。" 吁：呼告。

⑭ 徂：通"诅"，诅咒。

⑮ 执：通"垫"。曾运乾说："读为'垫'，《说文》：'下也。'《益稷》：'下民昏垫。'郑注：'陷也。'"这里指困境。

⑯ 哀：哀怜。

⑰ 眷：眷顾，这里是说关怀、爱护。 用：因果连词。 懋：移易。

⑱ 其：表示祈使（劝告、希望或命令）语气。 疾：迅速，抓紧。《尔雅·释诂》："疾，速也。" 敬：表示谨慎严肃、至诚勤勉的态度。可译为"认真（地）""敬重（地）"等。

⑲相：观察。

⑳迪：教导。　从：顺从。　子保：慈保，指贤人。《经义述闻》："'子'当读为'慈'，古字'子'与'慈'通。"

㉑面：通"勔"，勉，努力。　若：善。《楚辞·天问》："后帝不若。"郭在贻说："《尚书·召诰》'面稽天若'，天若即天之所善也。《毛公鼎》'告于先王若德'，若亦善也……又若作善解，已见于卜辞，如卜辞有'帝弗若''帝降若''帝降不若'之句，若即善也。"

㉒坠：丧失。

㉓格保：嘉保，指贤人。《双剑誃尚书新证》："格、假古通，《中庸》释文：'假，嘉也。'"

㉔冲子：年轻人，指成王。

㉕遗：多余。《广雅·释诂》："余也。"　寿耇（gǒu）：指年长德高的老成人。

㉖曰：句首语气助词。　其：庶几，相当于今语"差不多"。

㉗矧：又。见《经传释词》。　其：表示反诘语气。《词诠》："其，反诘副词，岂也。'其''岂'音近，古文二字互通。"可译为"怎么"。

【译文】

"啊！皇天上帝更换了他的首子，结束了大国殷的福命。大王接受了治理天下的大命，吉祥无穷无尽，忧患也无穷无尽。啊！怎么能够不谨慎啊？

"上帝早想终结大国殷的福命，只是殷国许多圣明的先王都在天上，殷商后代君王和臣民才能够承受福命。到商纣王末年，明智的人隐藏了，作恶的人在位。男人们背着、抱着、牵着、扶着他们的妻子儿女，悲哀地呼告上天，诅咒纣王灭亡，希望摆脱困境。啊！上帝也哀怜四方民众，眷顾他们的命运，因此更改殷命。大王要赶快认真施行德政！

“观察古时候夏代先民，上帝教导顺从贤人，努力考求天之善意，现在已经丧失了王命。现在观察殷代，上帝教导顺从贤人，努力考求天之善意，现在也已经丧失了王命。当今你这年轻人继承了王位，没有多余的老成人，大抵能够考求我们古代先王的德政，又怎么会有能够考求天意的人呢？

【段意】

第二段，召公指出天命无常，福忧相依，勉励成王敬天重贤。

“呜呼！有王虽小，元子哉[①]！其丕能諴于小民[②]。今休[③]：王不敢后[④]，用顾畏于民碞[⑤]；王来绍上帝[⑥]，自服于土中[⑦]。

“旦曰[⑧]：‘其作大邑，其自时配皇天[⑨]，毖祀于上下[⑩]，其自时中乂[⑪]。王厥有成命治民[⑫]。’今休：王先服殷御事[⑬]，比介于我有周御事[⑭]，节性惟日其迈[⑮]。

【注释】

①有王虽小，元子哉：蔡沈《书集传》：“谓其年虽小，其任则大也。”有王，附音词，“有”为其前附音节。

②其：表示祈使（劝告、希望或命令）语气。　丕：大。　諴（xián）：和睦。《说文·言部》：“諴，和也。”

③休：这里指美善的事。

④后：繁体“後”，迟缓。《说文·彳部》：“後，迟也。”

⑤ 用：通“庸”，作时间副词，表经常、平常义。　顾畏：顾念和畏惧。　民碞（yán）：等于说殷民难治。

⑥ 绍：通“卲”，卜问。

⑦ 自：亲自。　服：治。　土中：指洛邑。洛邑在九州的中心。《白虎通·京师》：“王者京师必择土中何？所以均教道、平往来，使善易以闻，为恶易以闻，明当惧慎，损于善恶。”这是说明“自服土中”的理由。

⑧ 旦：周公名。《礼记·曲礼》：“君前臣名。”召公对成王引述周公的话，所以称周公的名。

⑨ 自时：从此。　配皇天：意思是说祭天时用周的始祖配享。《孝经》：“昔者，周公郊祀后稷以配天，宗祀文王于明堂以配上帝。”配，配享。

⑩ 毖：谨慎。　上下：上指天神，下指地祇。

⑪ 自：从，介词。　时中：这个中心，指洛邑。　乂：治。

⑫ 厥：句中语气助词。　成命：定命。

⑬ 先：重视。《吕氏春秋·先己》注：“先，犹尚也。”见《尚书易解》。　服：任用。《说文·舟部》：“服，用也。”

⑭ 比：亲近。　介：阮元《〈尚书注疏〉校勘记》：“作‘迩’者，古文《尚书》也。今字《尚书》当作‘迩’，后误为‘介’，则因‘迩’字而讹也。”迩，近。

⑮ 节：和谐融洽。《吕氏春秋·重己》：“节乎性也。”注：“节，犹和也。”　惟：就。《经传释词》：“惟，犹乃也。”　迈：进。

【译文】

“啊！王虽然年轻，却是元首啊！要特别能够和悦小老百姓。如今值得称美的是：王不敢迟缓营建洛邑，顾念、畏惧殷民难于治理；王来卜问上帝，打算亲自在洛邑治理天下。

“姬旦对我说：‘要营建洛邑，要从这里以始祖后稷配享皇天，谨慎祭祀天地，要从这个中心地方统治天下。王已经有定命治理民众了。’如今值得称美的是：王重视使用殷商旧臣，并使他们亲近我们周王朝的治事官员，和洽的情感就会一天天地增长。

【段意】

第三段，记叙召公赞美成王营洛治事的决定。

“王敬作所[①]，不可不敬德。我不可不监于有夏[②]，亦不可不监于有殷。我不敢知曰有夏服天命[③]，惟有历年[④]；我不敢知曰不其延[⑤]。惟不敬厥德[⑥]，乃早坠厥命。

“我不敢知曰有殷受天命，惟有历年；我不敢知曰不其延。惟不敬厥德，乃早坠厥命。今王嗣受厥命[⑦]，我亦惟兹二国命[⑧]，嗣若功[⑨]。

“王乃初服[⑩]。呜呼！若生子[⑪]，罔不在厥初生，自贻哲命[⑫]。今天其命哲[⑬]，命吉凶[⑭]，命历年；知今我初服，宅新邑。肆惟王其疾敬德[⑮]！王其德之用[⑯]，祈天永命[⑰]。

“其惟王勿以小民淫用非彝[⑱]，亦敢殄戮用乂民[⑲]，若有功[⑳]。其惟王位在德元[㉑]，小民乃惟刑用于天下[㉒]，越王显[㉓]。上下勤恤[㉔]，其曰我受天命[㉕]，丕若有夏历年[㉖]，式勿替有殷历年[27]。欲王以小民受天永命[28]。”

【注释】

①敬：谨慎，认真。　　作所：指作洛，修建洛邑。　　上文说：“其作大邑，其自时配皇天，毖祀于上下，其自时中乂。王厥有成命治民。”强调建都对于兴国安邦的重要性。这里说：“王敬作所，不可不敬德。”指出王既要重视建都，也要重视敬德。下文说：“今天其命哲，命吉凶，命历年；知今我初服，宅新邑。肆惟王其疾敬德！”表达的意思是：建都之事固然重要，但敬德之事也尤需抓紧。行文前后呼应，条理井然。

②监：通“鉴”，鉴戒。下“监”字同。

③敢：表敬副词，无义。下“敢”字同。　　曰：句中语气副词，无义。下“曰”字同。

④历：《小尔雅·广诂》：“久也。”

⑤其：句中语气助词。　　延：延续，长久。　　不其延：意指国运短浅。

⑥惟：只。连词，表示因果关系。

⑦嗣：继。

⑧亦：表示事理形状的相承关系。　　我亦惟兹二国命：即“我亦惟兹二国命是监”，承上文省略“监”字。见《尚书易解》。

⑨若：他们的。《经传释词》：“若，犹其也。”

⑩初：《说文·刀部》：“初，始也。从刀，从衣，裁衣之始也。”《说文解字注》：“引申为凡始之称。”　　服：任事。

⑪生：养。这里是教养的意思。

⑫自：亲自。　　贻：传。　　哲：明。

⑬ 其：将。《经传释词》："其，犹'将'也……《召诰》曰：'今天其命哲，命吉凶，命历年。'" 命：给予。《小尔雅·广言》："命，予也。"

⑭ 吉凶：偏义复词，偏指吉祥。

⑮ 肆：时间副词，现在。《尔雅·释诂》："肆，今也。"

⑯ 其：庶几，这里意为希望、但愿。

⑰ 祈：求。 永命：永久的国运。

⑱ 其：庶几。这里是但愿、希望的意思。 以：使。见《战国策·秦策》高诱注。 淫：《尚书易解》："淫，过也。"表示程度之深。 彝：法。

⑲ 亦敢：《尚书正读》："犹言'亦勿敢'，蒙上文'勿'字而省也。" 殄（tiǎn）：灭。 用：目的连词，相当于"以"。 乂：治。

⑳ 若：乃，可译为"就""才"。见《经义述闻》。

㉑ 位：立。《尚书易解》："位、立古通用。" 元：首。

㉒ 刑：与"型"同义，效法。 用：《说文·卜部》："用，可施行也。"

㉓ 越：《尔雅·释言》："扬也。"郭璞注："谓发扬。" 显：显德。

㉔ 上下：这里"上"指天子，"下"指臣民。 勤恤：勤劳忧虑。

㉕ 其：表示推测语气。《经传释词》："其，犹'殆'也。"或许，也许。 曰：说。

㉖ 丕：与下句"式"，都是句首语气助词。

㉗ 勿：《词诠》："否定副词，不也。" 替：止。

㉘ 以：与，和。表并列关系。《经传释词》："《广雅》曰：'以，与也。'"黄侃笺识："此'以'又为'与'之借。"

【译文】

"王重视营建都邑，不可不重视行德。我们不可不鉴戒夏代，也不可不鉴戒殷代。我不知道夏接受天命会有多少年，我也不知道夏的国运不会延长。我只知道他们不认真行德，才早早地失去了他们的福命。

“我不知道殷接受天命会有多少年，我也不知道殷的国运不会延长。我只知道他们不认真行德，才早早地失去了他们的福命。现今大王继承了治理天下的大命，我们也该鉴戒这两个国家的命运，继承他们的功业。

“王是初理政事。啊！好像教养小孩一样，没有不在开始教养时就亲自传授他明哲的禀赋。现在上天将赋予明哲，赋予吉祥，赋予永年；上天知道我王初理国事，入住新邑。现在王该加快认真推行德政！王应该施行德政，向上帝祈求永久的福命。

“愿王不要让小民肆行非法的事，也不要用杀戮来治理民众，这样才会有功绩。愿王立于德首，让小民在天下效法施行，发扬王的美德。君臣上下勤劳忧虑，也许可以说，我们接受的天命会像夏代那样久远，不止是殷代那样长远。愿君王和臣民共同接受上帝的永久天命。”

【段意】

第四段，召公总结夏、商灭亡的历史教训，勉励成王敬德保民，祈天永命。

拜手稽首，曰：“予小臣敢以王之雠民百君子越友民①，保受王威命明德②。王末有成命③，王亦显④。我非敢勤⑤，惟恭奉币⑥，用供王能祈天永命⑦。”

【注释】

①予小臣：召公自称，谦辞。郑玄说：“‘曰我小臣’以下，言召公

拜旋而复言也。”　敢：表敬副词。　以：与。　雠民：指殷遗民。《梓材》称为“迷民”，《多方》序称为“顽民”。　百：众多，表示虚数。君子：《礼记》郑玄注：“君子谓大夫以上。”　百君子：这里指殷的众官员。　越：与。连词。　友民：雠民的对文，指顺从周王朝的臣民。

②保：安。

③末：时间副词，表示最后时间的动作行为，可以译为“最终”“终于”。　成命：这里指成王营建洛邑的决定。成，定。

④亦显：指成王也与文王、武王、周公一样功德显赫。

⑤勤：慰劳。

⑥币：就是上文太保和庶邦冢君出取的玉帛之类。

⑦供：进献。《广雅·释诂》：“供，进也。”　能：善。见《汉书·百官公卿表上》颜注。《尚书易解》：“善祈者，谓王当用德以祈之也。”

【译文】

召公跪拜叩头说：“我这小臣和殷的臣民以及友好的臣民，会安然接受王的威严命令，宣扬王的大德。王终于决定营建洛邑，王的功德也会与文王武王一样显赫。我不敢慰劳王，只想恭敬地奉上币帛，以供王去善求上帝赐给的永久福命。”

【段意】

第五段，召公表明对成王的拥戴。

洛诰第十五

【题解】

洛邑建成后，周公和召公都希望成王居洛主持政事，统治天下。成王根据当时的形势，仍要倚重周公治洛，安定殷民。成王和周公反复商讨，最终决定周公继续居洛。在成王七年洛邑的冬祭时，成王宣布了这一重大决策。史官辑录成篇，册告天下，名叫《洛诰》。《洛诰》是巩固周王朝统治的重要诰命。金履祥《尚书表注》认为："《召诰》《洛诰》相为首尾。"周公和召公的政治主张和政治策略思想，奠定了中国历史上第一个太平盛世"成康之治"的政治基础和思想基础。

《洛诰》主要内容是周公和成王的对话。对话的时间、地点不同，内容涉及面广，既有周公和成王的定都对话，又有在镐京商量治洛的对话，还有成王在洛邑命令周公治洛和周公接受王命的对话。对话中又有引言和祭祀的祝祷词，很难辨清各自的界限，历来很多注家都认为有"阙文错简"。然而，如果细心分析，理清脉络，全文思路还是比较清晰的。开篇先写周公向成王报告营洛经过，成王答复，君臣商讨，礼仪隆重，气氛和谐。接着写周公请求成王到新都洛邑举行祭祀，然后主持政务，言辞非常恳切，希望成王"明作有功，惇大成裕"。同时还告诉成王礼制的重要和治民的方法。接着记叙成王分析当时形势："四方迪乱未定，于宗礼亦未克敉。”说明自己治洛难于胜任，恳切请求周公代劳。最后记叙了周公在洛邑接受王命，成王在洛邑举行冬祭，宣布周公继续居洛治洛。成王和周公的对话反映了周公谋国的忠诚和成王倚重周公的诚意，显示了君臣亲密无间的深厚情谊。

《洛诰》与《召诰》都记载了周公“自时中乂”的观念，对历朝历代都城选址产生深远影响。周公认为定都应在天下的中心。《史记·周本纪》记载：“成王在丰，使召公复营洛邑，如武王之意。周公复卜申视，卒营筑，居九鼎焉。曰：‘此天下之中，四方入贡道里均。’”《逸周书·作雒》则记载：“周公敬念于后，曰：‘予畏周室不延，俾中天下。’及将致政，乃作大邑成周于土中。”土中，孔晁注：“王城也，于天下为中。”“尚中”的意识萌芽很早。甲骨卜辞中记载商有时称“中商”，同时还有“四方”“四土”等，说明商代已有“尚中”的意识。而有些文献记载更将这一观念上溯至舜、禹乃至黄帝时代。《淮南子·天文训》：“中央土也，其帝黄帝，其佐后土，执绳而制四方。”《史记·五帝本纪》载：“舜曰：‘天也。’夫而后之中国践天子位焉。”集解引刘熙曰：“帝都所都为中，故曰中国。”但是，直到周公才从地缘政治的角度指出建都洛邑有利于贡赋交通，有利于上传下达，有利于王朝治理，第一次将周人“尚中”的道理阐述得简单明白。商代也曾五次迁都，多是被动地趋吉避凶，尚未主动追求居中，营建洛邑则是周初政治家长期的精心筹划。研究表明，西周控制的疆域西起今甘肃东部，东达海滨，北至今辽宁，南抵长江，根据谭其骧《中国历史地图集》所绘《西周时期中心分区图》，洛阳正是这一区域的中心。传世文献里“中国”一词最早见于《梓材》：“皇天既付中国民越厥疆土于先王。”《诗经·大雅·民劳》也有“惠此中国”句。“尚中”反映了周人“天下共主”强烈的主体意识。

《洛诰》具有重要的文献价值。《洛诰》记载的营洛和治洛都是西周初年重大历史事件，西周成王时青铜器何尊铭文证实了这是历史事实：“隹王初迁，宅于成周。复禀王礼福自天。在四月丙戌，王诰宗小子于京室，曰：‘昔在尔考公氏克逨文王，肆文王受兹命。唯武王既克大邑商，则廷告于天，曰：余其宅兹中国，自兹乂民。呜呼！尔有唯小子无识，视于公氏，有勋于天，彻命，敬享哉！’叀王恭德裕天，训我不敏。王咸诰。何赐贝卅朋，用作庾公宝尊彝。隹王五祀。”《洛诰》和《何尊》，一为传世文献，一为出土文献。二者互证，构成青铜器断代研究和商周史研究互为补充的二重证据链，具有重要的方法论价值。

召公既相宅[①]，周公往营成周[②]，使来告卜[③]，作《洛诰》。

【注释】

① 相宅：勘察宗庙、宫室、朝市地址。

② 营：营建。

③ 使来：使成王来。　告卜：报告吉卜。

【译文】

召公已经勘察了宫室、宗庙、朝市的地址，周公前往营建洛邑，派遣使者请成王来，把所卜的吉兆报告周成王，史官写作《洛诰》。

洛　诰

周公拜手稽首曰："朕复子明辟①。王如弗敢及天基命定命②，予乃胤保大相东土③，其基作民明辟④。

"予惟乙卯⑤，朝至于洛师⑥。我卜河朔黎水⑦，我乃卜涧水东、瀍水西⑧，惟洛食⑨；我又卜瀍水东，亦惟洛食。伻来以图及献卜⑩。"

王拜手稽首曰："公不敢不敬天之休⑪，来相宅，其作周匹⑫，休！公既定宅，伻来，来⑬，视予卜⑭，休恒吉⑮。我二人共贞⑯。公其以予万亿年敬天之休⑰。拜手稽首诲言⑱。"

【注释】

①复：回复，告诉。　子：你，指成王。　明辟：明法。这里指治洛的光辉措施。

②如：语气副词，好像，似乎。　敢：表敬副词，表示对人尊敬或者表示自己谦让。　王如弗敢：王似乎不敢。表示成王谦虚。　及：参与。　基：谋。见《尔雅·释诂》。　命定命：上"命"字，动词；下"命"字，名词。定命，据《逸周书·作雒解》，周公作洛，是为了延长周室的王命，所以叫作定命。又据《度洛》，武王称居洛为天之明命。所以周公也称"天谋命定命"（即"天基命定命"）。说见《尚书易解》。

③乃：关联副词，可译为"于是就""于是才"。下文"我乃卜涧水东"的"乃"同。　胤：继。　大：程度副词，全面地，深入地。　东土：这里指洛邑。洛邑在镐京东边，所以称东土。　胤保大相东土：继太保后全面视察洛邑。《召诰》："太保先周公相宅。"

④其：关联副词，表因果承接，可译为“就”“才”。《经传释词》：“其，犹‘乃’也。”下文“惟事其爽侮”“四方其世享”的“其”同。　基：商定。　作：振作，鼓舞。

⑤惟：介词，介引动作行为发生的时间，相当于“在”。　乙卯：据《召诰》，知为成王七年三月十二日。

⑥洛师：洛邑。洛邑称洛师，与京城称京师相类。

⑦河朔：指黄河以北的地区。朔，北方。　黎水：《续文献通考》：“卫河、淇水合流至黎阳故城为黎水，亦曰濬水。”黎阳故城在今河南省浚县东北，距离纣都朝歌（今河南省淇县）最近。

⑧涧水：发源于今河南省渑池县东北白石山，上游即今洛阳市西洛水支流涧河的一段，至洛阳西南入洛水。　瀍（chán）水：水名，源出今河南洛阳市西北，东南流经洛阳市东入洛水。

⑨惟：范围副词，独，仅。　食：龟兆。《孔传》：“卜必先墨画龟，然后灼之，兆顺食墨。”这里指吉兆。《尚书正读》：“食者，兆；不食者，不兆。”

⑩伻（bēng）来：使成王来洛。伻，使。　以：连词，表目的关系。　图：谋。

⑪休：美善，福祥。《尔雅·释诂》：“休，美也。”

⑫匹：配匹。《尚书核诂》：“作周匹，谓作周辅也。《召诰》：‘其自时配皇天。’盖公之作配于周，亦犹王之作配于天也。”

⑬来：指我（成王）已来了。

⑭视予卜：示我以卜。视，示。

⑮休：喜。见《广雅·释诂》。　恒：范围副词，普遍，全都。《诗经·大雅·生民》：“恒之秬秠，是获是亩。”传、笺都训“恒”为“遍”。

⑯ 共贞：共同承当（吉兆）。贞，马融说："当也。"

⑰ 其：语气副词，表示祈使（劝告、希望或命令）语气。下文"乃汝其悉自教工""孺子其朋""汝其敬识百辟享"的"其"同。 以：率领。

⑱ 拜手稽首诲言：即跪拜叩头，接受（您的）教诲。诲，教诲。

【译文】

周公跪拜叩头说："我告诉您治理洛邑的明法。王很谦逊，似乎不敢参与上天想命王室居洛的定命，我就继太保之后全面视察了洛邑，才商定了鼓舞民众的明法。

"我在乙卯这天，早晨到了洛邑。我占卜了黄河北方的黎水地区，我又占卜了涧水以东、瀍水以西的地区，仅有洛地吉利。我又占卜了瀍水以东地区，也仅有洛地吉利。于是请您来商量，并且献上卜兆。"

成王跪拜叩头，说："公不能不敬重上帝赐给的福祥，亲自来勘察地址，营建与我周天命匹配的新邑，很好啊！公既已选定地址，让我来，我来了，又让我看了卜兆，我喜欢卜兆都吉祥。让我们二人共同承当这一吉祥。愿公领着我永远敬重上帝赐给的福祥。跪拜叩头接受公的教诲。"

【段意】

第一段，周公和成王在洛邑商定定都事宜。

周公曰："王，肇称殷礼①，祀于新邑，咸秩无文②。予齐百工③，伻从王于周④，予惟曰⑤：'庶有事⑥。'今王即命曰⑦：'记功，宗以功作元祀⑧。'惟命曰⑨：'汝受命笃弼⑩，

丕视功载⑪,乃汝其悉自教工⑫。'

"孺子其朋⑬,孺子其朋,其往⑭!无若火始焰焰⑮,厥攸灼叙⑯,弗其绝。厥若彝及抚事如予⑰,惟以在周工往新邑⑱。伻向即有僚⑲,明作有功⑳,惇大成裕㉑。汝永有辞㉒。"

【注释】

①肇:始。　称:举行。　殷礼:会同众诸侯的典礼。《周礼·春官·大宗伯》:"以宾礼亲邦国……时见曰会,殷见曰同。"郑注:"殷犹众也。十二岁王如不巡守,则六服尽朝,朝礼既毕,王亦为坛,合诸侯以命政焉。所命之政,如王巡守。殷见,四方四时分来,终岁则遍。"一说殷礼为殷祭。即三年一次针对祖庙的大祭(祫)及五年一次合祭诸祖神主的大祭(禘)。蔡沈《书集传》:"殷,盛也。与'五年再殷祭'之'殷'同。"章太炎说:"殷礼者,殷祭也。《春秋公羊传》称:'五年而再殷祭。'《左氏传》载郑公孙黑肱遗命,祭以特羊,殷以少牢。此下云:'王在新邑,烝祭岁,文王骍牛一,武王骍牛一。'据《春秋》经:'大事于大庙,跻僖公。'《公羊》以为大祫,《鲁语》只谓之烝。然则大祫在烝明矣。篇中言毖祀,言毖殷,其义一也。"存参。

②咸:都。　秩:次序。这里为安排。《经义述闻》:"《盘庚》曰:'若网在纲,有条而不紊。'《释文》:'紊,徐音文。'是紊与文古同音,故借文为紊。咸秩无紊者,谓自上帝以至群神,循其尊卑大小之次而祀之,无有殽乱也。"

③齐:率领。《尔雅·释诂》:"齐,将也。"　百工:百官。

④周:指镐京。

⑤ 惟：思。

⑥ 庶：语气副词，大概，或许，表揣测语气。　　事：指祭祀的事。

⑦ 即命：就这件事下令。

⑧ 宗：即宗人，官名，《国语·鲁语》注为“主礼乐者也”。　　作：举行。　　元祀：大祀。

⑨ 惟：惟，有。见张衡《东京赋》薛综注。

⑩ 受命：《尚书故》：“受命，受武王顾命也。”　　笃：通“督”，督导。《尚书易解》：“笃，督也，同声假借字。孙诒让说。”　　弼：辅助。

⑪ 丕：程度副词，全面地，大大地。　　视：阅。　　功载：记功的书。

⑫ 乃：于是，然后。《说文·乃部》：“乃，成词之难也，像气之出难。”悉：范围副词，尽，这里指悉心，尽心。　　自：亲自。《说文·自部》：“自，鼻也。”王筠《说文蒙求》：“今人言我，自指其鼻。”“自”本义为“鼻子”，引申为代词“自己”，进一步虚化为副词。　　教工：指导工作。

⑬ 孺子：小孩，这里指成王。　　朋：古凤字，引申有奋起、振作义。　　下句“孺子其朋”复言，证为史官口语实录。

⑭ 往：往新邑。章太炎说：“正当言‘孺子其朋往’，以告诫丁宁，故分为三逗，正如口吃语矣。”

⑮ 焰焰：火微微燃烧的样子。

⑯ 厥：其，那。　　攸：所。　　灼：烧。　　叙：绪。　　《尚书易解》：“‘无若’句，欲其气之壮。‘厥攸’句，欲其绪之长。”

⑰ 厥：对称代词，您。　　若：遵循。　　彝：常法。　　及：情态副词，努力地。《白话尚书》：“及，汲汲，努力。”　　抚事：主持国事。抚，持。　　如：《说文·女部》：“如，从随也。”《说文解字注》：“凡

相似曰‘如’，凡有所往曰‘如’，皆‘从随’之引申也。”

⑱ 在周工：指在镐京的官员。

⑲ 向：趋向。　即：就。　伻向即有僚：《尚书易解》：“使其趋就官职。”等于说使其各尽其职。有僚，附音词，即“僚”，官职。

⑳ 明：情态副词，努力地，勉力地。《尚书易解》：“明，勉也。”

㉑ 惇（dūn）：厚。这里是动词，重视的意思。　裕：大。　惇大成裕：《尚书易解》：“惇其大而成其裕也，指举行殷祀、元祀等大事。”

㉒ 永：时间副词，长久、永久。下文“其永观朕子怀德”的“永”同。　辞：这里指赞美的言辞。

【译文】

周公说：“王啊，开始举行殷礼接见诸侯，在新邑举行祭祀，都已安排得有条不紊了。我率领百官，使他们在镐京听从王命，我想：‘或许有祭祀的事。’现在王命令道：‘记下功绩，宗人率领功臣举行大祭祀。’王又有命令道：‘你接受先王遗命督导辅助，你全面查阅记功的书，然后你要悉心亲自指导这件事。’

“王啊！您要振作，您要振作，前往洛邑！不要像火刚开始燃烧时那样气势微弱，那燃烧的火，决不可让它熄灭。您要像我一样顺从常法，努力主持政事，率领在镐京的官员前往洛邑。使他们各就其职，努力建立功勋，重视大事，完成大业。您将会永远获得美誉。”

公曰：“已①！汝惟冲子②，惟终③。汝其敬识百辟享④，亦识其有不享。享多仪⑤，仪不及物⑥，惟曰不享⑦。惟不役志于享⑧，凡民惟曰不享⑨。惟事其爽侮⑩。乃惟孺子颁⑪，朕不暇听[12]。

“朕教汝于棐民彝[13]，汝乃是不蘉[14]，乃时惟不永哉[15]！笃叙乃正父罔不若予[16]，不敢废乃命[17]。汝往敬哉[18]！兹予其明农哉[19]！彼裕我民[20]，无远用戾[21]。”

王若曰：“公！明保予冲子[22]。公称丕显德[23]，以予小子扬文武烈[24]，奉答天命，和恒四方民[25]，居师[26]；惇宗将礼[27]，称秩元祀[28]，咸秩无文[29]。惟公德明光于上下[30]，勤施于四方[31]，旁作穆穆[32]，迓衡不迷[33]。文武勤教[34]，予冲子夙夜毖祀[35]。”

王曰：“公功棐迪[36]，笃罔不若时[37]。”

【注释】

①已：感叹词，唉。

②惟：通“虽”，虽然。《经传释词》：“《玉篇》曰：‘虽，词两设也。’常语也。字或作‘唯’……字又作‘惟’。” 冲子：义同上文“孺子”，也是指成王。

③惟终：思终。指考虑完成先王未竟的功业。惟，思虑。

④识：察识。 百辟：指诸侯。辟，君。 享：享礼，诸侯朝见天子时的礼节。

⑤多：重，重视。 仪：礼仪。

⑥仪不及物：《尚书易解》：“谓物有余而礼不足。”

⑦惟：句首语气助词，无义。 曰：谓。

⑧惟：因果连词，因为。 役志：用心。

⑨惟：关联副词，可译为“就”。《经传释词》：“惟，犹‘乃’也。”

下文“乃时惟不永哉”的“惟”同。

⑩ 事：政事。　　爽：差错。　　侮：轻慢。　　《尚书正读》：“百辟不役志于享，则亦不役志于王朝所颁布之政令，故曰‘惟事其爽侮’也。时周公欲成王亲受朝享，以瞻诸侯向背，故使之不观其物而观其仪如此。”

⑪ 颁：分担。《礼记·祭义》郑玄注：“颁之言分也。”

⑫ 听：听政。孙星衍说：“听政事之繁多，孺子分其任，我有所不遑也。”

⑬ 于：《词诠》：“以也。”　　棐：辅助。

⑭ 乃：假如。《经传释词》：“乃，犹若也。”　　蕿（máng）：勉力。这是一个宾语前置句，“汝乃是不蕿”即“汝乃不蕿是”。

⑮ 时：善，指善政。　　永：远，这里指推广。

⑯笃：通“督”，督察。　　叙：铨叙，升迁官员。　　正：官长。　　父：同姓官长。

⑰ 废：废弃。　　乃命：你的命令。

⑱ 汝往敬哉：《孔传》：“汝往居新邑，敬行教化哉！”

⑲ 兹：时间副词，现在。　　其：时间副词，表示时间将然。《经传释词》：“其，犹‘将’也。”　　明农：勤勉，努力。孙星衍《尚书今古文注疏》：“明，勉也，谓奋勉。”《广雅·释诂》：“农，勉也。”

⑳ 彼：往。《说文·彳部》：“彼，往有所加也。”　　裕：这里的意思是教导。《方言》：“裕，道也。”　　“彼裕我民”即“往教我民”。

㉑ 无：句首语气助词。　　用：关联副词，因此。　　戾：到，来。《尔雅·释诂》：“戾：至也。”

㉒ 予冲子：我这个年轻人。成王谦称。

㉓ 称：发扬。

㉔ 以：使。见《战国策·秦策》高诱注。 扬：继续。 烈：事业。

㉕ 和恒：和悦。《尚书易解》："和恒，双声连语，犹'和悦'也。"和、恒，上古音均属匣纽。

㉖ 师：洛师，洛邑。

㉗ 宗：尊。 将：大。 惇宗将礼：《尚书易解》："重视大礼也。"

㉘ 秩：次序，安排。 元祀：大祀。一说指元年。见《酒诰》。

㉙ 文：通"紊"。《尚书易解》："自'以予'至'无文'皆复述周公之意。"

㉚ 光：广，充塞。 上下：天上人间。

㉛ 施：延，延伸。《诗经·大雅·皇矣》："施于子孙。"郑笺："施，犹易也，延也。"

㉜ 旁：范围副词，普遍地。杨树达《增订积微居小学金石论丛》："旁者，今言'四方'之'方'之本字也。" 穆穆：美。

㉝ 迓：一作"御"，逆。 衡：通"横"。 迷：迷乱。 章太炎说："御从午声，午者，屰也。""逆亦言屰也。衡与横同……御衡不迷，言遭横屰而心不乱。"

㉞ 文武：指文武百官。

㉟ 毖：谨慎。

㊱ 功：通"攻"，善于。 棐迪：辅导。

㊲ 笃：情态副词，信。 若：顺。 时：承。

【译文】

周公说："唉！您虽然是年轻人，应当考虑完成先王未竟的功业。您应该认真考察诸侯的享礼，也要考察不享的。享礼注重礼节，假如礼节赶不上礼物，应该叫作不享。因为诸侯对享礼不诚心，民众就会认为可以不享。这样，政事将会错乱怠慢。我急想您来分担政务，我没有余力管理这么多的政事。

“我教给您辅导民众的法则，您假如不努力办这些事，您的善政就不会推广啊！没有一件事不像我一样监督升任您的官员，他们就不敢废弃您的命令了。您到新邑去要认真啊！现在我们要奋发努力啊！去教导好我们的民众，远方的人因此也就归附了。”

王这样说：“公啊！请努力保护我这年轻人。公发扬伟大光显的功德，使我继承文王、武王的事业，奉答上帝的教诲，和悦四方民众，居在洛邑；隆重举行大礼，安排盛大的祭祀，都有条不紊。公之德辉充塞于天地，公之勤劳延伸于四方，普遍推行美好的政事，虽遭横逆的事而不迷乱。文武百官努力实行您的教化，我这年轻人早晚慎重进行祭祀。”

王说：“公善于辅导，我真的无不顺从。”

【段意】

第二段，记录周公和成王在镐京讨论治洛的对话。

王曰：“公！予小子其退[①]，即辟于周[②]，命公后[③]。四方迪乱未定[④]，于宗礼亦未克敉[⑤]，公功迪将[⑥]，其后监我士、师、工[⑦]，诞保文武受民[⑧]，乱为四辅[⑨]。”

王曰：“公定[⑩]，予往已[⑪]。公功肃将祗欢[⑫]，公无困哉[⑬]！我惟无斁其康事[⑭]，公勿替刑[⑮]，四方其世享[⑯]。”

【注释】

①退：自洛退去。陈栎说：“成王自谓其退，即位于周，味‘退’之

一字，则王时进在洛邑可知。据身在洛邑言，故以还归宗周为退，退固王之谦词，亦述往返，语势之当然耳。”

②辟：这里指君位。

③后：《尚书易解》：“犹言后续，继续，谓继续治洛也。”

④迪：教导。　乱：治理。《书集传》：“乱，治也。”

⑤于：并列连词，与。　宗礼：宗人典礼。　敉（mǐ）：通“弭”，完成。

⑥将：扶持。

⑦士、师、工：这里指各级官员。

⑧诞：句首语气助词。　受民：所受于天之民。

⑨四辅：帮助天子处理政事的四种大臣。《尚书大传》说天子有邻，前面的叫作疑，后面的叫作丞，左面的叫作辅，右面的叫作弼，统称“四辅”。《后汉书·桓郁传》：“昔成王幼小，越在襁褓，周公在前，史佚在后，太公在左，召公在右，中立听朝，四圣维之，是以虑无遗计，举无过事。”

⑩定：止。留下的意思。

⑪往：指往镐京。　已：句末语气助词。

⑫功：通“攻”，善。　肃：通“速”，迅速。　将：行。　欢：和。

⑬困：困苦。

⑭斁（yì）：厌倦。引申为懈怠。　康事：章太炎说：“康，读为庚。庚，更事也……更事，即更习吏事。不言莅政言更事者，谦也。次言公勿替刑，仍欲公为仪刑，则自处于学习之地。”

⑮替：止，停止。　刑：通“型”，示范。

⑯享：朝享。

【译文】

王说："公啊！我这年轻人就要返回镐京了，请公继续治洛。四方经过教导治理还没有安定，宗礼也还没有完成，公善于教导扶持，要继续监督我们的各级官员，安定文王、武王所接受的殷民，做我的辅佐大臣。"

王说："公留下吧，我要往镐京去了。公要妥善迅速地进行敬重和睦殷民的工作，公将没有危困呀！我只有不懈地学习政事，公不要停止示范，四方诸侯才会世世代代来周朝享。"

【段意】

第三段，成王分析当时的政治形势，恳请周公继续治洛。

周公拜手稽首曰："王命予来，承保乃文祖受命民①，越乃光烈考武王弘②，朕恭③。孺子来相宅，其大惇典殷献民④，乱为四方新辟⑤，作周恭先⑥。曰⑦：'其自时中乂⑧，万邦咸休，惟王有成绩。予旦以多子越御事笃前人成烈⑨，答其师⑩，作周孚先⑪。'考朕昭子刑⑫，乃单文祖德⑬。

"伻来毖殷⑭，乃命宁予以秬鬯二卣⑮。曰⑯：'明禋⑰，拜手稽首休享⑱。'予不敢宿⑲，则禋于文王、武王⑳。'惠笃叙㉑，无有遘自疾㉒，万年厌于乃德，殷乃引考㉓。''王伻殷乃承叙万年㉔，其永观朕子怀德㉕。'"

【注释】

① 民：指殷民。

② 烈：业，有功。　　考：先父。

③ 恭：《孔传》训为"恭奉"。《尚书易解》："'弘'字绝句，'恭'

字绝句。此言王命予来，承保文祖所受之殷民，宣扬武王之弘大，我奉行之。此答王命，允继续治洛也。”

④其：通“基”，谋。　　典：礼。　　献民：贤民。

⑤乱：语气助词，用法同上文“乱为四辅”的“乱”。　　辟：法。

⑥作周恭先：作周法的先例。恭，通“共”，法。

⑦曰：周公追述在相宅时申告成王的话。

⑧自：介词，介引与动作有关的处所的起点。　　时：这。

⑨多子：这里指众卿大夫。　　越：连词，与。　　笃：理。武王始议宅洛，所以说治洛为“笃前人成烈”。

⑩答：通“合”，集合。　　师：众。

⑪周孚：周王城的外城，这里代洛邑。孚，通“郛（fú）”，外城。章太炎说：“周孚者，周郛也。《逸周书·作雒解》周公‘将致政，乃作大邑成周于土中，城方千七百二十丈，郛方七十里，南系于洛水，北因于郏山，以为天下之大凑’。据此，城专指王城，郛则包络王城成周悉在其中。此地中建国之始，故曰‘作周郛先’。”

⑫考：成。　　昭：通“诏”，告。　　刑：法。　　昭子刑：指上文“其自时中乂”至“作周孚先”三十四字。见《尚书易解》。

⑬乃：副词，表假设关系。　　单：这里义为光大。《说文·吅部》：“单，大也。”

⑭毖殷：指成王遣使来慰劳殷民。毖，慰劳。

⑮乃：表递进关系。　　宁：安。等于今语问安、问候的意思。见王国维《雒诰解》。　　以：用。　　秬鬯（jù chàng）：黑黍酒。古时用来祭祀的一种香酒。　　卣（yǒu）：商周时代酒器的名称，圆口圆足，青铜制。后来渐渐转化为一个常见的容量单位词。在甲骨文和金

文中，“卣”已经大量表示容量单位。

⑯ 曰：此指成王说。

⑰ 明禋（yīn）：《尚书易解》：“明禋，明洁以祀也。”禋，古代祭天的一种典礼，先烧柴升烟，再加牲体和玉币在柴上焚烧。这里引申为祭祀。

⑱ 休：庆幸。　　享：献。

⑲ 宿：经宿，隔夜。

⑳ 则：承接连词，就、才。

㉑ 惠：《尚书正读》“读为惟”。意为愿、想（见《酒诰》注释），能愿动词。　　笃：程度副词，厚，大。　　叙：顺。　　惠笃叙：愿我很顺遂。

㉒ 有：或。见《经传释词》。　　遘：遇。　　自疾：罪疾。章太炎说：“自即辠之省借。辠疾连文，见《春官·小祝》及《盘庚》中篇。谦不敢言受福，故言不遇辠疾耳。”

㉓ 乃：能够。　　引：长。　　考：成功。　　自“惠笃叙”至“殷乃引考”是周公的祈福词。

㉔ 承叙：承顺。

㉕ 朕子：我民。　　怀：思。　　自“王伻殷”至“朕子怀德”是周公为成王祈福的祝词。

【译文】

周公跪拜叩头说：“王命令我到洛邑来，继续保护您的先祖文王所受的殷民，宣扬您光明有功的父亲武王的伟大，我奉行命令。王来视察洛邑的时候，要使殷商贤良的臣民都惇厚守法，制定了治理四方的新法，作了周法的先导。我曾经说过：‘要是从这九州的中心进行治理，万国都会喜欢，王也会有功绩。我姬旦率领众位卿大夫和治事官员经营先王的成业，集合众人，作修建洛邑的先导。’实现我告诉您的这一法则，就能发扬光大先祖文王的美德。

“您派遣使者来洛邑慰劳殷人，又用两卣黍香酒来问候我。使者传达王命说：‘明洁地举行祭祀，跪拜叩头，庆幸能够献祭给文王和武王。’我不敢耽搁过夜，立即祭祀祈祷说：‘愿我很顺遂，不要遇到罪疾，万年饱受您的德泽，殷事能够长久成功。’‘愿王能够使殷民顺从万年，能长久看到我民思念王的德惠。’”

【段意】

第四段，记录周公在洛邑答复王命。

戊辰①，王在新邑烝②，祭岁③，文王骍牛一④，武王骍牛一。王命作册逸祝册⑤，惟告周公其后⑥。王宾杀禋咸格⑦，王入太室⑧，祼⑨。王命周公后，作册逸诰⑩，在十有二月⑪。惟周公诞保文武受命⑫，惟七年⑬。

【注释】

①戊辰：戊辰日。刘歆《三统历》推算为成王七年十二月晦日。

②烝：冬祭。

③祭岁：报告岁事。《仪礼·少牢馈食礼》：“用荐岁事于皇祖伯某。”

④骍：赤色。

⑤作册：官名。　　逸：人名，有学者说就是史佚。　　祝：《孔疏》：“读册告神谓之祝。”

⑥其：将。　　后：后续，指继续治洛。

⑦王宾：指助祭的诸侯。　杀：杀牲。　禋：祭祀。　格：至。

⑧太室：王肃谓清庙中央之室。

⑨祼（guàn）：灌祭。《孔疏》："王以圭瓒酌郁鬯之酒以献尸，尸受祭而灌于地，因奠不饮，谓之祼。"

⑩诰：告喻。王国维说："诰，谓告天下。成王即命周公，因命史逸书王与周公问答之语并命周公时之典礼，以诰天下，故此篇名《洛诰》。《尚书》记作书人名者，惟此一篇。"

⑪十有二月：成王命周公治洛的月份。有，《词诠》："连词，读去声，与'又'同，专用于整数与余数之间。"

⑫诞保文武受命：担任文王、武王所受的使命。

⑬惟七年：皮锡瑞说："经云'戊辰'，有日无月；'在十有二月'，有月无年；于末结之曰'惟七年'，则当为七年十二月戊辰日无疑。"惟，介词，介引动作行为发生的时间。

【译文】

戊辰这天，成王在洛邑举行冬祭，向先王报告岁事，用一头红色的牛祭文王，也用一头红色的牛祭武王。成王命令作册官名字叫逸的宣读册文，报告文王、武王周公将继续住在洛邑。助祭诸侯在杀牲祭祀先王的时候都来到了，成王进入太室，举行灌祭。成王命令周公继续治理洛邑，作册官名字叫逸的将这件大事告喻天下，时间是十二月。周公留居洛邑担任文王、武王所受的使命，时间在成王七年。

【段意】

第五段，记叙周成王在洛邑举行冬祭，大会诸侯，宣布周公继续居洛治事。

多士第十六

【题解】

多士，就是众士，指殷商的旧臣。《孔传》："所诰者即众士，故以名篇。"《竹书纪年》记载："七年三月甲子，周公诰多士于成周。"说明这件事发生在成王七年。

周是殷商的属国，却灭亡了宗主国，殷商的旧臣大族一直心怀怨恨，周人把他们叫作"仇民""顽民"。三监之乱，震撼了新生的西周王朝。为了彻底征服殷人，西周统治集团在营建洛邑的同时营建成周，采取了"分而治之"和"集中控制"的办法。一方面将殷民分散到卫、唐、鲁、宋等诸侯国，一方面胁迫殷商旧臣迁徙到洛邑东边的城市成周。一方面加强对殷商顽民的教育和监督，一方面把殷商顽民和他们赖以反抗周王朝的社会基础隔离开来。殷人崇信天命，周公代替成王发布诰命，借助天命论证"周革商命"与"商革夏命"一样具有历史合理性，解除殷人反抗周王朝的思想武装，把周人灭殷、迁徙殷民都说成是天命神授天经地义的事件。周公指出商纣王"罔顾于天显民祇"，殷商的灭亡完全是咎由自取。他警告殷商旧臣，倘若不顺从天命迁徙到成周，就会被没收土地，并且将会受到老天的严厉惩罚。如果顺从天命，就会安居乐业，子孙兴旺发达。

《多士》和《召诰》《洛诰》从不同的侧面反映了西周"营

洛”“治洛”这些重大历史事件，为我们今天研究西周史提供了十分珍贵的资料。

《多士》提到“惟殷先人有册有典，殷革夏命”。这说明殷商时期已有档案材料和文献材料。殷商时期的书写材料主要是龟甲和兽骨，根据董作宾先生的研究，“册”的本义是龟板，龟板上有孔，可用绳子串连成册。“典”的小篆字形像“册在丌上”，甲骨文字形像双手捧册之状，也有的字形为单手捧册。甲骨文“典”“册”往往混用。甲骨文字材料佐证了《多士》记载的真实性。

《史记·鲁周公世家》《竹书纪年》记载周公诰殷多士是成王七年三月，而郑玄注《召诰》则认为是“成王元年三月”。《史记·鲁周公世家》《竹书纪年》以武王崩、成王立为成王元年，周公摄政，共七年，而郑玄则以周公还政为成王元年，二者所说实为同一年。

成周既成①，迁殷顽民②，周公以王命诰③，作《多士》。

【注释】

①成周：地名，故址在今河南省洛阳市东面。西周迁徙殷民住在这里。《孔疏》：“周之成周于汉为洛阳也，洛邑为王都，故谓此为下都，迁殷顽民以成周道，故名此邑为成周。”　成：建成。

②殷顽民：指不服从周王朝统治的殷商旧臣。迁徙殷民，便于管教。《孔传》：“殷大夫、士心不则德义之经，故徙近王都教诲之。”

③以：用。　诰：告诫。

【译文】

成周已经建成，周王朝就把不服从统治的殷商旧臣迁徙到成周，周公用成王的命令告诫他们，史官写作《多士》。

多　士

惟三月[①]，周公初于新邑洛[②]，用告商王士[③]。

王若曰："尔殷遗多士！弗吊旻天[④]，大降丧于殷[⑤]；我有周佑命[⑥]，将天明威[⑦]，致王罚[⑧]，敕殷命终于帝[⑨]。肆尔多士[⑩]！非我小国敢弋殷命[⑪]，惟天不畀允罔固乱[⑫]，弼我！我其敢求位[⑬]？惟帝不畀[⑭]，惟我下民秉为[⑮]，惟天明畏[⑯]。

"我闻曰：'上帝引逸[⑰]。'有夏不适逸[⑱]，则惟帝降格[⑲]，向于时夏[⑳]。弗克庸帝[㉑]，大淫泆有辞[㉒]。惟时天罔念闻[㉓]，厥惟废元命[㉔]，降致罚[㉕]；乃命尔先祖成汤革夏[㉖]，俊民甸四方[㉗]。

"自成汤至于帝乙[㉘]，罔不明德恤祀[㉙]。亦惟天丕建保乂有殷[㉚]，殷王亦罔敢失帝[㉛]，罔不配天其泽[㉜]。在今后嗣王[㉝]，诞罔显于天[㉞]，矧曰其有听念于先王勤家[㉟]？诞淫厥泆[㊱]，罔顾于天显民祇[㊲]，惟时上帝不保[㊳]，降若兹大丧[㊴]。

"惟天不畀不明厥德[㊵]，凡四方小大邦丧，罔非有辞于罚[㊶]。"

【注释】

①惟：句首语气助词。　　三月：周成王元年三月。郑玄说："成

王元年三月，周公自王城初往成周之邑，用成王命告商王之众士以抚安之。”今按：《召诰》篇注释据《史记·鲁周公世家》指出成王七年营洛，本篇题解引《竹书纪年》也说是“七年”，而这里郑康成则说是成王元年，这是因为成王初年周公摄政，共七年，《史记·鲁周公世家》以武王崩、成王立为成王元年，而郑玄则以周公归政为成王元年。二者所说其实是同一年。

② 初：首次，初次。《尔雅·释诂》：“初，始也。”

③用：以，这里作介词。用，传世文献多作动词。《说文·用部》：“用，可施行也。”虚化为介词。《经传释词》：“用，词之‘以’也。《一切经音义》七引《仓颉篇》曰：‘用，以也。’‘以’‘用’一声之转。” 商王士：泛指殷商旧臣。俞樾《尚书平议》：“‘王士’二字连文，‘王士’之称犹《周易》言‘王臣’，《春秋》书‘王人’，《传》称‘王官’，其义一也。”

④ 吊：善。 旻（mín）天：秋天。这里泛指上天。 《尚书易解》：“弗吊旻天指纣，谓纣王不善乎旻天也。”

⑤ 丧：灾难，祸乱。

⑥ 有周：附音词，即“周”。有，词头。 佑：佑助。

⑦ 将：奉行。《仪礼·聘礼》郑玄注：“将，犹奉也。”

⑧ 致：招致。一说通“至”，《礼记·乐记》注：“至，行也。”

⑨ 终于帝：被上帝终绝了。

⑩ 肆：时间副词，现在。《尔雅·释诂》：“肆，今也。”下文“肆予敢求尔于天邑商”之“肆”同。

⑪ 小国：这里指周。《孔疏》：“周本殷之诸侯，故周公自称‘小国’。” 弋：取代。曾运乾《喻母古读考》：“弋，亦‘代’也。”马融本，郑玄、王

肃本“弋”作“翼”。马融说：“翼，取也。”

⑫畀：给予。　允罔固乱：指相信诬罔、仗恃暴乱的人。允，信。罔，诬。固，通“怙”，仗恃。

⑬其：语气副词，表示反诘语气，通“岂”，难道，究竟，怎么。下文“予其曰惟尔洪无度”的“其”同。　位：王位。

⑭惟：因果连词，因为。　不畀：下省“允罔固乱”。

⑮秉：执。　为：作为，行事。有学者认为“为”是后缀复述用法，“秉为”即“秉”，“惟我下民秉为”意思是“惟我下民秉承天命”。类似用例如《墨子·非攻下》：“禹既已克有三苗，焉磨为山川，别物上下。”（王念孙指出“磨”是“磿”的误字，“磿”是“历”的假借字，“历”训为离）“离为”即“离”。《墨子·杂守》：“守数令骑若吏行旁视，有以知为所为。”“知为”即“知”。存参。

⑯天明畏：就是畏天明。天明，天命。

⑰引：制止。俞樾《群经平议·尚书四》：“《素问·五常政大论》：‘是谓收引。’王注曰：‘引，敛也。’又《异法方宜论》：‘天地之所收引也。’注曰：‘引谓牵引使收敛也。’然则‘上帝引逸’者，言上帝不纵人逸乐，有逸乐者则收引之，使勿大过也。”周秉钧《尚书易解》：“引，制引，制止也。逸，淫佚。上帝引逸，上帝制止淫佚也。”

⑱适：节制。《吕氏春秋·重己》：“故圣人必先适欲。”高诱注：“适，节也。”

⑲则：《经传释词》：“则者，承上启下之词。《广雅》曰：‘则，即也。’字或作‘即’。”可译为“就”“才”。　格：通“詻（luò）”。《玉篇》：“詻，教令严也。”

⑳向：劝。　时：这。

㉑ 庸：用。这里是“听取”的意思。　弗克庸帝：不能听取上帝教令。

㉒ 大：程度副词，大大地。《助字辨略》：“大，盛也，甚也。”　淫：《广雅·释言》：“游也。”　泆（yì）：音“逸”，乐。　有：又，表示并列关系。　辞：通“怠”，疑惑，不相信。详《经义述闻·通说》。弗克庸帝，大淫泆有辞：义同《多方》：“乃大淫昏，不克终日劝于帝之迪。”

㉓ 惟时：因此。惟，介词，因为。　罔：《词诠》：“否定副词，不也。”可译为“不会”“不能”。下文“诞罔显于天”“罔顾于天显民祇”的“罔”同。　念：眷念。　闻：通告，恤问。详《经义述闻》卷二“终莫之闻也”条和卷五“亦莫我闻”条。

㉔ 厥：句首语气助词。　元命：大命，指国运。

㉕ 致：通“至”，大。见《吕氏春秋·求人》“至劳也”注。

㉖ 乃：关联副词，于是，就。下文“我乃明致天罚”“尔小子乃兴”之“乃”同。　革：更改，代替。《孔传》：“天命汤更代夏。”《多方》：“乃惟成汤克以尔多方简，代夏作民主。”可参看。

㉗ 俊民：杰出人才。　甸：治。

㉘ 参《酒诰》“自成汤咸至于帝乙”注释。

㉙ 恤：慎。

㉚ 亦惟：因果复音连词，可译为“也因为”或“也由于”。　保乂：安治。《尚书易解》：“保乂有殷，谓安治殷国之人，乃‘建’之宾语。”

㉛ 亦：关联副词，《经传释词》：“亦，承上之词也。”这里表示事理性状相似并列关系。　罔敢失帝：不敢违失天意。

㉜ 其：结构助词，的。《经传释词》：“其，犹‘之’也。”　泽：恩泽。

㉝ 后嗣王：指纣王。

㉞ 诞：程度副词，很。《说文·言部》："诞，词诞也。"意为词语荒诞的意思。《说文解字注》："《释诂》《毛诗》皆云：诞，大也。" 显：明。

㉟ 矧：连词，况，何况。 勤家：勤劳家国。

㊱ 诞淫厥泆：义同上文"大淫泆"。厥，句中语气助词。

㊲ 顾：念。 天显：天所明示，这里指天意。《康诰》："于弟弗念天显。" 祇：通"疷"。《诗经·小雅·白华》："俾我疷兮。"《毛传》："疷，病也。"

㊳ 惟：介词，相当于"以"，因为。 时：指示代词，《尔雅·释诂》："时，是也。"

㊴ 若兹：如此。 丧：丧亡，指亡国的惩罚。

㊵ 不明厥德：即不明厥德者，指不努力施行德政的人。

㊶ 辞：通"怠"，怀疑。 罔非有辞于罚：《尚书易解》："凡四方小大国之丧亡，无非是怀疑于天罚。"

【译文】

周成王元年三月，周公初往新都洛邑，用成王的命令告诫殷商的旧臣。

王这样说："你们这些殷商的旧臣们！纣王不敬重上天，他把灾祸大降给殷国；我们周国佑助天命，奉行上天的明威，执行王者的诛罚，宣告殷的国命被上天终绝了。现在你们众位官员啊！不是我们小小的周国敢于取代殷命，是上天不把大命给予那相信诬罔、仗恃暴乱的人，而辅助我们！我们岂敢擅求王位呢？正因为上天不把大命给予信诬恃恶的人，我们下民的所作所为，应当敬畏天命。

“我听说：‘上帝制止游乐。’夏桀不节制游乐，上帝就降下教令，来劝导夏桀。他不能听取上帝的教导，大肆游乐，怀疑上帝的教导。因此，上帝也不念不问，考虑废止夏的大命，降下大罚；上帝于是命令你们的先祖成汤代替夏桀，任用杰出的人才治理天下。

“从成汤到帝乙，没有人不力行德政、慎行祭祀。也因为上天树立了安治殷国的贤人，殷的先王也没有人敢违背天意，没有人不配合上天的恩泽。当今后继的纣王，很不明白上天的意旨，何况说他能听从、考虑先王勤劳家国的训导呢？他大肆淫游泆乐，不顾天意和民困，因此上帝不保佑了，降下这样的大丧乱。

“上帝不把大命给予不勉行德政的人，凡是四方大大小小国家的灭亡，没有不是怀疑天罚的。”

【段意】

第一段，指出明德勤政、敬念天意者得天下，失德废政、质疑天意者亡天下。周灭殷和殷灭夏一样，都是顺从天命。

王若曰：“尔殷多士，今惟我周王丕灵承帝事[①]，有命曰[②]：‘割殷[③]，告敕于帝。’惟我事不贰适[④]，惟尔王家我适。予其曰惟尔洪无度[⑤]，我不尔动，自乃邑[⑥]。予亦念天[⑦]，即于殷大戾[⑧]，肆不正[⑨]。”

王曰：“猷告尔多士[⑩]，予惟时其迁居西尔[⑪]，非我一人奉德不康宁[⑫]，时惟天命[⑬]。无违，朕不敢有后[⑭]，无我怨[⑮]。

“惟尔知，惟殷先人有册有典[⑯]，殷革夏命。今尔又曰：

‘夏迪简在王庭[17]，有服在百僚[18]。’予一人惟听用德[19]。肆予敢求尔于天邑商[20]，予惟率肆矜尔[21]。非予罪，时惟天命。”

【注释】

① 惟：范围副词，强调施事的唯一性。《经传释词》：“惟，独也，常语也。或作‘唯’‘维’。”《词诠》：“副词，独也，仅也。”下文“惟尔王家我适”“予一人惟听用德”之“惟”同。　灵：善。　帝事：上帝命令的事。

② 有命曰：承前省略主语“王”。

③ 割：取。见《战国策·齐策》“然后王可以多割地”注。

④ 事：指征伐的事。　适：通“敌”。《论语·里仁》释文：“适，郑本作‘敌’。”《尚书易解》：“意谓惟以尔王家为敌，而不敌殷之多士也。”

⑤ 曰：《尚书易解》：“谓也，意料之意。”　洪：程度副词，大。　度：法度。

⑥ 自：介词，从。下文“昔朕来自奄”之“自”同。　乃邑：你们殷众卿士的封邑。

⑦ 亦：关联副词，表示事理性状的相承关系。　念天：意思是说念天意割殷。

⑧ 即：关联副词，则。　戾：定。

⑨ 肆：《尔雅·释诂》：“肆，故也。”可译为“所以”“因此”。　正：治罪。《周礼·夏官·大司马》注：“正之者，执而治其罪。”

⑩ 猷告：告导，导告。

⑪ 其：时间副词，表示时间将然，《经传释词》：“其，犹‘将’也。”

西：指成周，成周在商都朝歌西南，所以称“西”。

⑫ 奉：秉。　德：《左传·成公十六年》“民生厚而德正”疏：“德，谓人之性行。”　康宁：安静。

⑬ 惟：是。《玉篇》：“惟，为也。”

⑭ 朕：我。《尚书》自称代词主要是“我”“予”“朕”，三者在感情方面存在差异：“我”多表自谦，“予”多表自尊，“朕”多表庄重语气。　有：或。见《经传释词》。　后：繁体作“後”。《说文·彳部》：“後，迟也。”

⑮ 无我怨：即“无怨我”，宾语前置。

⑯ 册、典：记载史实的典籍。《说文·丌部》：“典，大册也。”

⑰ 迪：通“由”。《方言》：“由，辅也。”这里指辅臣。　简：选取。

⑱ 服：《尔雅·释诂》：“事也。”这里指职务、职位。

⑲ 听：听从。　德：这里指有德的人。

⑳ 肆：今。　敢：表敬副词。　求：《礼记·学记》注：“招徕也。”天邑：大邑。“大邑商”“天邑商”均见于甲骨文。

㉑ 予惟率肆矜尔：我惟用肆尔之罪矜尔之愚而已。详《经义述闻》卷四。率，用。肆，缓，宽宥。矜，怜悯。

【译文】

王这样说：“你们殷国的众臣，现在只有我们周王善于奉行上帝的使命，上帝有命令说：‘夺取殷国，并报告上天。’我们讨伐殷商但不把你们作为敌人，只把你们的王家作为敌人。我怎么会料想到你们众官员太无法无天，我并没有动你们，动乱是从你们的封邑开始的。我也考虑到天意仅仅在于灭亡殷国，于是在殷乱大定之后，便不治你们的罪了。”

王说："告诉你们众官员，我因此将把你们迁居西方，并不是我秉性不安静，这是天命。不可违背天命，我也不敢迟缓执行天命，你们不要怨恨我。

"你们知道，殷人的祖先有书册、有典籍，记载着殷国革了夏国的命。现在你们又说：'当年夏的官员被殷王庭选用，在百官之中都有职事。'我仅仅听从、使用有德的人。现在我从大邑商招徕你们，我是宽大你们和爱惜你们。这不是我的差错，这是天命。"

【段意】

第二段，说明迁移殷民、不用殷士是顺从天命。

王曰："多士，昔朕来自奄①，予大降尔四国民命②。我乃明致天罚③，移尔遐逖④，比事臣我宗多逊⑤。"

王曰："告尔殷多士，今予惟不尔杀⑥，予惟时命有申⑦。今朕作大邑于兹洛，予惟四方罔攸宾⑧，亦惟尔多士攸服奔走臣我多逊⑨。

"尔乃尚有尔土⑩，尔乃尚宁干止⑪。尔克敬，天惟畀矜尔⑫；尔不克敬，尔不啻不有尔土⑬，予亦致天之罚于尔躬⑭！

"今尔惟时宅尔邑⑮，继尔居⑯。尔厥有干有年于兹洛⑰。尔小子乃兴⑱，从尔迁⑲。"

王曰："又曰时予⑳，乃或言尔攸居㉑。"

【注释】

①昔：《词诠》："昔，时间副词。《老子注》云：'昔，往也。'" 奄：

古国名，也作郁、盖，今山东省曲阜市东。《尚书大传》："周公摄政三年，践奄。"

②降：下达。　　四国：指管、蔡、商、奄四国。

③明：情态副词，修饰行为动词，可译为"清楚地""明白地"。

④移尔遐逖：就是迁尔自远方。遐、逖，都是遥远的意思。

⑤比：时间副词。《白话尚书》："比，近日。"在文献语言中，"比"常和"年""岁"等时间名词构成"比年""比岁"，可译为"近年""每年"等。　　事：服事。　　我宗：我周族，指宗周和鲁、卫。　　多：程度副词，表程度之深，可译为"很"。　　逊：恭顺。

⑥不尔杀：即"不杀尔"，宾语前置。

⑦时命：指上文"大降尔四国民命"。　　有：又，重。　　申：申述。　　时命有申：即"有申时命"，宾语前置。

⑧惟：关联副词，表示动作行为的理由。可译为"因为""正因为"。　　四方：指四方诸侯。　　宾：朝贡。　　四方罔攸宾：金履祥说："镐京远在西偏，四方道里不均，无所于宾贡。"

⑨服：服事。　　奔走：奔走效劳。

⑩尚：关联副词，犹，还。

⑪宁：安。　　干：《广雅·释诂》释为"安也"。　　宁干：安宁。止：句末语气助词，无义。

⑫畀矜尔：赐予你们怜爱。畀，赐。

⑬不啻：不但。啻，《尚书易解》："啻，但也。"

⑭躬：身。

⑮惟：思。　　时：《广雅·释诂》释为"善也"，情态副词，表示努力做某事。　　宅：安。

⑯ 居：事业。江声说："《诗·蟋蟀》'职思其居'，亦谓所为之事为居也。"

⑰ 厥：语气副词，表示推测语气，相当于"其"，也许，大概。　有干：有安乐。　有年：有丰年。　尔厥有干有年于兹洛：《孔传》："汝其安事有丰年于此洛邑。"

⑱ 小子：这里指子孙。　兴：兴盛。

⑲ 从：介词，自。《尚书易解》："尔小子乃兴，从尔迁，谓汝子孙乃兴盛发达，自汝迁洛始也。"

⑳ 又曰：《尚书正读》："本文'又曰'，重言'时予'也……言终丁宁之意。"也有学者认为"又曰"不是"王曰"的内容，而是史官特意作的标记，表示"王"在发表了上述长篇大论以后，意犹未尽，又补充一句，以示强调。存参。　时：顺从。

㉑ 乃：关联副词，表示条件关系。　或：通"克"，能够。《文侯之命》"罔或耆寿"，《汉书·成帝纪》引"或"作"克"。　攸：时间副词，通"悠"，长久。

【译文】

王说："殷的众臣，从前我从奄地来，对你们管、蔡、商、奄四国臣民广泛地下达过命令。我然后明行上天的惩罚，把你们从远方迁徙到这里，近来你们服务和臣属我们周族很恭顺。"

王说："告诉你们殷商的众臣，现在我不杀害你们，我想重申这个命令。现在我在这洛地建成了一座大城市，是由于四方诸侯没有地方朝贡，也是由于你们服务奔走臣属我们很恭顺的缘故。

"你们还可以保有你们的土地，你们还会有安宁的生活。你们能够敬慎，上天将会赐给你们怜爱；你们假如不能敬慎，你们不但不能保有你们的土地，我也将会把老天的惩罚施加到你们身上。

“现在你们应当好好地住在你们的城邑，继续你们的事业。你们在洛邑会有安乐、会有丰年的。从你们迁来洛邑开始，你们的子孙也将兴旺发达。”

王说：“顺从我！顺从我！才能够谈到你们长久安居。”

【段意】

第三段，宣布对待多士的政策，从正反两方面告诫多士顺从周王朝的统治。

无逸第十七

【题解】

无，通“毋”，不要。逸，逸乐。周公还政成王以后，担心成王荒废懈怠，经常告诫成王不要贪图逸乐。史官记录周公的诰词，名叫《无逸》。

《无逸》的首节是全篇的纲领，开篇点题，“君子所，其无逸”（君子做官不可贪图安逸享乐），接着周公引述正反史实，反复强调人君必须了解农事艰难，了解民生疾苦，然后才能长治久安。第一次把人君的逸乐与百姓的痛苦联系起来，这种思想意识对于统治阶级而言是前所未有的历史进步。《无逸》为历代政治家总结了宝贵的历史经验教训，王朝时代的圣君贤王无一例外都重视周公的告诫。例如，清代康熙帝深受《无逸》思想的熏陶。王士禛《居易录》记载康熙帝曾聆听过《无逸》篇经筵：“丁巳二月十二日甲戌，上御经筵。”“礼部尚书张玉书、刑部尚书图纳讲《尚书·无逸》篇毕，各官仍分东西趋出。”康熙帝又曾在《耕织图序》中表示：“朕早夜勤毖，研求治理。”“尝读《豳风》《无逸》诸篇。”

《无逸》也为历代思想家提供了重要的理论武器。先秦诸子的学说就有许多相关论述。老子主张：“我无为，而民自化；我好静，而民自正；我无事，而民自富；我无欲，而民自朴。”墨子主张："仁者之为天下度也，非为其目之所美，耳之所乐，口之所甘，身体之所安，以此亏夺民衣食之财，仁者弗为也。"孟子主张"天将降大任于斯人也，必先苦其心志，劳其筋骨，饿其体肤，空乏其身"，告诫人们"生于忧患""死于安乐"。先秦思想家的这些著名的格言，闪烁着《无逸》的思想光芒。

《无逸》还蕴含着宝贵的教学观。周公主张君主群臣要能够虚心向学，互相劝诫，互相帮助，互相学习，做老百姓的表率。周公指出："古之人犹胥训告，胥保惠，胥教诲，民无或胥诪张为幻。"这里的"人"与"民"是相对的概念，"人"主要指君主群臣，"民"则指平民百姓。官员相互师法的主张也见于《皋陶谟》："百僚师师。"《孔传》："师师，相师法。"《孔疏》："百官各师其师，转相教诲。"相互师法也是传统师道观的重要内容。唐代韩愈作《师说》，称"古之圣人，其出人也远矣，犹且从师而问焉；今之众人，其下圣人也亦远矣，而耻学于师"，感慨当时"士大夫之族，曰师曰弟子云者，则群聚而笑之"。韩愈是有唐一代的硕师大儒，他感慨"师道之不存也久矣"，力图恢复师道，是因为他十分清楚求学问道的本旨在于纠正自己的偏失，从而兼济天下；师道不存，则天下将亡。韩愈在《进学解》中说："先生之于儒，可谓有劳矣……周《诰》殷《盘》，佶屈聱牙。"正是他本人的夫子自道。可以说，《师说》正是将《尚书》等经典中的教学之道予以申说和弘扬。

《无逸》全文论述事理中心明确，层次清楚，语言流畅，不像《召诰》《洛诰》等篇晦涩难读，宋代就有学者疑其晚出，但是文献证据不足。

周公作《无逸》。

【译文】

周公写作了《无逸》。

无 逸

周公曰："呜呼！君子所[①]，其无逸[②]。先知稼穑之艰难，乃逸[③]，则知小人之依[④]。相小人，厥父母勤劳稼穑，厥子乃不知稼穑之艰难[⑤]，乃逸乃谚[⑥]。既诞[⑦]，否则侮厥父母曰[⑧]：'昔之人无闻知[⑨]。'"

【注释】

①所：指所居官。《左传·昭公二十年》："余知而无罪也，入复而所。"杜预注："所，所居官。" 一说"君子所其无逸"连读，"所"为语助词。《经传释词》："所，语助也。《书·无逸》曰：'乌呼！君子所其无逸。'言君子其毋逸也。"存参。

②其：语气副词，表示祈使（劝告、希望或命令）语气。可译为"要""希望""应当""一定"。下文"嗣王其监于兹"之"其"同。 无：否定副词，此处可译作"不可"。 逸：逸豫，安乐。郑玄说："君子处位为政，其无自逸豫也。"

③乃：关联副词，此处可译为"然后"。《词诠》："乃，副词。于是也，然后也，始也，今语'这才'。"

④则：连词，表承接关系。可译为"就""才"。 小人：民众，老百姓。与上句"君子"相对。 依：通"隐"，苦衷，痛苦。《经义述闻》："依，隐也，谓知小人之隐也。《周语》'勤恤民隐'韦注曰：'隐，

痛也。’小人之隐，即上文‘稼穑之艰难’，下文所谓‘小人之劳’也。云‘隐’者，犹今人言苦衷也。”按：上古“依”为影母微部字，“隐”为影母文部字，二字双声，微、文旁转，例得通用。

⑤乃：可译为“竟然”。《词诠》：“乃，副词，但也，仅也。”

⑥乃：就。　谚：汉石经作“宪”。宪，欣乐。《诗经·大雅·板》：“天之方难，无然宪宪。”《毛传》：“宪宪犹欣欣。”按：上古“谚”为疑母元部字，“宪”为晓母元部字，“欣”为晓母文部字。“谚”与“宪”叠韵可通，“宪”与“欣”双声，元、文旁转，可通。

⑦诞：汉石经作“延”。《尔雅·释诂》：“延，长也。”这里是说时间长久。

⑧否则：于是。《经传释词》：“汉石经‘否’作‘不’，不则，犹于是也。言既已妄诞，于是轻侮其父母也。”　侮：轻侮。

⑨昔之人：前人，这里指老人。　昔之人无闻知：蔡沈《书集传》：“古老之人，无闻无知，徒自劳苦，而不知所以自逸也。”

【译文】

周公说：“啊！君子在位，切不可安逸享乐。先了解耕种收获的艰难，然后处在逸乐的境地，就会知道民众的痛苦。看那些民众，他们的父母勤劳地耕种收获，他们的儿子却不知道耕种收获的艰难，便安逸享乐。时间既久，于是就轻视侮慢他们的父母说：‘老人们没有知识。’”

【段意】

第一段，周公指明君子为官要做到无逸，必须了解稼穑艰难。

周公曰："呜呼！我闻曰：昔在殷王中宗[①]，严恭寅畏[②]，天命自度[③]，治民祗惧[④]，不敢荒宁[⑤]。肆中宗之享国七十有五年[⑥]。

"其在高宗[⑦]，时旧劳于外[⑧]，爰暨小人[⑨]。作其即位[⑩]，乃或亮阴[⑪]，三年不言[⑫]。其惟不言[⑬]，言乃雍[⑭]。不敢荒宁，嘉靖殷邦[⑮]。至于小大[⑯]，无时或怨[⑰]。肆高宗之享国五十有九年。

"其在祖甲[⑱]，不义惟王[⑲]，旧为小人[⑳]。作其即位，爰知小人之依，能保惠于庶民[㉑]，不敢侮鳏寡[㉒]。肆祖甲之享国三十有三年。

"自时厥后[㉓]，立王生则逸[㉔]，生则逸[㉕]，不知稼穑之艰难，不闻小人之劳，惟耽乐之从[㉖]。自时厥后，亦罔或克寿。或十年，或七八年，或五六年，或四三年[㉗]。"

周公曰："呜呼！厥亦惟我周太王、王季[㉘]，克自抑畏[㉙]。文王卑服[㉚]，即康功田功[㉛]。徽柔懿恭[㉜]，怀保小民[㉝]，惠鲜鳏寡[㉞]。自朝至于日中昃[㉟]，不遑暇食，用咸和万民[㊱]。文王不敢盘于游田[㊲]，以庶邦惟正之供[㊳]。文王受命惟中身[㊴]，厥享国五十年[㊵]。"

【注释】

①昔在：过去。见《洪范》篇"我闻在昔"注。　　中宗：有两说。一说中宗为太戊，殷代第五世贤主。《史记·殷本纪》《诗》毛传、郑笺，《书》孔传、孔疏、蔡传皆主此说。王国维根据甲骨文资料有详细考证，详《观堂集林·殷卜辞中所见先公先王续考》。一说中宗是祖乙，殷代

第七世贤主。

②严：庄正。　恭：外貌恭敬。　寅：内心恭敬。《尚书集注音疏》：“严恭在貌，寅畏在心。”一说“严恭寅畏天命”连读，吴汝纶说：“‘严恭寅畏天命’者，敬天命也……《盄和钟》铭文云：‘严恭寅天命。’与此同。”存参。

③度（duó）：忖度，揣度。　一说“自度治民”连读，“度”当作“亳”。“亳”讹为“宅”（《盘庚》篇小序“将治亳殷”，束皙说：“孔子壁中《尚书》云‘将始宅殷’。”则“亳”“宅”存在互讹可能），“宅”与“度”古通用（郑玄注《周礼·天官·缝人》引《尧典》“宅西”作“度西”），因此又作“度”。“自亳治民”即从亳都治理民众。存参。

④祗惧：敬畏，恭敬谨慎。

⑤荒宁：荒废自安。

⑥肆：连词，表因果关系，可译为“所以”“因此”。《史记·鲁周公世家》“肆”作“故”。《尔雅·释诂》：“肆，故也。”　享国：指在帝位。下文高宗、祖甲、文王“享国”义同。

⑦高宗：武丁。殷代第十一世贤主。

⑧时：当时，那时候。指武丁做太子时。　旧：时间副词，长久地。《史记·鲁周公世家》作“久”。《史记集解》引马融说：“武丁为太子时，其父小乙使行役，有所劳苦于外。”《尚书今古文注疏》引郑玄曰：“旧，犹久也。”下文“旧为小人”之“旧”与此同。

⑨爰：连词，表示承接关系，可译为“于是”“因此”。　暨：惠顾，爱护。《尚书易解》：“‘暨’盖‘慇’之借，《说文》：‘㤅，惠也。’古文作‘慇’。爰惠小人，与下文‘惠鲜鳏寡’同义。”

⑩作：介词，等到。王引之《经传释词》：“作，犹‘及’也。”《说

文·人部》："作。起也。"本为动词，虚化为介词。"作"为介词，用例极少，在今文《尚书》中仅仅两见，在后世文献中，"作"的介词用法为"及"等常用介词所替代。

⑪ 或：有时。　亮阴：实在沉默。马融说："亮，信也。阴，默也。为听于冢宰，信默而不言。"

⑫ 不言：不轻言。详《东莱书说》第二十五卷。又《吕氏春秋·重言》："高宗，天子也，即位谅闇，三年不言。卿大夫恐惧，患之。高宗乃言曰：'以余一人正四方，余唯恐言之不类也，兹故不言。'古之天子，其重言如此，故言无遗者。"

⑬ 其：代词，指高宗。　惟：副词，独，仅，只是。　今按：《庄子·齐物论》："夫大块噫气，其名为风。是唯无作，作则万窍怒呺。"郭象注："言风唯无作，作则万窍皆怒动而为声也。"成玄英疏："是者，指此风也。作，起也。言此大风唯当不起，若其动作，则万殊之穴皆鼓怒呺叫也。"此处"其惟不言，言乃雍"与"是唯无作，作则万窍怒呺"句式相近，意思是高宗只是不说话，一旦说话就能和顺合理。又，《韩非子·喻老》："虽无飞，飞必冲天；虽无鸣，鸣必惊人。"（"虽"与"唯""惟"通，见《经传释词》）《史记·滑稽列传》："不飞则已，一飞冲天；不鸣则已，一鸣惊人。"《韩非子》与《史记》所说虽然不是同一件事，但事类近同，语意也近同。

⑭ 乃：关联副词，表示假设关系，可译为"就""则"。下文"人乃训之""人乃或诪张为幻"之"乃"同。　雍：和，和顺，合理。

⑮ 嘉：善。见《尔雅·释诂》。　靖：和。

⑯ 至于：表动作行为所及的对象。下文"乃变乱先王之正刑，至于小大"之"至于"用法同。　小大：小指民众，大指群臣。

⑰ 时：是，即是人，指高宗。 或：有。 无时或怨：就是无有怨之。否定句的宾语前置。

⑱ 祖甲：武丁的儿子帝甲。殷代第十二世贤主。

⑲ 惟：动词，为。

⑳ 不义惟王，旧为小人：马融注："祖甲有兄祖庚，而祖甲贤，武丁欲立之。祖甲以王废长立少，不义，逃亡民间。故曰'不义惟王，久为小人'也。武丁死，祖庚立；祖庚死，祖甲立。"

㉑ 保：安。 惠：爱。

㉒ 鳏寡：泛指孤苦无依的人。

㉓ 自：介词，从。 时：是，这。 厥：在上古汉语中，主要作代词和语助词，这里作连词，今文《尚书》仅两见，皆见于《无逸》。《经传释词》："厥，犹'之'也。""皆谓自是之后也。"

㉔ 立王：在位的君王。《诗经·大雅·桑柔》："天降丧乱，灭我立王。"

㉕ 生则逸：《尚书正读》："'生则逸'，一语已足，两言之者，周公喜重言也。《洛诰》'孺子其朋，孺子其朋，其往'亦此类。"

㉖ 惟：只是。下文"以庶邦惟正之供""以万民惟正之供"之"惟"同。 耽乐：沉溺在享乐之中。耽，《孔传》："过乐谓之耽。" 从：追求。《诗经·齐风·还》："并驱从两肩兮。"《毛传》："从，逐也。"

㉗ 或四三年：《中论·夭寿》引作"或三四年"。《孔传》："高者十年，下者三年，言逸乐之损寿。"

㉘ 惟：强调施事的唯一性。

㉙ 抑：指谦虚谨慎。 畏：指敬畏天命。

㉚ 卑服：贱服。蔡沈《书集传》："犹禹所谓恶衣服也。"又，于省吾据《盂鼎》"女妹辰有大服"及《趩尊》"王乎内史册令趩更氒

（厥）祖考服”，认为“服”当训为事，“文王卑服”即“文王卑其服事”（《〈书·无逸〉“文王卑服即康功田功”解》）。赵光贤认为“卑”读为俾，训为从，“俾服”即后世文献中之“宾服”，“文王卑服”即“文王顺从或遵循大王、王季这种克自抑畏的作风，守而不失”之意（《〈书·无逸〉“文王卑服即康功田功”解》）。此二说存参。

㉛ 即：就，从事。　　康功：《孔传》《孔疏》《书集传》都认为指安民之功，孙星衍认为指建造房屋之事，章太炎认为指平易道路之事，杨筠如、曾运乾认为指披荆斩棘、开垦山泽荒地之事，赵光贤则认为指继续治理农事。按：上节述殷后王不知稼穑，所以在位日短，这一节述文王也应言稼穑。今存杨、曾、赵三家说备考：（1）杨筠如《尚书核诂》："康，疑当读为'荒'。古康、荒可通。故甗亦作甈。《周易·泰》释文引郑注'荒读为康'，即其明证。《说文》：'荒，一曰艸淹地也。'则'荒功'与'田功'对文，盖谓山泽荒地尔。"（2）曾运乾《尚书正读》："康与垦声相近。康功，即垦辟也。《诗》：'天作高山，太王荒之。彼作矣，文王康之。彼徂矣岐，有夷之行。'"（3）杨树达读《诗经·周颂·天作》"文王康之"之"康"为"赓"，作"继续"解，赵光贤进而认为此处"康"亦当作此解，"康功田功"当读为"赓攻田功"，"赓攻田功"即继续治理农事。

㉜ 徽柔懿恭：《尚书易解》："徽，和也。懿，美也。"

㉝ 怀保：保护安定。

㉞ 鲜：亲善。《尔雅·释诂》："鲜，善也。"

㉟ 日中：日正中。　　昃：一作仄，日西斜。

㊱ 用：目的连词，相当于"以"。　　咸：通"諴"，和。

㊲ 盘：通"般"。《尔雅·释诂》："般，乐也。"　　游：游乐。　　田：

通“畋”，打猎。 盘于游田：乐于游乐和田猎。

㊳ 以：使。 正：通“征”。《尚书正读》：“税也。” 供：进献。《广雅·释诂》：“供，进也。”

㊴ 受命：接受天命，即君位。 中身：中年。

㊵ 五十年：《尚书易解》：“《韩诗外传三》云：‘文王即位八年而地动，地动之后四十三年，凡莅国五十一年而终。’文王享国五十一年，言五十，举成数也。”

【译文】

周公说：“啊！我听说：过去殷王中宗庄重敬畏，自己忖度天命，治理民众，敬慎恐惧，不敢荒废安逸。所以中宗在位七十五年。

“在高宗，他做太子时长期在外服役，因此爱护民众。等到他即位，竟然有时沉默不言，三年不轻易说话。他不说话则已，一旦说话就能和顺合理。他不敢荒废安逸，善于安定殷国。从民众到群臣，没有人怨恨他。所以高宗在位五十九年。

“在祖甲，他以为代兄称王不合情理，逃亡民间，做过很久的平民百姓。等到他即位后，就知道民众的痛苦，能够安定和爱护众民，对于鳏寡无依的人也不敢轻慢。所以祖甲在位三十三年。

“从这以后，在位的殷王生来就安闲逸乐，生来就安闲逸乐，不知耕种收获的艰难，不知民众的劳苦，只是追求过度的享乐。从这以后，在位的殷王也没有能够长寿的。有的十年，有的七八年，有的五六年，有的三四年。”

周公说：“啊！只有我们周家的太王、王季能够谦虚谨慎、敬畏上天。文王穿着平民衣服，从事过开垦荒地、耕种田地的劳役。他和蔼、仁慈、善良、恭敬，使小百姓和睦、安定，爱护亲善孤苦无依的人。从早晨到中午，到下午，他没有闲暇吃饭，以求万民生活和谐。文王不敢乐于嬉游、田猎，不敢使众国只是进献赋税以供他享乐。文王中年受命为君，在位五十年。"

【段意】

第二段，周公引述商、周历史事实，从正反两方面论述无逸的重要性。

周公曰："呜呼！继自今嗣王[①]，则其无淫于观、于逸、于游、于田[②]，以万民惟正之供。无皇曰[③]：'今日耽乐。'乃非民攸训、非天攸若[④]，时人丕则有愆[⑤]。无若殷王受之迷乱[⑥]，酗于酒德哉[⑦]！"

周公曰："呜呼！我闻曰：'古之人犹胥训告[⑧]，胥保惠[⑨]，胥教诲，民无或胥诪张为幻[⑩]。'此厥不听[⑪]，人乃训之，乃变乱先王之正刑[⑫]，至于小大[⑬]。民否则厥心违怨[⑭]，否则厥口诅祝[⑮]。"

周公曰："呜呼！自殷王中宗及高宗及祖甲及我周文王，兹四人迪哲[⑯]。厥或告之曰[⑰]：'小人怨汝詈汝。'则皇自敬德[⑱]。厥愆[⑲]，曰：'朕之愆允若时。'不啻不敢含怒[⑳]。此厥不听，人乃或诪张为幻，曰小人怨汝詈汝，则信之，则若时[㉑]：不永念厥辟[㉒]，不宽绰厥心[㉓]，乱罚无罪[㉔]，杀无辜。怨有同[㉕]，是丛于厥身[㉖]。"

周公曰："呜呼！嗣王其监于兹[㉗]。"

【注释】

① 继自今：从今以后。

② 淫：过度。 观：这里指特殊的观赏。

③ 皇：通“偟”，宽暇。《尔雅·释诂》：“偟，暇也。”《孔传》：“无敢自暇曰：‘惟今日乐，后日止。’”

④ 攸：所。 训、若：都是顺从的意思。

⑤ 丕则：关联副词，于是。见《经传释词》。 愆：过错。

⑥ 无：否定副词，在祈使句中表示命令、禁止以及告诫。此处语气较轻，可译作“不要”。 受：商纣王名。

⑦ 酗：通“酗”。《广韵》：“醉怒也。” 于：《经传释词》：“为也。”

⑧ 犹：关联副词，尚，还。《经传释词》：“犹，《礼记·檀弓》注曰：‘犹，尚也。’常语也。” 胥：互相。下文同。 训告：劝导。

⑨ 保：安。 惠：爱。

⑩ 诪（zhōu）张：欺诈。诪，又作“侜”“輈”“舟”。《尔雅·释训》作“侜”，云“侜张，诳也”。郭璞注曰：“《书》曰：‘无或侜张为幻。’”诪、张上古均为端母字，二字双声，连语为词，复音见义。 幻：互相诈惑。《说文·予部》：“幻，相诈惑也。”

⑪ 此：这些。指代上述劝告的话。 听：依从。

⑫ 正：政治。 刑：法令。

⑬ 小大：这里指小法大法。

⑭ 否则：同“丕则”，于是。 违：恨。《诗经·邶风·谷风》：“中心有违。”《韩诗》：“违，很也。”“很”即“恨”。见马瑞辰《毛诗传笺通释》。

⑮ 诅祝：诅咒。

⑯ 迪哲：意思是领导得明智。见《尚书易解》。迪，导。《尔雅·释诂》："道也。""道"通"导"。

⑰ 或：有人。

⑱ 皇：程度副词，更加。《尚书今古文注疏》："'皇自'，熹平石经作'兄曰'。韦氏注《国语》云：'兄，益也。'皇曰敬德，即益曰敬德也。"

⑲ 厥愆：《尚书易解》："'厥或愆之'之省文，此愆用作动词，谓举其过失也。"

⑳ 不啻：连词，不但。 "不啻不敢含怒"下有省略。郑玄说："不但不敢含怒，乃欲屡闻之，以知己政得失之源也。"

㉑ 则若时：就像这样。

㉒ 辟：法度。

㉓ 绰：宽。

㉔ 乱：情态副词，随便。见《古汉语虚词类释》。

㉕ 有：《尚书易解》："盖借为'尤'，同声通用。怨有同，怨尤会同也。"

㉖ 丛：聚集。

㉗ 嗣王：指成王。嗣，继承。 监：通"鉴"，鉴戒。 兹：这些。

【译文】

周公说："啊！从今以后的继位君王，不可过度沉迷于观赏、安逸、嬉游和田猎，不可只是使民众进献赋税。不要自我宽解说：'只是今天快乐快乐。'这样子就不是民众所赞成的，也不是上天所喜爱的，这样的人就有罪过了。不要像商纣王那样迷惑昏乱，把酗酒作为酒德啊！"

周公说："啊！我听说：'古时的人还能互相劝导，互相爱护，互相教诲，民众没有互相欺骗、互相诈惑的。'不听从这些劝诫，人们就会顺从自己的意愿，就会变动先王的政令，以至于大大小小的法令。民众于是就内心怨恨，就口头诅咒了。”

周公说：“啊！从殷王中宗到高宗，到祖甲，到我们的周文王，这四位君王领导得明智。有人告诉他们说：‘民众在怨恨你咒骂你。’他们就更加敬慎自己的行为。有人举出他们的过错，他们就说：‘我的过错确实像这样。’不仅仅是不敢怀有怒气。不依照这样，人们就会互相欺骗、互相诈惑，有人说民众在怨恨你、咒骂你，你就会相信，就会像这样：不从长考虑国家的法度，不放宽自己的心怀，乱罚没有罪过的人，乱杀没有罪过的人。民众的怨恨一旦汇合起来，就会集中到你的身上。”

周公说：“啊！继王要鉴戒这些啊！”

【段意】

第三段，周公告诫成王不要淫逸，要勤政爱民，严于责己。

君奭第十八

【题解】

君，上古对人的尊称。奭，召公名。《君奭》通篇都是周公回复召公的答辞，因开篇周公引用召公的话为全文立论，史官名之为《君奭》。

有学者认为《君奭》或为周公写给召公的信，是中国文化史上第一封书信。

《君奭》是研究西周史的重要资料。西周初年，统治阶级内部存在尖锐复杂的矛盾。矛盾的焦点集于周公一人，既有与管叔、蔡叔、霍叔的矛盾，又有与成王的矛盾，还有与召公的矛盾。《史记》和《书序》都说召公不悦周公，历代注家纷纷猜测，但都缺乏确凿的文献根据。周公辅佐成王，忠于王室，殚精竭虑，任劳任怨，成为中华民族几千年的精神坐标，然而就其生命个体而言是孤独和艰难的。宋仁宗嘉祐二年苏轼进士及第，作《上梅直讲书》致翰林院直讲梅尧臣，表示自己对主考官欧阳修、参评官梅尧臣的感激之情，抒发了“士遇知己之乐”，也发出即使像周公那样的圣贤也会有困厄不遇的感叹：“轼每读《诗》至《鸱鸮》，读《书》至《君奭》，常窃悲周公之不遇。”“乃今知周公之富贵，有不如夫子之贫贱。夫以召公之贤，以管、蔡之亲，而不知其心，则周公谁与乐其富贵？”在错综复杂的政治斗争中争取重要的政治盟友，是历代政治家经常运用的政治智慧。《君奭》中周公劝勉召公的语言技巧，也成为历代谏劝辩说文体的典则。

《君奭》对于研究我国上古思想史有重要参考价值。

周人的“天命观”与殷人的“天命观”不同，周人谈论“天命”，注重“德”“民”与“天命”的因果关系。然而随着商周文化的深度融合，周的王室子孙安于天命不思进取的“执命”思潮泛滥起来。召公认为这种思想严重妨碍周王朝发展，甚至会危及国家命运，召公坚决反对“执命之说”，明确提出：“天不可信。”周公也清楚地认识到“厥基永孚于休”（王业开始的时候会长期保持休美）是不可相信的。他赞同召公的意见。二公都主张信天命不如尽人事，是人类认识史上的伟大进步。

人类的童年时代，生活在恶劣的自然环境中，不能解释雷电风雨地震海啸等强大的自然力，认为有一种超自然的力量在主宰人类，于是人类自己创造了天神，对天神充满敬畏。同时人类也创造与天神争斗的英雄，寄托人类改造自然、征服自然的美好憧憬。这也为后世“天命说”和“非命说”提供了截然相反的认识论基础。阶级和国家形成以后，统治阶级竭力宣扬“君权神授”，“天命观”成为他们解释其统治合法性的思想武器，也成为他们荒淫无耻纵情逸乐的自然借口。夏亡商兴，商初杰出的政治家伊尹已提出“天难谌，命靡常”（天命难信，天命无常）的“非命说”。商亡周兴，周初政治家从历史的巨变中认识到“德”“民”的力量，召公提出“天不可信”，周公提出“惟人”，这就是我们今天提倡“人定胜天”思想的合理延伸。我们应该重视《君奭》在中国古代思想史上重要的学术价值和文献价值。

《君奭》对于研究我国上古政治史、文化史也有重要参考价值。

《君奭》的主要内容是论证辅臣的重要作用。周公认为商代的圣王之所以成为圣王是因为得到贤臣辅佐。成汤、太甲得到贤臣伊尹，太戊得到贤臣伊陟、臣扈和巫咸，祖乙得到贤臣巫贤，武丁得到贤臣甘盘。臣贤国兴，由于贤臣的教导，殷商的官员们人人保持美德，勤劳国事。君王的下臣和诸侯的官员们也能奔走效劳王室，“故殷礼陟配天，多历年所”。周文王、周武王也有贤臣虢叔、闳夭、散宜生、泰颠和南宫括，这些贤臣能够“纯佑秉德，迪知天威”，辅助文王武王“咸刘厥敌”“惟时受有殷命”。周公勉励召公和自己一起辅佐成王，“若游大川，予往暨汝奭其济”。同舟共济，方能横渡河川；同心同德，方能完成伟业。周公情真意切地表达了对召公的倚重：“耇造德不降我则，鸣鸟不闻，矧曰其有能格？”（您这年高德劭的人不指示治国的法则，我们连凤凰的鸣声都会听不到，何况说将能感通上天呢？）

值得注意的是，伊尹、伊陟、臣扈、甘盘这些殷贤臣能够“格于皇天”“格于上帝”，说明他们作为辅政大臣的同时，也担任神职工作。陈梦家《殷虚卜辞综述》指出：“殷代的社会，王与巫史既操政治的大权，又兼为占卜的主持者。”比如巫咸，《说文解字·巫部》：“古者巫咸初作巫。”司马贞《史记索隐》：“巫咸是殷臣，以巫接神事，太戊使禳桑谷之灾，所以伊陟赞巫咸。”甲骨文中巫咸作“咸戊”或“咸”，具有“宾于帝”（接引上帝）的职能。《尧典》篇称尧能“格于上下”，意义与此处相仿，可为互证。由此可知，《君奭》“故一人有事于四方，若卜筮罔不是孚”，并不仅仅是寻常的比喻，而是透露出商代政教与巫卜的真实关联。

《君奭》和下一篇《蔡仲之命》都提出“慎始敬终”的思想。《君奭》中周公指出：“惟乃知民德亦罔不能厥初，惟其终。”《蔡仲之命》中成王指出：“慎厥初，惟厥终，终以不困；不惟厥终，终以困穷。”“慎始敬远”不仅要谨慎对待事物的开初，还要考虑它的终局。正因为事物的开端决定事物发展走向，所以凡事开头必须尤其谨慎，不容丝毫马虎。《礼记·经解》引《周易》曰：“君子慎始，差若毫厘，缪以千里。”而方向确定以后，坚持就尤为重要。《诗经·大雅·荡》告诫人们：“靡不有初，鲜克有终。”当然，“慎始敬远”不仅仅强调要有坚持不懈的精神，更是指考察问题要有长远的眼光。《管子·版法》：“举所美必观其所终，废所恶必计其所穷。”《论语·卫灵公》说：“人无远虑，必有近忧。”《礼记·中庸》：“凡事预则立，不预则废。”做任何事必须提前予以谋划，对各种可能性予以充分估计，只有这样才能够成竹在胸，立于不败之地。“慎始敬远”是古人留给我们的思想智慧，具有重要的认识论和方法论价值。

《史记·燕召公世家》认为《君奭》作于周公摄政时，而《书序》则认为作于周公还政成王后。清代王先谦《尚书孔传参正》赞同《史记》，多有论证，比较可信。

召公为保[①]，周公为师[②]，相成王为左右[③]。召公不说[④]，周公作《君奭》。

【注释】

①保:太保。官名,三公之一。

②师:太师。官名,三公之一。

③相:辅佐。 左右:这里指君王左右的辅政大臣。

④说:通“悦”,高兴。

【译文】

周成王时,召公担任太保,周公担任太师,辅佐成王为左右大臣。召公不高兴,周公作了《君奭》。

君 奭

周公若曰:“君奭!弗吊天降丧于殷[1],殷既坠厥命,我有周既受。我不敢知曰:厥基永孚于休[2]。若天棐忱[3],我亦不敢知曰[4]:其终出于不祥。

“呜呼!君已曰[5]:‘时我[6],我亦不敢宁于上帝命[7],弗永远念天威越我民[8];罔尤违[9],惟人。在我后嗣子孙[10],大弗克恭上下[11],遏佚前人光在家[12],不知天命不易,天难谌[13],乃其坠命[14],弗克经历[15]。嗣前人,恭明德,在今。’

“予小子旦非克有正[16],迪惟前人光施于我冲子[17]。又曰[18]:‘天不可信。’我道惟宁王德延[19],天不庸释于文王受命[20]。”

【注释】

①弗吊天:《尚书易解》:“谓纣不善天也。”吊,善。

②厥：其，那（王业）。　基：始。　永：时间副词，长，长久。孚：通“付”，给予。《高宗肜日》：“天既孚命正厥德。”汉石经“孚”作“付”。　休：美。

③若：顺从。　棐：辅助。　忱：诚信。

④亦：关联副词，《经传释词》：“亦，承上之词也。”此处表示事理性状的相似并列关系。下文“我亦不敢宁于上帝命”“我受命无疆惟休，亦大惟艰”之“亦”同。

⑤君：指召公。　已：时间副词，过去。

⑥时：通“恃”，依靠。

⑦宁：安。这里是安然享受的意思。

⑧弗：《词诠》：“否定副词，不也。”　越：与，和。下文“予惟用闵于天越民”之“越”与此同。

⑨尤：过失。　违：违失。

⑩在：考察。《尔雅·释诂》：“在，察也。”

⑪大：程度副词。《助字辨略》：“大，盛也，甚也。”　上下：这里指上天和下民。

⑫遏：绝。　佚：通“失”。　光：指文王、武王圣德的光辉。

⑬难：情态副词，难以，难于。　谌（chén）：信。《诗经·大雅·大明》：“天难忱斯，不易维王。”《鲁诗》《齐诗》“忱”作“谌”。朱熹说：“忱，信也。不易，难也。”可资佐证。

⑭乃：关联副词，表示假设关系，可译为“就”“则”。　其：将要。

⑮经历：长久。《尚书易解》：“经，常。历，久也。”

⑯旦：周公名。　非克有正：不能有什么改正，等于说赞成召公的看法。有正，《尚书易解》：“有所改正。”

⑰迪：句首语气助词。　施：延。　冲子：这里泛指后代子孙。

⑱又曰：指召公又说。《墨子·非命中》引“天不可信”为召公语。

⑲道：汉石经作“迪”，句中语气助词。　宁王：文王。

⑳庸释：舍弃。王国维说：“‘庸释’连文，言舍去也。”

【译文】

周公这样说：“君奭！商纣王不敬重上天，上天给殷国降下了大祸，殷国已经丧失了福命，我们周国已经接受了。我不敢这样认为：王业开始的时候会长期被上天赋予美善。顺从上天、任用诚信的人为辅佐，我也不敢这样认为：王业的结局会出现不吉祥。

“啊！您曾经说过：‘依靠我们自己，我们不敢安然享受上帝赐给的福命，不去永远顾念上天的威严和我们的民众；没有过错和违失，只在人。考察我们的后代子孙，远远不能做到恭敬上天、顺从下民，把前人的光辉限制在我们国家之内，不知道天命难得，不懂得上帝难信，这就会失去天命，不能长久。继承前人，奉行明德，就在现在。’

“您的看法我小子姬旦不能有什么改正，只想把前人的光辉传给我们的后代。您还说过：‘上天不可信赖。’我只想把文王的美德加以推广，上天将不会废弃文王所接受的福命。”

【段意】

第一段，周公赞同召公“天不可信”之说，强调事在人为。

公曰：“君奭！我闻在昔成汤既受命[①]，时则有若伊尹[②]，格于皇天[③]。在太甲[④]，时则有若保衡[⑤]。在太戊[⑥]，时则有若伊陟、臣扈[⑦]，格于上帝；巫咸乂王家[⑧]。在祖乙[⑨]，时则有若巫贤[⑩]。在武丁[⑪]，时则有若甘盘[⑫]。

"率惟兹有陈[⑬]，保乂有殷，故殷礼陟配天[⑭]，多历年所[⑮]。天惟纯佑命[⑯]，则商实百姓王人[⑰]，罔不秉德明恤[⑱]，小臣屏侯甸[⑲]，矧咸奔走[⑳]。惟兹惟德称[㉑]，用乂厥辟[㉒]，故一人有事于四方[㉓]，若卜筮罔不是孚[㉔]。"

公曰："君奭！天寿平格[㉕]，保乂有殷，有殷嗣[㉖]，天灭威[㉗]。今汝永念[㉘]，则有固命[㉙]，厥乱明我新造邦[㉚]。"

【注释】

① 在昔：参《洪范》"我闻在昔"注释。

② 时：当时。　　则：关联副词，就。　　若：其，那。王念孙说："若，犹'其'也。"见《经传释词》。　　伊尹：名挚，成汤的大臣。

③ 格：至，到达。引申指感通。《字汇》："格，感通也。"《说文解字注》："格，训为至，而感格之义生焉。"　　于：介词，介引动作行为的施动者，表被动。下文"格于上帝""闻于上帝"的"于"同。

④ 太甲：汤的嫡长孙。

⑤ 保衡：伊尹。保，官名。衡，伊尹名衡。《孔疏》："保衡、伊尹，一人也。异时而别号。"

⑥ 太戊：太甲孙。

⑦ 伊陟、臣扈：都是太戊的贤臣。

⑧ 巫咸：人名，太戊的大臣。　　乂：治理。

⑨ 祖乙：名滕，太戊之孙，殷的第七世贤王。

⑩ 巫贤：祖乙的贤臣。

⑪ 武丁：盘庚的侄子。

⑫ 甘盘：武丁的贤臣。《史记·燕召公世家》作“甘般”。

⑬ 率：句首语气助词。　惟：以，凭借。　陈：道。《尚书今古文注疏》：“陈者，《汉书·哀帝纪》注：‘李斐云：道也。’”　有陈：有道的贤臣。

⑭ 殷礼陟配天：俞樾《尚书平议》：“谓殷人之礼死则配天而称帝也。《竹书纪年》凡帝王之终皆曰‘陟’，此经‘陟’字，义与彼同。”

⑮ 所：语助词，见《经传释词》。

⑯ 纯：专一。　佑：帮助。　纯佑：在这里是名词，意为辅国贤臣。金文多作“屯右”。　命：告，教。

⑰ 则：连词，表承接关系。可译为“就”“才”。“则有固命”之“则”与此同。　实：《尚书易解》：“‘实’字，本当置于‘罔’字之前，谓商百姓王人实罔不秉德明慎，为了强调，所以前置。”　百姓：这里指商的异姓官员。　王人：这里指商的同姓官员。

⑱ 恤：谨慎。

⑲ 屏：并。魏三体石经古文作“并”。　侯甸：指侯、甸诸侯国的官员。

⑳ 矧：关联副词，也。矧，《词诠》：“副词，亦也。”常表示人物与人物、事理与事理之间的类同关系。　咸：范围副词，都。《尔雅·释诂》：“咸，皆也。”下文“我咸成文王功于”之“咸”同。　奔走：指效劳。

㉑ 兹：指上述群臣。　称：举。

㉒ 用：目的连词，相当于“以”。《经传释词》：“用，词之‘以’也。”“‘以’‘用’一声之转。”下文“予惟用闵于天越民”“往敬用治”之“用”与此同。　乂：通“艾”，辅助。《尔雅·释诂》：“艾，相也。”　厥：

其，他们的。　　辟：君王。

㉓ 一人：指国君。

㉔ 若：介词，就像、如同。　　孚：信。

㉕ 寿：使……寿。　　平格：平康，见《尚书易解》。这里指平康正直的官员。

㉖ 有殷嗣：殷继承夏。

㉗ 灭：绝，这里指停止。《尔雅·释诂》："灭，绝也。"　　天灭威：上天不再降下惩罚。

㉘ 永：程度副词，深长地。

㉙ 固命：定命。

㉚ 厥：句首语气助词。　　乱：治理。　　新：时间副词，表示事情刚刚发生或第一次发生。

【译文】

周公说："君奭！我听说从前成汤既已接受天命，当时就有那个伊尹，能感通上天。在太甲，当时就有那个保衡。在太戊，当时就有那个伊陟和臣扈，能感通上天；又有巫咸治理王国。在祖乙，当时就有那个巫贤。在武丁，当时就有那个甘盘。

"凭借这些有道的人，安定治理殷国，所以殷人的制度是君王死后他们的神灵都配天称帝，经历了许多年代。上天用贤良教导下民，于是殷商异姓和同姓的官员们，没有人不保持美德、懂得谨慎，君王的小臣和诸侯的官员，也都奔走效劳。这些官员是依据美德而被推举出来，辅助他们的君王，所以君王对四方施政，如同卜筮一样，没有人不相信。"

周公说："君奭！上天使平康正直的官员长寿，安治殷国，于是殷国继承了夏国的王业，上天也不再降给惩罚。现在您深远地考虑这些，就能把握定命，治理好我们这个新建立的国家。”

【段意】

第二段，周公回顾商代史事，说明辅臣的重要作用。

公曰：“君奭！在昔上帝割申劝宁王之德[①]，其集大命于厥躬[②]？惟文王尚克修和我有夏[③]，亦惟有若虢叔[④]，有若闳夭，有若散宜生，有若泰颠，有若南宫括。

“又曰[⑤]：无能往来[⑥]，兹迪彝教[⑦]，文王蔑德降于国人[⑧]。亦惟纯佑秉德[⑨]，迪知天威，乃惟时昭文王迪见冒[⑩]，闻于上帝，惟时受有殷命哉。

“武王惟兹四人尚迪有禄[⑪]。后暨武王诞将天威[⑫]，咸刘厥敌[⑬]。惟兹四人昭武王惟冒，丕单称德[⑭]。

“今在予小子旦，若游大川，予往暨汝奭其济[⑮]。小子同未在位[⑯]，诞无我责收[⑰]，罔勖不及。耇造德不降我则[⑱]，鸣鸟不闻[⑲]，矧曰其有能格[⑳]？”

公曰：“呜呼！君肆其监于兹[㉑]！我受命无疆惟休[㉒]，亦大惟艰。告君[㉓]，乃猷裕我[㉔]，不以后人迷[㉕]。”

【注释】

①割（hé）：通“害”，为什么。　　申：重，一再。　　劝：观察。《礼记·缁衣》引《君奭》：“昔在上帝，周田观文王之德，其集大命于厥躬。”屈万里指出“周田”当是“害申”的误字，而“劝”字则可依《缁衣》读为“观”。此句连下句可译为：过去上帝为什么要反复观察文王

的品德，之后才集天命降临在他的身上？

② 其：可译为“就”“才”。《经传释词》：“其，犹‘乃’也。” 集：下。见《淮南子·说山训》注。 厥躬：其身，指文王的身上。

③ 惟：因为。《经传释词》：“犹以也。” 修：治理。 和：和协。 有夏：指中国。

④ 亦惟：可译为“也因为”“也由于”。 若：其，那。 虢（guó）叔：与下文闳夭、散宜生、泰颠、南宫括，都是文王时的贤臣。

⑤ 又：通“有”。有曰，有人说。这里是引别人的话论证。

⑥ 往来：奔走效劳。

⑦ 兹：努力。《尚书正读》：“读为孜，勉也。” 彝：常。

⑧ 蔑：无、没有。

⑨ 惟：因为。 纯佑：辅国贤臣。见上文“天惟纯佑命”注。

⑩ 惟时：于是，因此。 昭：通“诏”，帮助。 迪见：即“诞”的分音，大的意思。《尚书易解》：“迪见，盖即‘诞’之合音（按：“合音”当作“分音”）。迪与诞皆古定纽字，见与诞皆古寒部字。下文‘昭武王惟冒’，与此‘昭文王迪见冒’句例相同，故知‘迪见’当为‘诞’也。” 冒：马融本作“勖”，勉力，努力。下文“惟兹四人昭武王惟冒”之“冒”同。

⑪ 惟：范围副词，强调施事的唯一性。 四人：郑玄说：“武王时，虢叔等有死者，余四人也。” 尚迪：还。迪，通“犹”，还。《古书虚字集释》：“犹，‘尚’也，字又或作‘迪’。” 有禄：古代称死亡为“无禄”或“不禄”，称生为“有禄”。

⑫ 暨：介词，与，和。“予往暨汝奭其济”之“暨”同。 诞：大，表示竭力做某事。 将：奉行。

⑬ 刘：杀。

⑭ 丕：程度副词，可译为“很”“大大地”。　单：通“殚”，尽。朱骏声《说文通训定声》：“假借为‘殚’。”　称：称赞。

⑮ 其：或许。《尚书易解》：“其，庶几也。”　济：渡过。

⑯ 小子：周公自称。　同未：即“侗昧”，无知。

⑰ 诞：句首语气助词。　收：纠正。《尚书易解》：“收，当读为‘纠’，《周礼》‘大司马以纠邦国’郑注‘纠，正也’。”

⑱ 耇（gǒu）：老。　造：成。　耇造德：老成德，指召公。则：法。

⑲ 鸣鸟：指凤凰。马融说：“鸣鸟，谓凤皇也。”《国语·周语》：“周之兴也，鸑鷟鸣于岐山。”韦昭注：“三君云：鸑鷟，凤之别名也。《诗》云：‘凤皇鸣矣，于彼高冈。’其在岐山之脊乎？”可知周人以鸣凤为国运兴盛之象。《白虎通·封禅》：“凤皇者，禽之长也。上有明主，太平乃来，居广都之野。”

⑳ 矧：连词，表递进关系，可译为“况”“何况”。　其：时间副词，表示时间将然，可译为“将”。　格：感通。

㉑ 肆：时间副词，表示现在时间，现在。《尔雅·释诂》：“肆，今也。”　其：语气副词，表示祈使（劝告、希望或命令）语气。可译为“要”“希望”“应当”“必须”。下文“其汝克敬以予监于殷丧大否”“其汝克敬德”的“其”同。　监：看。　兹：这，代指下句。

㉒ 休：吉庆，吉祥。《尔雅·释言》：“休，庆也。”

㉓ 告：请求。《尔雅·释言》：“告，请也。”

㉔ 猷裕：教导。《方言》：“裕、猷，道也。”

㉕ 以：使。见《战国策·秦策》高诱注。

【译文】

周公说："君奭！过去上帝为什么反复观察文王的品德，之后才降下大命在他身上呢？因为文王重视能够治理、和谐我们中国的人，也因为有那虢叔，有那闳夭，有那散宜生，有那泰颠，有那南宫括。

"有人说：没有这些贤臣奔走效劳，努力施行常教，文王也就没有恩德降给国人了。也因为这些贤臣保持美德，了解上天的威严，因而辅助文王特别努力，被上帝知道了，因此文王才承受了殷国的大命啊。

"武王的时候，文王的贤臣仅有四人还健在。后来，他们和武王奉行上天的惩罚，完全消灭了他们的敌人。也因为这四人辅助武王很努力，天下普遍赞美武王的恩德。

"现在我小子姬旦好像游于大河，我和你奭一起前往或许才能够渡过。我愚昧无知却身居高位，如果你不督责、纠正我，就没有人劝勉我去做力所不及的事了。您这年高德劭的人不指示治国的法则，我们连凤凰的鸣叫声都会听不到，何况说将能感通上天呢？"

周公说："啊！您现在应该看到这一点！我们接受的大命有无限的喜庆，也有无穷的艰难。现在请求您，赶快教导我，不要使后人迷惑呀！"

【段意】

第三段，说明文王、武王成就功业在于重贤用贤，勉励召公与己同心同德，辅佐成王。

公曰："前人敷乃心①，乃悉命汝②，作汝民极③。曰：'汝明勖偶王④，在亶乘兹大命⑤，惟文王德丕承⑥，无疆之恤⑦！’”

公曰：“君！告汝，朕允保奭⑧。其汝克敬以予监于殷丧大否⑨，肆念我天威⑩。予不允惟若兹诰⑪，予惟曰：‘襄我二人⑫，汝有合哉⑬？’言曰⑭：‘在时二人。’天休滋至⑮，惟时二人弗戡⑯。其汝克敬德，明我俊民⑰，在让后人于丕时⑱。

“呜呼！笃棐时二人⑲，我式克至于今日休⑳？我咸成文王功于㉑！不怠丕冒，海隅出日㉒，罔不率俾㉓。”

公曰：“君！予不惠若兹多诰㉔，予惟用闵于天越民㉕。”

公曰：“呜呼！君！惟乃知民德亦罔不能厥初㉖，惟其终㉗。祗若兹㉘，往敬用治㉙！”

【注释】

①前人：指武王。　敷：宣布。　乃：其，他的。

②乃：关联副词，可译为“于是就”“于是才”。　悉：范围副词，详尽。

③极：标准，表率。

④明：情态副词，努力地、勉力地。　勖：勉。《尚书易解》：“明、勖，并勉也。”　偶：通“耦”，辅佐。《广雅》：“耦，侑也。”

⑤亶（dǎn）：诚心地。　乘：通“承”，受，接受。

⑥惟：思。

⑦恤：忧虑。

⑧允：信。　又，于省吾认为“允”字乃“兄”字之讹：“《无逸》‘允若时’，魏三体石经作‘兄若时’，可证。其古文‘兄’作‘㞷’，与‘允’相似。《白虎通·不臣》篇：‘召公，文王子也。’《论衡·气寿》篇

以召公为周公之兄……‘朕允保奭’即‘朕兄保奭’，言‘我之兄保奭’也。”存参。

⑨ 敬：表敬副词，认真地、敬重地。下文“往敬用治”之“敬”同。以：与。　大否（pǐ）：王先谦说：“《易》天地交为泰，天地不交而万物不通为否。殷之末世，天地闭塞，是大否也。”大否，等于说祸乱。

⑩ 肆：时间副词，表示时间长久。《诗经·大雅·崧高》：“其风肆好。”《毛传》：“肆，长也。”　威：罚。

⑪ 不允惟：不但。允，语气助词。惟，范围副词，表示动作行为范围的唯一性。

⑫ 襄：《尔雅·释言》：“除也。”

⑬ 合：指意志相合。　又，郭店楚简《成之闻之》：“《君奭》曰：‘[illegible]（襄）我二人，毋又（有）合才音’，害（曷）？道不说（悦）之司（词）也。”李学勤认为“襄”可读为“曩”，“毋”通作“无”，并指出传世本“汝”的古文作“女”，与“毋”形近（言下之意谓“毋”讹为“女”，后又作“汝”）；裘锡圭认为“才”读为“在”，“音”或是“言”的误字，并认为简本与传世本意义相差较大。“曩我二人，无有合在言”，李学勤认为是说周公、召公意见不一致。按：《书序》云：“召公为保，周公为师，相成王为左右。召公不说，周公作《君奭》。”简文所引《君奭》文意与《书序》相符。存参。

⑭ 言曰：这里是周公代替召公作答。

⑮ 兹：通“滋”，程度副词，益，更加。《词诠》：“滋，副词，益也。即‘兹’之通用字。”

⑯ 戡：通“堪”。《尔雅·释诂》：“堪，胜也。”

⑰ 明：动词，指提拔。

⑱在：此处为语气副词，可译为“终归”“终会”。《尔雅·释诂》：“在，终也。” 让：通“襄”，完成。《尚书释义》：“让，读为‘襄’，成也。《核诂》说。丕，语词。时，善也。言在襄成后人使至于善也。”

⑲笃：情态副词，信。 棐：不是。 时二人：是二人，这二人，周公称自己与召公。

⑳式：尚。

㉑我：我辈，我们。 咸：共同。 于：乎。《吕氏春秋·审应》：“然则先生圣于。”高诱注：“于，乎也。”《尚书易解》：“‘我咸成文王功于’绝句，‘不怠丕冒’绝句。”

㉒海隅出日：海边日出，这里指荒远偏僻的地方。隅，边远的地方。

㉓俾：顺从。

㉔惠：通“惟”，想。《酒诰》：“予不惟若兹多诰。”汉石经“惟”作“惠”。

㉕用：以，目的连词。下文“祗若兹，往敬用治”同。 闵：忧虑。 越：与，和。

㉖德：行为。 能：善。 初：事情的开始。

㉗其：语气副词，表示肯定语气，可译为“会”“应当”“必定”之类。 终：指善终。

㉘若：善。见《尔雅·释诂》。 兹：此，指文王功业。

㉙往：勤劳。《广雅·释诂》：“往，劳也。” 用：以。 “往敬用治”即“劳敬以治”之意。

【译文】

周公说：“武王表明他的心意，详尽地嘱告您，希望您做民众表率。

武王说：‘您要努力辅助成王，要诚心承受这个大命，考虑继承文王的功德，这会有无穷的忧虑啊！’”

周公说：“君奭！请求您，我所深信的太保奭。希望您能敬慎地和我一起审视殷国丧亡的大祸，长久地使我们思考上天的惩罚。我不但这样告诉您，我还想道：‘除了我们二人，您有志同道合的人吗？’您会说：‘在于我们这两个人。’上天赐予的休美越来越多，仅仅是我们两人已不能胜任了。希望您能够敬重贤德，提拔杰出的人才，最终襄助我们后人达到善境。

“啊！假如真的不是我们这两个人，我们还能达到今天的休美境地吗？我们共同来成就文王的功业吧！不懈怠地加倍努力，要使那海边日出的地方，没有人不顺从我们。”

周公说：“君奭啊！我不这样多多劝告了，我们要忧虑天命和民心。”

周公说：“啊！君奭！您知道民众的行为，开始时没有不好好干的，应当想到他们的善终。我们要认真做好这件大事业，要勤劳恭敬地治理啊！”

【段意】

第四段，勉励召公选贤举能，共同完成文、武开创的功业。

蔡仲之命第十九

【题解】

蔡仲，名胡，蔡叔的儿子。周公东征，平定叛乱，囚禁蔡叔，至死不赦。蔡仲贤明敬德，周公请命成王，册封蔡仲为蔡国国君。史官记叙册命这件事，写成《蔡仲之命》。

《蔡仲之命》是阐释儒家伦理理性的滥觞。蔡叔是周公胞弟，周公义无反顾地“囚蔡叔于郭邻”，不予宽赦；而“蔡仲克庸祗德”，蔡叔卒，周公又建议成王册封蔡仲为蔡国之君。周成王劝勉蔡仲：“尔尚盖前人之愆，惟忠惟孝。”希望蔡仲思忠思孝，勤劳王事，掩盖其父蔡叔的罪过。有人质疑禹在父鲧被诛后继任治水，是不合父子之义，大理学家朱熹曾解释说禹这样做正是为了掩盖、弥补前人的过错。《朱子语类》：“问：‘鲧既被诛，禹又出而委质，不知如何？’曰：‘盖前人之愆。’”“盖前人之愆”的观点与儒家“亲亲相隐”的主张一致。《论语·子路》：“叶公语孔子曰：‘吾党有直躬者，其父攘羊，而子证之。’孔子曰：‘吾党之直者异于是：父为子隐，子为父隐，直在其中矣。’”郑玄说：“隐，谓不称扬其过失也。”“大义灭亲”与“亲亲相隐”都是儒家所立的两个伦理命题，看似抵牾，实则互为补充。表面看来，周公大义灭亲是摒弃个体私情，而“盖前人之愆”则是袒护个体私情。其实则不然。“亲亲相隐”与“大义灭亲”的适用范围有所不同，“亲亲相隐”强调的是私人领域内的充分自治，而“大义灭亲”则是强调公共领域内的依法而治。吕祖谦说：“象欲杀舜，舜在侧微，其害止于一身，故舜得遂其友爱之心。周公之位则系于天下国家，虽欲遂友爱于三叔，不可得也。”正是将公共领域与私人领域予以区别。一旦二者之间产生矛盾冲突，则应当视具体情况做出取舍。如果亲人的过失对公共领域不构成较大威胁，则应予以隐讳；但如果本人是国家上层统治者，并且亲戚的过失对公共领域构成较大威胁，则必须以公义为重，大义灭亲。

“亲亲相隐”之“隐”还有“微谏”之义，谕父母于道，促其改过。“亲亲相隐”的主张在相当长的历史时期内得到广泛认同。中国传统的法系以人性人情为基础，“王道本乎人情”，人情即礼教提倡的“亲亲也，尊尊也，长长也”，这是自然赋予人类的永恒属性，人情并非私情，人情本乎天道。中国古代的政治模式是“家国同构”，李泽厚说：“以血缘父家长制为基础（亲亲）的等级制度是这套法规（按：指周礼）的骨脊，分封、世袭、井田、宗法等政治经济体制则是它的延伸扩展。”从古至今，以血缘关系为基础的家庭和家族一直是中国社会的基本组织。而法贯通于家、国、天下各层社会组织单位，法应缘乎人情。“亲亲相隐”利于维护“亲亲”的社会结构和社会风尚，从而利于社会安定，所以在历史上往往得到统治者的支持，甚至写入律法。秦法一贯被认为残暴苛酷，但云梦睡虎地秦简《秦律》明确规定：“子告父母，臣妾告主，非公室，勿听。而行告，告者罪。”告发父母罪过不但得不到官府受理，反而告发者自身要被判罪。汉代董仲舒从《春秋》公羊学中发掘父子相隐，并推广到养父子相隐，至宣帝时代，容隐的道德正当性最终得到承认。《春秋公羊传·闵公元年》何休注引《汉律》："亲亲得相首匿。"《汉书·宣帝纪》地节四年诏："自今子首匿父母，妻匿夫，孙匿大父母，皆勿坐。"而《唐律》甚至规定："诸同居，若大功以上亲及外祖父母、外孙，若孙之妇、夫之兄弟及兄弟妻，有罪相为隐；部曲、奴婢为主隐，皆勿论；即漏露其事及擿语消息亦不坐。"《唐律疏议》解释说："及擿语消息，谓报罪人所掩摄之事，令得隐避逃亡。为通相隐，故亦不坐。"这就表明，唐朝律法不仅允许亲属为罪犯隐瞒犯罪事实，甚至还允许为之通风报信，助其逃跑。而这一规定在宋、明、清时期一直被沿用。相比之下，"大义灭亲"虽然也被儒家赞美，但是往往只在上层统治者中提倡，对普通民众不具备普遍的法律约束力。

本篇今文无，古文有。

蔡叔既没[①]，王命蔡仲践诸侯位[②]，作《蔡仲之命》。

【注释】

①没：通"殁"，死亡。

②王：指周成王。　命：册命。　蔡仲：名胡，蔡叔的儿子。　践：帝王或诸侯即位。

【译文】

蔡叔去世后，成王册命蔡仲为诸侯，写了《蔡仲之命》。

蔡仲之命

惟周公位冢宰[①]，正百工[②]，群叔流言。乃致辟管叔于商[③]；囚蔡叔于郭邻[④]，以车七乘；降霍叔于庶人[⑤]，三年不齿[⑥]。蔡仲克庸祗德[⑦]，周公以为卿士。叔卒，乃命诸王邦之蔡[⑧]。

【注释】

①位：位于，担任。　　冢宰：周代官名，也叫作大宰，是百官的首长。《尚书·周官》：“冢宰掌邦治，统百官，均四海。”《孔疏》说周公在周武王驾崩后担任冢宰。

②正：统帅，掌管。见《诗经·曹风·鸤鸠》“正是四国”“正是国人”毛传、郑笺。　　工：官。

③乃：于是。　　致辟：杀，诛戮。蔡沈《书集传》：“‘致辟’云者，诛戮之也。”

④囚：蔡沈《书集传》：“‘囚’云者，制其出入，而犹从以七辆之车也。”　　郭邻：地名。其地不详。《孔传》认为是“中国之外地名”。

⑤庶人：平民百姓。　　降霍叔于庶人：《孔疏》：“若今除名为民。”

⑥不齿：不录用。齿，收录，录用。　　三年不齿：《孔传》：“三年之后乃齿录。”

⑦克：能够。　　祗：敬。

⑧诸：“之于”的合音词。“之”是代词，这里代蔡叔；“于”是介词。　　邦：封。邦、封古通用。

【译文】

周公担任大宰、统帅百官的时候，周公的几个弟弟散布流言中伤他。周公于是在商地杀了管叔；在郭邻囚禁蔡叔，用七辆车随侍；把霍叔降为庶人，三年不许录用。蔡仲平常能够重视德行，周公任用他为卿士。蔡叔死后，周公就建议成王封蔡仲于王邦的蔡国。

【段意】

第一段，交代册命蔡仲为蔡国国君的背景。

王若曰："小子胡，惟尔率德改行①，克慎厥猷②，肆予命尔侯于东土③。往即乃封，敬哉！

"尔尚盖前人之愆④，惟忠惟孝；尔乃迈迹自身⑤，克勤无怠，以垂宪乃后⑥；率乃祖文王之彝训⑦，无若尔考之违王命。皇天无亲，惟德是辅⑧；民心无常⑨，惟惠之怀⑩。为善不同，同归于治；为恶不同，同归于乱。尔其戒哉！

【注释】

①率德改行：意思是说蔡仲能够遵循祖先的美德，改正父亲的行为。率，遵循。

②猷：道理。《诗经·小雅·巧言》："秩秩大猷。"郑笺："猷，道也。"

③侯：用如动词，做诸侯。　东土：蔡国在周都镐京的东方，所以叫作东土。

④盖：掩盖。吕祖谦说："子之新善著，则父之旧愆庶乎其掩矣。"　前人：指蔡叔。　愆：罪过。

⑤迈迹：迈步前进。　自：从。　身：自己。

⑥垂：流传。　宪：法。　乃后：你的子孙后代。

⑦彝训：指文王对后辈经常训导的话。《酒诰》："聪听祖考之彝

训。”《孔传》:“言子孙皆聪听祖父之常教。”彝,常。

⑧ 惟德是辅:这是一个宾语前置句,即“惟辅德”。是,结构助词。

⑨ 常:指常主。《孔传》:“民心于上,无有常主,惟爱己者则归之。”

⑩ 惠:惠爱。 之:结构助词。 怀:归向。 惟惠之怀:即“惟怀惠”,句式同“惟德是辅”。

【译文】

成王这样说:“年轻人姬胡啊!只有你遵循祖先的美德,改正你父亲的恶行,能够谨守做臣子道理,所以我任命你到东土去做诸侯。你前往你的封地,要敬慎呀!

“你应当掩盖前人的罪过,思忠思孝。你要使自身迈步前进,能够勤劳而不懈怠,从而给你的后代留下榜样。你要遵循你祖父文王的常训,不要像你的父亲那样违背王命。皇天不亲近谁,只辅佑贤德的人;民心没有常主,只归向仁惠的君主。行善的方式虽然各不相同,都会达到安治;作恶的方式虽然各不相同,都会走向动乱。你要警戒呀!

【段意】

第二段,成王表彰蔡仲忠守臣道,勤劳王事,勉励他即位后修德爱民。

“慎厥初,惟厥终[①],终以不困;不惟厥终,终以困穷[②]。懋乃攸绩[③],睦乃四邻,以蕃王室,以和兄弟,康济小民[④]。率自中[⑤],无作聪明乱旧章[⑥]。详乃视听[⑦],罔以侧言改厥度[⑧]。则予一人汝嘉[⑨]。”

王曰:“呜呼!小子胡,汝往哉!无荒弃朕命[⑩]!”

【注释】

①惟：思念。

②困穷：指境遇艰难窘迫。

③懋（mào）：勉。　　攸：所。

④康济小民：使小民安居乐业。《孔传》：“汝为政当安小民之居，成小民之业。”

⑤自：用。　　中：中道，不偏不倚的正道。

⑥无：通“毋”，不要。　　旧章：先王的成法。

⑦详：审察。　　视听：见闻。

⑧以：因为。　　侧言：邪巧之言。　　度：法度。

⑨予一人：成王自指。　　汝嘉：就是嘉汝。嘉，嘉惠。

⑩荒弃：荒怠废弃。这里是忘记的意思。

【译文】

“谨慎地对待事物的开始，也要考虑它的结局，结局因此不会困窘；不考虑它的结局，结局因此就会困窘。努力做你所行的事，和睦你的四邻，以保卫周王室，以和谐兄弟之邦，使小老百姓安居乐业。要循用中道，不要自作聪明扰乱先王的成法。要审慎你的见闻，不要因为邪巧之言改变法度。这样，我就会赞美你。”

成王说：“啊！年轻人姬胡啊，你去吧！不要忘记我的教导！”

【段意】

第三段，成王告诫蔡仲必须慎始谋终，恪守中道。

多方第二十

【题解】

方，就是国。多方，就是众国。

周公归政成王后的第二年，淮夷和奄国又发动叛乱。成王亲征，灭了奄国。五月，周成王返回镐京，各国诸侯都来朝见，周公代表成王发表诰命，史官记录诰命，名为《多方》。

周公诰命的对象主要是不服从周王朝统治的诸侯国君臣，周公首先分析夏、商兴废的历史原因，申明夏、商的灭亡是天命，周王朝的建立也是天命。强调天命不可违，周王朝的统治也是不可抗拒的。周公强烈谴责多方不安天命，自作不法："尔乃迪屡不静，尔心未爱。尔乃不大宅天命，尔乃屑播天命，尔乃自作不典，图忱于正。"告诫多方遵从天命，和睦相处，永远服从周王朝的统治。

《多方》突出显示了周人天命观的双重价值，克殷之前是为了统摄西方诸部族的信仰，加固西方诸国的内在精神联系；克殷后为了摧毁殷人的反抗意识。《周书》中大凡竭力宣扬"天命"的话，多是周公对殷人说的；所有怀疑天帝的话，都是周公、召公悄悄给自己人讲的内心话。这确实反映出周人是将"天命"作为统治殷商遗民的工具。但同时也可以发现，周公告诫殷人时，其言辞中也往往隐含着"天命"和"敬德"之间的紧密联系：

凡是周公所列举的能用天命的王公大臣，无不敬德保民、兢兢业业；而所谓“天不可信”，其实也就是《蔡仲之命》中所说的“皇天无亲，惟德是辅”（此句《左传》有引，可知古本《尚书》已经有这一句话，不是后人作伪），意在强调“敬德”是“天命”的前提。《诗经·大雅·文王》一面说“假哉天命，有商孙子”，肯定天命的存在；一面又说“天命靡常”，指出天不专佑一家。综上所述，周人已把天命悄无声息地引向了人间。“敬德”是周人特有的思想。殷墟甲骨文里没有“德”字，《大盂鼎》等周代铜器铭文里出现“德”字，《尚书》的《周书》各篇里充满“德”字。“敬德”就是要求统治者加强自身修养，缓和与被统治阶级的矛盾，这是周人天命观的核心内涵。当然，天命也是周人巩固政治统治的重要思想武器。

《多方》是研究中国古代政治史和思想史的重要文献，也是研究西周民族史的重要文献。西周初年，新生王朝危机重重。中央政权与地方邦国之间不仅有三监与武庚的反叛，也有淮夷和奄国的两度叛乱，反映出当时东西方民族的尖锐矛盾。面对邦国叛乱，面对东西方民族矛盾，西周政权既进行武力镇压，展示出铁腕作风；又在武力镇压之后致力于推行文教，显示出亲民柔情。王朝决策者们如何向邦国申述德教，缓和东西方民族矛盾，《多方》提供了难得的研究史料。

成王归自奄[①]，在宗周[②]，诰庶邦，作《多方》。

【注释】

①归:返回。 自:从。

②宗周:镐京。

【译文】

周成王从奄地返回镐京,周公在镐京代替成王告诫各国君臣,史官记录诰词,写作《多方》。

多 方

惟五月丁亥[①],王来自奄,至于宗周[②]。

周公曰:"王若曰[③]:猷告尔四国多方惟尔殷侯尹民[④]。我惟大降尔命[⑤],尔罔不知。洪惟图天之命[⑥],弗永寅念于祀[⑦],惟帝降格于夏[⑧]。有夏诞厥逸[⑨],不肯感言于民[⑩],乃大淫昏[⑪],不克终日劝于帝之迪[⑫],乃尔攸闻。厥图帝之命[⑬],不克开于民之丽[⑭],乃大降罚[⑮],崇乱有夏[⑯]。因甲于内乱[⑰],不克灵承于旅[⑱]。罔丕惟进之恭[⑲],洪舒于民[⑳]。亦惟有夏之民叨懫日钦[㉑],劓割夏邑[㉒]。天惟时求民主[㉓],乃大降显休命于成汤[㉔],刑殄有夏[㉕]。

"惟天不畀纯[㉖],乃惟以尔多方之义民不克永于多享[㉗];惟夏之恭多士大不克明保享于民[㉘],乃胥惟虐于民[㉙],至于百为,大不克开。

"乃惟成汤克以尔多方简[㉚],代夏作民主。慎厥丽[㉛],乃劝;厥民刑,用劝;以至于帝乙[㉜],罔不明德慎罚,亦克用劝;要囚殄戮多罪[㉝],亦克用劝;开释无辜,亦克用劝。

“今至于尔辟[34]，弗克以尔多方享天之命[35]，呜呼！”

【注释】

① 五月：成王执政第二年五月。《孔传》：“周公归政之明年，淮夷、奄又叛。鲁征淮夷，作《费誓》。王亲征奄，灭其国，五月还至镐京。”

② 于：介词，介引动作行为的处所，包括抽象意义上的状况、处境。下文“克阅于乃邑谋介”之“于”同。

③ 王若曰：这里是周公代成王言。若，这样。

④ 猷告：导告，告导。 四国：指管、蔡、商、奄四国。 惟：并列连词，与，和。 殷侯：众位诸侯。殷，众，多。 尹：治。 民：指治民的官员。

⑤ 降：下达。 命：教令。

⑥ 洪惟：句首语气助词。 图：《经传释词》：“大也。”《尚书易解》：“大天之命，谓其偏重天命；不永寅念于祀，谓其忽视民生。《尚书大传》曰：‘桀云：天之有日，犹吾之有民，日有亡乎？日亡，吾亦亡矣。’此夏桀大天命之事实。”

⑦ 永：时间副词，长，长久。下文“尚永力畋尔田”之“永”同。 寅：敬。

⑧ 格：通“詻”。《玉篇》：“詻，教令严也。”

⑨ 诞：程度副词，肆意地、放肆地。

⑩ 感：忧。

⑪ 乃：关联副词，表因果转折，可译为“但”“却”。下文“乃胥惟虐于民”“尔乃迪屡不静”“尔乃不大宅天命”的“乃”同。 淫昏：淫逸昏乱。

⑫ 劝：勉，努力。　迪：教导。

⑬ 图帝之命：以上帝之命为大。

⑭ 开：明。　民之丽：民之附丽，指民众归附君王的道理。丽，附。

⑮ 乃：关联副词，可译为“于是就”“于是才”。下文“乃大降显休命于成汤”的“乃”同。　大降罚：大事杀戮。

⑯ 崇：程度副词，大，充。熹平石经“崇”作“兴”。《诗经·小雅·天保》郑笺曰：“兴，盛也。”

⑰ 因：《词诠》：“因，介词，表原因，与‘以’同义。”　甲：《尔雅·释言》：“狎也。”狎，习。　内乱：女治，指夏桀宠信妺（mò）喜。乱，治。

⑱ 灵：善。　旅：众。

⑲ 丕：通“不”，否定副词。《说文解字注》：“‘丕’与‘不’音同，故古多用‘不’为‘丕’。”　进：通“賮（jìn）”。《仓颉篇》：“賮，财货也。”　恭：通“供”。《广雅·释诂》：“供，进也。”

⑳ 洪：程度副词，大。　舒：王应麟《困学纪闻》：“古文作荼。”荼，苦。这里指毒害。

㉑ 亦惟：因果复音连词，也由于。　叨：贪婪。　懫（zhì）：忿戾。　钦：通“廞”。《尔雅·释诂》：“廞，兴也。”

㉒ 劓割：这里指残害。劓，古代五刑之一，割鼻子的刑罚。

㉓ 惟时：于是。

㉔ 显：光。　休：美。

㉕ 殄（tiǎn）：绝。

㉖ 畀：与。　纯：通“屯”，众也。见黄式三《尚书启幪》。　不畀纯：孙星衍说：“纯、醇通，好也。言天不与以美报也。”周秉钧先生

也认可孙星衍说，并指出《楚辞·九章·哀郢》“皇天之不纯命”即“皇天之不命纯”，与此处“惟天不畀纯”意义相近。(《九章臆解》)

㉗ 以：介词，因为。下文“乃惟成汤克以尔多方简”的“以”同。　义民：这里指邦君。　享：劝。　又，王念孙《广雅疏证》：“古者俄、义同声，故俄或通作义。《多方》云：‘乃惟以尔多方之义民不克永于多享。’义与俄同，衺也。衺民，即上文所云‘有夏之民叨懫’也。以，用也。言桀用倾衺之民，故不克永于多享。下二句云‘惟夏之恭多士，大不克明保享于民’，正谓此也。《立政》云：‘谋面用丕训德，则乃宅人，兹乃三宅无义民。’义亦与俄同。言谋面既大顺于德，然后居贤人于官而任之，则三宅皆无倾衺之民也。《吕刑》云：‘鸱义奸宄，夺攘矫虔。’义字亦是倾衺之意。解者皆失之。”也通，存参。

㉘ 恭：通“供”，这里是供职的意思。

㉙ 胥：范围副词，都。《尔雅·释诂》：“胥，皆也。”《词诠》：“胥，副词，皆也”。　惟：为。

㉚ 多方：指各国邦君。　简：选择。

㉛ 慎：情态副词，敬慎地，小心地。《尔雅·释诂》：“慎，诚也。”《说文·心部》：“慎，谨也。”《说文解字注》：“《言部》曰：‘谨者，慎也。’二篆为转注，未有不诚而能谨者，故其字从‘真’。”慎，原为形容词，后虚化为副词，但核心词素义没有变化。　丽：施行。

㉜ 以：连词，表因果关系，连接分句。

㉝ 要：通“幽”，监禁。

㉞ 尔辟：指纣王。辟，君。

㉟ 以：介词，表示参与同一动作行为者，可译为“与”。

【译文】

五月丁亥这天，周成王从奄地回来，到了宗周。

周公说："成王这样说：告导你们四国、各国诸侯以及你们众诸侯国治民的长官，我给你们郑重地下达教令，你们不可昏昏不闻。夏桀夸大天命，不常敬重祭祀，上帝就对夏国降下严令。夏桀放肆逸乐，不肯恤问民众，竟然大行淫乱，不能终日努力实行上帝的教导，这些是你们所听说过的事。夏桀夸大天命，不能明白民众归附的道理，就大肆杀戮，大乱夏国。夏桀因习惯于让妇人治理政事，不能很好地顺从民众。无时不要百姓进献财物，深深地毒害了民众。也由于夏民贪婪、忿戾的风气一天天盛行，残害了夏国。上天于是寻求可以做民众君主的人，就大降光明美好的使命给成汤，命令成汤消灭夏国。

"上天不赐福给众位诸侯，就是因为你们各国邦君不能常常劝导民众；夏国的官员太不懂得保护、劝勉民众，竟然都对民众施行暴虐，以至于各种工作都不能开展。

"就是因为成汤那时有各国邦君的选择，代替夏桀做了君主。他慎施教令，是劝勉人；他惩罚罪人，也是劝勉人；从成汤到帝乙，没有人不宣明德教、慎施刑罚，也能够用来劝勉人；他们监禁罪犯，杀死重大罪犯，也能够用来劝勉人；他们释放无罪的人，也能够用来劝勉人。

"现在到了你们的君王，不能够和你们各国邦君享受上天的大命，实在可悲啊！"

【段意】

第一段，周公向众邦国首领分析殷商之所以取代夏，是因为夏桀无德，虐害民众；而商先王宽容待民，明德慎罚。

王若曰："诰告尔多方，非天庸释有夏[①]，非天庸释有殷。乃惟尔辟以尔多方大淫[②]，图天之命屑有辞[③]。乃惟有夏图厥政，不集于享[④]，天降时丧，有邦间之[⑤]。乃惟尔商后王逸厥逸，图厥政不蠲烝[⑥]，天惟降时丧。

"惟圣罔念作狂[⑦]，惟狂克念作圣。天惟五年须暇之子孙[⑧]，诞作民主[⑨]，罔可念听。天惟求尔多方，大动以威[⑩]，开厥顾天[⑪]。惟尔多方罔堪顾之[⑫]。惟我周王灵承于旅[⑬]，克堪用德，惟典神天[⑭]。天惟式教我用休[⑮]，简畀殷命[⑯]，尹尔多方[⑰]。

"今我曷敢多诰[⑱]？我惟大降尔四国民命[⑲]。尔曷不忱裕之于尔多方[⑳]？尔曷不夹介乂我周王享天之命[㉑]？今尔尚宅尔宅[㉒]，畋尔田[㉓]，尔曷不惠王熙天之命[㉔]？

"尔乃迪屡不静[㉕]，尔心未爱[㉖]。尔乃不大宅天命[㉗]，尔乃屑播天命[㉘]，尔乃自作不典[㉙]，图忱于正[㉚]。我惟时其教告之[㉛]，我惟时其战要囚之[㉜]，至于再，至于三[㉝]。乃有不用我降尔命[㉞]，我乃其大罚殛之[㉟]！非我有周秉德不康宁，乃惟尔自速辜[㊱]！"

【注释】

①庸释：舍弃。

②尔辟：兼指夏、殷君王。　以：并列连词，和。《经传释词》引《广雅》："以，与也。"黄侃笺识："此'以'又为'与'之借。"　尔多方：兼指夏、殷的各国诸侯。

③屑：通"泆"，安逸。　有：通"又"。　辞：通"怠"，懈怠。

④集：止。

⑤间：代替。

⑥蠲（juān）：显示。《左传·襄公十四年》："惠公蠲其大德。"杜预注："蠲，明也。"　烝：美。

⑦惟：连词，表并列关系。《词诠》："惟，等立连词，与也。"　圣：指明哲的人。　罔：表示对可能性否定的否定副词，可译成"不会""不能"。这里表示对行为可能性的否定。　念：思考。　作：为。　狂：与"圣"相对，指狂妄无知的人。

⑧五年：孙星衍《尚书今古文注疏》："此云'五年'，当从文王七年数至武王十一年伐纣也。"《史记·周本纪》说文王"受命之年称王……后七年而崩。"《尚书大传》记载与《史记》同。《孔传》说"武王服丧三年，还师二年"，则孙星衍意谓：文王受命七年而崩，至九年武王服丧三年期满，还师二年则至十一年，"七年""十一年"都是从文王受命那年开始计算。　须：等待。　暇：宽暇。　子孙：成汤的子孙，指纣王。

⑨诞：延续，延长。

⑩大动以威：郑玄注："言天下灾异之威，动天下之心。"

⑪开：启发。　厥：其，指上文多方。

⑫堪：能。

⑬惟：范围副词，强调施事的唯一性。　灵：善。　承：顺从。

⑭典：善于。

⑮式：用。　用：介词，引进动作行为凭借的工具。

⑯简：明。　畀：给予。

⑰尹：治理。

⑱ 曷敢：何敢。　多：程度副词，多多地。下文“我不惟多诰”的“多”同。

⑲ 降尔四国民命：即降命于尔四国民。

⑳ 忱裕：告导，劝导。

㉑ 夹介：程度副词，大。《尚书易解》：“夹介，疑为‘夰’字之合音（按：“合音”当作“分音”），《说文》：‘夰，大也。读若盖。’”　乂：与“艾”通。《尔雅·释诂》：“艾，相也。”　又，夹、介、乂均有“辅助”义。《一切经音义》卷十三引《仓颉篇》：“夹，辅也。”《尔雅·释诂》：“介，右也。”邢昺疏引孙炎曰：“介者，辅助之义。”有学者指出，《尚书》存在“同义连文”的现象。如《微子》“今殷民乃攘窃神祇之牺牷牲用以容”，牺、牲、牷均指祭祀用的牲口；《洪范》“人用侧颇僻，民用僭忒”，“侧”“颇”“僻”均有“邪僻”义。此处“夹”“介”“乂”可能也是同义连文，表示“辅助”。存参。

㉒ 尚：关联副词，还。　宅尔宅：前一宅为动词，居住；后一宅作名词，住宅。

㉓ 畋：整治田地。《说文·田部》：“畋，平田也。”

㉔ 惠：顺从。　熙：广。

㉕ 乃：竟然。　迪：教导。　屡：屡次，多次。《词诠》：“屡，表数副词。《广韵》云：‘数也。’”

㉖ 未：《词诠》：“否定副词，不也。”　爱：顺从。见《尚书今古文注疏》。

㉗ 宅：度。

㉘ 屑：完全，都。《尚书易解》：“通‘悉’，皆也。《说文》：‘偞，读若屑。’可证。”　播：放弃，抛弃。

㉙ 典：法。

㉚ 图：图谋。　忱：通“殳”，《说文·殳部》：“下击上也。”　正：长。

㉛ 惟时：于是。惟，介词，介引动作行为所凭借的原因。《词诠》：“介词，与‘以’用法同。”　其：关联副词，表因果承接关系，可译为“就”“才”。

㉜ 要（yāo）囚：幽囚。　战要囚之：《尚书易解》：“谓讨其叛乱而幽囚之。”

㉝ 至于再，至于三：《孔传》：“再，谓三监、淮夷叛时；三，谓成王即政又叛。”

㉞ 乃：连词，表假设关系。《经传释词》：“乃，犹若也。”《词诠》：“乃，假设连词，若也。”下文“尔乃自时洛邑”“尔乃惟逸惟颇”之“乃”同。

㉟ 乃：关联副词，表示假设关系。　殛：诛。

㊱ 乃惟：连词，表并列关系。　速：召。　辜：罪。

【译文】

王这样说：“告诉你们各位邦君，并不是上天要舍弃夏国，也不是上天要舍弃殷国。是因为你们夏、殷的君王和你们各国诸侯大肆淫佚，夸大天命，安逸懈怠。是因为夏桀谋划政事不在于劝勉民众，于是上天降下了这亡国大祸，诸侯成汤代替了夏桀。是因为你们殷商的后王安于他们的逸乐生活，谋划政事不美好，于是上天降下这亡国大祸。

“明哲的人不思考就会变成狂妄无知的人，狂妄无知的人能够思考就能变成明哲的人。上帝宽暇五年时间等待商的子孙悔改，让他继续做民众的主人，但不能使他们思考和听从天意。上帝又寻求你们众诸侯国，大降灾异，启发你们顾念天意，你们众诸侯国也没有人能顾念天意。只有我们周王善于顺从民众，能用明德，善待神天。上帝就改用休祥指示我们，选择我周王明确授予伟大的使命，治理你们众国诸侯。

“现在我怎么敢多说？我只是普遍地向你们四国臣民发布教令。你们为什么不劝导各国臣民？你们为什么不大大帮助我们周王共享天命呢？现在你们还住在你们的住处，整治你们的田地，你们为什么不顺从周王宣扬上帝的大命呢？

“你们竟然屡次教导还不安定，你们内心不顺。你们竟然不度量天命，你们竟然完全抛弃天命，你们竟然自作不法，图谋攻击长官。我因此教导过你们，我因此讨伐你们、囚禁你们，一而再，再而三。假如还有人不服从我发布给你们的命令，那么我就要重重惩罚他们！这并不是我们周国执行德教不安静，而是你们自己招致了罪过！”

【段意】

第二段，分析商亡周兴的原因，谴责多方不安天命，自作不法。

王曰：“呜呼！猷告尔有方多士暨殷多士①。今尔奔走臣我监五祀②，越惟有胥伯小大多正③，尔罔不克臬④。

“自作不和，尔惟和哉！尔室不睦，尔惟和哉！尔邑克明⑤，尔惟克勤乃事。尔尚不忌于凶德⑥，亦则以穆穆在乃位⑦，克阅于乃邑谋介⑧。

“尔乃自时洛邑，尚永力畋尔田⑨，天惟畀矜尔⑩，我有周惟其大介赉尔⑪。迪简在王庭⑫，尚尔事⑬，有服在大僚⑭。”

王曰："呜呼！多士，尔不克劝忱我命[15]，尔亦则惟不克享[16]，凡民惟曰不享。尔乃惟逸惟颇[17]，大远王命，则惟尔多方探天之威[18]，我则致天之罚[19]，离逖尔土。"

王曰："我不惟多诰[20]，我惟祗告尔命[21]。"

又曰："时惟尔初[22]，不克敬于和[23]，则无我怨[24]。"

【注释】

①有：语气助词。《经传释词》："有，语助也。"　暨：《词诠》："暨，等立连词，与也，及也。"

②监：侯国。　五祀：五年。从周公摄政三年灭奄起至成王元年，正好五年。

③胥：徭役。　伯：赋税。《尚书正读》："'伯'当为'赋'，声之误也。"　正：通"政"，指政事。

④臬：法度。

⑤明：指政治清明。

⑥忌：通"惎（jì）"。《小尔雅》："惎，教也。"　于：介词，介引动作行为的施动者。

⑦亦：关联副词，表示事理性状的相因关系。下文"尔亦则惟不克享"之"亦"同。　则：关联副词，表示顺承的语义关联。　穆穆：恭敬。

⑧阅：容。见《礼记·表记》注。　介：善。下文"我有周惟其大介赉尔"之"介"与此同。

⑨尚：语气副词，表示祈使语气。《词诠》："尚，命令副词。"可译为"要""希望"。

⑩ 畀：赐。　　矜：怜悯。

⑪ 其：语气副词，表示肯定语气，可译为“会”“应当”“必定”。　　大：程度副词，可译为“大大地”“非常”“很”。　　赉：赐。

⑫ 迪：进。　　简：选择。

⑬ 尚：努力。见《春秋公羊传·襄公二十九年》注。

⑭ 服：事。　　僚：官。

⑮ 劝：努力。　　忱：相信。

⑯ 则：关联副词，表示假设的语义关联。下文“我则致天之罚”之“则”用法同。　　享：享位。

⑰ 逸：放荡。　　颇：邪恶。

⑱ 则：连词，表承接关系。可译为“就”“才”。　　探：《尔雅·释言》：“探，试也。”　　威：罚。

⑲ 致：给予。这里意思是施行。

⑳ 不惟多诰：不想多说。惟，想。

㉑ 命：指天命。

㉒ 时：情态副词，善。表示努力做某事。　　惟：谋划。

㉓ 于：并列连词，与，和。《经传释词》：“于，犹‘越’也，‘与’也，连及之词。”黄侃笺识：“此‘于’即‘与’之借，‘越’亦‘与’之借。”

㉔ 则：连词，表因果关系，连接表示结果的分句。　　无：不要。《经传释词》：“无，毋，勿也，常语。”

【译文】

王说：“啊！告导你们各国官员和殷国的官员。到现在你们奔走效劳臣服我周国已经五年了，所有的徭役赋税和大大小小的政事，你们没有不能遵守法规的。

“你们自己造成了不和睦，你们应该和睦起来！你们的家庭不和睦，你们也应该和睦起来！要使你们的城邑政治清明，你们应该能够勤于你们的职事。你们应当不被坏人教唆，也就可以恭敬地居守你们的职位，就能够留在你们的城邑里谋求美好的生活了。

“你们如果用这个洛邑，长久尽力耕作你们的田地，上天会赐予你们、怜爱你们，我们周国也会大大地赏赐你们。你们会被王庭选拔，努力做好你们的职事，又将让你们担任重要官职。”

王说：“啊！官员们，如果你们不能努力信从我的教命，你们也就不能享有禄位，民众也将认为你们不能享有禄位。你们如果放荡邪恶，大大地违抗王命，那就是你们各国妄图试探上天的惩罚，我就要施行上天的惩罚，使你们远离你们的故土。”

王说：“我不想多说了，我只是认真地把天命告诉你们。”

王又说：“好好地谋划你们的开始吧！如果不能恭敬与和睦，那么你们就不要怨我了。”

【段意】

第三段，周公告诫各国诸侯敬守天命，服从周王朝统治。

立政第二十一

【题解】

《立政》是周公晚年告诫成王建立官制的诰词。王引之《经义述闻》指出："政与正同，正，长也。立政，谓建立长官也。篇内所言皆官人之道，故以立政名篇。"

周公和成王先后两次东征，天下日渐安定。周王朝的迫切任务就是健全官员制度，完善中央王朝和各个诸侯国的政治机构，以求长治久安。《史记·鲁周公世家》记载："成王在丰，天下已安。周之官政未次序，于是周公作《周官》，官别其宜。作《立政》，以便百姓，百姓说（悦）。"

《立政》首先总结夏、殷两代在用人和理政方面的经验教训，从正面总结夏初的贤王和商代成汤的成功经验在任人以贤。夏代提出了"三宅"（宅事、宅牧、宅准），商汤又进了一步提出"三俊"（三宅之属吏皆用贤俊）。三宅三俊，各称其职，名副其实，国治民安。相反，夏桀、殷纣任用暴虐无德的人，政治黑暗，亡身灭国。

《立政》具体列举文王、武王时所设官职："任人、准夫、牧作三事；虎贲、缀衣、趣马、小尹、左右携仆、百司庶府；大都小伯、艺人、表臣百司；太史、尹伯，庶常吉士；司徒、司马、司空、亚旅；夷、微、卢烝；三亳、阪尹。"这样的排列次序显示了周代森严的等级制度和尊卑观念。曾运乾说:“按本文序官,先大臣而后小臣,先近臣而后远臣,先王朝而后侯国,先诸夏而后戎狄,其大较也。”

周公总结文王、武王用人和理政的经验,指出他们“克知三有宅心,灼见三有俊心”,十分重视考核,十分重视了解官员心理。文王、武王对臣属信而不疑:“文王罔攸兼于庶言。庶狱庶慎,惟有司之牧夫是训用违;庶狱庶慎,文王罔敢知于兹”。特别是对于司法方面,不去做不适当的干预。“君不行臣职”的道理在《益稷》篇也有提及:“元首丛脞哉!股肱惰哉!万事堕哉!”蔡沈《书集传》解释说:“言君行臣职,烦琐细碎,则臣下懈怠,不肯任事,而万事废坏。”可见这是《尚书》的一贯主张,蕴含了丰富的政治智慧,对现实有很强的借鉴意义。

《立政》显示了周与夏有某种特殊的关系。周公向成王提出的期望中有“诘尔戎兵以陟禹之迹”句,《吕刑》称“伯夷降典,折民惟刑;禹平水土,主名山川;稷降播种,农殖嘉谷”,将大禹与周始祖后稷并列。《逸周书·商誓》:“在昔后稷,惟上帝之言,克播百谷,登禹之绩。”《诗经·鲁颂·閟宫》:“有稷有黍,有稻有秬。奄有下土,缵禹之绪。后稷之孙,实维大王。”则更是直接将周视为禹的继承者。此外,周人也自称“夏”,本篇“乃伻我有夏”,《康诰》“用肇造我区夏”,《君奭》“惟文王尚克修和我有夏”,“夏”都指周。《左传·昭公九年》:“王使詹桓伯辞于晋,曰:‘我自夏以后稷,魏、骀、芮、岐、毕,吾西土也。’”杜注:“在夏世以后稷功,受此五国为西土之长。”《国语·周语》:“昔我先王世后稷以服事虞、夏。及夏之衰也,弃稷弗务,我先王不窋用失其官,而自窜于戎狄之间。”考古学上，有夏、周同出于晋南说，但此说尚待进一步考证。结合上引传世文献，联系《益稷》后稷佐禹治水的记载，周与夏之间存在联系似可确定。

周公作《立政》。

【译文】

周公作了《立政》。

立　政

周公若曰：“拜手稽首[①]，告嗣天子王矣。”用咸戒于王曰[②]：“王左右常伯[③]、常任[④]、准人[⑤]、缀衣[⑥]、虎贲[⑦]。”

周公曰：“呜呼！休兹知恤[⑧]，鲜哉[⑨]！古之人迪惟有夏[⑩]，乃有室大竞[⑪]，吁俊尊上帝迪[⑫]，知忱恂于九德之行[⑬]。乃敢告教厥后曰[⑭]：‘拜手稽首后矣！’曰：‘宅乃事[⑮]，宅乃牧[⑯]，宅乃准[⑰]，兹惟后矣[⑱]。谋面[⑲]，用丕训德[⑳]，则乃宅人[㉑]，兹乃三宅无义民[㉒]。’

“桀德[㉓]，惟乃弗作往任[㉔]，是惟暴德[㉕]，罔后[㉖]。

“亦越成汤陟[㉗]，丕釐上帝之耿命[㉘]，乃用三有宅[㉙]，克即宅[㉚]，曰三有俊[㉛]，克即俊。严惟丕式[㉜]，克用三宅三俊，其在商邑，用协于厥邑，其在四方，用丕式见德[㉝]。

“呜呼！其在受德[㉞]，暋惟羞刑暴德之人[㉟]，同于厥邦；乃惟庶习逸德之人[㊱]，同于厥政。帝钦罚之[㊲]，乃伻我有夏[㊳]，式商受命[㊴]，奄甸万姓[㊵]。

【注释】

①拜手稽首：跪拜叩头。古代最恭敬的礼节。　　有学者认为，“拜手稽首，告嗣天子王矣。用咸戒于王曰”三句都是史官记录周公讲话时特意附加的说明文字，“拜手稽首”说明周公讲话前的动作，“告嗣天子王矣”说明周公讲话的对象，“用咸戒于王”说明周公讲话的性质。存参。

②用：因果连词，因而。　　咸：通“箴”，劝告。

③左右：教导。《尔雅·释诂》：“左右，导也。”　　常伯：治民官，就是下文的牧和牧人。

④常任：治事官，就是下文的事和任人。

⑤准人：执法官，就是下文的准。

⑥缀衣：掌管国王衣服的官。

⑦虎贲（bēn）：守卫王宫的武官。

⑧休：美。　　兹：就，才。《古汉语同义虚词类释》：“兹，副词，表示事情在一定条件下发生，可译为‘才’之类。”　　恤：通“溢”。《尔雅·释诂》：“溢，慎也。”

⑨鲜：少。《诗经·郑风·扬之水》：“终鲜兄弟，维予与女。”郑玄笺：“鲜，寡也。”

⑩迪：语气助词。《经传释词》：“迪，又发语词也。”杨筠如《尚书核诂》：“迪惟，发语辞也。”

⑪乃：他们的。《词诠》：“乃，犹‘其’也，用义与其同，用于领格。”　　有室：指卿大夫。　　竞：强。

⑫吁：呼。　　俊：通“骏”。《尔雅·释诂》：“骏，长也。”时间副词，长久地，久远地。　　迪：教导。

⑬忱：诚。　　恂：信。　　九德：九种德行。即《皋陶谟》篇“宽而栗，柔而立，愿而恭，乱而敬，扰而毅，直而温，简而廉，刚而塞，强而义”。

⑭敢：表敬副词。　　后：这里指诸侯。《舜典》篇：“群后四朝。”

⑮宅：度量，考察。　　事：就是常任。

⑯牧：即常伯。

⑰准：即准人。

⑱兹：如此。

⑲谋面：以貌取人的意思。

⑳丕：通“不”。　　训：通“顺”，依循。　　又，于省吾说：“‘谋面’即《尔雅·释诂》之‘蠠没’，《诗·小雅·十月之交》的‘黾勉’，《汉书·刘向传》之‘密勿’，皆同声假借字也……‘谋面用丕训德’者，黾勉用以顺德也。《诗·下武》‘应侯顺德’，是‘顺德’周人语例。”存参。

㉑则：连词，表假设关系。《词诠》：“假设连词，若也，苟也。”　　宅人：《尚书易解》：“任人唯亲也。”又，王念孙认为“宅”是使动用法，即“使……居（于官）”。

㉒三宅：就是宅事、宅牧、宅准。　　义：贤。又，王念孙认为“义”通“俄”，义民即倾衺之民。见《多方》。吴闿生《尚书大义》：“言黾勉以奉俊德，则能度（宅）人，兹夏之三度（宅）所以无邪人也。”存参。

㉓德：上升。《说文·彳部》：“德，升也。”这里指即帝位。

㉔作：采用。　　往：往日。　　往任：指往日任用官员的法则。

㉕是惟：《尚书故》：“是以也。”　　暴德：暴行。

㉖罔后：绝后。

㉗亦越：《经传释词》：“亦越者，承上起下之词。”越，及，到了。

陟：升。指即帝位。

㉘丕：程度副词，大大地。　釐（xī）：受福，引申为受。　耿：明。

㉙乃：能够。　三有宅：有，词头。三宅，指上文事、牧、准。

㉚克即宅：蔡沈《书集传》："言汤所用三宅，实能就是位而不旷其职。"即，就。

㉛曰：通"越"，连词，和。　三有俊：《尚书骈枝》："当即三宅之属官，盖三宅各有正长，有属吏，三宅之属吏皆用贤俊，故谓之'三有俊'。"

㉜严：敬。　惟：念。　丕式：大法。

㉝见：显，显扬。

㉞在：《词诠》："介词，于也。"介引动作行为进行的时间。　受德：纣王即位。受，纣王名。德，升，义与上文"桀德"的"德"相同。

㉟暋（mǐn）：强行。《尔雅·释诂》："暋，强也。"　羞刑：就是为刑所辱，指刑徒。

㊱乃：关联副词，表因果转折，可译为"但""却""竟然"等义。　庶：众多。　习：近习，指左右亲幸的人。例见《韩非子·五蠹》："今世近习之请行。"　逸德：失德。

㊲钦：程度副词，重重地。《尚书集注音疏》："钦，犹重也。"

㊳乃：关联副词，于是就、于是才。　伻：使。　有夏：周人自称。《康诰》篇："用肇造我区夏。"

㊴式：代替。《尚书正读》："式，读为代。"

㊵奄：《诗·大雅·韩奕》："奄受北国。"《毛传》："奄，抚也。"　甸：治。　万姓：万民。

【译文】

周公这样说："跪拜叩头，报告继承天子位的王。"周公因而劝诫成王说："王要教导常伯、常任、准人、缀衣和虎贲。"

周公说："啊！美好的时候就知道谨慎的人，很少啊！古代的人只有夏代的君王，他们的卿大夫很强，夏王还呼吁他们长久地尊重上帝的教导，使他们知道真诚地信从九德的准则。教导他们的诸侯说：'跪拜叩头，诸侯们！'夏王说：'考察你们的常任、常伯、准人，这样才称得上君主。以貌取人，不依循德行，假若这样考察人，你们的常任、常伯和准人就没有贤人了。'

"夏桀即位后，不用往日任用官员的法则，于是任用暴虐的人，终于绝后。

"到了成汤登上帝位，大受上帝的明命，选用事、牧、准三宅官员，都能各司其职，三宅的属官也能胜任其属官之位。他敬念上帝选用官员的大法，能够很好地任用各级官员，他在商都，用这些官员协和都城的臣民，他在四方，用这种大法显扬他的圣德。

"啊！到商王纣登上帝位，强行把刑徒和暴虐的人聚集在他的国家里，竟然用众多近臣和失德的人共同治理他的政事。上帝重重地惩罚他，就使我们周王代替商纣王接受天命，安抚治理天下万民。

【段意】

第一段，周公总结夏、商两代任官的得失，指出必须知人善任，重德任贤。

"亦越文王、武王，克知三有宅心①，灼见三有俊心②，以敬事上帝，立民长伯[3]。立政[4]：任人、准夫、牧作三事；虎贲、缀衣、趣马[5]、小尹[6]、左右携仆[7]、百司庶府[8]；大都小伯[9]、艺人[10]、表臣百司[11]；太史[12]、尹伯[13]，庶常吉士[14]；司徒[15]、司马、司空、亚旅[16]；夷[17]、微[18]、卢烝[19]；三亳[20]、阪尹[21]。

"文王惟克厥宅心[22]，乃克立兹常事司牧人[23]，以克俊有德。文王罔攸兼于庶言[24]。庶狱庶慎[25]，惟有司之牧夫是训用违[26]；庶狱庶慎，文王罔敢知于兹[27]。亦越武王，率惟敉功[28]，不敢替厥义德[29]，率惟谋从容德[30]，以并受此丕丕基[31]。

【注释】

①克知三有宅心：就是能够知道事、牧、准三宅的心。

②灼：明。

③长伯：官长。

④立政：就是建立官长、设官。

⑤趣马：负责养马的官。

⑥小尹：趣马的属官。

⑦左右携仆：君王的近侍官员。江声认为就是《周礼》大仆、射人。携，提携。《礼记·檀弓》："扶君，仆人师扶右，射人师扶左。"

⑧百司庶府：负责财物、券契、府藏的官员。百、庶，言众多。司、府，都是官名。《礼记·曲礼》以司土、司木、司水、司草、司器、司货为天子六府，《周礼》有太府、王府、内府、外府、泉府、天府等。

⑨大都小伯：大都小都的官长。《周礼·地官·载师》注引《司马

法》说："小都，卿之采地；大都，公之采地。"《尚书正读》说："伯，长也。大都言都不言伯，小都言伯不言都，互文见义也。"

⑩ 艺人：征收赋税的官。

⑪ 表臣百司：指外臣百官。

⑫ 太史：史官之长。

⑬ 尹伯：泛指各官的官长。

⑭ 庶常吉士：意思是上列各官都是祥善的人。常，祥。吉，善。

⑮ 司徒：与下文司马、司空合为三卿。

⑯ 亚旅：大夫。《尚书正读》："司徒、司马、司空、亚旅，此侯国官制也。"

⑰ 夷：东方的国家。

⑱ 微：南方的国家。

⑲ 卢：西方的国家。　　烝：君王。

⑳ 三亳：殷商故都。一在今河南商丘东南，相传成汤曾经居住的地方，又名南亳。一在今河南商丘北，相传拥戴成汤为盟主的地方，又名北亳。一在今河南偃师西，相传成汤攻克丰时居住的地方。这里的三亳是指殷商遗民居住的地方。

㉑ 阪：夏故都。　　尹：官名。参见王夫之《尚书稗疏》卷四。

㉒ 惟克厥宅心：就是"惟克知厥宅心"。"知"承上文省。惟，连词，表示因果关系。

㉓ 常事司牧人：指上列官员。

㉔ 兼：兼包。　　庶言：教令。

㉕ 庶狱：指各种狱讼案件。　　庶慎：众敕戒之事。慎，敕，见《广雅·释诂》。

㉖ 之：通“与”，和，并列连词。《说文·之部》：“之，出也。”《说文解字注》：“引申之义为‘往’。” 用违：用与不用，用否。

㉗ 罔敢知：不过问。敢，副词，表示谦敬。 兹：这，指代众狱的事。

㉘ 率惟：语气助词。 敉：终，完成。 功：事。

㉙ 替：废弃。 厥：其，这里指文王。 义德：善德。

㉚ 容德：宽容的德行。

㉛ 以：连词，表因果关系，因此。 并受：文王、武王同受。并，同，皆。 丕丕：大而又大。 基：基业。

【译文】

“到了文王、武王，他们能够知道三宅的思想，也清楚地洞察三宅部属的思想，用敬奉上帝的诚心，为民众建立官长。设立的官职是：任人、准夫、牧作为三事；有虎贲、缀衣、趣马、小尹、左右携仆以及百司庶府；有公卿、艺人、外臣百官；有太史、尹伯，他们都是祥善的人；有司徒、司马、司空、亚旅；有夷、微、卢各国的君主；有商和夏的旧都管理官员。

“文王因能够度知三宅的思想，就能设立这些官员，而且这些官员能够发扬美德。文王不兼管各种教令。各种狱讼案件和各种禁戒，用和不用只顺从主管官员和牧民的人；对于各种狱讼案件和各种禁戒，文王不敢过问这些。到了武王，完成了文王的事业，不敢丢弃文王的善德，谋求顺从文王宽容的美德，因此文王和武王共同接受了这伟大的王业。

【段意】

第二段，周公说明文王、武王时的官制，指明文武任官之道是任人惟贤，信而不疑，不干涉官员行使权力。

"呜呼！孺子王矣①！继自今我其立政②。立事③、准人、牧夫，我其克灼知厥若④，丕乃俾乱⑤。相我受民⑥，和我庶狱庶慎⑦。时则勿有间之⑧，自一话一言⑨。我则末惟成德之彦⑩，以乂我受民⑪。

"呜呼！予旦已受人之徽言咸告孺子王矣⑫。继自今文子文孙⑬，其勿误于庶狱庶慎⑭，惟正是乂之⑮。

"自古商人亦越我周文王立政，立事、牧夫、准人，则克宅之，克由绎之⑯，兹乃俾乂⑰，国则罔有⑱。立政用憸人⑲，不训于德⑳，是罔显在厥世㉑。继自今立政，其勿以憸人㉒，其惟吉士，用劢相我国家㉓。

"今文子文孙，孺子王矣！其勿误于庶狱，惟有司之牧夫㉔。其克诘尔戎兵以陟禹之迹㉕，方行天下㉖，至于海表㉗，罔有不服。以觐文王之耿光㉘，以扬武王之大烈㉙。呜呼！继自今后王立政，其惟克用常人㉚。"

周公若曰："太史！司寇苏公式敬尔由狱㉛，以长我王国。兹式有慎㉜，以列用中罚㉝。"

【注释】

①孺子：指成王。

②继自今：从今以后。　其：副词，表示肯定语气，可译为"会"

“应当”“必定”。下文“我其克灼知厥若”之“其”同。

③ 事：就是上文“常任”。

④ 若：善。

⑤ 丕：语气助词。　乃：关联副词，表示条件关系。下文“兹乃俾乂”的“乃”同。　俾：使。　乱：治理。

⑥ 相：协助，辅佑。　受民：接受上天和祖先赐给的人。

⑦ 和：平治。

⑧ 时：是，这。指代上文“相我受民，和我庶狱庶慎”。　间：代替。

⑨ 自：连词，表示让步关系，即使。《词诠》：“自，推拓连词，与‘虽’同。”

⑩ 则：关联副词，表示转折的语义关联。　末：时间副词，最终、最后、终于。　成德之彦：具备九德的人。彦，美士。

⑪ 以：连词，表目的关系。下文“其克诘尔戎兵以陟禹之迹”的“以”同。

⑫ 旦：周公名。　已受：汉石经作“以前”，当从。“已”“以”古通用，“前”因形近讹为“受”。　徽言：美言。

⑬ 文子文孙：善子善孙，贤子贤孙。文，《礼记·乐记》注：“善也。”

⑭ 误：指包办庶狱庶慎的错误。

⑮ 惟：只是。　正：《尚书今古文注疏》：“治狱之官。”

⑯ 由绎：《尚书易解》：“疑即‘诱掖’，同音通用，《诗·衡门》序‘诱掖其君’，笺云：‘扶持也。’”

⑰ 俾乂：使治理。

⑱ 罔有：《尚书易解》：“有，盖读为尤，过也。‘尤’‘有’同声，故得通用。《君奭》‘罔尤违在人’，是‘罔尤’连文之证。罔尤，卜辞作‘亡

尤’，常语也。”

⑲ 憸（xiān）人：奸佞的人。

⑳ 训：通“顺”，依循。

㉑ 是：于是。见《经传释词》。 在：终。见《尔雅·释诂》。

㉒ 其：副词，表示祈使（劝告、希望或命令）语气，可译为“希望”“愿”“应当”。下文“其惟吉士”之“其”同。

㉓ 用：目的连词，相当于“以”。 劢（mài）：情态副词，努力地。《说文·力部》：“劢，勉力也。” 相：治理。

㉔ 之：和。 惟有司之牧夫：即“惟有司和牧夫是乂之”，语急省略。

㉕ 诘：治。见《左传·襄公二十一年》杜预注。 戎兵：这里指军队。 陟禹之迹：指循禹之迹。禹平水土，足迹遍于天下。循禹之迹，意思就是统一天下。

㉖ 方行：遍行。方，范围副词，遍。

㉗ 海表：就是海外。

㉘ 觐（jìn）：见，这里的意思是显扬。 耿：明。

㉙ 扬：续。 烈：业。

㉚ 常人：《尚书故》：“常与祥通，善也。”常人就是善人。

㉛ 司寇：官名。掌管刑罚。 苏公：就是苏忿生。《左传·成公十一年》：“苏忿生以温为司寇。”杜预注：“苏忿生，周武王司寇苏公也。” 式：法。作动词，规定，法定。 尔：语气助词。 由：用。

㉜ 兹：时间副词，现在。 有：通“又”。

㉝ 列：《尚书易解》：“今例字，以列用中罚，依据条例，用其中罚也。《周礼》曰：‘刑平国用中典。’郑注：‘平国，承平守成之国。用中典者，

常行之法。'"

【译文】

"啊！您现在已是君王了！从今以后我们要这样设立官员。设立事、准人、牧夫，我们要能明白了解他们的优点，才能让他们治理政事。管理我们所接受的民众，平治我们各种狱讼和各种禁戒的事务。这些事务不可代替，即使一话一言。我们终要思用贤德的人，来治理我们的民众。

"啊！我姬旦把前人的美言全部告诉君王了。从今以后，先王的贤子贤孙，千万不要在各种狱讼和各种禁戒上面犯错误，这些事只让主管官员去治理。

"从古时的商代先王到我们的周文王设立官员，设立事、牧夫、准人，都能够考察他们，能够扶持他们，才让他们治理，国事就没有失误。假如设立官员任用贪利奸佞的人，不依循于德行，于是君王终世都会没有显著的政绩。从今以后设立官员，千万不可任用贪利奸佞的小人，应当任用善良贤能的人，用来努力治理我们的国家。

"现在，先王贤明的子孙，您已做君王了！您不要在各种狱讼案件上耽误，只让主管官员和牧夫去治理。您要能够治理好军队，步着大禹的足迹，遍行天下，直至海外，没有人不服从。以此显扬文王圣德的光辉，继续武王伟大的功业。啊！从今以后继位君王设立官员，必须任用善良贤能的人。"

周公这样说："太史！司寇苏公规定要认真地处理狱讼案件，使我们的王国长治久安。现在规定慎之又慎，依据常例使用中罚。"

【段意】

第三段,告诫成王任用官员的准则,说明君臣需要各司其职,努力发展文王、武王的功业。

周官第二十二

【题解】

周成王灭了淮夷，回到王都丰邑，召集群臣，宣布官制。史官记叙成王诰命，写成《周官》。

《周官》所叙官制与《立政》诸篇所反映的官制稍有不同，朱熹认为是成王时的新官制。因此，本篇对于考求周代官制的沿革和后代官制的变化有重要的文献价值。

《周官》记载和论述了官制的主要内容和政治原则，反映了成康时代成熟的行政体系和丰富的政治智慧。

《周官》首先论述了设立官制的目的和原则。成王指出："制治于未乱，保邦于未危。""明王立政，不惟其官，惟其人。"设官的目的是为了居安思危，制治保邦，万国咸宁。立官的原则是任用得人，举贤任能。接着叙述三公、三孤、六卿的分职，太师、太傅、太保为三公，少师、少傅、少保为三孤，三孤辅佐三公，与三公一起直接对周王负责（"弼予一人"）。六卿由冢宰、司徒、宗伯、司马、司寇、司空六官组成，分别主管政治、教化、典礼、军事、刑法、土地。《周官》与西周中晚期金文中的官制体系虽有名称及层次的不同，但二者大致相近。《周官》六官的职能和次序与《周礼》一致，显然，二者有密切联系。

《周官》官员的职能的明确："论道经邦，燮理阴阳"，其实就是现代政治学中的权力平衡。一方面明确分工，提高行政效率；另一方面实现权力分立，防止权力膨胀，避免权臣专政。周代以降，诸如秦代三公九卿制，丞相、太尉、御史大夫分管政治、军事和监察。唐代三省六部制，中书省负责草拟政令，门下省负责审核政令，尚书省负责执行政令。高明的统治者善于平衡各派，使整套权力系统有条不紊地运转，维护国家政治稳定。

《周官》强调行政立法的制度原则和诚信原则。成王告诫百官："议事以制，政乃不迷。""凡我有官君子，钦乃攸司，慎乃出令。令出惟行，弗惟反。"议论政事必须依据法制，政事就不会错误。法令代表政权的公信力，具有权威性，一旦制定颁布，就必须坚决贯彻施行。这一观念深受法家推崇。商鞅徙木立信，为变法打下了坚实的诚信基础，确立了"缘法而治"政治思想。韩非子在商鞅的法制思想基础上，确定了"以法为本"思想，主张"治吏不治民"，他认为君主推崇法律、重视吏治对于国家的长治久安十分重要。

《周官》还十分强调官德和官风，要求官员必须尚贤、好学、崇志、勤勉。成王殷殷叮咛："推贤让能，庶官乃和""不学墙面，莅事惟烦""功崇惟志，业广惟勤"。《周官》的这些成语、熟语和格言，世代相传，至今仍然是我们思想行为的准则和座右铭。

本篇今文无，古文有。

成王既黜殷命[①]，灭淮夷，还归在丰[②]，作《周官》。

【注释】

①黜：废除，废止。　　殷命：指殷国的国运。

②丰：西周国都。《孔疏》说丰有文王庙，根据周制，必须在祖庙宣布重要的诰令。

【译文】

周成王已经废止殷的国运，消灭淮夷，返回丰都，史官写了《周官》。

周　官

惟周王抚万邦[①]，巡侯甸[②]，四征弗庭[③]，绥厥兆民[④]。六服群辟[⑤]，罔不承德[⑥]。归于宗周[⑦]，董正治官[⑧]。

【注释】

①周王：指周成王。　　抚：占有。《礼记·文王世子》郑玄注："抚，犹有也。"　　万邦：众多国家。

②巡：巡狩。天子视察诸侯国。　　侯甸：本指侯服和甸服的诸侯国，这里泛指各诸侯国。

③四征：四面征讨。　　弗庭：不来朝见，指叛乱诸侯。庭，通"廷"，朝廷。

④绥：安定。　　厥：其。　　兆民：指普天下的民众。兆，《孔传》："十亿曰兆，言多。"

⑤六服：周代把王都周围的土地按照距离远近分为侯服、甸服、男服、采服、卫服、蛮服，统称六服。　　辟：君主。这里指诸侯。

⑥罔：没有人。　　承：奉承。

⑦宗周：这里指丰。

⑧董：督。《尔雅·释诂》："董，督，正也。" 治官：指治事官员。 董正治官：蔡沈《书集传》："督正治事之官。外攘之功举，而益严内治之修也。"

【译文】

周成王即位抚国，巡视侯服、甸服等诸侯，四方征讨不来朝见的诸侯，以安定天下的民众。六服的诸侯，无人不奉承周德。成王回到王都丰邑，又督导整顿治事的官员。

【段意】

第一段，交代周成王发布官制诰令的背景。

王曰："若昔大猷[①]，制治于未乱[②]，保邦于未危。"

曰："唐虞稽古[③]，建官惟百[④]。内有百揆四岳[⑤]，外有州牧侯伯[⑥]。庶政惟和[⑦]，万国咸宁。夏商官倍[⑧]，亦克用乂。明王立政[⑨]，不惟其官，惟其人。

"今予小子，祗勤于德，夙夜不逮[⑩]。仰惟前代时若，训迪厥官[⑪]。立太师[⑫]、太傅、太保，兹惟三公。论道经邦[⑬]，燮理阴阳[⑭]。官不必备，惟其人。少师、少傅、少保[⑮]，曰三孤[⑯]。贰公弘化[⑰]，寅亮天地[⑱]，弼予一人。冢宰掌邦治[⑲]，统百官，均四海[⑳]。司徒掌邦教[㉑]，敷五典[㉒]，扰兆民[㉓]。宗伯掌邦礼[㉔]，治神人，和上下。司马掌邦政[㉕]，统六师[㉖]，平邦国[㉗]。司寇掌邦禁[㉘]，诘奸慝[㉙]，刑暴乱。司空掌邦土[㉚]，居四民，时地利。六卿分职，各率其属，以倡九牧[㉛]，阜成兆民[㉜]。

"六年，五服一朝[33]。又六年，王乃时巡[34]。考制度于四岳[35]。诸侯各朝于方岳，大明黜陟[36]。"

【注释】

①若昔：顺从过去。　大猷：指下文所说的设官治政的大法。猷，道。

②制治：制订政教。《孔疏》："'治'谓政教，'邦'谓国家。治有失则乱，邦不安则危。"

③稽：考核，考察。

④建官：建立官职。　百：表示约数。

⑤百揆：尧时官名，周改为冢宰。　四岳：尧、舜时的四方部落首领。

⑥州牧：官名。古代州的军政长官。　侯伯：几个或一方诸侯国的首领。蔡沈《书集传》："侯伯，次州牧而总诸侯者也。"《孔疏》："侯伯，五国之长，各监其所部之国。"

⑦庶政：各种各样的政事。　和：和顺。

⑧官倍：官职数增加一倍。

⑨立政：设立官长。政，通"正"，长。

⑩夙夜：早晚。　逮：及。

⑪训：说明。　迪：设立。《尔雅·释诂》："迪，作也。"

⑫太师：官名。辅助天子的官，与下文的太傅、太保合称"三公"。《孔传》："师，天子所师法。傅，傅相天子。保，保安天子于德义者。"

⑬论：阐明。　道：这里指治国的途径。　经：治理。

⑭燮（xiè）：调和。《尔雅·释诂》："燮，和也。"　阴阳：世间一

切现象的正反两面,古代思想家叫作阴阳,现在叫作矛盾。

⑮ 少师、少傅、少保:官名,合称“三孤”,位于三公之下。

⑯ 三孤:《孔传》:“孤,特也。言卑于公,尊于卿,特置此三者。”也叫作三少。《大戴礼记·保傅》:“于是置三少,皆上大夫也:曰少保、少傅、少师。”

⑰ 贰:副职。这里用作协助解。　　弘化:弘大道化。见《孔传》。

⑱ 寅:敬。　　亮:信。见《尔雅·释诂》。

⑲ 冢宰:也叫作大宰,百官之长。

⑳ 均:平均。蔡沈《书集传》:“四海异宜,调剂使得其平,是之谓均。”

㉑ 司徒:官名,掌管国家的教育。

㉒ 敷:遍布。　　五典:古代提倡的五种伦理道德准则,即父义、母慈、兄友、弟恭、子孝。

㉓ 扰:郑玄说:“扰亦安也。”

㉔ 宗伯:官名,掌管宗庙祭祀礼仪。

㉕ 司马:官名,掌管军事。

㉖ 六师:又叫作六军。《周礼·夏官·司马》:“凡制军,万有二千五百人为军。王六军,大国三军,次国二军,小国一军。”

㉗ 平:平治。蔡沈《书集传》:“平,谓强不得陵弱,众不得暴寡,而人皆得其平也。”

㉘ 司寇:官名,掌管刑狱、纠察等事。

㉙ 诘:查究、究办。　　奸慝(tè):指邪恶不正的人。

㉚ 司空:官名,掌管土地。

㉛ 倡:倡导。　　九牧:这里指九州的州牧侯伯。

㉜ 阜：富厚。　　成：定，安定。

㉝ 五服：指侯服、甸服、男服、采服和卫服。　　朝：朝会。

㉞ 时：指四时。　　巡：巡狩。　　时巡：《孔传》："周制十二年一巡狩，春东，夏南，秋西，冬北，故曰时巡。"

㉟ 考：考正。　　四岳：这里指东岳泰山、南岳衡山、西岳华山、北岳恒山。《诗经·大雅·崧高》："崧高维岳。"《毛传》："岳，四岳也。东岳，岱；南岳，衡；西岳，华；北岳，恒。"

㊱ 黜陟（zhì）：诸侯百官的进退升降。

【译文】

王说："顺从往日的大法，要在未出现动乱的时候就制定政教，在未出现危机的时候就注意安定国家。"

王说："尧舜稽考古代制度，设立了上百个官职。内有百揆和四岳，外有州牧和侯伯。各种政事和顺，天下万国都安宁。夏代和商代官数增加一倍，也能用以治理。英明的君王设立官员，不考虑官员的多少，只是考虑任用得人。

"现在我小子恭敬勤奋施行德政，起早贪黑，但仍然不及古人。仰思顺从前代成法，说明建立我们的官制。设立太师、太傅、太保，这是三公。他们讲明治道，治理国家，调和阴阳。三公的官不必齐备，要考虑适当的人。设立少师、少傅、少保，叫作三孤。他们协助三公弘扬教化，恭敬信奉天地之事，辅助我一人。冢宰主管国家的治理，统帅百官，调剂四海。司徒主管国家的教育，传布五常的教训，使万民和顺。宗伯主管国家的典礼，治理神和人的感通，调和上下尊卑的关系。司马主管国家的军政，统率六师，平服邦国。司寇主管国家的法禁，查办邪恶的人，刑杀暴乱的人。司空主管国家的土地，安置士农工商，依时发展地利。六卿分管职事，各自统率他的属官，以倡导九州之牧，使众民富厚安定。

“每隔六年，五服诸侯来朝见一次。又隔六年，王依时巡视。在四岳考核纠正各项制度。诸侯各在所属的方岳朝见，王对诸侯大行升降。”

【段意】

第二段，成王阐述唐虞、夏商的官制，并公布新的官制和朝会制度。

王曰：“呜呼！凡我有官君子①，钦乃攸司②，慎乃出令。令出惟行，弗惟反。以公灭私，民其允怀③。学古入官④，议事以制⑤，政乃不迷。其尔典常作之师⑥，无以利口乱厥官⑦。蓄疑败谋，怠忽荒政⑧，不学墙面⑨，莅事惟烦。

“戒尔卿士⑩：功崇惟志，业广惟勤。惟克果断，乃罔后艰⑪。位不期骄，禄不期侈⑫。恭俭惟德，无载尔伪。作德，心逸日休；作伪，心劳日拙。居宠思危，罔不惟畏，弗畏入畏⑬。推贤让能，庶官乃和，不和政庬。举能其官⑭，惟尔之能；称匪其人⑮，惟尔不任⑯。”

王曰：“呜呼！三事暨大夫⑰：敬尔有官，乱尔有政⑱，以佑乃辟。永康兆民，万邦惟无斁⑲。”

【注释】

① 有官君子：指在位的大小官员。

② 攸司：所主持的职事。攸，所。

③ 怀：归向。

④ 学古：学习古训。《孔疏》："将欲入政，先学古之训典，观古之成败，择善而从之，然后可以入官治政矣。"

⑤ 议事：议论政事。　制：这里指古代的典章制度。

⑥ 其：副词，表示命令语气。　典常：旧典常法。《孔传》："其汝为政，当以旧典常故事为师法。"

⑦ 利口：巧言，辩言。

⑧ 怠忽：懈怠疏忽。　荒：荒废。

⑨ 不学墙面：不学习如同面对墙壁一无所见。《孔疏》："人而不学，如面向墙无所睹见。"

⑩ 卿士：执政大臣。《左传·隐公三年》："郑武公、庄公为平王卿士。"杜预注："卿士，王卿之执政者。"

⑪ 惟克果断，乃罔后艰：《孔疏》："惟能果敢决断，乃无有后日艰难。言多疑必将致后患矣。"蔡沈《书集传》："勤由志而生，志待勤而遂。虽有二者，当几而不能果断，则志与勤虚用，而终蹈后艰矣。"克，能够。

⑫ 位不期骄，禄不期侈：《孔传》曰："贵不与骄期而骄自至，富不与侈期而侈自来。"孙继有说："位高则气盈，气盈则必骄；禄厚则用广，用广则必侈。"禄，俸禄。侈，奢侈。

⑬ 弗畏入畏：如果不知道畏惧，就会进入可畏的困境。

⑭ 举能其官：选举的官员能称其职。《孔传》："所举能修其官，惟亦汝之功能。"举，推荐，选拔。

⑮ 称：蔡沈《书集传》："亦举也。"　匪：不。

⑯ 不任：不能胜任。任，职责。

⑰ 三事：《立政》："立政：任人、准夫、牧作三事。"这里的三事就是《立政》篇所说的三事。

⑱乱：治理。

⑲斁（yì）：厌弃。

【译文】

王说："啊！凡我在位的大小官员们，要认真对待你们所主持的工作，慎重对待你们发布的命令。命令发出了就要执行，不要违抗。用公正消除私情，民众将会信任归服。先学古代治法再入仕途，议论政事依据法制，政事就不会错乱。你们要用周家常法作为法则，不要以巧言干扰你的官员。蓄疑不决必定败坏计谋，怠惰疏忽必定荒废政事。不学习好像面墙而立，一无所见，临事就会烦乱。

"告诫你们各位卿士：功高由于立志，业大由于勤劳。能够果敢决断，就没有后来的艰难。居官不当骄傲，享禄不当奢侈。恭俭是美德，不要行使诈伪。行德就心安而日美，作伪就心劳而日拙。处于尊宠要想到危辱，无事不当敬畏，不知敬畏就会进入可畏的境地。推举贤明而让位给能者，众官就会和谐；众官不和，政事就庞杂了。推举能者在其官位，是你们的贤能；推举的人不称职，是你们不能胜任。"

王说："啊！任人、准夫、牧作三位首长和大夫们：敬守你们的官职，治理你们的政事，来辅助你们的君主。广大民众长久安宁，天下万国就不会厌弃我们了。"

【段意】

第三段，明确各级官员的具体任务和要求，勉励他们谨慎戒惧，秉公勤政。

君陈第二十三

【题解】

君陈，周公的儿子，伯禽的弟弟。周公去世后，成王命令君陈治理成周，勉励君陈延续周公治殷方略，施行德政，彻底改造殷民。史官记录成王的策书，名叫《君陈》。

本篇是研究周代德治的重要资料。开篇成王就说明君陈“令德孝恭”“孝友于兄弟”，因而选择他接任周公之职。百善孝为先，孝是一切“德”的生长起点。《论语·为政》：“或谓孔子曰：‘子奚不为政？’子曰：‘《书》云：“孝乎惟孝，友于兄弟。施于有政。”是亦为政，奚其为为政？’”《学而》：“有子曰：‘其为人也孝弟，而好犯上者，鲜矣；不好犯上，而好作乱者，未之有也。君子务本，本立而道生。孝弟也者，其为仁之本与？’”《论语》的观点与本篇成王的观点一致。

德治的关键在于统治者的率先垂范，因为“凡人未见圣，若不克见；既见圣，亦不克由圣”，只有君子才能够做到。君子与凡人的区别就在于对“圣”的领悟能力存在差异。所以，居官的君子要努力修身进德，从而教化民众。“尔惟风，下民惟草”，这是强调统治者与民众的关系。《论语·颜渊》中孔子的表述更加完整：“君子之德风，小人之德草，草上之风必偃。”统治者能教化民众，使他们从善。

周成王要求君陈治理成周做到“宽而有制”，判决罪犯要综合各方面因素，作出合理、合法的判决。“惟民生厚，因物有迁。违上所命，从厥攸好。”老百姓本性惇厚，只是因为外物影响才有所改变；既然民众本性惇厚，那么通过施行德政复其本心，就可以使他们恢复惇厚的本性。这是德治的理论基础，儒家性善论与此大致相仿。

《君陈》第一次提出“有容”的概念，提倡政治家必须具备“有容乃大”的政治胸襟。成王告诫君陈：“尔无忿疾于顽，无求备于一夫。必有忍，其乃有济；有容，德乃大。”“有容”也可以推广到学术文化，只有“有容”才能极大推动学术文化的发展。春秋战国时代是中国思想史的黄金时代，诸子百家纷纷著书立说，自由地宣扬自己的主张，有力地促成了天下学术争鸣和学术繁荣的局面。民国时期蔡元培任北大校长期间，提出了“思想自由，兼容并包”的办学主张，为北大奠定了正确的发展方向，造就了北大一代辉煌。“有容乃大”也是个人淑身治世的应有思想保证，人生一世，要包容自己不愿意的事情，对世间百态呈现一种笑对人生的态度，宽宏大量，慈悲为怀。

本篇今文无，古文有。

周公既没，命君陈分正东郊成周[①]，作《君陈》。

【注释】

①分：分居殷民。《孔疏》：“此分亦为分居，分别殷民善恶所居。” 正：治理。 东郊：这里指周王都洛邑的东郊。郑玄说：

“天子之国五十里为近郊，今河南洛阳相去则然。东郊，周之近郊也。”成周邑在东郊。

【译文】

周公去世后，周成王策命君陈分居殷民，治理东郊成周，史官写成《君陈》。

君　陈

王若曰：“君陈，惟尔令德孝恭①。惟孝友于兄弟②，克施有政③。命汝尹兹东郊，敬哉！昔周公师保万民④，民怀其德。往慎乃司，兹率厥常，懋昭周公之训⑤，惟民其乂⑥。

【注释】

①令：美，善。

②友：友爱。《尔雅·释训》：“善兄弟为友。”

③施：移。《诗经·周南·葛覃》：“葛之覃兮，施于中谷。”《毛传》：“施，移也。”　克施有政：《孝经·广扬名章》：“君子之事亲孝，故忠可移于君。事兄悌，故顺可移于长。居家理，故治可移于官。”

④师保：教诲，安抚。蔡沈《书集传》：“周公之在东郊，有师之尊，有保之亲。师教之，保安之，民怀其德。”

⑤懋（mào）：勤勉。　昭：发扬光大。

⑥乂：安。

【译文】

王这样说：“君陈，你有孝顺恭敬的美德。因为你孝顺父母，又友爱兄弟，这些美德能够移来从政。我命令你治理这东郊成周，你要敬慎呀！从前周公教诲、安抚众民，民众怀念他的美德。你前往，要慎重对待你的职务，遵循周公的常道，勉力宣扬周公的教导，民众就会安定了。

【段意】

第一段，表彰君陈的美德，任命他接替周公治理东郊成周。

"我闻曰：至治馨香①，感于神明。黍稷非馨，明德惟馨。尔尚式时周公之猷训②，惟日孜孜③，无敢逸豫④。凡人未见圣⑤，若不克见；既见圣，亦不克由圣。尔其戒哉！尔惟风⑥，下民惟草⑦。图厥政⑧，莫或不艰，有废有兴，出入自尔师虞⑨，庶言同则绎⑩。尔有嘉谋嘉猷，则入告尔后于内，尔乃顺之于外，曰：'斯谋斯猷，惟我后之德。'呜呼！臣人咸若时⑪，惟良显哉⑫！"

【注释】

①至治：最好的政治。　馨：散布很远的香气。《诗经·大雅·凫鹥（yī）》："尔肴既馨。"《毛传》："馨，香之远闻也。"

②尚：副词，表示祈使语气。　式：效法。《说文·工部》："式，法也。"　时：这。《尔雅·释诂》："时，是也。"　猷：道。　训：教。

③日：每天。　孜孜：努力不怠。

④无：通"毋"，不。　逸豫：安闲悦乐。

⑤人：指常人，普通人。　圣：圣道。

⑥惟：是，为。《玉篇》："惟，为也。"下句"下民惟草"之"惟"同。

⑦ 尔惟风，下民惟草：《孔传》："汝戒勿为凡人之行，民从上教而变，犹草应风而偃，不可不慎。"

⑧ 图：谋，治理。

⑨ 出入：反复的意思。　师：众。　虞：商量、度量。《尔雅·释言》："虞，度也。"　出入自尔师虞：反复同你的众人商量。

⑩ 庶言：众言，众人的意见。　绎：寻究深思。　蔡沈《书集传》："众论既同，则又䌷绎而深思之而后行也……孟子曰：'国人皆曰贤，然后察之。国人皆曰可杀，然后察之。''庶言同则绎'之谓也。"又，郭店简《缁衣》："《君迪（陈）》员（云）：出内（入）自尔帀（师）于（虞）庶言同。"上博简《缁衣》："《君迪（陈）》员（云）：出内（入）自尔帀（师）雩（于）庶言同。"《经传释词》："于，犹越也。""越"有"与"意。有学者据此将这句话断句为："出入自尔师，虞庶言同，则绎"，意思是发布政令要有来自众人的考虑，与大家意见一致，然后推而广之。存参。

⑪ 臣人：就是人臣。　咸：都。

⑫ 良显：这里是指臣子良善，君王显耀。

【译文】

"我听说：最好的政治，馨香远闻，感动神明。黍稷的香气不是远闻的馨香，明德才是远闻的馨香。你要效法周公的这一教训，每天孜孜不倦，不要安逸享乐。普通人未见到圣道，好像不能见到一样；已经见到圣道，又不能遵行圣道。你可要戒惧呀！你是风，民众是草，草随风而动啊！谋划殷民的政事，没有一件不艰难，有废除，有兴办，要反复同众人商讨，大家意见相同，还要经过深思熟虑才能施行。你有好谋好言，就要进入内廷告诉你的君主，你就在外面顺从君主，并且说：'这些谋划，是我们君主的美德。'啊！臣下都像这样，就会臣良君显啊！"

【段意】

第二段，告诫君陈治理成周必须继续执行周公的德教，以身作则，谨慎行事，集思广益。

王曰："君陈，尔惟弘周公丕训，无依势作威，无倚法以削①，宽而有制②，从容以和③。殷民在辟④，予曰辟，尔惟勿辟；予曰宥，尔惟勿宥，惟厥中⑤。有弗若于汝政，弗化于汝训，辟以止辟⑥，乃辟。狃于奸宄⑦，败常乱俗⑧，三细不宥⑨。尔无忿疾于顽，无求备于一夫。必有忍⑩，其乃有济⑪；有容，德乃大。简厥修⑫，亦简其或不修；进厥良⑬，以率其或不良。惟民生厚⑭，因物有迁⑮。违上所命，从厥攸好。尔克敬典在德，时乃罔不变。允升于大猷，惟予一人膺受多福⑯，其尔之休⑰，终有辞于永世⑱。"

【注释】

① 无倚法以削：《孔传》："无倚法制以行刻削之政。"倚，凭借，倚恃。

② 宽：宽容。　　制：法制。

③ 从容：举止行动。《楚辞·九章》："孰知余之从容？"王逸注："从容，举动也。"　　和：和协。

④ 辟（bì）：罪行。《尔雅·释诂》："辟，罪也。"下句"予曰辟"之"辟"，用作动词，处罚。

⑤ 中：适中、合理。

⑥ 辟：名词，刑罚，后一个“辟”，用作动词，犯罪。 辟以止辟：用刑罚来制止犯法。《孔疏》：“刑罚一人可以止息后犯者。”

⑦ 狃（niǔ）：习以为常。 奸宄（guǐ）：犯法作乱的人。这里作动词，犯法作乱。

⑧ 常：五常，指君臣、父子、夫妇、兄弟、朋友之间关系的五种准则。 俗：风俗。

⑨ 三细：奸宄、败常、乱俗三者中的小罪。 宥：赦免。

⑩ 忍：忍耐。孔子说：“小不忍，则乱大谋。”

⑪ 济：成功。

⑫ 简：选择。这里的意思是鉴别。 修：指修养德行的人。

⑬ 进：任用。 良：贤良的人。

⑭ 生：同“性”。 厚：淳厚。

⑮ 迁：变化。

⑯ 予一人：成王自称。 膺：受。

⑰ 休：美名。

⑱ 辞：称颂。 永：长。 终有辞于永世：终将被百世所称赞。

【译文】

王说：“君陈，你应当弘扬周公的大训导，不要倚仗权势作威作恶，不要倚恃法律侵害民众，要宽大而有法制，从容而又和谐。殷民犯了罪，我说处罚，你不要处罚；我说赦免，你也不要赦免，要公平合理地判决。有人不顺从你的政令，不接受你的教训，如果处罚他可以制止别人犯法，才处罚。有人习惯于做奸宄犯法的事，破坏常法，败坏风俗，即使是这三项中的小罪，也不宽宥。你不要忿恨愚钝无知的人，不要对于一个人求全责备。一定要忍耐，才能成功；有所宽容，德才能大。鉴别那些修德的人，也鉴别有时不修德的人；进用那些贤良的人，来勉励那些不贤良的人。民性敦厚，因为外物影响有所改变，以至于违背上面的教命，而顺从他们自己的喜好。你能够敬重常法，注重德行，这些殷人就没有人会不改变。你的政教确实能提升到大道境界，我将享受大福，你的美名终将被百世称道。”

【段意】

第三段，说明教化殷民当宽猛相济，勉励君陈敬德慎罚。

顾命第二十四

【题解】

顾命，即嘱咐大臣眷顾嗣主的命令，相当于今天所说的“遗嘱”。清代黄生《义府》卷上说：“书以‘顾命’名，顾，眷顾也。命大臣辅嗣主，郑重而眷顾之也。”

《顾命》与下篇《康王之诰》具有很高的文化价值。研究中国礼治史，《顾命》和《康王之诰》不可或缺。《周书》的其他篇章直接或间接地反映了周代的各种礼制，诸如，分封制、嫡长子制、策命制、崇德报功制、朝会制、祭祀制，而《顾命》记叙周成王的丧礼，以及容止之礼，《康王之诰》记叙周康王的即位礼，以及诸侯的朝觐礼。王国维《周书顾命考》说：“古礼经既佚，后世得考周室一代之大典者，惟此篇（指今文《尚书·顾命》，含《康王之诰》内容）而已。”

礼是我国古代社会的典章制度和行为规范。礼最早源于祭祀，进入阶级社会以后，原始宗教仪式的礼就演变为维护阶级社会政治秩序和社会秩序的礼制。《荀子·礼论》说：“人生而有欲，欲而不得，则不能无求；求而无度量分界，则不能不争；争则乱，乱则穷。先王恶其乱也，故制礼义以分之，以养人之欲、给人以求，使欲必不穷乎物，物必不屈于欲，两者相持而长，是礼之所起也。”礼在中国古代文化意识中具有至高无上的地位。相传周公

“治礼作乐”，对于巩固西周王朝的统治以及加强统治阶级内部的团结发挥了重要作用。周代的礼乐制度对于后世各王朝也产生过深远的影响。儒家特别重视礼，孔子强调礼为政事和立身之本。《大戴礼记·哀公问于孔子》孔子说：“为政先礼。礼者，政之本与！”《论语·尧曰》记载孔子言：“不知礼，无以立也。”春秋时期，礼崩乐坏，孔子孜孜一生就是为了“克己复礼”，而孔子要恢复的“礼”主要就是“周礼”。

《顾命》记载成王叮嘱诸位大臣“思夫人自乱于威仪，尔无以钊冒贡于非几兹”，说明“威仪”在中国古代的重要地位。“威仪”指礼容，即人的容止之礼。《左传·襄公三十一年》称：“有威而可畏谓之威，有仪而可象谓之仪。”“故君子在位可畏，施舍可爱，进退可度，周旋可则，容止可观，作事可法，德行可象，声气可乐，动作有文，言语有章，以临其下，谓之有威仪也。”据西周金文记载，武王时期已有治威仪之官。威仪是周代君子礼仪的重要组成部分，成王在弥留之际强调礼容，是依照礼制。而更重要的是，威仪对于周的统治具有非凡意义。《诗经·大雅·抑》说：“敬慎威仪，维民之则。”孔颖达解释说：“当敬慎其举动威仪，维与下民之为法则也。”周代奉行德治，核心就在于统治者用自身高尚的德行对臣下作出示范，只有统治者自身威仪整饬，才能使臣民遵守礼制。天子威仪关乎德治兴废，关乎周朝存亡，因此被高度重视。《酒诰》篇周公指出商纣王“用燕丧威仪”，并认为这是导致他灭亡的重要原因，正是从反面印证了威仪的重要性。

《顾命》记载成王高度总结文王、武王的功绩，“昔君文王、武王宣重光，奠丽陈教，则肄肄不违，用克达殷集大命。”陆德明《释文》引马融注曰：“重光，日月星也。”孙星衍疏：“重光者，言文武化成之德，比于日月也。”成王将文王、武王“奠丽陈教”形容为“宣重光”，即后来儒家所提倡的“文武之道”。孔子是“文武之道”的重要继承者。《论语·子张》载卫公孙朝问于子贡曰：“仲尼焉学？”子贡曰：“文武之道，未坠于地，在人。贤者识其大者，不贤者识其小者，莫不有文武之道焉。夫子焉不学？而亦何常师之有？”在子贡看来，孔子学问的来源和实质就在于“文武之道”。朱熹集注：“文武之道，谓文王、武王之谟训功烈，与凡周之礼乐文章皆是也。”可知，“文武之道”不仅仅是“一张一弛”，而是具有丰富的政治文化内涵，是历朝历代政治家修身理政的理念和方法，影响着中国社会的历史进程，对于当代政治实践仍然具有重要参考价值。

《顾命》是研究中国古代文学史的重要资料。《尚书》多记言，然《顾命》多记事，是一篇不可多得的精彩记叙文。全篇内容繁富，人物众多，然铺叙有致，逐层展开，环环相接，丝丝入扣，绵密细致，富丽堂皇。细节描写也详尽具体。例如，叙述成王丧礼时祖庙的警卫情况，不仅写明卫士站立的不同方位、所佩冠冕和兵器，就连兵器锋刃的朝向都做了具体说明，具有较高的文学欣赏性。

传世本《尚书》文本《顾命》《康王之诰》分为两篇，古本《尚书》既有分为两篇的，也有合为一篇统称《顾命》。欧阳、大小夏侯所传今文本《顾命》包括《康王之诰》，而马融、郑玄、王肃各家的本子和孔传本古文《尚书》都分为两篇，而且具体分法也不同。常见的《尚书正义》和《书集传》依据孔传本古文《尚书》。传世本《尚书》的《顾命》先记载成王临终，召见群臣，命令召公、毕公辅佐太子，然后铺叙成王丧礼和周康王钊接受册命即位的典礼仪式；《康王之诰》先记叙周康王即位时，诸侯朝见周康王的礼仪，后叙写召公、芮公的献词和康王勉励诸侯保卫王家的答词。诚如南宋吕祖谦所说："《顾命》，成王所以正其终；《康王之诰》，康王所以正其始。"两篇叙述衔接紧密，不宜分开。

成王将崩①，命召公、毕公率诸侯相康王②，作《顾命》。

【注释】

①崩：古代天子去世叫崩。

②毕公：名高，周文王庶子，时任太师。　相：辅助。　康王：名钊，周成王的太子。

【译文】

周成王临终，诏令召公、毕公率领诸侯辅佐周康王，史官写了《顾命》。

顾　命

惟四月，哉生魄①，王不怿②。甲子，王乃洮颒水③，相被冕服④，凭玉几⑤。乃同⑥，召太保奭⑦、芮伯、彤伯、毕公、卫侯、毛公、师氏⑧、虎臣⑨、百尹⑩、御事⑪。

王曰："呜呼！疾大渐⑫，惟几⑬，病日臻。既弥留⑭，恐不获誓言嗣⑮，兹予审训命汝⑯。昔君文王、武王宣重光[17]，奠丽陈教[18]，则肄肄不违[19]，用克达殷集大命[20]。

“在后之侗敬迓天威[21]，嗣守文、武大训[22]，无敢昏逾[23]。今天降疾，殆弗兴弗悟[24]。尔尚明时朕言[25]，用敬保元子钊弘济于艰难[26]，柔远能迩[27]，安劝小大庶邦[28]。思夫人自乱于威仪[29]，尔无以钊冒贡于非几兹[30]！”

既受命，还[31]，出缀衣于庭[32]。越翼日乙丑[33]，王崩。

【注释】

① 哉生魄：月亮开始发光。因为月亮在月初开始发光，所以古时常用“哉生魄”作阴历每月的二日或三日的代称。哉，始。见《尔雅·释诂》。

② 不怿：即《金縢》篇“不豫”，不高兴，这里意思是生病。怿，喜悦。

③洮（táo）：洗头发。陆德明《经典释文》引马融曰：“洮，洮发也。”《尚书正义》：“洗手谓之洮。”备考。　颒（huì）：洗脸。黄度《尚书说》：“洮，盥手。颒，沃面。发大命必斋戒沐浴。”

④ 相：君王的侍从官员。郑玄说就是负责天子衣服和座位的太仆。　被：披。　冕：王冠。　服：指朝服。

⑤ 凭：靠着。　玉几：用玉镶嵌的几案。

⑥ 同：周代众诸侯朝见天子。《周礼·春官·大宗伯》：“时见曰会，殷见曰同。”郑玄注：“时见者，言无常期。殷，犹众也。”

⑦ 太保奭（shì）：就是召公。召公名奭，官为太保。当时和芮伯、彤伯、毕公、卫侯、毛公为六卿。召公、毕公、毛公以三公兼卿职。

⑧ 师氏：官名，负责军队的官员。

⑨ 虎臣：就是虎贲，守卫王宫的官员。

⑩ 百尹：百官的首长。

⑪ 御事：泛指一般办事人员。

⑫ 大：程度副词，很。　渐：剧烈。

⑬ 几：危险。

⑭ 弥：时间副词，最终。《尚书易解》："弥，终也。"《白话尚书》："弥留，最终留于人世。"

⑮ 誓：谨慎。　嗣：后嗣。

⑯ 兹：时间副词，表现在。　审：详细。　汝：你们，指上文太保奭等。

⑰ 宣：显扬。　重光：这里指文王、武王明上加明的光辉。

⑱ 奠：定。　丽：通"罗"，法律。《说文解字注》引《仪礼·士冠礼》郑注："古文'丽'为'离'。""离"又通"罗"。《周易》离卦马王堆帛书本作"罗"。"丽""罗"上古音都属来母歌部，例得通假。"罗"有"约束"义，《汉书·刑法志》："今律令烦多而不约，自典文者不能分明，而欲罗元元之不逮，斯岂刑中之意哉！"这里是名词，法令。　教：教令。

⑲ 肄：劳苦。《诗经·邶风·谷风》："既诒我肄。"《毛传》："肄，劳也。"　肄肄：情态副词，努力地。

⑳ 用：因果连词，因此。《康王之诰》中"用敷遗后人休""用昭明于天下""用端命于上帝"的"用"同。　达：古"挞"字，挞伐，引申为讨伐。　集大命：指建立周王朝。集，成就。

㉑ 在：介词，介引动作行为进行的时间。　侗：焦循说："《论语》'侗而不愿'，孔曰：侗，未成器之人，盖为'僮'字之假借。"这里是成王谦称。　迓：迎接，这里指奉行。

㉒ 嗣：继续。

㉓ 昏：昏乱。　　逾：于省吾以为当为“渝”，变更。

㉔ 殆：程度副词，可译为“几乎”“差不多”。《经传释词》：“殆者，近也，几也，将然之词也。”　　兴：起。　　悟：通“寤”。《仓颉篇》：“觉而有言曰寤。”这里是说话的意思。

㉕ 尚：语气副词，表示祈使语气。《词诠》：“尚，命令副词。”可译为“要”“希望”。《康王之诰》中“今予一二伯父尚胥暨顾绥尔先公之臣服于先王”的“尚”同。　　明：勉，努力。　　时：承受。

㉖ 用：目的连词，相当于“以”。下文“用答扬文、武之光训”的“用”同。　　元子：太子。　　弘：程度副词，大。《说文·弓部》：“弘，弓声也。”《说文解字注》：“经传多假此篆为‘宏’，《尔雅》曰：‘宏，大也。’”　　济：渡过。

㉗ 柔：安定。　　能：善。

㉘ 劝：教导。《广雅·释诂》：“劝，教也。”

㉙ 夫人：《淮南子·本经训》注：“众人也。”　　威仪：礼容，容止的礼仪。西周时期《史墙盘》铭文载：“武王则令周公舍宇于周，卑处甬。”与其同窖出土的钟有铭文“微史烈祖来见武王，武王则令周公舍宇，以五十颂处”，簋也有铭文“显皇祖考司威仪，用辟先王”。裘锡圭综合上述，指出“甬”“颂”即“容”，并认为“散氏家族的正式职务是辅助史官之长掌管威仪”（今按：其实也掌管乐舞，见《微子》篇），而“古代所谓威仪也就是礼容”。由此可知，周武王时已有掌管仪的官职。

㉚ 以：使。　　冒：触犯，冒犯。　　贡：马、郑、王本作“赣（gòng）”。马融说：“赣，陷也。”　　几：法度。《小尔雅·广诂》：“几，

法也。”　　兹：通“哉”，句末语气助词。

㉛ 还：指群臣接受成王遗命退回来。

㉜ 缀衣：就是上文所被的冕服。　　庭：指朝廷的王位。　　出缀衣于庭：《尚书正读》：“王病不能视朝，则出衣于庭，为群臣瞻拜之资也。贾谊云：‘植遗腹，朝委裘，而天下不乱。’孟康《汉书注》云：‘委裘若容衣，天子未坐朝，事先帝裘衣也。’正是此义。”

㉝ 越：介词，到了。下文“越七日癸酉”之“越”同。　　翼日：明天，就是甲子后的乙丑日。

【译文】

四月，月亮新现光明，周成王生了病。甲子日，成王洗了头发洗了脸，太仆给王戴上王冠，披上朝服，王靠着玉几。于是召集诸侯前来朝见。成王召见太保奭、芮伯、彤伯、毕公、卫侯、毛公、师氏、虎臣、百官的首长以及办事官员。

王说：“唉！我的病很厉害，有危险，病情一天天恶化。已经到了临终时刻，恐怕不能郑重地交代后嗣的事了，现在我详细地训告你们。过去，我们的先君文王、武王，显扬明而又明的光辉，制定法律，发布教令，臣民都努力地奉行而不违背，因而能够讨伐殷商，建立了我们周王朝。

“后来，幼稚的我认真奉行天威，继续遵守文王、武王的伟大教导，不敢昏乱改易。如今上天降下重病，几乎不能起床、不能说话了。希望你们勉力接受我的嘱托，敬慎地保护我的大儿子姬钊度过艰难，安定远方，亲善近邻，安定、教导大小各国。我想众人要用容止之礼自治，你们不可使姬钊言行冒犯，陷于非法！”

群臣已经接受成王遗命，就退回来，拿出成王的朝服放在王庭。到了第二天乙丑日，成王逝世了。

【段意】

第一段，记叙成王要求群臣辅佐康王奉行文、武礼法，接受成王的顾命。

太保命仲桓、南宫毛俾爰齐侯吕伋①，以二干戈②、虎贲百人逆子钊于南门之外③。延入翼室④，恤宅宗⑤。丁卯，命作册度⑥。越七日癸酉，伯相命士须材⑦。

狄设黼扆、缀衣⑧。牖间南向⑨，敷重篾席⑩，黼纯⑪，华玉⑫，仍几⑬。西序东向⑭，敷重厎席⑮，缀纯⑯，文贝⑰，仍几。东序西向，敷重丰席⑱，画纯⑲，雕玉，仍几。西夹南向⑳，敷重笋席㉑，玄纷纯㉒，漆，仍几。

越玉五重㉓，陈宝㉔，赤刀㉕、大训㉖、弘璧、琬琰㉗，在西序。大玉㉘、夷玉㉙、天球㉚、河图㉛，在东序。胤之舞衣㉜、大贝㉝、鼖鼓㉞，在西房。兑之戈、和之弓、垂之竹矢，在东房。

大辂在宾阶面㉟，缀辂在阼阶面㊱，先辂在左塾之前㊲，次辂在右塾之前㊳。

二人雀弁㊴，执惠㊵，立于毕门之内㊶。四人綦弁㊷，执戈上刃㊸，夹两阶戺㊹。一人冕㊺，执刘㊻，立于东堂。一人冕，执钺㊼，立于西堂。一人冕，执戣㊽，立于东垂㊾。一人冕，执瞿，立于西垂。一人冕，执锐㊿，立于侧阶[51]。

【注释】

① 仲桓、南宫毛：都是人名。 俾：《尔雅·释诂》："从也。" 爰：于。 齐侯吕伋：太公吕尚的儿子，就是丁公。

② 以：介词，表示参与同一动作行为的对象，可译为"率领"。 二干戈：联系上文，当为仲桓、南宫毛各执一干一戈。

③ 逆：迎。江声说："王既崩，世子犹在外，世子盖以王未疾时奉使而出，比反而崩。忧危之际，故以兵迎之于南门外云。"

④ 延：请。 翼室：侧室。

⑤ 恤：忧。 宅：居。 宗：主。 恤宅宗：指太子钊忧居侧室主持丧事。

⑥ 作册：官名，就是太史。 度：《说文·又部》："法制也。"这里意思是说制定丧仪的法则。

⑦ 伯相：孙星衍认为指当时辅佐王室的召公、毕公。 须：《尚书集注音疏》："当为颁字之误。" 材：指下文陈列的各种器物。

⑧ 狄：狄人，主持祭礼的官员。 黼扆（fǔ yǐ）：安放在王位后面饰有斧形花纹的屏风。黼，通"斧"。

⑨ 牖（yǒu）间：门窗之间。

⑩ 敷：布置。这里的意思是铺设。 重：双层。 篾席：竹席。

⑪ 黼：黑白相间。 纯（zhǔn）：席子的镶边。郑玄说："纯，缘也。" 黼纯：用黑色和白色的丝织品镶饰的席边。

⑫ 华玉：五色玉。

⑬ 仍几：没有漆饰的几案。《周礼·春官·司几筵》："凡吉事，变几；凶事，仍几。"郑玄注："变更其质，谓有饰；仍，因也，因其质，谓无饰也。"

⑭ 序：堂上的东西墙叫作序。西序，堂西墙。下文“东序”，堂东墙。

⑮ 厎：郑玄说：“致也。”致，通“緻”。厎席，用细竹篾制成的席子。

⑯ 缀：饰。这里指画饰。

⑰ 文贝：有花纹的贝。

⑱ 丰席：莞（guān），草编的席子。

⑲ 画纯：席边画着云气状的五彩镶边。《孔疏》：“《考工记》云：‘画缋之事，杂五色。’是彩色为画，盖以五彩画帛以为缘。郑玄云：‘似云气，画之为缘。’”

⑳ 西夹：指堂西边的夹室。

㉑ 笋席：用青竹皮编织的席。

㉒ 玄纷纯：黑丝绳镶饰的席边。

㉓ 越玉：越地献的玉。　　五重：五种。

㉔ 陈宝：陈列宝器。

㉕ 赤刀：郑玄说：“武王伐纣时刀，赤为色，周正色也。”

㉖ 大训：记载先王训戒的典籍。

㉗ 琬（wǎn）：圆顶圭。　　琰（yǎn）：尖顶圭。

㉘ 大玉：华山出产的玉。

㉙ 夷玉：东北出产的玉。

㉚ 天球：玉磬。

㉛ 河图：地图。

㉜ 胤：与下文兑、和、垂都是人名。从郑玄说。

㉝ 大贝：大贝壳。

㉞ 鼖（fén）：大鼓，古代的一种军鼓。

㉟ 大辂（lù）：就是玉路，用玉装饰的车。辂，国君乘坐的车辆。一作

“路”。《周礼》巾车掌王之五路：玉路、金路、象路、革路、木路。　宾阶：宾客站立的台阶，就是西阶。

㊱缀辂：就是金路，用金属装饰的车。　阼阶：主人站立的台阶，就是东阶。

㊲先辂：就是象路，用象骨装饰的车。　塾：门侧堂屋。

㊳次辂：就是木路，木质无饰的车。

㊴弁：古代的帽子称弁。　雀弁：郑玄说：“赤黑曰雀，言如雀头色也。雀弁制如冕，黑色，但无藻耳。”

㊵惠：矛一类的兵器。

㊶毕门：祖庙门。

㊷綦（qí）：青黑色。

㊸上刃：蔡沈《书集传》：“刃外向。”

㊹戺（shì）：程瑶田说是夹阶的斜石。

㊺冕：比雀弁高级的礼帽。下文凡言冕者，都是指大夫。

㊻刘：斧一类的兵器。

㊼钺：大斧。

㊽戣（kuí）：与下句的“瞿”，都是三锋矛。从郑玄说。

㊾垂：堂的旁面，就是堂廉。

㊿锐：矛一类的武器。

(51)侧阶：北堂北下阶。

【译文】

太保命令仲桓和南宫毛跟从齐侯吕伋，二人分别拿着一干一戈，率领一百名虎贲勇士，在南门外迎接太子钊。请太子钊进入侧室，忧居在那里作丧主。丁卯日，命令作册制定丧仪的法则。到了第七天癸酉日，召公、毕公命令官员布置发丧时用的各种器物。

狄人陈设黑白相间的斧纹屏风和先王的礼服。门窗间朝南的位置，铺设着双层竹席，镶饰着黑白相间的丝织花边，陈设彩玉，用没有漆饰的几案。在西墙朝东的位置，铺设双层细竹篾席，饰着彩色花边，陈设花贝壳，用没有漆饰的几案。在东墙朝西的位置，铺设双层莞席，镶饰着云气状的五彩花边，陈设雕刻的玉器，用没有漆饰的几案。在堂的西边夹室朝南的位置，铺设双层青竹篾席，镶饰着黑丝绳连缀的花边，陈设漆器，用没有漆饰的几案。

陈列了宝器，越玉五种，赤刀、大训、大璧、琬、琰，陈列在西墙向东的席前。大玉、夷玉、天球、河图，陈列在东墙向西的席前。胤制作的舞衣、大贝壳、大军鼓，陈列在西房。兑制作的戈、和制作的弓、垂制作的竹矢，陈列在东房。

王的玉车放置在宾客们所走的台阶前，金车放置在主人走的台阶前，象车放在门左侧堂屋的前面，木车放在门右侧堂屋的前面。

二人戴着赤黑色的礼帽，执三角矛，站在祖庙门里边。四人戴着青黑色的礼帽，执着戈，戈刃向前，夹着台阶对面站立在两旁。一人戴着礼帽，执大斧，站立在东堂的前面。一人戴着礼帽，执大斧，站立在西堂的前面。一人戴着礼帽，执三锋矛，站立在东堂外边。一人戴着礼帽，执三锋矛，站立在西堂外边。还有一人戴着礼帽，执矛，站立在北堂北面的台阶上。

王麻冕黼裳①，由宾阶隮②。卿士邦君麻冕蚁裳③，入即位④。太保、太史、太宗皆麻冕彤裳⑤。太保承介圭⑥，上宗奉同瑁[7]，由阼阶隮[8]。太史秉书[9]，由宾阶隮，御王册命[10]。曰："皇后凭玉几[11]，道扬末命[12]，命汝嗣训[13]，临君周邦[14]，率循大卞[15]，燮和天下[16]，用答扬文、武之光训[17]。"王再拜，兴[18]，答曰："眇眇予末小子[19]，其能而乱四方以敬忌天威[20]！"

乃受同瑁[21]，王三宿[22]，三祭[23]，三咤[24]。上宗曰："飨[25]！"太保受同[26]，降，盥[27]，以异同秉璋以酢[28]，授宗人同[29]，拜[30]，王答拜。太保受同，祭，哜[31]，宅[32]，授宗人同，拜，王答拜。太保降[33]，收[34]。诸侯出庙门俟[35]。

【注释】

①王：指周康王。　麻冕：麻制的礼帽。　黼裳：绣着斧形花纹的礼服。

②隮（jī）：升上、登。王由宾阶升，因为康王当时还没有受册命即位，太保召公代成王居主位，所以康王为宾，从宾阶升。

③蚁裳：色黑如蚁的礼服。

④即位：意思是各就各位，卿士向西面立，诸侯向北面立。位，中庭左右叫位。

⑤太宗：就是大宗伯。　彤裳：红色的礼服。

⑥承：捧着。　介圭：大圭。

⑦上宗：就是上文太宗。　同：酒杯。　瑁：一种玉器。《周礼·冬官考工记·玉人》："天子执瑁四寸以朝诸侯。"介圭和瑁是天子的吉祥信物，所以应当献给康王。2009年8月在西安鉴定青铜器时，发现一件内史亳丰铸造的青铜器，上有铭文14字："成王易（赐）内

史亳丰祼，弗敢号（饕），乍（作）祼同。”由此可证“同”确为酒器，有学者认为就是觚。此外，在洛阳北窑西周墓中很可能存在玉柄形器与漆同配套共置的情况，有学者推测，“同瑁”的使用方式可能是将玉瑁置于酒器同中以行祼礼，下文“以异同秉璋以酢”，则是用另一个酒器同盛放玉璋以行酢祭。存参。

⑧ 阼阶：东阶，与上文宾阶相对，是主阶。太保当时是代主，大宗伯是太保的助手，所以从主阶升。

⑨ 书：写着成王遗命的册书。

⑩ 御王册命：迎着康王宣读册书。御，迎接。

⑪ 皇后：大王，指周成王。

⑫ 道扬：这里是讲述、宣布的意思。　末命：临终遗命。

⑬ 训：指文王、武王的大训。

⑭ 临：本义为俯视，这里指治理。《说文·卧部》：“临，监临也。”　君：名词用如动词，亦为治理。

⑮ 卞：法。

⑯ 燮：《尔雅·释诂》：“和也。”

⑰ 答：对。《广雅·释诂》：“对，扬也。”　光训：明训。

⑱ 兴：起。

⑲ 眇眇：微小。　末：微末。

⑳ 其：语气副词，表示反诘语气。《词诠》：“其，反诘副词，岂也。‘其’‘岂’音近，古文二字互通。”可译为“难道”“究竟”“怎么”。　而：通“胹”，和。见《尚书易解》。　乱：治理。

㉑ 乃受同瑁：蒙下文省略主语康王。

㉒ 宿：进。

㉓ 祭：祭酒，把酒洒在地上。

㉔ 咤（zhà）：奠爵酒。

㉕ 飨：饮。指上宗劝王饮酒。

㉖ 太保受同：指太保接过王喝酒的同。

㉗ 盥：洗手。

㉘ 以：介词，用。下“以”为连词，表承接关系。　　异同：另一种酒杯。　　璋：大臣所用的酒器，就是上文“异同”。　　酢：报答。《仓颉篇》：“客报主人曰酢。”古代礼节，主人献酒，宾当酌酒回敬主人。只有主人给尊者献酒，不敢受尊者回敬，就酌酒自酢，这里是说太保自酌自酢，册命以后，康王即位，太保复用臣礼。

㉙ 宗人：大宗伯的助手。

㉚ 拜：指太保拜王。

㉛ 哜（jì）：尝。

㉜ 宅：通“咤”，奠酒。

㉝ 太保降：王国维说：“此云‘太保降’，知太保自酢在堂上也，不言王与太宗太史降者，略也。”

㉞ 收：撤去，指撤去各种陈设。

㉟ 诸侯：泛指诸侯卿士等。　　俟：等待。

【译文】

王戴着麻制的礼帽，穿着绣有斧形花纹的礼服，从西阶上来。卿士和众诸侯戴着麻制的礼帽，穿着黑色礼服，进入中庭，各人站在规定的位置上。太保、太史、太宗都戴着麻制的礼帽，穿着红色礼服。太保捧着大圭，太宗捧着酒杯和瑁，从东阶上来。太史拿着册书，从西阶走上来，迎着康王宣读册书。太史说："大王靠着玉几，宣布他临终的教命，命令您继承文王、武王的大训，治理领导周国，遵守大法，协和天下，以宣扬文王、武王的光明教训。"王再拜，然后起来，回答说："我这个微末的小子，怎么能协和治理天下以敬畏天威啊？"

王接受了酒杯和瑁，前进三次，祭酒三次，奠酒三次。上宗说："请喝酒！"王喝酒后，太保接过酒杯，走下堂，洗手，又登上堂，用另外一种酒杯自斟自饮作答，然后把酒杯交给宗人，对王下拜，王也回拜。太保又从宗人那里接过酒杯，祭酒，尝酒，奠酒，然后把酒杯交给宗人，又拜，王又回拜。太保走下堂，撤去典礼陈设，诸侯卿士们都走出祖庙门恭候。

【段意】

第二段，记叙周康王姬钊接受册命的仪式。

康王之诰第二十五

【题解】

《康王之诰》首先记叙周康王即位时诸侯的朝见礼，而后记录召公、芮公的献词和康王勉励诸侯保卫王家的答词。

《康王之诰》对于研究周代的分封制有重要价值。周康王指出："皇天用训厥道，付畀四方。乃命建侯树屏，在我后之人。"不仅说明分封是上帝的旨意，同时强化了周天子地位的尊显。分封制奠定了传统中国"家国天下"意识。周初大规模分封主要有两次，第一次是在武王克殷之后。《左传·定公四年》："昔武王克商，成王定之，选建明德，以藩屏周。"这次分封对象是"明德之人"，既包括族内贤德，也包括族外功勋。第二次分封是在周公平定三监之乱后。《左传·僖公二十四年》："昔周公吊二叔之不咸，故封建亲戚，以藩屏周。"这次分封对象是"亲戚"，主要是同族子弟。周初分封以周天子为中心，通过血缘纽带拓展了天子统治范围，以至于形成"溥天之下，莫非王土；率土之滨，莫非王臣"的政治局面和家国天下观念。《康王之诰》中，周康王追溯先王封建历史，指出先王分封的目的是为了使后嗣之王得到辅佐和保护。康王勉励诸位叔伯公侯努力辅佐自己，实际上也是宣示自己作为天子在分封制度当中的中心地位。

封建时代，王室是国家权力的中心，是国家的象征。因而在当时的主流意识中，爱国就是忠君。这一观念在今天看来无疑是封建、落后的，在当时却具有相当合理性，关键在于对“国君”“国家”如何理解。《孟子·梁惠王下》载：“齐宣王问曰：‘汤放桀，武王伐纣，有诸？’孟子对曰：‘于传有之。’曰：‘臣弑其君，可乎？’曰：‘贼仁者谓之贼，贼义者谓之残，残贼之人谓之一夫。闻诛一夫纣矣，未闻弑君也。’”真正的君王必须具备崇高的仁义道德，不具备者不配称王称君。清初顾炎武沿着这一思路继续思考，直截了当地提出：“有亡国，有亡天下。亡国与亡天下奚辨？曰：易姓改号谓之亡国。仁义充塞，而至于率兽食人，人将相食，谓之亡天下。”“是故知保天下，然后知保其国，保国者，其君其臣，肉食者谋之；保天下者，匹夫之贱，与有责焉耳矣。”将“国”与“天下”进行区分：“国”指政权，是政治概念；“天下”指中华文化赖以存续的伦理价值系统，是文化概念。如果执政者顺应时代、广施仁义，有利民生，那么“国”和“天下”就相统一；反之统治者若为民贼独夫，则“国”与“天下”就相对立。《康王之诰》“乃心罔不在王室”中的对象的确是“肉食者”，而“王室”确实指周王室，但今天的国家就是我们自己的天下国家，国家存亡，匹夫有责。“乃心王室”的现实意义昭示着一种基于民族文化认同的深层家国观念。

《康王之诰》记载周康王称“庶邦侯甸男卫”，可知当时的诸侯已有侯、甸、男、卫诸种爵位。结合甲骨文材料，可知这几种爵位的雏形在商代就已出现，有些已经臻于成熟，这表明周制对于商制有承继。孔子说：“周因于殷礼，所损益，可知也。”于此可见一斑。

《康王之诰》叙写诸侯的朝觐礼十分细致，朝见的地点、诸侯的服饰贡物、站立的位置、朝见的程序都交代得一清二楚。

康王既尸天子[1]，遂诰诸侯[2]，作《康王之诰》。

【注释】

①尸：《尔雅·释诂》释为"主"。　　尸天子：就是主天子之位，意思是即位为天子。

②遂：于是。《孔传》："因事曰遂。"

【译文】

周康王即位为天子，于是诰命诸侯，史官记录写成《康王之诰》。

康王之诰

王出[1]，在应门之内[2]。太保率西方诸侯入应门左[3]，毕公率东方诸侯入应门右[4]，皆布乘黄朱[5]。宾称奉圭兼币[6]，曰："一二臣卫敢执壤奠[7]。"皆再拜稽首[8]。王义嗣[9]，德答拜[10]。

太保暨芮伯咸进，相揖，皆再拜稽首曰："敢敬告天子，皇天改大邦殷之命，惟周文武诞受羑若[11]，克恤西土[12]。惟新陟王毕协赏罚[13]，戡定厥功[14]，用敷遗后人休[15]。今王敬之哉！张皇六师[16]，无坏我高祖寡命[17]！"

【注释】

①出：谓出祖庙。

② 应门：周制，天子五门，从外至内依次为皋门、库门、雉门、应门、路门。宗庙在应门之内、路门之外。《尚书故》："诸侯出庙，在应门外；王出庙，在应门内。"

③ 太保：指召公，当时为西伯，是西方诸侯之长。

④ 毕公：当时为东伯，是东方诸侯之长。

⑤ 布乘：《白虎通》作"黼黻"，诸侯的礼服。　黄朱：黄朱色的芾（fú），诸侯礼服上的蔽膝。《诗经·小雅·斯干》："朱芾斯皇。"《毛传》："芾者，天子纯朱，诸侯黄朱。"　布乘黄朱：《尚书易解》："黼黻者衣之文，黄朱者芾之色。此文以黼黻指衣，黄朱指芾，古史修辞之法也。"

⑥ 宾：通"摈"，接待诸侯、导行仪节的官员。《周礼·秋官·小行人》："凡四方之使者，大客则摈。"郑玄注："摈者，摈而见之王，使得亲言也。"　称：呼。　圭：命圭。《周礼·冬官考工记·玉人》注："命圭者，王所命之圭也，朝觐执焉。"　兼：连词，和，与。　币：贡物。

⑦ 臣卫：蕃卫的臣仆，诸侯自称的谦辞。　敢：表敬副词，表示恭敬，可不译。　壤：指土壤所产，即土产。　奠：献。　敢执壤奠：拿出土产献给王。

⑧ 再拜稽首：指诸侯再拜叩头。

⑨ 义嗣：就是礼辞。以礼辞谢，不坚决拒绝。黄式三《尚书启幪》："义嗣，礼辞也。经传言礼辞者，以礼辞之，不坚辞也。辞、词古通用。转写作嗣。"

⑩ 德答拜：指王既已礼辞，升位答拜。德，升。

⑪ 诞：大。　羑（yǒu）若：等于说福祥。羑，《说文·羊部》："进

善也。"引申为善。若,善。

⑫ 恤:安。见《汉书·韦玄成传》注。

⑬ 新陟王:新终王,指成王。陟,《竹书纪年》记帝王辞世都说"陟"。　毕:皆、尽。　协:和。见《尔雅·释诂》。　协赏罚:谓赏罚合宜。

⑭ 戡:克,能够。

⑮ 敷:范围副词,普遍地。

⑯ 张皇:张大,扩大。　六师:就是六军。这里泛指军队。

⑰ 高祖:指周文王。　寡:大。参《康诰》篇"乃寡兄勖"。

【译文】

王走出祖庙,来到应门内。太保召公率领西方的诸侯进入应门左侧,毕公率领东方的诸侯进入应门右侧,都穿着绣有花纹的礼服和黄朱色的蔽膝。赞礼的官员传呼进献命圭和贡物,诸侯说:"一二个王室的护卫向王奉献土产。"诸侯都再拜叩头。王依礼辞谢,升位答拜。

太保召公和芮伯同走向前,互相作揖后,向王再拜叩头。他们说:"恭敬地禀告天子,伟大的天帝更改了大国殷的命运,我们周国的文王、武王大受福祥,能够安定西方。新逝世的成王赏罚完全合宜,能够成就文、武的功业,因此把幸福普遍地留给我们后人。现在王要敬慎啊!要加强王朝的六军,不要败坏我们高祖的大命!"

【段意】

第一段,记叙周康王的即位礼以及召公、芮伯的献词。

王若曰:"庶邦侯甸男卫[①]!惟予一人钊报诰[②]。昔君文武丕平[③]，富不务咎[④]，底至齐信[⑤]，用昭明于天下[⑥]。则亦有熊罴之士，不二心之臣，保乂王家[⑦]，用端命于上帝[⑧]。

“皇天用训厥道[⑨]，付畀四方[⑩]。乃命建侯树屏[⑪]，在我后之人[⑫]。今予一二伯父尚胥暨顾绥尔先公之臣服于先王[⑬]。虽尔身在外[⑭]，乃心罔不在王室，用奉恤厥若[⑮]，无遗鞠子羞[⑯]！”

群公既皆听命[⑰]，相揖，趋出。王释冕[⑱]，反[⑲]，丧服[⑳]。

【注释】

①侯甸男卫：四种诸侯爵称。

②报：答复。

③昔君文武丕平：《尚书易解》：“当句绝，《墨子·兼爱下》‘古有文武，为政均分，赏贤伐暴，勿有亲戚弟兄之所阿’，此丕平之事也。”丕，程度副词，很，大大地。

④富：指仁厚。《说文·宀部》：“富，厚也。”　咎：过失，这里指刑罚。

⑤底：致。　至：等于说行，施行。　齐：《尔雅·释言》释为“中也”。

⑥用：因而。

⑦保乂：安治。

⑧端：才，表动作行为在某条件下发生。

⑨训：顺。

⑩付、畀：都作“给予”解。

⑪ 建侯：分封诸侯。　屏：遮蔽。《尔雅·释言》："屏，蔽也。"　树屏：树立藩屏。

⑫ 在：《尔雅·释诂》："察也。"这里的意思是眷顾。

⑬ 伯父：天子称同姓诸侯叫作伯父。　尚：还。　胥暨：胥与，相与，共同。胥，相。暨，与。　顾：顾念。　绥：通"緌"，继承。这句话是勉励诸侯继承先祖美德，继续履行对王室的职责。

⑭ 外：指朝廷外。

⑮ 奉：助。见《淮南子·说林训》注。　恤：忧念。　若：顺，理顺。　用奉恤厥若：即（尔）用奉（我）恤厥若。

⑯ 鞠（jū）子：稚子。康王自谦之词。

⑰ 群公：指王的三公以及诸侯群臣。从郑玄说。

⑱ 释冕：指康王脱去接受册命大典时穿的吉服。释，解去，脱出。

⑲ 反：通"返"，指康王又返回守丧的侧室。

⑳ 丧服：作动词，穿上丧服。

【译文】

王这样说："侯、甸、男、卫各位诸侯！现在我姬钊答复你们的教导。从前先君文王、武王很公平，仁厚慈爱，不滥施刑罚，致力施行中信，因而他们的光辉普照天下。还有像熊罴一样勇武的将士，忠贞不渝的大臣，安定治理我们的国家，因此我们才从上帝那里接受了治理天下的命令。

"上天顺从先王之道，将天下交给先王。先王于是命令分封诸侯，树立蕃卫，眷顾我们后代子孙。现在，我的几位伯父，希望你们共同顾念、继承你们先祖臣服于先王的德行。虽然你们身在朝廷之外，你们的心不可不在王室，要辅助我考虑理顺国家的办法，不要把羞辱留给我！”

群公都已经听完了诰命，互相作揖，快步走出。周康王脱去吉服，返回居丧的侧室，穿上丧服。

【段意】

第二段，记叙康王的答词，勉励诸侯继承先祖职责，勤劳王事。

毕命第二十六

【题解】

殷民东迁，移居成周，经过周公和君陈的相继治理，多数已经臣服。但尽管如此，“商俗靡靡，利口惟贤，余风未殄”，治理好殷民仍然是周王朝的重要任务。君陈去世后，周康王册命四朝元老毕公继续治理成周。史官记叙了这件事，写成《毕命》。

《毕命》第一次提出社会风气对于政教的重要性。周康王深刻体认“政由俗革”的道理，要求毕公对殷商遗民“旌别淑慝，表厥宅里，彰善瘅恶，树之风声”。只有树立良好的社会风尚，伸张正义，才能使政治清明，国家太平。

《毕命》记载康王认识到文风和政治的关系非常密切，希望通过移风易俗，树立新风。在古代文论史上，第一次提出“政贵有恒，辞尚体要”的命题，影响深远。齐梁时期，文风趋于浮靡。刘勰从经典中寻找依据，将“辞尚体要”四字作为对文章体制的要求，力图扭转不良文风。《文心雕龙·征圣》说：“《易》称‘辨物正言，断辞则备’，《书》云‘辞尚体要，弗惟好异’，故知正言所以立辩，体要所以成辞，辞成无好异之尤，辩立有断辞之美。”《风骨》说：“《周书》云：‘辞尚体要，弗惟好异。’盖防文滥也。”辞令的简要反映的是政治风气的简朴，而政治风气的简朴也能促使文风删繁就简。纠正文风其实也就是纠正世风。刘勰论文归根结底还是论世。《文心雕龙·序志》说:“唯文章之用,实经典枝条,五礼资之以成,六典因之致用,君臣所以炳焕,军国所以昭明,详其本源,莫非经典。而去圣久远,文体解散,辞人爱奇,言贵浮诡,饰羽尚画,文绣鞶帨,离本弥甚,将遂讹滥。盖《周书》论辞,贵乎体要;尼父陈训,恶乎异端。辞训之异,宜体于要。于是搦笔和墨,乃始论文。”刘勰认为好的文风能使君臣炳焕,军国昭明;不良文风则会使君臣失序,军国废弛。由此可见,文章的根本价值仍在于政治实用性,而这与《尚书》诰命的性质几乎完全一致。

本篇今文无,古文有。

康王命作册毕①,分居里②,成周郊③,作《毕命》。

【注释】

① 作册:作册书。《孔疏》:“‘命作册’者,命内史为册书以命毕公。” 毕:《史记·周本纪》作“毕公”。孙星衍说:“《序》‘毕’下脱‘公’字。”

② 分:分别。

③ 成:安定。 周郊:指成周,在王都东郊,所以称为“周郊”。

【译文】

周康王命令作册书册命毕公,分别殷民善恶,区别居里疆界,安定周王都的郊区,史官写了《毕命》。

毕　命

惟十有二年[①]，六月庚午朏[②]。越三日壬申，王朝步自宗周[③]，至于丰[④]。以成周之众，命毕公保厘东郊[⑤]。

【注释】

① 十有二年：指周康王即位的第十二年。

② 庚午：庚午日。　　朏（fěi）：新月开始放出光明。

③ 宗周：指镐京。

④ 丰：文王时的王都，有文王庙。《孔传》："丰，文王所都。"陈大猷说："古者封诸侯，命德赏功，必于祖庙，示不敢专，重其事也。"

⑤ 保：安抚。　　厘：治理。

【译文】

周康王十二年六月庚午日，新月开始放出光明。到了第三天壬申日，王早晨从镐京行至丰邑，用成周的民众册令毕公安抚、治理王都东郊。

【段意】

第一段，叙述周康王册命毕公的时间、地点。

王若曰："呜呼！父师[①]，惟文王、武王敷大德于天下，用克受殷命。惟周公左右先王[②]，绥定厥家，毖殷顽民[③]，迁于洛邑，密迩王室，式化厥训[④]。既历三纪[⑤]，世变风移，四方无虞[⑥]，予一人以宁。道有升降[⑦]，政由俗革，不臧厥臧[⑧]，民罔攸劝[⑨]。惟公懋德，克勤小物[⑩]，弼亮四世[⑪]，正色率下[12]，罔不祗师言[13]。嘉绩多于先王[14]，予小子垂拱仰成[15]。”

【注释】

①父师：指毕公。蔡沈《书集传》：“毕公代周公为太师也。”胡士行《尚书详解》：“父者，同姓之尊者也。”

②左右：辅佐。

③毖（bì）：告诫。

④式：用。　化：感化。

⑤历：经过。　纪：记年单位。古代以十二年为一纪。《孔传》：“十二年曰纪。”《孔疏》：“周公以摄政七年营成周，成王元年迁殷顽民，成王在位之年，虽未知其实，当在三十左右，至今应三十六年，是殷民迁周，已历三纪。”

⑥虞：忧虑。

⑦道：世道。　升降：等于说好坏。蔡沈《书集传》：“有升有降，犹言有隆有污也。周公当世道方降之时，至君陈、毕公之世，则将升于大猷矣。”

⑧不臧（zāng）厥臧：不褒奖善人善事。前一臧作动词，褒奖。后一臧作名词，善人善事。

⑨攸：所。　劝：勉励。　民罔攸劝：等于说无法劝勉民众。

⑩小物：小事。《孔疏》：“能勤小事则大事必能勤矣，故举‘能勤小事’以为毕公之善。”

⑪弼亮：辅佐。　弼亮四世：《孔传》：毕公“辅佐文、武、成、康四世为公卿。”

⑫ 正色：指态度庄重。

⑬ 祗：敬。　师言：指毕公的教导。毕公为父师，所以叫师言。

⑭ 多：重视。“嘉绩多于先王”是被动句，可译为“嘉绩被先王重视”。

⑮ 垂拱：垂衣拱手。　仰成：仰仗成功。

【译文】

王这样说：“啊！父师。只有文王、武王在天下普遍施行大德，因此能够接受殷的福命。周公辅助先王安定国家，告诫殷商顽民，迁徙到洛邑，接近王室，因而他们被周公的教训感化了。至今经过了三纪，时世风俗都发生了变化，四方没有忧患，我因此而安宁。世道有起有落，政教也随着风俗改革，如果不褒奖良善，民众将无所勉励。只有毕公努力行德，能勤劳小事，辅助过四代君王，庄重地率领下属，臣下没有人不敬重太师的教导。您的美好功绩被先王重视，我小子只有垂衣拱手仰仗你的成功罢了。”

【段意】

第二段，记叙周康王赞美周公、毕公尽心辅佐王室的德业，为下文任命毕公接替君陈铺垫。

王曰：“呜呼！父师，今予祗命公以周公之事，往哉！旌别淑慝①，表厥宅里②，彰善瘅恶③，树之风声。弗率训典，殊厥井疆④，俾克畏慕⑤。申画郊圻⑥，慎固封守，以康四海。政贵有恒，辞尚体要⑦，不惟好异⑧。商俗靡靡⑨，利口惟贤，余风未殄⑩，公其念哉！

“我闻曰：‘世禄之家⑪，鲜克由礼⑫。以荡陵德，实悖天道。敝化奢丽[13]，万世同流。'兹殷庶士，席宠惟旧[14]，怙侈灭义[15]，服美于人。骄淫矜侉[16]，将由恶终。虽收放心[17]，闲之惟艰[18]。资富能训[19]，惟以永年。惟德惟义，时乃大训[20]。不由古训，于何其训？"

【注释】

①旌别：识别。　　淑：善。　　慝（tè）：恶。

②表厥宅里：对忠孝节义的人，用立牌坊、赐匾额等方法加以表扬。表，标记。

③瘅（dàn）：憎恨、斥责。

④殊：异。这里的意思是分别、区别。　　井：古制八家为井，引申为乡里家宅。　　疆：界。　　殊厥井疆：《孔疏》："不循道教之常者，其人不可亲近。与善民杂居，或染善为恶，故殊其井田居界，令民不与来往，犹今下民有大罪过，不肯服者则摈出族党之外，吉凶不与交通，此之义也。"

⑤俾：使。　　畏慕：害怕行恶之祸，敬慕行善之福。

⑥申：申明。　　画：划分。　　郊圻（qí）：封邑内外的界域。郊，邑外叫作郊。圻，同"畿"。

⑦尚：崇尚。　　体要：体现精要。

⑧好（hào）：喜欢、爱好。　　异：奇异。

⑨靡靡：柔弱、浮躁奢华。

⑩殄（tiǎn）：断绝、灭绝。

⑪世禄：世代享受俸禄。

⑫鲜：少、不多。　　由：顺从。

⑬ 敝化：败坏的风俗。　丽：靡丽。《汉书·司马相如传》集注引张揖说："丽，靡也。"

⑭ 席宠：凭借先人的宠荣。《汉书·刘向传》颜师古注："席，犹因也，言若人之坐于席也。"　旧：久。　席宠惟旧：殷士凭借先人的宠荣，已经很久了。

⑮ 怙（hù）：仗恃，依靠。　侈：大，指自己强大。

⑯ 骄淫：骄横，放荡。　矜（jīn）侉：就是矜夸，夸耀自己的长处。

⑰ 放心：放纵恣肆的心。

⑱ 闲：本义为栅栏。《说文·门部》："闲，阑也。"引申为防制、约束。

⑲ 资：资财。　训：通"顺"。下文"于何其训"的"训"同。

㉑ 时：这。　大训：重要教导。

【译文】

王说："啊！父师。现在我恭敬地把周公治殷的重任托付您，您前往吧！要识别善恶，用旌表他们的宅居乡里的方法来表彰善良，憎恨邪恶，树立好的风气。如果有不遵循教训和常法的，就区别划清他们的井田界域，使他们能够知道荣辱祸福。还要申明画出郊圻的分界，谨慎地加固那里的封疆守备，以安定四海。政治贵有常法，言辞应当精要，不要仅仅喜好奇异。商地旧俗喜好侈靡，以巧辩为贤，这种余风至今没有断绝，我公您要考虑这个问题呀！

"我听说：'世代享有禄位的人家，很少能够遵守礼法。他们以放荡之心欺侮有德的人，实在是违背天道。败坏的风俗奢侈华丽，万世相同。'如今殷商众士，处在宠位已经很久，凭仗自身强大，灭绝德义，服饰华美过人。他们骄恣过度，矜能自夸，将会以恶自终。放恣之心即便收敛了，但防制约束他们还是难事。资财富足而能接受教化，才可以长久。行德行义，这是天下的大训。若不顺从古训，顺从什么呢？”

【段意】

第三段，周康王希望毕公继承周公的治殷事业，阐明了教化殷民具体的策略和方法。

王曰：“呜呼！父师，邦之安危，惟兹殷士。不刚不柔，厥德允修。惟周公克慎厥始[①]，惟君陈克和厥中，惟公克成厥终。三后协心，同底于道[②]，道洽政治，泽润生民。四夷左衽[③]，罔不咸赖，予小子永膺多福[④]。公其惟时成周[⑤]，建无穷之基，亦有无穷之闻[⑥]。子孙训其成式[⑦]，惟乂[⑧]。呜呼！罔曰弗克，惟既厥心[⑨]；罔曰民寡，惟慎厥事[⑩]。钦若先王成烈[⑪]，以休于前政[⑫]！”

【注释】

① 始：与下文“中”“终”，指教化治理殷民的不同阶段。

② 底：达到、归于。《诗经·小雅·祈父》：“靡所底止。”《毛传》：“底，至也。”　道：通“导”，教导。

③ 四夷：东夷、西戎、南蛮、北狄的总称，古代指华夏民族以外的各少数民族。　左衽：这里指少数民族的民众。衽，衣襟。我国古代少数民族的服装，有些是前襟向左掩的，与中原民众前襟向右掩（右衽）不同，所以称“左衽”。

④ 永：长。　膺：受。

⑤ 其：副词，表示劝勉语气。　时：善，治好。

⑥ 闻：令闻，好名声。

⑦ 训：通“顺”。　成式：成法。式，法。

⑧ 乂：安。

⑨ 罔曰弗克，惟既厥心：《孔传》：“人之为政，无曰不能，惟在尽其心而已。”既，尽。

⑩ 罔曰民寡，惟慎厥事：《孔传》：“无曰人少不足治也，惟在慎其政事，无敢轻之。”寡，少。

⑪ 钦：敬。　成烈：盛大的功业。

⑫ 休：美好。　前政：指周公、君陈的政绩。

【译文】

王说：“啊！父师。我国的安危，就在于教化这些殷商众士。不刚不柔，那德政一定能够实行。只有周公开始时能够谨慎，只有君陈中期能够和谐治理，只有毕公您最终能够成就伟业。三君齐心协力，共同归于教导，教导和洽了，政事治理了，如同春风化雨润泽民众。四方各族被发左衽的民众没有不依赖你的，我这个年轻人也会长久享受大福。毕公您应当治理好成周，建立周家无穷的基业，您也会有无穷的美名。后世子孙顺从您的成法，天下就安定了。啊！不要说不能胜任，应当尽心；不要说民众人数少，应当慎行政事。恭敬地顺奉先王大业，还要争取比前人的政绩更美善！”

【段意】

第四段，周康王劝勉毕公教化殷民，尽心尽力，发扬光大前人功业。

君牙第二十七

【题解】

君牙，人名。《礼记·缁衣》引作“君雅”，周穆王时任大司徒。本篇是周穆王任命君牙为大司徒的册书，穆王论述了敷典、正身、思艰、安民的治国大法，对于西周政治制度和古代思想史的研究有参考价值。

《君牙》反映了周代以来的世袭观念。周穆王首先就指出：“君牙，惟乃祖乃父，世笃忠贞，服劳王家，厥有成绩，纪于太常。”“今命尔予翼，作股肱心膂，缵乃旧服。”勉励君牙世袭祖上旧职，履行好自己的职责，只有这样才能“无忝祖考”。祖宗观念与世袭制度相辅相成，成为周代政治的重要内容。地位和职务是世袭的，来自于祖宗；对祖宗的尊重与崇拜，必须尽忠职守。如此互为因果，社会秩序就能够得到稳定。

穆王对君牙的告诫主要还是强调统治者实行伦理政治的表率作用。“尔身克正，罔敢弗正；民心罔中，惟尔之中。”周穆王从文、武、成、康周代圣王的历史经验中认识到统治者正己正人的必要性，王对诸侯的表率，王对大臣的表率，诸侯、大臣对民众的表率，先祖对后人的表率等等。这种层层垂范的政治模式，成为先秦诸子的重要思想来源。《论语·颜渊》记载：“季康子问政于孔子，孔子对曰：‘政者，正也。子帅以正，孰敢不正？’”孔子对“政”的定义式解释，揭示了执政的核心要义就是率“下所以取正也”，以不正为正。《论语·子路》也有记载：“苟正其身矣，于从政乎何有？不能正其身，如正人何？”孔子从道德层面强调统治者的表率作用。法家也运用“正”的概念，从法律层面强调统治者的表率作用。《管子·法法》：“政者，正也。正也者，所以正定万物之命也。是故圣人精德立中以生正，明正以治国，故正者所以止过而逮不及也。过与不及也，皆非正也；非正，则伤国一也。”管子认为统治者治国明正，执法守法，既不能过，也不能不及，必须精德立中。

郭店楚简和上博简的《缁衣》都引用《礼记·缁衣》“君雅”的同义引语，三者的异文是文献研究的重要资料。例如，传世本《缁衣》：“《君雅》曰：‘夏日暑雨，小民惟曰怨；资冬祁寒，小民亦惟曰怨。’”两处“曰怨”，郭店楚简和上博简“曰”都引作“日”。《缁衣》上下文主要阐述民与君的相对关系，用日表示君主，讽喻君主要注意民生疾苦。传世本“曰”当为“日”之讹文，“曰”无法表达这层意思。

宋代吕祖谦认为本篇作于周穆王初年。

本篇今文无，古文有。

穆王命君牙[①]，为周大司徒[②]，作《君牙》。

【注释】

① 穆王：名满，周康王的孙子，周昭王的儿子。

② 大司徒：六卿之一，主管国家的教化。因为诸侯国也有司徒，天子的司徒称“大”以示区别。

【译文】

周穆王任命君牙担任周王朝的大司徒，史官记叙册命，名为《君牙》。

君 牙

王若曰："呜呼！君牙，惟乃祖乃父，世笃忠贞①，服劳王家②，厥有成绩，纪于太常③。惟予小子嗣守文、武、成、康遗绪④，亦惟先正之臣⑤，克左右乱四方。心之忧危，若蹈虎尾，涉于春冰⑥。

【注释】

①笃：惇厚。 忠：忠实。 贞：指志行坚定。

②服劳：服事，效劳。

③太常：周代王家的旌旗名。《孔传》："王之旌旗画日月曰太常。" 纪于太常：记载在太常旗上。《周礼·夏官·司勋》："凡有功者，铭书于王之太常，祭于大烝，司勋诏之。"郑玄注："铭之言名也，生则书于王旌以识其人与其功也。"

④嗣：继。 遗绪：前人遗留下来的功业。

⑤惟：思。 先正：先王。阮元说："此正字当属王字之讹。"

⑥涉：本义为徒步渡水。《说文·水部》："涉，徒行厉水也。"引申为行走。 蔡沈《书集传》："若蹈虎尾，畏其噬；若涉春冰，畏其陷。言忧危之至，以见求助之切也。"

【译文】

王这样说："啊，君牙！你的祖辈和你的父辈，世代惇厚忠贞，效劳王室，大有成绩，记录在太常旗上。我这个年轻人继承守卫文、武、成、康的遗业，也希望先王的臣子能够辅助我治理四方。我心怀忧虑危惧，就像踩着老虎的尾巴，就像行走在春天的薄冰上。

【段意】

第一段，周穆王赞扬君牙祖辈父辈对王室的贡献，表明自己渴望忠臣辅佐的心愿。

“今命尔予翼①，作股肱心膂②，缵乃旧服③。无忝祖考④，弘敷五典⑤，式和民则⑥。尔身克正，罔敢弗正；民心罔中⑦，惟尔之中⑧。夏暑雨，小民惟曰怨咨⑨；冬祁寒⑩，小民亦惟曰怨咨⑪。厥惟艰哉！思其艰以图其易⑫，民乃宁。

【注释】

①予翼：宾语前置，即翼予，辅佐我。

②股：大腿。　　肱（gōng）：手臂从肘到肩的部分。　　膂（lǚ）：脊骨。　　股肱心膂：比喻君王左右得力的大臣。

③缵（zuǎn）：继承。《诗经·豳风·七月》：“载缵武功。”《毛传》：“缵，继。”　　旧服：这里指祖先的旧职。　　缵乃旧服：承袭你祖先的旧职。《孔传》：“继汝先祖故所服。”

④忝（tiǎn）：辱。

⑤敷：布。　　五典：就是五常。指父义、母慈、兄友、弟恭、子孝五种伦理道德准则。

⑥式：用。《尔雅·释言》：“式，用也。”　　则：法。

⑦中：公平中正。蔡沈《书集传》：“中以心言，欲其所存无邪思也。”

⑧ 惟：表希望，副词。　　之：本义为长出。《说文·之部》：“之，出也。”这里引申为“表现”。

⑨ 怨：怨恨。　　咨：叹息。

⑩ 祁寒：大寒大雪。祁，蔡沈《书集传》释为“大”。《孔疏》：“上言‘暑雨’，此不言‘寒雪’者，于上言‘雨’以见之，互相备也。”

⑪ 小民亦惟曰怨咨：以上四句的意思是：夏天大热大雨，民众只是怨恨嗟叹；冬天大寒大雪，民众也只是怨恨嗟叹。按：《礼记·缁衣》：“《君雅》曰：‘夏日暑雨，小民惟曰怨；资冬祁寒，小民亦惟曰怨。’”郭店简《缁衣》：“《君萏（牙）》员（云）：‘日暑（暑）雨，少（小）民隹（惟）日悁（怨）。晋冬旨（耆）沧（寒），少（小）民亦隹（惟）日悁（怨）。’”上博简《缁衣》：“《君萏（牙）》员（云）：‘日暑（暑）雨，少（小）民隹（惟）日宛（怨）。晋冬耆寒，少（小）民亦隹（惟）日宛（怨）。’”简文的意思是：暑热阴雨，民众抱怨天上的太阳；冬天异常寒冷，民众还是抱怨天上的太阳。有学者指出，《缁衣》上下文主要阐述民与君的相对关系，犹如身与心，必须兼修之，才能宁国成邑。这里当是用日比喻君主，讽喻君主要注意民生疾苦。传世本“日”讹作“曰”，无法表达这一层意思。存参。

⑫ 艰：饥寒、艰难。　　易：不难，指教民耕殖，轻徭薄赋。

【译文】

“现在我命你辅助我，做我的得力大臣，承袭你祖先的旧职。不要辱没你的祖辈父辈，要普遍传布五常之教，用来作为和谐民众的准则。你自身能端正，民众不敢不端正；民心不知道中正，希望你能够中正。夏天酷暑大雨，民众只是怨恨嗟叹；冬天严寒大雪，民众也只是怨恨嗟叹。民众的生活确实艰难啊！你要考虑到他们的艰难，并想方设法使他们摆脱困难，民众才会安宁。

【段意】

第二段，勉励君牙端正德行，为民表率，注意民生疾苦。

“呜呼！丕显哉，文王谟！丕承哉，武王烈①！启佑我后人，咸以正罔缺②。尔惟敬明乃训③，用奉若于先王，对扬文、武之光命④，追配于前人⑤。”

王若曰：“君牙，乃惟由先正旧典时式⑥，民之治乱在兹⑦。率乃祖考之攸行，昭乃辟之有乂⑧。”

【注释】

① 烈：业。《孔疏》：“文王未克殷，始谋造周，故美其谋。武王以杀纣功成业就，故美其业。谋则明白可遵，业则功成可奉，故谋言显，烈言承。”

② 正：正道。　罔：无。

③ 乃训：指司徒掌管的五典的教化。

④ 对扬：答谢，颂扬。　光命：光显的福命，这里或指文王的谋略、武王的功业。

⑤ 配：配匹。　前人：指君牙的祖辈和父辈。　追配于前人：王充耘说：“前王成、康用尔祖父为司徒，故能对扬文、武光命，而不坠其治民之法。今汝能不失成、康之意，则与祖父无异矣。”

⑥ 由：施行。　先正：同上文“前人”，指君牙的祖辈和父辈。　时式：善法。

⑦ 兹：这。指旧典善法。大司徒主管国家的教化。教化行，天下

大治；教化不行，天下大乱。所以，民众的治乱都在这里。

⑧ 昭：通“诏”，指导。　　辟：君王。　　乂：治。

【译文】

“啊！伟大而显明啊，文王的谋略！伟大而相承啊，武王的功业！他们启迪、护佑我们后人，使我们都依从正道没有缺失。你当敬明五教，从而奉顺于先王；你当报答颂扬文王、武王光明的教导，追随匹配于前人。”

王这样说：“君牙！你当奉行你祖辈父辈的旧典善法，民众治乱的关键就在这里。你当遵循你祖辈父辈的行为，指导你君主的治道。”

【段意】

第三段，勉励君牙遵奉先王，辅佐今王，与先祖相媲美。

冏命第二十八

【题解】

冏，人名，指伯冏。周穆王任命伯冏担任太仆正，史官记载册命，名为《冏命》。

《冏命》是研究周穆王吏治思想的重要材料。

太仆是君王的近臣，穆王认识到近臣对国君影响很大，论述近臣与国君的交互关系时讲明了一个重要的道理："仆臣正，厥后克正；仆臣谀，厥后自圣。后德惟臣，不德惟臣。"臣下的德行能够影响乃至决定君主的德行。穆王希望伯冏"尔无昵于憸人，充耳目之官，迪上以非先王之典"。不要亲近能说会道的小人，让他们充任近臣，会引导君王违背先王的法典。《冏命》正好与《君牙》篇形成互补。《君牙》是强调上级对下级的垂范作用，《冏命》则是强调下级对上级的辅弼职能。这是西周德治的两个方面。只有上下一齐努力行德，德政才能够实现。

《冏命》在中国的政治制度史上第一次提出"下谏上""绳愆纠缪"的民主议政规定："惟予一人无良，实赖左右前后有位之士，匡其不及，绳愆纠谬，格其非心，俾克绍先烈。"《尧典》篇中尧和群臣都俞吁咈，《益稷》篇载舜帝说"予违，汝弼"，都显示了"下谏上"的优良传统。《周礼·地官·保氏》："保氏掌谏王恶。"明确规定保氏要针对君王的过错进行规劝。事实上，周代从公卿大臣到普通民众，都可以对政治提出意见。《国语·周语上》记载："天子听政，使公卿至于列士献诗，瞽献曲，史献书，师箴，瞍赋，矇诵，百工谏，庶人传语，近臣尽规，亲戚补察，瞽史教诲，耆艾修之，而后王斟酌焉，是以事行而不悖。"而这种情形一旦被破坏，周朝就面临颠覆的危险。

《冏命》提倡"绳愆纠谬"，也是提倡道德自律。人非圣贤，孰能无过。知错能改，善莫大焉。《论语·学而》中，曾子说："吾日三省吾身：为人谋而不忠乎？与朋友交而不信乎？传不习乎？"自我反省是绳愆纠缪、自我完善的重要途径。此外，绳愆纠缪还要求人们善于借鉴他人。"择其善者而从之，其不善者而改之。"人们通过学习、借鉴他人，可以更加容易地反观己之不足。

本篇今文无，古文有。

穆王命伯冏[①]，为周太仆正[②]，作《冏命》。

【注释】

① 伯冏：人名，周穆王时大臣。

② 太仆：官名，掌管皇帝的车马。　正：长。　太仆正：《孔疏》认为周礼没有太仆正，职务相当于"太御，中大夫，掌管王辂之官"。

【译文】

周穆王任命伯冏担任周的太仆正，史官写了册书名为《冏命》。

冏　命

王若曰："伯冏，惟予弗克于德，嗣先人宅丕后[①]，怵惕惟厉[②]，中夜以兴[③]，思免厥愆[④]。

“昔在文、武，聪明齐圣[⑤]，小大之臣，咸怀忠良。其侍御仆从，罔匪正人[⑥]。以旦夕承弼厥辟[⑦]，出入起居，罔有不钦；发号施令，罔有不臧[⑧]。下民祗若[⑨]，万邦咸休。

【注释】

①先人：先王。　宅：居。　丕后：大君。后，君。

②怵（chù）惕：戒惧。　厉：危险，祸患。

③中夜：半夜。　兴：起。

④愆：过失。

⑤聪明齐圣：博闻、广识、通达、圣哲。《孔传》：“聪明，视听远；齐通，无滞碍。”

⑥匪：通“非”，不是。　正人：忠诚正直的人。

⑦弼：辅佐、匡正。　辟：君。

⑧臧（zāng）：善。

⑨祗若：恭敬顺服。

【译文】

王这样说：“伯冏，我不能够敬修德行，继承先人居于大君的地位，戒惧会有危险，甚至半夜起来，思考怎样避免过失。

“从前，文王、武王博闻、广识、通达、圣哲，大小臣属都心怀忠良。他们的侍御近臣，没有人不是忠诚正直的人。他们早晚侍奉辅佐他们的君主，所以君主出入起居，没有不敬慎的；发号施令，没有不美善的。民众恭敬顺服，万国都和洽休美。

【段意】

第一段，追述文王、武王注重选用近臣，达到天下大治。

“惟予一人无良，实赖左右前后有位之士，匡其不及，绳愆纠谬①，格其非心②，俾克绍先烈③。今予命汝作大正④，正于群仆侍御之臣⑤，懋乃后德，交修不逮⑥。慎简乃僚⑦，无以巧言令色⑧，便辟侧媚⑨，其惟吉士⑩。仆臣正，厥后克正；仆臣谀，厥后自圣⑪。后德惟臣，不德惟臣。尔无昵于憸人⑫，充耳目之官⑬，迪上以非先王之典⑭。非人其吉，惟货其吉⑮，若时⑯，瘝厥官⑰，惟尔大弗克祗厥辟⑱，惟予汝辜⑲。”

王曰：“呜呼，钦哉！永弼乃后于彝宪⑳。”

【注释】

① 绳：纠正。《孔疏》：“木不正者，以绳正之。绳谓弹正。” 谬：错误。

② 格：纠正，匡正。《孟子·离娄上》：“惟大人为能格君心之非。”

③ 俾：使。 绍：继承。 先烈：祖先的功业。

④ 大正：就是太仆正，仆官之长。

⑤正：领导。 群仆：《孔疏》：“《周礼》：太御，中大夫，掌驭玉辂；戎仆，中大夫，掌驭戎车；齐仆，下大夫，掌驭金辂；道仆，上士，掌驭象辂；田仆，上士，掌驭田辂。群仆谓此也。”

⑥ 交：共同。《虞夏书·禹贡》：“庶土交正。”《孔传》：“交，俱也，众土俱得其正。” 修：勉励。《淮南子·修务训》注：“修，勉。”

⑦ 简：选择。 僚：同类官员。这里是群仆。

⑧ 巧言令色：花言巧语，假装和善。

⑨ 便辟侧媚：阿谀奉承的人。蔡沈《书集传》："便者，顺人之所欲。辟者，避人之所恶。侧者奸邪，媚者谀说，小人也。"

⑩ 吉士：品德高尚的人。

⑪ 自圣：自以为圣。

⑫ 无：通"毋"，不要。 昵（nì）：亲近。 憸（xiān）人：能说会道的人。

⑬ 耳目之官：指群仆近侍官员。

⑭ 迪：引导。

⑮ 其：语气副词。《经传释词》："其，犹乃也。" 非人其吉，惟货其吉：这两句意思是说不以人为良善，而只以财货为良善。

⑯ 若时：像这样。指上文"非人其吉，惟货其吉"。

⑰ 瘝（guān）：败坏。

⑱ 祇：敬。 厥辟：你的国君，穆王自指。厥，其。

⑲ 辜：罪。这里是动词，惩罚。 汝辜：即"辜汝"，惩罚你。

⑳ 弼：辅佐。 彝（yí）：常。 宪：法。

【译文】

"我没有好的德行，实在要依赖左右前后的官员，匡正我的不到之处，纠正过错，端正我不正确的思想，使我能够继承先王的功业。今天我任命你担任大正，领导群仆近臣。勉励你们的君主行德，共同劝勉我做得不到位的地方。你要慎重选择你的部属，不要任用巧言令色、阿谀奉承的人，只能选用品德高尚的人。群仆近臣正，他们的君主才能正；群仆近臣谄媚，他们的君主就会自以为圣明。君主有德，在于臣下；君主无德，也在于臣下。你不要亲近小人，让他们充当近臣，会引导君上违背先王的法典。如果不以贤人为善，只以货财为善，像这样，就会败坏你的官职，就是你大大地不能敬重你的君主，我将惩罚你。”

王说：“啊！要认真呀！永远用常法辅助你的君主。”

【段意】

第二段，周穆王阐明近臣与君王的交互作用，告诫伯冏选择近臣必须贤德。

吕刑第二十九

【题解】

吕，吕侯，《史记》等书作“甫侯”，郑玄注为周穆王时相，《孔传》以为周穆王时司寇。刑，刑法。

周穆王前期，喜欢游历（相传曾到过昆仑山西王母国），政荒民怨，滥用刑罚，诸侯不睦。后期重用吕侯，吕侯劝告穆王制定刑律，明德慎罚，得以国治民安。史官记录穆王的诰词，由于采纳的是吕侯的意见，体现了吕侯的刑法思想和法律主张，所以名为《吕刑》。

《吕刑》是《尚书》的重要篇目，是我国历史上现存最早的刑法专著，虽然不是成文的法典，但是记录了西周的刑罚制度、刑法原则、刑事政策、司法审判以及司法职责、执法者违法处罚等等规定，对于整个封建社会的法律制度产生过深远的影响。

《吕刑》首先追述刑罚的起源，提出“伯夷降典，折民惟刑”的刑法思想。伯夷在《舜典》中的官职是秩宗，掌管三礼，与《吕刑》不同。两处记载的差异体现了礼与刑相辅相成的辩证关系。礼和刑都是维护社会秩序的手段，凡礼之所禁，必为刑所不容。《后汉书·陈宠传》说：“礼之所去，刑之所取，失礼则入刑，相为表里者也。”

《吕刑》辨析“德”“刑”关系，指出“德”是根本，“刑”只是辅助德政的实施，阐明敬刑成德的德教观，“士制百姓于刑之中，以教祗德”“惟敬五刑，以成三德”。《吕刑》阐述了司法审判的目的是“非讫于威，惟讫于富”。刑罚不是为了显示威风，而是为了造福于民。

《吕刑》在刑罚制度史第一次提出数罪并罚的刑罚制度，“其刑上备，有并两刑”，对于两罪以上的罪犯，合并论罪。

《吕刑》的核心思想是“祥刑”“中刑”，主张用刑适度，刑罚公平。为了施行祥刑，制定了一些重要原则。一是审案要有原告被告，断案要认真调查研究，重事实、重证据，“两造具备，师听五辞”“简孚有众”“明清于单辞”“罔不中听狱之两辞”；事实不清，疑罪从轻，重教轻刑，“五刑之疑有赦，五罚之疑有赦，其审克之”。二是治狱要无私无偏，审案要公正廉明，“无或私家于狱之两辞！狱货非宝，惟府辜功，报以庶尤”。三是反对滥施刑罚，主张“刑罚法定”，严格按照法律条文判罪，“明启刑书胥占”“惟察惟法”。

《吕刑》将刑罚分为三个等级，从重到轻依次是五刑、五罚、五过。五刑是墨、劓、剕、宫、大辟，有三千项具体条款。根据五刑定罪，有怀疑的可以从轻处治，犯罪的人可以交纳罚金免刑。按五刑从轻到重，分别交纳一百锾（古代的重量单位，一锾合六两）、二百锾、五百锾、六百锾、一千锾罚金。《舜典》篇也有“金作赎刑”的制度，乍看与此处相似，但其实存在不同。蔡沈《书集传》说：“盖《舜典》所谓赎者，官府学校之刑尔，若五刑则固未尝赎也。五刑之宽，惟处以流。鞭扑之宽，方许其赎。今穆王赎法，虽大辟亦与其赎免矣。”“穆王巡游无度，财匮民劳。至其末年，无以为计，乃为此一切权宜之术，以敛民财。”指出在这种赎刑制度下，“富者得生，贫者独死，恐开利路以伤治化”。蔡沈的批评一针见血，指出滥施赎刑是为王室敛财，同时使富人得以逃避刑法的制裁，妨害社会公平，侵蚀世道人心。

《吕刑》主张审理案件必须实事求是，依法量刑，“刑罚相适”；主张案情不明一律从轻处罚；主张执法者要知法守法，不准以权谋私，不准贪污受贿，否则与罪犯同罪，十分可贵。这些主张对于现代司法制度的构建仍然具有现实意义。

西周中晚期的《训匜》记载了一个叫作伯扬父的官员审理民事诉讼的判决词，证明《吕刑》是具有史实依据的。郭店楚简《缁衣》有《吕刑》三条引文，近似传世本。这些都证明《吕刑》的文献价值大。《吕刑》在出土文献和先秦文献中也有些引文或同或异，是研究《尚书》传播的重要资料。

吕命穆王训夏赎刑①，作《吕刑》。

【注释】

①吕：吕侯。《史记》等书作“甫侯”。郑玄认为吕侯是穆王相，见《史记集解》。一说吕侯为穆王司寇，见《孔传》。　命：告。《周礼·春官·大卜》：“命龟，告龟以所卜之事。”命，意思就是告。孙星衍说。　训：申训，申述。　夏：夏代。　赎刑：（用钱财等）减轻或抵消处罚的刑律。《舜典》篇说：“金作赎刑。”

【译文】

吕侯劝告周穆王申述夏代的赎刑，史官写了《吕刑》。

吕 刑

惟吕命，王享国百年[①]，耄[②]，荒度作刑[③]，以诘四方[④]。

王曰："若古有训[⑤]，蚩尤惟始作乱[⑥]，延及于平民。罔不寇贼[⑦]，鸱义奸宄[⑧]，夺攘矫虔[⑨]。苗民弗用灵[⑩]，制以刑[⑪]，惟作五虐之刑曰法。杀戮无辜，爰始淫为劓刵椓黥[⑫]。越兹丽刑并制[⑬]，罔差有辞[⑭]。

"民兴胥渐[⑮]，泯泯棼棼[⑯]，罔中于信[⑰]，以覆诅盟[⑱]。虐威庶戮[⑲]，方告无辜于上。上帝监民，罔有馨香德[⑳]，刑发闻惟腥[㉑]。皇帝哀矜庶戮之不辜[㉒]，报虐以威[㉓]，遏绝苗民[㉔]，无世在下[㉕]。乃命重、黎[㉖]，绝地天通[㉗]，罔有降格[㉘]。群后之逮在下[㉙]，明明棐常[㉚]，鳏寡无盖。

"皇帝清问下民鳏寡有辞于苗[㉛]。德威惟畏，德明惟明[㉜]。乃命三后[㉝]，恤功于民[㉞]。伯夷降典[㉟]，折民惟刑[㊱]；禹平水土，主名山川[㊲]；稷降播种[㊳]，农殖嘉谷[㊴]。三后成功，惟殷于民[㊵]。士制百姓于刑之中[㊶]，以教祗德[㊷]。

"穆穆在上[㊸]，明明在下[㊹]，灼于四方[㊺]，罔不惟德之勤[㊻]，故乃明于刑之中，率乂于民棐彝[㊼]。典狱非讫于威[㊽]，惟讫于富[㊾]。敬忌，罔有择言在身[㊿]。惟克天德[51]，自作元命[52]，配享在下。"

【注释】

① 享国：享有国家，指在位。　　百年：虚指，指在位时间久。

② 耄（mào）：指年事已高。《礼记·曲礼》："八十、九十曰耄。"

③ 荒：大。　　度：谋。

④ 诘：禁戒。《周礼·天官·大宰》：“五曰刑典，以诘邦国，以刑百官，以纠万民。”郑玄注：“诘，禁也。”

⑤ 若：句首语气助词。

⑥ 蚩尤：相传为东方九黎族的首领，与黄帝战于涿鹿，失败被杀。

⑦ 寇：侵犯。　贼：杀害。

⑧ 鸱义：轻率不正。王引之说：“鸱者，冒没轻儳。义者，倾邪反侧。”　奸：在外作乱。　宄：在内作乱。

⑨ 攘：窃取。　矫虔：诈骗抢夺。韦昭说：“称诈为矫，强取为虔。”一说“矫虔”指“挠扰”。见《周礼·秋官·司刑》疏引郑玄说。

⑩ 苗民：郑玄说：“苗民谓九黎之君也。”　灵：通“令”，政令。《礼记·缁衣》引《甫刑》作“苗民匪用命”，注：“命谓政令也。”

⑪ 制：制御。　以：用。

⑫ 爰：句首语气助词。　淫：过分。　劓（yì）：割鼻的刑罚。　刵（èr）：割耳的刑罚。《尚书易解》：“五刑本有刖无刵，此‘刵’当作‘刖’。”《说文》引作“刖”。刖（yuè），砍去双脚。　椓（zhuó）：宫刑，割去生殖器。　黥（qíng）：黥刑，用刀刺刻面额，染以黑色，作为惩罚的标记。商周多称“墨刑”，秦汉称“黥刑”。

⑬ 越兹：《尚书易解》：“越兹，于是也。”　丽：施行。　并：废弃。《庄子·天运》：“至贵国爵并焉。”注：“并者，除弃之谓也。”　制：制度法令。

⑭ 罔：不能。　差：选择。　有辞：有申诉辩解的话。指无罪。

⑮ 民：指三苗的民众。　兴：起。　胥：互相。下文“明启刑书胥占”的“胥”同。　渐：欺诈。王引之说。见《经义述闻》卷三。

⑯ 泯泯棼（fén）棼：纷乱的样子。

⑰ 于：并列连词，与。《经传释词》："于，犹越也，与也，连及之词。"

⑱ 以：因果连词，以致。　　覆：反、背。　　诅盟：誓约。《孔疏》："虽有要约，皆违背之。"

⑲ 虐威：受刑罚的人。　　庶戮：一些受侮辱的人。

⑳ 馨香：芬芳，指散布很远的香气。

㉑ 发闻：流传而著名。"发闻"一词，上古汉语习见。如《国语·齐语》："于子之乡，有居处好学、慈孝于父母、聪慧质仁、发闻于乡里者，有则以告。"《韩非子·说疑》："众归而民留之，以誉盈于国，发闻于主。"《潜夫论·潜叹》："昔唐尧之大圣也，聪明宣昭；虞舜之大圣也，德音发闻。"《中论·虚道》："是以辜罪昭著，腥德发闻。"其中，后两例"发闻"分别与"宣昭""昭著"互文见义。

㉒ 皇帝：指颛顼（zhuān xū），传说中古代部落的首领，号高阳氏。按：从这一句到"罔有降格"均言颛顼事。

㉓ 报：审判，处置。《说文·幸部》："报，当罪人也。"　　虐：滥用酷刑杀戮的人。　　威：惩罚。

㉔ 遏：制止。　　绝：杀尽。

㉕ 无：使……无。　　世：嗣。见《国语·晋语》注。　　无世在下：谓没有后代。

㉖ 乃：连词，表递进关系。　　重（chóng）、黎：都是人名，相传颛顼时，重主持天神，黎主持臣民。

㉗ 绝地天通：断绝地民与天神相通。《国语·楚语》："颛顼受之，乃命南正重司天以属神，命火正黎司地以属民，使复旧常，无相浸渎，是为绝地天通。"

㉘ 格：通"假"。《尔雅·释诂》："假，升也。"

㉙ 群后：指高辛和尧、舜。　　逮：及，相继的意思。

㉚ 明明：显用有明德的人。　　棐：辅助，扶持。　　常：指常道。

㉛ 清问：清楚地听到。问，通“闻”。　　辞：怨言。　　按：郑玄以为“皇帝清问下民”以下言尧事。

㉜ 德威惟畏，德明惟明：《尚书易解》：“《表记》引《甫刑》云：‘德威惟威，德明惟明，非虞帝其孰能如此乎？’注：‘德所威，则人皆畏之，言服罪也；德所明，则人皆尊之，言得人也。’按此二句泛说尧舜，下文乃具体言之。”

㉝ 乃：关联副词，于是。下文“乃绝厥世”的“乃”同。　　三后：指下文的伯夷、禹、稷。

㉞ 恤：慎重。　　功：事。这里是动词，治事。

㉟ 伯夷：人名，为舜制定礼法，见《舜典》。　　降：颁布。　　典：法典。

㊱ 折民：判断民事案件，泛指审理案件。

㊲ 主名山川：主掌名山大川。

㊳ 稷：后稷。尧舜时的农官。

㊴ 农：情态副词，勉，努力。《广雅·释诂》：“农，勉也。”　　殖：种植。

㊵ 殷：多，引申有“厚”义。一说“殷”为“正”义。

㊶ 士：士师。　　制：制御。　　百姓：百官。　　于：介词，以，用。介引动作行为凭借的工具。下文“正于五刑”“正于五过”的“于”同。　　中：公平，公正。

㊷ 教祗德：教（民众）祗德，省略兼语“百姓”。

㊸ 穆穆：恭敬的样子。

㊹明明：努力的样子。明，勉。下文“故乃明于刑之中”的“明”同。

㊺灼：光。这里作动词，光照。

㊻罔不惟德之勤：即“罔不勤德”，宾语前置。

㊼率：从而。《经传释词》：“《吕刑》曰：‘故乃明于刑之中，率乂于民棐彝。’率，用也。言能明于刑之中正，用治于民，辅成常教也。”

㊽典：主管。　讫：止。

㊾惟：连词，连接分句，表示并列关系中的对等关系。　富：仁厚。《说文·宀部》：“富，厚也。”

㊿择言：败言，坏话。择，通“斁（dù）”，败。见《经义述闻》。

[51]克：肩任，肩负。　天德：上天仁爱的美德。

[52]元：善。

【译文】

吕侯被任命时，周穆王在位已久，年纪已经很大了，还是大力谋划制定刑法，用来禁戒天下。

王说：“古代有教训，蚩尤开始作乱，波及平民百姓。无不侵犯杀戮，轻率不正，内外作乱，诈骗盗窃，强取豪夺。九黎国君不用政令，而用刑罚制御民众，制定了五种酷刑作为法律。杀害无罪的人，开始大肆使用劓、刵、椓、黥等刑罚。于是施行杀戮，抛弃制度法令，不能识别出无罪的人。

“三苗的民众互相欺诈，纷纷乱乱，不守信用，以致背叛誓约。受了刑罚的人和一些被侮辱的人都向上帝申告自己无罪。上帝视察三苗民众，没有芬芳的德政，只有刑法流布出来的腥气。颛顼皇帝哀怜众多被害的人没有罪过，就用威罚处置施行虐刑的人，制止消灭行虐的九黎国君，使他没有后嗣留在世间。又命令重和黎，禁止地民和天神相互感通，神和民再不能升降来往了。高辛、尧、舜相继在下，都明用有明德的人，扶持常道，孤苦之人的疾苦不被壅蔽。

“尧皇帝清楚地听到下民孤寡对九黎国君有怨言。（于是提拔贤人）贤人所惩罚的，人都畏服；贤人所尊重的，人都尊重。于是命令三位大臣慎重地治理民事。伯夷颁布法典，依照刑律审理案件；大禹平治水土，掌管名山大川；后稷教民播种，努力种植庄稼。三后成功了，民众就富厚起来。士师又用公正的刑罚制御百官，教导臣民敬重德行。

“尧皇帝恭敬在上，三位大臣努力治事在下，光照四方，没有人不辛勤地施行德政，所以能明白刑罚公正的道理，从而治理民众，辅助常教。主管刑罚的官，不是终于作威，而是终于仁厚。敬慎戒忌，自身不说坏话。他们肩负上天仁爱的美德，自己造就福善之命，所以匹配上天在下享有禄位。”

王曰：“嗟！四方司政典狱①，非尔惟作天牧②？今尔何监③？非时伯夷播刑之迪④？其今尔何惩？惟时苗民匪察于狱之丽⑤，罔择吉人，观于五刑之中⑥。惟时庶威夺货⑦，断制五刑，以乱无辜⑧，上帝不蠲⑨，降咎于苗，苗民无辞于罚⑩，乃绝厥世。”

王曰：“呜呼！念之哉！伯父、伯兄、仲叔、季弟、幼子、童孙，皆听朕言，庶有格命⑪。今尔罔不由慰曰勤⑫，尔罔或戒不勤。天齐于民⑬，俾我一日⑭，非终惟终⑮，在人。尔尚敬逆天命⑯，以奉我一人⑰！虽畏勿畏，虽休勿休。惟敬五刑，以成三德⑱。一人有庆⑲，兆民赖之⑳，其宁惟永㉑。”

【注释】

① 司政典狱：掌管政教、刑狱的人，这里指诸侯。

② 惟：为。　牧：治民。《左传·襄公十四年》："天生民而立之君，使司牧之。"

③ 监：视，这里意思是效法。

④ 时：这。　播：施行。　迪：道理。

⑤ 匪：否定副词，不。《经传释词》："《诗·木瓜》传曰：'匪，非也。'常语。""匪，不也。"黄侃笺识："'匪'亦'否'之借。"　丽：施行。

⑥ 中：适中、公正。

⑦ 庶：《尔雅·释言》："侈也。"　庶威：盛为威势。

⑧ 以：连词，表承接关系，《经传释词》："以，犹'而'也。"　乱：《尚书正读》："乱，乱罚，犹《君奭》言'乱罚无辜'也。"

⑨ 蠲：通"捐"，这里意思是赦免。

⑩ 无辞于罚：对于惩罚无话可说。

⑪ 庶：语气副词，庶几，大概，或许。　格命：大命。格，通"嘏（gǔ）"。《尔雅·释诂》："嘏，大也。"

⑫ 由：用。　慰：自慰。

⑬ 齐：整顿。

⑭ 俾：使掌职。《尔释·释言》："俾，职也。"

⑮ 终：成。　惟：连词，与。《经传释词》："'惟'犹'与'也，及也。"黄侃笺识："'与'之借。"

⑯ 尚：副词，表示祈使语气，可译为"要""希望"。下文"尚明听之哉"的"尚"同。　逆：迎，接受。

⑰ 奉：助。见《淮南子·说林训》注。

⑱ 三德：指敬顺、正直、勤劳。《尚书易解》："三德，《孔传》解为刚柔正直之三德，孔广森解为三后之德。今按本文'敬逆天命，以奉我一人'，言敬也；'虽畏勿畏'，言正也；'虽休勿休'，言勤也。三德盖即指三者。"

⑲ 庆：善。

⑳ 赖：利。

㉑ 惟：关联副词，就。《经传释词》："惟，犹'乃'也。"

【译文】

王说："啊！四方的诸侯们，你们不是做上天的治民官吗？如今你们效法什么呢？难道不是这伯夷施行刑罚的道理吗？如今你们用什么作为惩戒呢？就是因为九黎国君不监察狱事的施行，不选择善良的人，考察五刑是否公正适当。只是任用这些倚仗威势、掠夺财物的人，裁决五刑，乱罚无罪，上帝不加赦免，降下灾祸给九黎族，九黎国君对上帝的惩罚无话可说，于是断绝了他们的后嗣。"

王说："啊！你们要铭记这个教训啊！伯父、伯兄、仲叔、季弟以及年幼的子孙们，都听从我的话，大约能够享有大命。如今你们没有人不自我安慰说已经很勤劳了，你们没有人戒惧自己不勤劳。上帝治理下民，暂时任用我们，不成与成完全在于人。你们可要恭敬地接受天命，来辅助我！即使遇到的事情可怕，也不要害怕；即使可以休息，也不要休息。希望慎用五种刑罚，以成就三种德行。一人拥有良善的品德，众民都会由此受益，国家的安宁就会长久。"

【段意】

第一段，讲述刑罚源流，提出慎刑的主张。

王曰:“吁[①]!来,有邦有土[②],告尔祥刑[③]。在今尔安百姓,何择,非人[④]?何敬,非刑?何度[⑤],非及[⑥]?

【注释】

①吁:感叹词。

②有邦:指诸侯。 有土:指王畿内有采地的大臣。

③祥刑:善刑。郑玄本作“详”,释为“审察”。

④人:指道德高尚的人。

⑤度:考虑,谋划。

⑥及:《史记·周本纪》作“宜”。《说文·日部》“叠”字注:“扬雄谓西理官决罪,三日得其宜,乃行之。”这是度刑贵宜的例证。见《尚书易解》。

【译文】

王说:“啊!来啊!诸侯国君和大臣们,我告诉你们善用刑罚的道理。如今你们安定百姓,选择什么呢,不是贤人吗?慎重什么呢,不是刑罚吗?考虑什么呢,不是判断适宜吗?

“两造具备[①],师听五辞[②];五辞简孚[③],正于五刑[④];五刑不简[⑤],正于五罚[⑥];五罚不服,正于五过[⑦]。五过之疵[⑧]:惟官[⑨],惟反[⑩],惟内[⑪],惟货[⑫],惟来[⑬]。其罪惟均[⑭],其审克之[⑮]!

【注释】

①两造:钱大昕说:两造,一作两遭。两遭,即两曹。《说文·曰部》:“曹,狱之两曹也。”段玉裁说:“两曹,今俗所谓原告、被告也。”

②师：士师，就是法官。　听：治理。这里意思是审理。　五辞：指五刑的法律条文。

③简：核实。　孚：诚信，这里作动词，验证。

④正：治，处置。　五刑：就是指墨、劓、剕、宫、大辟五种刑罚。

⑤不简：不能核实。

⑥五罚：五等处以罚金的惩罚。

⑦五过：五种可以获得赦免的处罚。《孔传》："不服，不应罚也；正于五过，从赦免。"《孔疏》："下文惟有'五刑''五罚'而无'五过'，亦称'五'者，缘五罚为过，故谓之'五过'。"

⑧疵：弊病。

⑨官：畏官势。

⑩反：报恩怨。

⑪内：指女谒。这里指接受说情。

⑫货：索贿受贿。

⑬来：马融本作"求"。意思就是受人请求，徇私枉法。

⑭其：指法官。　均：等。　其罪惟均：谓与犯人同罪。马融说："以此五过出入人罪，与犯法者等。"

⑮其：副词，表示祈使语气。《经传释词》："'其'，犹'尚'也，庶几也。"这里可译为"必须"。　审：副词，详尽地，仔细地。　克：通"核"，核查。《汉书·刑法志》引作"核"。

【译文】

"原告和被告都来齐了，法官就审查五刑的条文；如果核实可信，就用五刑处置；如果用五刑处置不能核实，就用五罚处置；如果用五罚处置不可从，就用五过处置。五过的弊端：法官畏官势，报恩怨，接受说情，收受贿赂，徇私受托。这五种情况下，法官的罪与罪犯相同，必须详细核查！

“五刑之疑有赦[①]，五罚之疑有赦，其审克之！简孚有众[②]，惟貌有稽[③]。无简不听，具严天威。

【注释】

①之：如果。《经传释词》：“之，犹‘若’也。”

②简孚有众：《尚书正读》：“核验于大众也。《周官·小司寇》：‘以三刺断庶民狱讼之中，一曰讯群臣，二曰讯群吏，三曰讯万民。’《王制》所谓‘疑狱，泛与众共之’也。”

③貌：治。见《广雅》。　稽：同。见《尧典》郑注。　惟貌有稽：是说审理案件必须有共同办案的人。

【译文】

“五刑的处罚如果有怀疑，就有从轻处理的可能；五罚的处罚如果有怀疑，就有从轻处理的可能。要详细核实！要向众人核实验证，案件的审理要有共同办案的人。未经核实不能治罪，应当共同敬畏上天的威严。

“墨辟疑赦[①]，其罚百锾[②]，阅实其罪[③]。劓辟疑赦，其罚惟倍[④]，阅实其罪。剕辟疑赦[⑤]，其罚倍差[⑥]，阅实其罪。宫辟疑赦，其罚六百锾，阅实其罪。大辟疑赦[⑦]，其罚千锾，阅实其罪。墨罚之属千[⑧]，劓罚之属千，剕罚之属五百，宫罚之属三百，大辟之罚其属二百。五刑之属三千。

【注释】

① 墨：五刑之一，就是上文的“黥”。　　辟：罪。

② 锾（huán）：古代重量单位。郑玄说：“锾，六两也。”

③ 阅实：《孔疏》：“检阅核实其所犯之罪，使与罚名相当，然后收取其赎。”

④ 倍：百锾的一倍，二百锾。

⑤ 剕：砍去膝骨。《史记·周本纪》引作“膑”。

⑥ 倍差：《尚书易解》：“倍之又半，为五百锾。”

⑦ 大辟：死刑。

⑧ 属：这里指刑罚的条目。《尚书今古文注疏》：“罪之条目必有定数者，恐后世妄加之。”

【译文】

“判处墨刑有怀疑可以宽大处置，处罚金一百锾，要核实其罪行。判处劓刑有怀疑可以宽大处置，处罚金二百锾，要核实其罪行。判处剕刑有怀疑可以宽大处置，处罚金五百锾，要核实其罪行。判处宫刑有怀疑可以宽大处置，处罚金六百锾，要核实其罪行。判处死刑有怀疑可以宽大处置，处罚金一千锾，要核实其罪行。墨罚的条目有一千条，劓罚的条目有一千条，剕罚的条目有五百条，宫罚的条目有三百条，死罪的刑罚条目有二百条。五种刑罚的条目共有三千条。

“上下比罪[①]，无僭乱辞[②]，勿用不行[③]，惟察惟法，其审克之！上刑适轻[④]，下服[⑤]；下刑适重，上服。轻重诸罚有权[⑥]。刑罚世轻世重[⑦]，惟齐非齐[⑧]，有伦有要[⑨]。

【注释】

① 比：比照，比例。蔡沈《书集传》："罪无正律，则以上下刑而比附其罪也。"

② 无：《经传释词》："无，毋，勿也，常语。"在祈使句中表示命令、禁止以及告诫。可译作"不要"。下文"无或私家于狱之两辞"之"无"同。　僭：差错。

③ 勿用不行：不用已废除的法律。不行，《尚书今古文注疏》："谓蠲除之法。"

④ 适：宜。

⑤ 服：指服刑。　下服：服减等的轻刑。下文的"上服"即"服加等的重刑"。

⑥ 权：变，这里的意思是灵活性。蔡沈《书集传》："权者，进退推移，以求其轻重之宜也。"

⑦ 刑罚世轻世重：指刑罚要根据社会情况决定轻重。《孔传》："言刑罚随世轻重也。刑新国用轻典，刑乱国用重典，刑平国用中典。"

⑧ 惟齐非齐：同与不同。齐，同。

⑨ 伦：道理。　要：要求。

【译文】

"要上下比照其罪行，不要错乱供辞，不要采取已经废除的法律，应当明察，应当依法，要核实啊！上刑宜于减轻，就减一等处治；下刑宜于加重，就加一等处治。不同轻重的处罚允许存在灵活性。刑罚轻重要根据社会情况来确定，相同或不相同，都有它的道理和要求。

"罚惩非死，人极于病①。非佞折狱②，惟良折狱，罔非在中。察辞于差③，非从惟从。哀敬折狱④，明启刑书胥占⑤，咸庶中正⑥。其刑其罚⑦，其审克之！狱成而孚，输而孚⑧。其刑上备⑨，有并两刑⑩。"

【注释】

① 极：痛苦。　　于：介词，比。

② 佞：善于巧辩的人。　　折狱：断狱，审案。

③ 差：指供词的矛盾的地方。

④ 敬：通"矜"，怜悯。《尚书大传》引作"矜"。

⑤ 启：打开。　　胥：相。　　占：揣度。

⑥ 咸：皆。下文"咸中有庆"的"咸"同。　　庶：章太炎说："庶，度也。《说文》度从庶省声，古往往以庶为度。"

⑦ 其：副词，表示肯定语气，可译为"应当""必定"。

⑧ 输：变更。王引之说："《广雅》：'输，更也。'狱词或有不实，又察其曲直而变更之，后世所谓平反也。狱辞定而人信之，其有变更而人亦信之，所谓民自以为不冤也。"　　而：连词，表承接关系。

⑨ 上备：以慎重为上。备，《说文·人部》："慎也。"

⑩ 有并两刑：合并两种刑罚为一种刑罚执行。见《尚书正读》。

【译文】

"刑罚虽不置人死地，但受刑罚的人比重病还痛苦。不是巧辩的人审理案件，而是善良的人审理案件，就没有不公正合理的。从矛盾的地方考察供词，不服从的犯人也会服从。应当怀着哀怜的心情审理案件，明白地检查刑书，互相斟酌，都要考虑做到公正。当刑当罚，要详细核查啊！要做到案件判定了，人们信服；改变判决，人们也信服。刑罚以慎重为上，有时也可以把两种罪行合并考虑，只罚一种。”

【段意】

第二段，讲述刑法的种类、条目，详细规定审理案件的程序、要求和方法。

王曰：“呜呼！敬之哉！官伯族姓①，朕言多惧。朕敬于刑，有德惟刑。今天相民②，作配在下。明清于单辞③，民之乱④，罔不中听狱之两辞⑤，无或私家于狱之两辞⑥！狱货非宝⑦，惟府辜功⑧，报以庶尤⑨。永畏惟罚，非天不中⑩，惟人在命⑪。天罚不极⑫，庶民罔有令政在于天下。”

王曰：“呜呼！嗣孙，今往何监⑬？非德？于民之中⑭，尚明听之哉！哲人惟刑⑮，无疆之辞⑯，属于五极⑰，咸中有庆⑱。受王嘉师⑲，监于兹祥刑⑳。”

【注释】

①官伯：指诸侯，就是上文“四方司政典狱”。　族姓：同姓大臣。就是上文“伯父、伯兄、仲叔、季弟、幼子、童孙”。

②相：扶助。

③明清：明察。　单辞：一面之辞。

④乱：治理。

⑤中听：以公正的态度审理案件。　两辞：即两造之辞，原、被告双方的诉辞。

⑥私家：谓谋利。私，《说文》引韩非曰：“自营为厶。”家，孙星

衍认为“读如《檀弓》‘君子不家于丧’之‘家’”。曾运乾释此句为“言不以为利”。

⑦ 狱货：审理案件时接受的贿赂。

⑧ 府：《广雅·释诂》：“取也。” 辜：罪。 功：事。

⑨ 报：判决。 尤：《说文》引作“訧”，罪。

⑩ 中：公平。

⑪ 在：终止。 命：指天命。

⑫ 极：至。

⑬ 今往：从今以后。

⑭ 中：狱讼之成，就是狱讼的案情。见《周礼·秋官·小司寇》。

⑮ 哲：通“折”，制，治理。王引之说：“哲，当读为折，折之言制也。言制民人者惟刑也。”

⑯ 无疆：没有穷尽。 辞：讼辞。

⑰ 属：合，符合。 五极：就是上文的“五刑”。

⑱ 中：公正适当。《尚书正读》：“‘中’字为全篇主旨……凡八用‘中’字。得此中道，守而弗失，庶几其祥刑矣。” 庆：指祥刑。

⑲ 嘉：善。 师：众。

⑳ 监：重视。

【译文】

王说：“唉！谨慎啊！诸侯国君以及同姓官员们，对我的话要多加戒惧。我谨慎地对待刑罚，有德于民众的是刑罚。如今上天扶助民众，让你们在下土作为匹配。应当明察一面之辞，治理民众，在于无不公正地审理双方的诉讼词，不要对诉讼双方的诉词贪图私利啊！狱讼接受贿赂不是好事，是获罪的事，我将以众人犯罪来论处。永远可畏的是上天的惩罚，不是上天不公平，而是人们自己终结天命。上天的惩罚不加到他们身上，众民在天下就不能享有美好的政治了。”

王说：“啊！子孙们，从今以后，我重视什么呢？难道不是行德吗？对于民众案情的判决，要明察啊！治理民众要运用刑罚，使无穷无尽的讼词符合五刑，都能公正就会拥有福庆。你们接受治理我善良的民众，可要重视这种祥刑啊！”

【段意】

第三段，表明要严厉打击司法腐败，强调司法公正的重要意义。

文侯之命第三十

【题解】

文侯，指晋文侯，姓姬，名仇，字义和。《文侯之命》是周平王表彰晋文侯功绩并且赏赐晋文侯的册命。

《文侯之命》是研究周史的重要参考资料，反映了西周灭亡、周室东迁等一系列重大事件。

西周末年，周幽王荒淫无道，为博褒姒一笑，竟然"烽火戏诸侯"。后又废掉申后和太子宜臼，正式册立褒姒为皇后，立褒姒的儿子伯服为太子。申后的父亲申侯联合缯国和犬戎攻周，周幽王举烽火而诸侯不应，犬戎攻入周都镐京，追杀幽王于骊山之下。虢石父立幽王庶子余臣于携，史称携王。晋文侯与郑武公、秦襄公拥立宜臼为周平王，护卫平王东迁洛邑，建立了东周。后又执杀携王，结束了二王并立的危情，稳定了东周初年的局势。晋文侯像西周初年的周公旦一样，匡扶周室，劳苦功高，得到了周平王的表彰和赏赐。晋国在晋文侯的治理下迅速崛起，为日后称霸奠定了坚实的基础。历代晋国国君总是用"继文绍武"来自勉，"文"指的就是晋文侯。

东周的前半期，诸侯争相称霸，称为春秋时代，后半期称为战国时代。东周王室名义上还是天下共主，政治地位和经济实力已经沦为一个二流的诸侯国。王室衰微，内外交困，外部"侵戎我国家纯”；内部“即我御事，罔或耆寿俊在厥服”。史书记载，周王室由于贫弱，甚至不得不放弃天子的尊严，向诸侯伸手“求赙”“求车”“求金”。《文侯之命》中，周平王也不得不大声呼吁：“祖辈和父辈的诸侯国君，要替我分忧啊！”（曰惟祖惟父，其伊恤朕躬！）较之《周书》先前各篇，周王的口吻已由强硬的告诫转变为恳切的请求，不仅不能像西周时期那样对各个诸侯国发号施令，而且在政治和经济上还必须依附于势力强大的诸侯国。

春秋时代，大诸侯国经常利用东周王室作为政治工具，兼并弱小，争当霸主。齐国和晋国为阻止楚国的北进，就经常打出“尊王攘夷”的旗号。《文侯之命》记载周平王赏赐晋文侯“彤弓一，彤矢百；卢弓一，卢矢百”，就是赏赐晋文侯征伐其他诸侯的权力。汉代学者孔安国说：“诸侯有大功，赐弓矢，然后专征伐。”公元前632年，城濮之战，晋国打败了强大的楚国，和齐、鲁、宋、卫等国在践土（今河南原阳）订盟，得到周王的册命，一跃成了中原的霸主。同年冬天，晋又在河南温县大会诸侯，周王也被召赴会，历史上美其名为“天子巡狩”，实际上就是“挟天子以令诸侯”，以“霸”代“王”。

在传世文献中，《文侯之命》还第一次从侧面反映了王国政治中“废后”和“立储”的问题，事关国家安危，历代十分重视。

文侯是指姬仇，还是指重耳，史多争议。《史记》的《周本纪》和《晋世家》、《新序·善谋篇》以及马融主前说，《左传》《国语》《书序》以及郑玄主后说。《国语·晋语四》记载：公子过郑，郑文公亦不礼焉。叔詹谏曰：“臣闻之：亲有天，用前训，礼兄弟，资穷困，天所福也。”“晋、郑兄弟也，吾先君武公与晋文侯戮力一心，股肱周室，夹辅平王，平王劳而德之，而赐之盟质，曰：‘世相起也。’”叔詹的这段话同时提到公子（指重耳）和晋文侯，叙晋文侯事为夹辅平王，《文侯之命》中文侯当为姬仇。

平王锡晋文侯秬鬯、圭瓒①，作《文侯之命》。

【注释】

①锡：赐给。　秬鬯（jù chàng）：古代用黑黍和香草酿造的酒，用来祭祀降神。　圭瓒：古代用圭作柄的灌酒器。

【译文】

周平王赐给晋文侯秬鬯、圭瓒，史官写了《文侯之命》。

文侯之命

王若曰①：“父义和②！丕显文、武③，克慎明德④，昭升于上⑤，敷闻在下⑥，惟时上帝集厥命于文王⑦。亦惟先正克左右昭事厥辟⑧，越小大谋猷罔不率从⑨，肆先祖怀在位⑩。

【注释】

①王：周平王。

②父：周天子对同姓诸侯中尊长的称呼。周、晋均为姬姓，所以平王称晋文侯为父。　义和：《孔传》：“义和，字也。称父者非一人，故以字别之。”

③丕:大。　　显:光明。

④克:能够。　　明:勉,努力。

⑤昭:明。　　上:上天。

⑥敷:布。　　闻:名声。　　下:下土。

⑦惟时:于是。　　集:下。见《淮南子·说山训》注。　　文王:指文王、武王。《尚书易解》:"《晋世家》作'文武',当从之。上言文武,此不当单言文王也。"

⑧先正:郑玄说:"先臣,谓公卿大夫也。"　　左右:同"佐佑",辅佐。昭:通"诏",指导。《尔雅·释诂》:"诏,导也。"　　厥:其。　　辟:君。

⑨越:介词,介引动作行为有关的对象,相当于"于"。　　猷:谋。见《尔雅·释诂》。　　率从:遵从。

⑩肆:连词,表因果关系,因此,所以。《尔雅·释诂》:"肆,故也。"　　怀:安。

【译文】

王这样说:"族父义和!伟大光明的文王和武王,能够慎重行德,明德升闻于上天,名声传播在下土,于是上帝降下那福命给文王、武王。也因为先前的公卿大夫能够辅佐、指导、服事他们的君主,对于大小谋略无不遵从,所以先祖安然在位。

【段意】

第一段,周平王追述文王、武王的德行,说明文王、武王的功业也有赖于公卿大夫的尽力辅佐。

"呜呼!闵予小子嗣[①],造天丕愆[②]。殄资泽于下民[③],

侵戎我国家纯[④]。即我御事[⑤]，罔或耆寿俊在厥服[⑥]，予则罔克[⑦]。曰惟祖惟父[⑧]，其伊恤朕躬[⑨]！呜呼！有绩予一人永绥在位[⑩]。

【注释】

①闵：矜悯，哀怜，此处可译为“可怜”。《诗经·周颂·闵予小子》：“闵予小子。”《毛传》：“闵，病。”郑笺：“闵，悼伤之言也。”“可悼伤乎，我小子耳。” 嗣：继承，这里指继承王位。

②造：遭受。 丕：大。 愆：指惩罚。《尔雅·释言》：“愆，过也。” 《史记·周本纪》载：“申侯怒，与缯、西夷犬戎攻幽王。幽王举烽火征兵，兵莫至。遂杀幽王骊山下，虏褒姒，尽取周赂而去。于是诸侯乃即申侯而共立故幽王太子宜臼，是为平王，以奉周祀。”

③殄：绝。 资：财。 泽：《孟子》赵岐注：“禄也。”也指财产。

④侵戎：就是侵伐。见《尚书易解》。 纯：大，引申为多。又，朱骏声《尚书古注便读》：“纯，屯也，难也。犬戎侵犯我国家，受其屯难。”存参。 侵戎我国家纯：指众多国家侵犯我国。《竹书纪年》：“幽王十一年，申人、鄫人及犬戎入宗周，弑王及郑桓公。犬戎杀王子伯服，执褒姒以归。”《后汉书·东夷传》：“及幽王淫乱，四夷交侵。”均可证明。

⑤即：时间副词，现在，如今。《经传释词》：“即，犹今人言‘即今’也。” 御事：治事大臣。

⑥罔或：没有。表示对存在可能性的否定。 耆寿：指老成人。 俊：通“骏”，时间副词，长久地、久远地。孙诒让《尚书骈枝》：“俊，当读为‘骏’，《尔雅·释诂》云：‘骏，长也。’” 服：职位。

⑦则：关联副词，表示假设的语义关联，可译为“就”“那么”。　克：胜任。

⑧曰：通“聿”，句首语气助词。　惟祖惟父：指祖辈和父辈的诸侯。

⑨其：副词，表示祈使语气。可译为“要”“必须”之类。下文“其归视尔师”的“其”同。　伊：句中语气助词。　恤：忧虑。

⑩绩：《尔雅·释诂》：“成也。”

【译文】

“啊！可怜我这年轻人继承王位，遭受了上天的重罚。使民众失去了资财福泽，侵犯我国家的势力很多。现在我的治事大臣，没有老成人长期在职，我就不能胜任了。祖辈和父辈的诸侯国君，要为我分忧啊！啊！有促成我长安于王位的人了。

【段意】

第二段，周平王希望德高望重的同姓诸侯扶危济困。

“父义和！汝克绍乃显祖①，汝肇刑文、武②，用会绍乃辟③，追孝于前文人④。汝多修⑤，扞我于艰⑥，若汝，予嘉。”

【注释】

①绍：继承。下句“绍”义同。　显祖：指唐叔。晋国始封的君主。

②肇：情态副词，勉力、努力。《尔雅·释诂》：“肇，敏也。”《礼记·中庸》：“人道敏政。”郑玄注：“敏，犹勉也。”　刑：制御。《荀子·臣道》

“刑下如影”注：“刑，制也。” 文、武：指文武百官。

③ 会绍乃辟：《竹书纪年》记载：“元年辛未，王东徙洛邑，晋侯会卫侯、郑伯、秦伯以师从王入于成周。”会，会合诸侯。

④ 追孝：追行孝道。 前文人：指祖先。文人，有文德的人。

⑤ 多：程度副词，很。 修：长，引申为休美。

⑥ 扞我于艰：指驱逐犬戎，拯救周室。扞，保卫。

【译文】

“族父义和啊！您能够继承您的显祖唐叔，您努力制御文武百官，用会合诸侯的方式延续了您的君主，追孝您的祖先。您十分美善，在困难的时候保卫了我，像您这样，我很赞美！”

【段意】

第三段，周平王褒奖晋文侯存亡继绝的伟大功绩。

王曰：“父义和！其归视尔师[①]，宁尔邦[②]。用赉尔秬鬯一卣[③]；彤弓一[④]，彤矢百；卢弓一[⑤]，卢矢百；马四匹。

【注释】

① 视：治理。《左传·襄公二十五年》：“崔子称疾不视事。”不视事即不治事。 师：众，指臣民。

② 宁：安定。

③ 用：承接连词，无词汇意义。 赉：赏赐。 卣（yǒu）：古代一种盛酒的青铜酒器。

④ 彤：红色。

⑤ 卢：黑色。根据《礼记·王制》，天子把弓矢赐给有大功的诸侯，使他们专主征伐。

【译文】

王说："族父义和啊！希望您回去治理您的臣民，安定您的国家。现在我赐给您黑黍香酒一卣；红色的弓一张，红色的箭一百支；黑色的弓一张，黑色的箭一百支；马四匹。

【段意】

第四段，记叙周平王赏赐晋文侯秬鬯和可以代王征伐天下的车马弓矢。

"父往哉！柔远能迩①，惠康小民②，无荒宁③。简恤尔都④，用成尔显德⑤。"

【注释】

① 柔：安抚。　　能：亲善。　　迩：近处。

② 惠：爱。　　康：动词，安定。

③ 无：不要。　　荒宁：荒废政事，贪图安逸。

④ 简：专心致志。《逸周书·谥法》："壹德不解（懈）曰简。"　　恤：安定。见《汉书·韦玄成传》注。　　都：郑玄说："国都也。"这里代指晋国。

⑤ 用：目的连词，相当于"以"。　　显德：显明的美德。

【译文】

"您回去吧！安抚远方，亲善近邻，爱护安定普通民众，不要荒废政事,贪图安逸。专心致志安定您的国家,从而成就您显明的美德。”

【段意】

第五段,周平王勉励晋文侯勤政爱民,安定国家。

费誓第三十一

【题解】

费（bì），地名，在今山东省费县西北。周公的儿子伯禽率领军队征伐徐戎、淮夷，出征前在费地誓诰军民，史官记为《费誓》，《史记》作《肸誓》，《说文》引作《粊誓》。

周人灭商以后，疆域东扩，触及淮夷、徐戎等东方部落，双方进行长期战争。《大诰》的小序指出“武王崩，三监及淮夷叛”，可见淮夷在三监之乱时就已与周王朝进行战争，而周穆王、周夷王、周厉王、周宣王时的青铜铭文则都有西周与淮夷作战的记载。淮夷对西周威胁很大，在周夷王时期一度向西北扩张，甚至侵入西周王朝的核心地区；而直到西周王朝灭亡，也没能彻底征服淮夷。鲁国是西周与淮夷、徐戎作战的前线诸侯国，鲁国民众饱受战争蹂躏，《费誓》反映了这一历史事实。

出征之前誓师，这是古今相同的军制，但古代的军誓内涵更为广泛。夏商周三代誓师的场合不同，内容也不同。此前各篇的战争誓词主要是约束军队，本篇通篇都是具体部署各项战备工作，宣布惩戒事项，没有详细说明出师原因，没有鼓动性的政治动员。孙诒让《周礼正义》说：“凡册命有诰戒之词亦得谓之誓。”誓也是诰戒之辞。

《费誓》文字简短，内容充实。语言精练有力，叙述层次清楚。

宋代吕祖谦《书经传说汇纂》称本篇“甚整暇有序，先治戎备，次之以除道路，又次之以严部伍，又次之以立期会，先后之序皆不可紊”。

本篇篇首说“徂兹淮夷、徐戎”，而篇尾只说“甲戌，我惟征徐戎”，没有提及淮夷。对此，徐中舒《蒲姑、徐奄、淮夷、群舒考》认为徐戎、淮夷是异名同指：“《世本》淮夷嬴姓，徐与淮夷同为嬴姓，同居于淮，明非异国也。《左传·昭元年》‘周有徐奄’，服虔、杜预均谓徐即淮夷。”“观《费誓》下文云‘甲戌，我惟征徐戎’，仅云征徐戎而不及淮夷，知徐即淮夷也。”

《费誓》对于我们了解周及周各诸侯国的军事制度、战前军备和军事纪律都有重要的参考价值。比如文中提到“三郊三遂”，反映了西周以降的乡遂制度。乡遂制度是一种以地缘为基础的行政区域的划分，按照与国都距离由近到远，依次是乡、郊、遂。郊是连接乡、遂的地域，段玉裁《四与顾千里论学制备忘之记》说：“郊之为言交也，谓乡与遂相交接之处也。故《说文》曰：‘距国百里为郊。’”杨宽指出，乡和遂的居民身份不同，遂民称为氓或野民，乡民则称为国人。遂民是农业生产的主要担当者，乡民虽然也有分配耕地的制度，但其主要负担是兵役、军赋。就本篇来看，鲁人三郊三遂在战时的主要职责是负责筑城材料和草料的供给，主要承担后勤补给的工作，与杨先生论断基本相符。

《史记·鲁周公世家》以为《费誓》写作于管、蔡之乱时，《书序》以为作于伯禽刚即位时，说同《史记》；《孔传》以为作于周公归政的第二年。曾运乾《尚书正读》说：“考《序》云‘伯禽宅曲阜’，经云‘鲁人三郊三遂’，若在管、蔡时，伯禽方就国，其郊遂区画恐尚未臻完善也。当以成王初元说为当。”曾说同于《孔传》，合于事理。

鲁侯伯禽宅曲阜①，徐、夷并兴②，东郊不开③，作《费誓》。

【注释】

① 伯禽：周公的儿子。　　宅：居。　　曲阜：鲁国国都。

② 徐：指徐戎，古代徐州一带的戎人。　　夷：淮夷，古代淮河下游的夷人。　　并：一同。　　兴：这里指起来作乱。

③ 东郊不开：《孔疏》：“戎夷在鲁之东，诸侯之制，于郊有门，恐其侵逼鲁境，故东郊之门不开。”这里指鲁国东郊不安宁。

【译文】

鲁侯伯禽住在曲阜，徐戎、淮夷一同起来作乱，鲁国东郊不安宁。鲁侯将要征伐，史官作《费誓》。

费　誓

公曰：“嗟！人无哗①，听命。徂兹淮夷、徐戎并兴②。善敹乃甲胄③，敿乃干④，无敢不吊⑤！备乃弓矢，锻乃戈矛，砺乃锋刃，无敢不善！

【注释】

① 人：郑玄说：“人谓军之士众及费之民。”　　无：通“毋”，否定副词，表示禁止，可译为“不准”“不许”。下文“无敢伤牿”的“无”

同。　　哗：喧哗。

②徂：通“且”，时间副词，表示现在时间。《经传释词》：“‘徂’读为‘且’。且，今也。言今兹淮夷、徐戎并兴也。”　　兹：这些。　　并：范围副词，皆。

③善：好好地。　　敹（liáo）：缝缀。郑玄说：“敹，谓穿彻之。”　　甲：铠甲。　　胄：头盔。

④敿（jiǎo）：系结。《说文·攴部》：“敿，系连也。”　　干：盾牌。《方言》：“盾自关而东，或谓之干。”

⑤吊：善。

【译文】

公说：“喂！大家不要喧哗，听从命令。现今淮夷、徐戎同时起来作乱。好好缝缀你们的铠甲、头盔，系结你们的盾牌，不许不准备好！准备你们的弓箭，锻造你们的戈矛，磨利你们的锋刃，不许不准备好！

【段意】

第一段，伯禽告诫出征将士整治武器装备。

“今惟淫舍牿牛马①，杜乃擭②，敜乃阱③，无敢伤牿④。牿之伤，汝则有常刑⑤！

【注释】

①淫舍牿（gù）牛马：《尚书今古文注疏》：“军行以牛载辎重，马驾兵车，常驾不舍，力不能任，故放置之。”淫，程度副词，大大地。《尔雅·释诂》：“淫，大也。”舍，放。牿，牛圈马厩。《说文·牛部》：“牿，

牛马牢也。”

②杜：《经典释文》：“本又作𢾊。”《说文·攴部》：“𢾊，闭也。”擭（huò）：置于陷阱中的捕兽装置。《周礼·秋官·雍氏》郑玄注：“擭，柞鄂也。坚地阱浅，则设柞鄂于其中。”贾公彦疏：“柞鄂者，或以为竖柞于中，向上鄂鄂然，所以载禽兽，使足不至地，不得跃而出，谓之柞鄂也。”

③敜（niè）：填塞。《说文·攴部》：“敜，塞也。”　阱：陷阱。

④牿：指牛马。《尚书易解》：“伤牿，伤牛马，承上文‘牿牛马’之文，文义自明。”

⑤有：获，得。《广雅·释诂》：“有，取也。”这里指遭受。

【译文】

“现在要大放圈厩中的牛马，掩盖你们捕兽的工具，填塞你们捕兽的陷阱，不要伤害牛马。伤害了牛马，你们就要受到常刑！

【段意】

第二段，告诫军民敬守牧政，撤除捕兽设施，防止伤害牛马。

“马牛其风①，臣妾逋逃②，勿敢越逐③！祗复之④，我商赉尔⑤。乃越逐不复⑥，汝则有常刑！无敢寇攘⑦！逾垣墙，窃马牛，诱臣妾，汝则有常刑！

【注释】

①风：走失。郑玄说：“风，走逸也。”见《史记集解》。

②臣妾：奴仆。古代男仆叫作臣，女仆叫作妾。　逋：逃跑。

③ 勿：否定副词，不。《说文解字注》："假借'勿'为'毋'字。"《广雅疏证》："'匪''勿''非'一声之转。" 越逐：离开队伍去追赶。

④ 祗：敬。 复：还。指还给原主。

⑤ 商：赏。于省吾说："金文'赏'每作'商'。" 赉：赐。

⑥ 乃：连词，表假设关系，如果。

⑦ 寇：抢劫。 攘：偷盗。 郑玄说："寇，劫取也。因其亡失曰攘。"《淮南子·泛论训》："直躬其父攘羊而子证之。"高诱注："凡六畜自来而取之曰攘也。"此处寇攘连言，泛指抢掠偷盗。

【译文】

"牛马走失了，男女奴仆逃跑了，不准离开队伍去追赶！得到了的要恭敬送还原主，我会赏赐你们。如果你们擅自离开队伍去追赶，或者不归还原主，你们就要受到常刑！不准抢劫偷盗！如果跨过围墙偷窃马牛，骗取他人的男女奴仆，你们就要受到常刑！

【段意】

第三段，宣布军事纪律。不许擅自离开军队，不许肆意抢夺掠取。

"甲戌，我惟征徐戎。峙乃糗粮[①]，无敢不逮；汝则有大刑[②]！鲁人三郊三遂[③]，峙乃桢干[④]。甲戌，我惟筑[⑤]，无敢不供；汝则有无余刑，非杀[⑥]。鲁人三郊三遂，峙乃刍茭[⑦]，无敢不多[⑧]；汝则有大刑[⑨]！"

【注释】

① 峙（zhì）：具备，准备。《尚书今古文注疏》："峙从止，俗误从山。

《释诂》云：'峙，具也。'"　糗（qiǔ）粮：就是干粮。糗，炒熟的米、麦等谷物。

② 大刑：死刑。马融说。《尚书易解》："'汝则有大刑'上省去'不逮'二字，古人有避复而省之例也。"

③ 郊：指城市的近郊。《尔雅·释地》："邑外谓之郊。"　遂：指城市的远郊。《礼记·王制》郑玄注："远郊之外曰遂。"　三郊三遂：成公元年《左传疏》："诸侯出兵，先尽三乡三遂，乡遂不足，然后总征境内之兵。"

④ 桢干：筑墙的木板，桢用在墙的两端，干用在墙的两旁。

⑤ 筑：这里指修筑营垒。

⑥ 汝则有无余刑，非杀：是说你们将受到终身监禁的惩罚，只是不杀头。余（馀），孙诒让《尚书骈枝》："《说文》馀从余声，舍亦从余省声，古馀字亦或省作余，见《周礼·委人》。故余、舍二字得相通借。"舍，释放。

⑦ 刍：生草。《说文·艸部》："刍，刈草也。"　茭：干草。

⑧ 多：《史记·鲁周公世家》作"及"，当从之。"不及"与上文"不逮"义同。

⑨ 汝则有大刑：孙星衍说："刍茭不至，牛马不得食，不可以战，故有大刑。"

【译文】

"甲戌这天，我们征伐徐戎。准备你们的干粮，不许不够；不够，你们就要受到死刑！我们鲁国三郊三遂的人，要准备你们的筑墙工具。甲戌这天，我们要修筑营垒，不许不供给；如果不供给，你们将受到终身监禁的刑罚，只是不杀头。我们鲁国三郊三遂的人，要准备你们的生草料和干草料，不许不够；如果不够，你们就要受到死刑！”

【段意】

第四段，宣布作战日期和作战对象，摊派贡赋徭役。

秦誓第三十二

【题解】

秦，指秦穆公，嬴姓，名任好，谥穆公，文献或又称缪公。

鲁僖公三十三年，秦穆公不听老臣蹇叔和百里奚谏阻，派遣大将孟明视、西乞术、白乙丙率领军队袭击郑国。秦军在晋国的要塞崤山（今河南洛宁县西北）遭到晋军伏击，全军覆灭，三个将帅被俘。当时晋国的国君是晋襄公，晋襄公的母亲是秦穆公的女儿文嬴，她向儿子说情释放了秦国将帅。当秦军将帅回国时，秦穆公在他们和秦国的群臣面前进行自我检讨，史官记录而名为《秦誓》。

《秦誓》主要赞扬了秦穆公勇于悔过、改过的精神。《荀子·大略》说："《春秋》贤穆公，以为能变也。"杨倞注："谓不用蹇叔、百里之言，败于崤、函而自变悔，作《秦誓》，询兹黄发是也。"誓词深悔随心所欲、利令智昏的过失，认识到军国大事的决策必须要认真听取贤能老臣的意见。态度诚恳，言辞真挚感人。

《秦誓》总结了一些重要的政治格言。例如，"责人斯无难，惟受责俾如流，是惟艰哉"，说明责人容易责己难，后来演变为成语"从谏如流"。对于至高无上的君主来说，从谏如流实属不易，毕竟良药苦口，忠言逆耳，为人君者高高在上，往往好大喜功，惑于谄媚，偏听偏信，贻误国事。君王能够从谏如流，实国家之幸。

战国时齐威王受到邹忌的启发，下令“群臣吏民能面刺寡人之过者，受上赏；上书谏寡人者，受中赏；能谤讥于市朝，闻寡人之耳者，受下赏”。一年之后，燕、赵、韩、魏“皆朝于齐”。

《秦誓》还总结治国用人的经验教训，对后代政治家有很大启发。例如“询兹黄发，则罔所愆”，强调重用老臣；“人之有技，若己有之。人之彦圣，其心好之，不啻若自其口出”，指明对于贤才的正确态度；“邦之杌陧，曰由一人；邦之荣怀，亦尚一人之庆”，说明人君识贤用贤关系国家安危。秦穆公重用蹇叔和百里奚这些来自别国的大臣，是秦国任用客卿制度的开始。秦穆公也最早开启了秦国的霸业，为秦后来取代东周，横扫六合奠定了基础。李斯在《谏逐客书》中指出：“昔缪公求士，西取由余于戎，东得百里奚于宛，迎蹇叔于宋，来丕豹、公孙支于晋。此五子者，不产于秦，而缪公用之，并国二十，遂霸西戎。”说明秦穆公的人才战略是秦强大的重要源泉。

《秦誓》通篇采取对比手法，显示了秦穆公的好憎取舍，表现了穆公亲贤远佞的鲜明态度和坚定意志。穆公首先举出两种人：一种是直言敢谏的“古之谋人”，也就是下文的“黄发”；另一种是“今之谋人”。前者是正面人物，后者是反面人物。穆公慨叹向老臣求教可以避免决策失误，亲近“今之谋人”会给国家带来了重大的牺牲和损失。接着，穆公又列举了三种人：“番番良士”“仡仡勇夫”“截截善谝言”。穆公认为：对“番番良士”应当予以亲近（我尚有之）；对“仡仡勇夫”应当保持距离，不予偏爱（我尚不欲）；对“截截善谝言”则应疏远。《秦誓》从思想内容和写作方法上来看无疑是《左传》的先河，可看作是先秦散文发展史上的一个标志。

《秦誓》篇旨，除了历来占据主流地位的悔过说外，还有其他一些意见。清代学者牟庭认为《秦誓》是秦穆公"用人之书"，实无"兵败悔过"之意。傅斯年也认为《秦誓》没有罪己悔过的意思，"只在渴思有才有量之贤士"。当代学者王晖撰《从〈秦誓〉所见秦穆公人才思想看秦国兴盛之因——兼论〈书·秦誓〉的成文年代及主旨》指出，秦穆公打破西周春秋时期宗法制度下的用人制度，大力选贤任能，积极引进外来人才，百里奚、蹇叔等贤臣均来自异国；而秦军将帅孟明视是百里奚之子，西乞术、白乙丙是蹇叔之子。文章认为，《秦誓》的写作背景是秦军将士在殽之战惨败后喧哗滋事，意图借秦三帅失败之机制造反对外来将帅及卿大夫的事件，而《秦誓》则是秦穆公申述其人才战略的讲话。文章多有新说，考辨甚详，有借鉴价值。

传世《尚书》文本的编排次序始自《尧典》《舜典》，终于《秦誓》。尧、舜是中国原始社会父系氏族公社时期的著名部落联盟领袖，生活的时代约在公元前22世纪。《秦誓》记载的史实大约在公元前6世纪末。《尚书》的记载上自原始社会末期，下至封建社会初期，千百年间该有多少历史传说、历史人物和历史事件，但传世本《尚书》仅有58篇。《尚书》全书几乎皆记帝王或王室之事，《费誓》亦记周王朝同姓诸侯之事，惟《秦誓》一篇独记异姓诸侯之事。考虑到虞继唐，夏继虞，商代夏，周代商，秦昭王灭东周，秦始皇统一天下的历史进程，《尚书》的这种编排次序对于研究传世《尚书》文本确切的成书年代应当具有参考价值。

秦穆公伐郑，晋襄公帅师败诸崤[①]，还归[②]，作《秦誓》。

【注释】

① 崤：山名，晋国要塞，在今河南省西部。

② 还归：指晋国释放秦军三帅孟明视、西乞术、白乙丙还归秦国。

【译文】

秦穆公征伐郑国，晋襄公率领军队在崤山大败秦军，被俘的秦军主帅还归秦国，穆公悔过，史官记录作《秦誓》。

秦 誓

公曰[①]："嗟！我士[②]，听无哗！予誓告汝群言之首[③]。

"古人有言曰：'民讫自若[④]，是多盘[⑤]。'责人斯无难[⑥]，惟受责俾如流[⑦]，是惟艰哉！我心之忧，日月逾迈[⑧]，若弗云来[⑨]。

"惟古之谋人[⑩]，则曰未就予忌[⑪]；惟今之谋人[⑫]，姑将以为亲[⑬]。虽则云然[⑭]，尚猷询兹黄发[⑮]，则罔所愆[⑯]。

【注释】

① 公：秦穆公。

② 士：指群臣。

③ 群言之首：指最重要的话。蔡沈《书集传》："首之为言，第一义也。"

④ 讫：都。　　自若：顺从自己，这里指自纵，随心所欲。若，顺从。

⑤ 盘：俞樾说："盘与般通，《说文·舟部》：'般，辟也。'然则'多般'，犹云'多辟'。《诗·板》篇'民之多辟'笺曰：'民之行多为邪辟。'

是其义也。‘民讫自若，是多般’，言民尽自顺其意，故多辟也。”

⑥ 斯：关联副词，《经传释词》：“斯，犹‘乃’也。”

⑦ 俾：依从。《尔雅·释诂》：“俾，从也。”

⑧ 逾：过。　迈：行。　日月逾迈：时间一天天过去了。

⑨若：关联副词，可译为“就”“才”。《小尔雅》：“若，乃也。”　云：《汉书·韦贤传》注引作“员”。员，旋，这里是“返回”的意思。

⑩ 古之谋人：蔡沈《书集传》：“古之谋人，老成之士也。”指蹇叔等。孙星衍说。

⑪ 就：接受，顺从。　忌：《说文》引作“惎”。《广雅》：“惎，意志也。”　未就予忌：没有顺从我的意志。

⑫ 今之谋人：蔡沈《书集传》：“今之谋人，新进之士也。”指杞子。孙星衍说。

⑬ 姑：暂且。

⑭ 虽则：复音连词，表转折，可译为“虽然”。　然：这样。指代上文“惟今之谋人，姑将以为亲”。

⑮ 尚猷：复音关联副词，《古代汉语虚词通释》：“尚猷、尚犹、犹尚连用意同。”　询：征求意见。　黄发：指老人。老人发白复黄，此处“黄发”与下文“番番”都指老人，具体而言，是指像蹇叔和百里奚那样有丰富经验的忠实老臣。蹇叔、百里奚均是暮年被起用，二人都曾劝阻秦穆公伐郑，事迹见《史记·秦本纪》。

⑯ 愆：过失。

【译文】

穆公说：“啊！我的官员们，听着，不要喧哗！我要告诉你们最重要的话。

“古人有话说：‘人都随心所欲，就会多出差错。’责备别人不是难事，受到别人责备，听从它如流水一样地顺畅，这就困难啊！我心里的忧虑是，时间一天天地过去，就不回来了。

“老成的谋臣，我则认为他们不顺从我的意志；新进的谋臣，我暂且将他们当成了亲人。尽管如此，仍然去请教黄发老人，就不会有过失。

【段意】

第一段，秦穆公悔恨自己不听老臣谏言，指出听取老臣谏言可以避免决策失误。

“番番良士①，旅力既愆②，我尚有之③。仡仡勇夫④，射御不违，我尚不欲⑤。惟截截善谝言⑥，俾君子易辞⑦，我皇多有之⑧！

“昧昧我思之⑨，如有一介臣⑩，断断猗无他技⑪，其心休休焉⑫，其如有容⑬。人之有技，若己有之。人之彦圣⑭，其心好之，不啻若自其口出⑮。是能容之⑯，以保我子孙黎民，亦职有利哉⑰！

“人之有技，冒疾以恶之⑱。人之彦圣，而违之俾不达⑲。是不能容，以不能保我子孙黎民，亦曰殆哉⑳！

“邦之杌陧㉑，曰由一人㉒；邦之荣怀㉓，亦尚一人之庆㉔。”

【注释】

① 番：通“皤（pó）”。《说文·白部》：“皤，老人白也。”

②旅：通“膂”。《广雅·释诂》：“膂，力也。” 愆：通“骞”，亏损。《诗经·小雅·天保》：“不骞不崩。”《毛传》：“骞，亏也。”

③尚：关联副词，还，还是，仍然。“我尚不欲”的“尚”同。 有之：亲之，亲近他们。见《经义述闻》。

④仡（yì）仡：壮健勇武的样子。

⑤欲：喜欢。

⑥截截：“截”通“諓（jiàn）”，浅薄貌。《春秋公羊传·文公十二年》引此句，“截截”作“諓諓”。何休注：“諓，浅薄之貌。” 谝（pián）言：巧言。《说文·言部》：“谝，便巧言也。”

⑦易辞：《春秋公羊传·文公十二年》作“易怠”。王引之说：“怠，疑惑也，言使君子易为其所惑也。”见《经义述闻》。

⑧皇：程度副词，表示程度之深，可译为“太”。《尚书易解》：“皇，大也。《公羊传》‘皇’作‘况’，况，益也。‘大’与‘益’义亦相近。”

⑨昧昧：情态副词，暗暗地。

⑩介：通“个”。

⑪断断：情态副词，诚实专一。《广雅·释训》：“断断，诚也。”《春秋公羊传·文公十二年》何休注：“断断，犹专一也。” 猗：语气助词。

⑫休休：宽容。郑玄说。

⑬其：关联副词，表因果承接关系，可译为“就”“才”。《经传释词》：“其，犹‘乃’也。” 其如有容：《春秋公羊传·文公十二年》作“能有容”。何休注：“能含容贤者逆耳之言。”孙星衍说：“能、而通字，而即如也。”

⑭彦：美士。这里指贤良。

⑮不啻：连词，不但，不仅。 不啻若自其口出：《孔疏》：“爱

彼美圣，口必称扬而荐达之，其心爱之，又甚于口，言其爱之至也。”

⑯ 是：这样。

⑰ 亦职有利哉：《礼记·大学》引作“尚亦有利哉”。尚，应该。《说文·八部》：“尚，庶几也。”一说，《孔传》释“亦”为“主”。王念孙说：“‘尚亦’，当为‘亦尚’。高诱注《淮南·览冥》篇曰：‘尚，主也。’今《书》作‘亦职有利哉’（《传》曰：亦主有利），职亦主也。‘亦尚’与‘亦职’同，写者误倒其文耳。”（《经义述闻·礼记下》）可参。

⑱ 冒疾：媢嫉，妒忌之意。

⑲ 而：连词，表轻微转折，可译为“却”。 违：郑玄说：“犹戾也。”这里意思是违拗、阻挠。 达：通。

⑳ 曰：句中语气助词。 殆：危险。

㉑ 之：如果。《经传释词》：“之，犹若也。” 杌陧（wù niè）：不安。

㉒ 曰：通“聿”，句首语气助词。 由：介词，由于。

㉓ 怀：安宁。

㉔ 尚：王引之说：“高诱注《淮南·览冥训》篇曰：‘尚，主也。’‘尚’与‘由’相对。言主一人之庆也。《传》以‘尚’为‘庶几’，文义未协。”“尚”可译为“取决于”。 庆：善。

【译文】

“白发苍苍的好官员，体力已经衰退了，我还是亲近他们。强壮勇猛的武士，射箭和驾车都没有失误，我还是不大喜爱。只是那些浅薄善辩的人，使君子容易疑惑，我过多亲近他们！

“我暗暗思量着，如果有一个官员，诚实专一没有别的技能，而他心地宽广能够容人。别人拥有能力，就好像自己拥有一样。别人美好明哲，他心里喜欢它，超过他口头的称道。这样能够容人，从而保护我的子孙众民，也应该有利啊！

“别人有能力，就妒忌、厌恶他。别人美好明哲，就阻挠他，使他不被君主知晓。这样不能宽容人，因此不能保护我的子孙众民，也很危险啊！

“国家如果危险不安，是由于一人；国家如果繁荣安宁，也是取决于一人的善良。”

【段意】

第二段，记叙穆公认识到君主亲贤远佞对于维护国家安定具有决定性作用。

主要参考文献

（共分七类，每类按音序排序）

一、《尚书》学著作类

《〈尚书〉诠释研究》，钱宗武著，北京：社会科学文献出版社，2017。

《〈尚书·虞夏书〉新解》，金景芳、吕绍纲著，沈阳：辽宁古籍出版社，1996。

《白话尚书》，周秉钧译注，长沙：岳麓书社，1990。

《敦煌残卷古文尚书校注》，吴福熙主编，兰州：甘肃人民出版社，1992。

《古文尚书撰异》，[清]段玉裁撰，广州：学海堂，清道光九年（1829）。

《今古文尚书全译》，江灏、钱宗武译注，贵阳：贵州人民出版社，1990。

《今文尚书词汇研究》，钱宗武著，开封：河南大学出版社，2012。

《今文尚书句法研究》，钱宗武著，开封：河南大学出版社，2011。

《今文尚书考证》，[清]皮锡瑞撰，北京：中华书局，1989。

《今文尚书语法研究》，钱宗武著，北京：商务印书馆，2004。

《今文尚书语言研究》，钱宗武著，长沙：岳麓书社，1996。

《尚书表注》，[宋]金履祥撰，广州：粤东书局，清同治十二年（1873）。

《尚书词典》，钱宗武著，贵阳：贵州人民出版社，1991。

《尚书大传》（四部丛刊初编），[汉]伏胜撰，上海：商务印书馆，1929。

《尚书古文疏证》，[清]阎若璩撰，上海：上海书店，1988。

《尚书故》，[清]吴汝纶著，上海：中西书局，2014。

《尚书核诂》，杨筠如著，西安：陕西人民出版社，1959。

《尚书后案》，[清]王鸣盛著，顾宝田、刘连朋点校，北京：北京大学出版社，2012。

《尚书集注音疏》，[清]江声撰，广州：学海堂撰，清道光九年（1829）。

《尚书今古文注疏》，[清]孙星衍撰，陈抗、盛冬铃点校，北京：中华书局，1986。

《尚书孔传参正》，[清]王先谦撰，何晋点校，北京：中华书局，2011。

《尚书启幪》，[清]黄式三撰，舟山：定海黄氏家塾，清光绪十四年（1888）。

《尚书释义》，屈万里著，台北：台北中国文化大学出版部，1984。

《尚书校释译论》，顾颉刚、刘起釪著，北京：中华书局，2005。

《尚书新笺与上古文明》，钱宗武、杜纯梓著，北京：北京大学出版社，2004。

《尚书学史》，刘起釪著，北京：中华书局，1989。

《尚书易解》，周秉钧著，长沙：岳麓书社，1984。

《尚书正读》，曾运乾著，北京：中华书局，1964。

《尚书正义》(《十三经注疏》影印本)，[唐]孔颖达撰，北京：中华书局，1980。

《尚书综述》，蒋善国著，上海：上海古籍出版社，1988。

《书集传》，[宋]蔡沈注，钱宗武、钱忠弼整理，南京：凤凰出版社，2010。

《双剑誃尚书新证》，于省吾著，北京：北平虎坊桥大业印刷局，1934。

《禹贡锥指》，[清]胡渭著，邹逸麟整理，上海：上海书店，1988。

《中华传统文化百部经典·尚书》，钱宗武解读，北京：国家图书馆出版社，2017。

《中华传统文化经典全注新译精讲丛书·尚书》，钱宗武、秦力译注，南京：江苏人民出版社，2019。

二、经解类

《春秋左传注》，杨伯峻编著，北京：中华书局，1981。

《经义述闻》，[清]王引之撰，南京：江苏古籍出版社，2000。

《十三经注疏(清嘉庆刊本)》，[清]阮元校刻，北京：中华书局影印本，2009。

《四书章句集注》，［宋］朱熹撰，北京：中华书局，1983。

三、语言文字类

《卜辞通纂》，郭沫若著，北京：科学出版社，1983。

《词诠》，杨树达著，北京：中华书局，1954。

《尔雅义疏》，［清］郝懿行撰，北京：中国书店，1982。

《古汉语纲要》，周秉钧著，长沙：湖南教育出版社，1981。

《古书疑义举例五种》，［清］俞樾、刘师培、杨树达、马叙伦、姚维锐著，北京：中华书局，1956。

《广雅疏证》，［清］王念孙著，南京：江苏古籍出版社，1984。

《甲骨文字典》，徐中舒主编，成都：四川辞书出版社，1989。

《经传释词》，［清］王引之著，长沙：岳麓书社，1985。

《经典释文》，［唐］陆德明撰，黄焯断句，北京：中华书局，1983。

《经籍籑诂》，［清］阮元编著，成都：成都古籍书店，1982。

《两周金文语法研究》，管燮初著，北京：商务印书馆，1981。

《说文解字》，［汉］许慎撰，北京：中华书局，1963。

《说文解字注》，［汉］许慎撰，［清］段玉裁注，上海：上海古籍出版社，1981。

《说文通训定声》（影印本），［清］朱骏声撰，武汉：武汉古籍书店，1983。

《宋本玉篇》，［南朝梁］顾野王撰，北京：中国书店，1983。

《文字声韵训诂笔记》，黄侃述，黄焯编，上海：上海古籍出版社，1983。

《先秦语法》，易孟醇著，长沙：湖南教育出版社，1989。

《扬雄方言校释汇证》，华学诚汇证，王智群、谢荣娥、王彩琴协编，北京：中华书局，2006。

《殷虚卜辞综述》，陈梦家著，北京：中华书局，2004。

《殷虚甲骨刻辞的语法研究》，管燮初著，北京：中国科学院，1953。

《增订积微居小学金石论丛》，杨树达著，北京：中华书局，1983。

四、史地类

《古本竹书纪年辑校　今本竹书纪年疏证》，王国维著，沈阳：辽宁教育出版社，1997。

《国语》（影印本），［春秋］左丘明著，上海：上海古籍出版社，1978。

《汉书》，［汉］班固编撰，［唐］颜师古注，北京：中华书局，1962。

《后汉书》，［南朝宋］范晔撰，［唐］李贤等注，北京：中华书局，1965。

《三国志》，［晋］陈寿撰，［宋］裴松之注，北京：中华书局，2011。

《史记》，［汉］司马迁撰，［宋］裴骃集解，［唐］司马贞索隐，［唐］张守节正义，北京：中华书局，1975。

《水经注》（影印本），［北魏］郦道元撰，成都：巴蜀书社，

1985。

《西周金文官制研究》，张亚初、刘雨著，北京：中华书局，1986。

《中国历史地名词典》，复旦大学历史地理研究所《中国历史地名辞典》编委会编，南昌：江西教育出版社，1986。

五、出土文献类

《郭店楚墓竹简》，荆门市博物馆编，北京：文物出版社，1998。

《清华大学藏战国竹简（一）》，李学勤主编，上海：中西书局，2010。

《清华大学藏战国竹简（三）》，李学勤主编，上海：中西书局，2012。

六、学术文集类

《春在堂全书》，［清］俞樾著，南京：凤凰出版社，2010。

《董作宾先生全集甲编》，董作宾著，台北：艺文印书馆，1977。

《龚自珍全集》，［清］龚自珍著，王佩诤校，上海：上海古籍出版社，1975。

《古文献丛论》，李学勤著，上海：上海远东出版社，1997。

《观堂集林》，王国维著，上海：商务印书馆，1940。

《积微居读书记》，杨树达著，上海：上海古籍出版社，2006。

《札迻》，［清］孙诒让著，梁运华点校，北京：中华书局，

2006。

《章氏丛书》，章太炎著，上海：上海古书流通处，1924。

七、期刊论文类

《〈尚书〉成语简析》，钱宗武，《川东学刊（高教研究专号）》1995（4）：26—33。

《从“西土”到“中国”——周初天下观的形成和实践》，钟春晖，《紫禁城》2014（10）：17—22。

《从〈秦誓〉所见秦穆公人才思想看秦国兴盛之因——兼论〈书·秦誓〉的成文年代及主旨》，王晖，《山西师范大学学报》（社会科学版）2007（1）：5—12。

《妇好墓上“母辛宗”建筑复原》，杨鸿勋，《文物》1988（6）：62—87。

《改革开放以来中国关于周公摄政称王问题研究述评》，吕庙军，《高校社科动态》2011（6）：38—46。

《论赞公及其重要意义》，李学勤，《中国历史文物》2002（6）：5—12。

《内史亳丰同的初步研究》，吴镇烽，《考古与文物》2010（2）：30—33。

《清华简九篇综述》，李学勤，《文物》2010（5）：51—57。

《商代的巫与巫术》，晁福林，《学术月刊》1996（10）：81—87。

《史墙盘铭解释》，裘锡圭，《文物》1978（3）：25—32。

《新出熹平石经〈尚书〉残石考略》，许景元，《考古学报》

1981（2）：185—198。

《易代之际的殷商礼乐传承——以箕子、微子为中心》，李振峰，《文艺评论》2014（12）：61—65。

《宇宙灾难与拯救：羿射九日与胤侯讨羲和的神话底本——商人创世神话研究之四》，张开焱，《中国文学研究》2013（3）：27—36。